北京市社会科学理论著作出版基金资助

税法学研究文库

两岸税法比较研究

Comparative Study on Cross-strait Tax Law

总主编 刘剑文

刘剑文
王桦宇
著

北京大学出版社
PEKING UNIVERSITY PRESS

图书在版编目(CIP)数据

两岸税法比较研究/刘剑文,王桦宇著. —北京:北京大学出版社,2015.1
(税法学研究文库)
ISBN 978-7-301-25198-0

Ⅰ.①两… Ⅱ.①刘…②王… Ⅲ.①税法—研究—中国 Ⅳ.①D922.220.4

中国版本图书馆 CIP 数据核字(2014)第 284744 号

书　　　　名：	两岸税法比较研究
著作责任者：	刘剑文　王桦宇　著
责 任 编 辑：	王　晶
标 准 书 号：	ISBN 978-7-301-25198-0/D·3729
出 版 发 行：	北京大学出版社
地　　　　址：	北京市海淀区成府路 205 号　100871
网　　　　址：	http://www.pup.cn
新 浪 微 博：	@北京大学出版社　@北大出版社法律图书
电 子 信 箱：	law@pup.pku.edu.cn
电　　　　话：	邮购部 62752015　发行部 62750672　编辑部 62752027 出版部 62754962
印　　刷　者：	北京大学印刷厂
经　　销　者：	新华书店
	965 毫米×1300 毫米　16 开本　22 印张　418 千字
	2015 年 1 月第 1 版　2015 年 1 月第 1 次印刷
定　　　　价：	39.00 元

未经许可,不得以任何方式复制或抄袭本书之部分或全部内容。
版权所有,侵权必究
举报电话:010-62752024　电子信箱:fd@pup.pku.edu.cn

总　　序

"税法学研究文库"是继"财税法系列教材""财税法论丛"和"当代中国依法治税丛书"之后由我主持推出的另一个大型税法研究项目。该项目的目的不仅在于展示当代中国税法学研究的最新成果,更在于激励具有创新精神的年轻学者脱颖而出,在传播、推广税法知识的同时,加快税法研究职业团队的建设和形成。

税法学是一门年轻、开放、尚处于成长期的新学科。谓其年轻,是因为它不像民法学和刑法学一样拥有悠久的历史渊源;谓其开放,是因为它与经济学、管理学以及其他法学学科等存在多方面的交叉与融合;谓其成长,是因为它的应用和发展空间无限广阔。在我国加入世界贸易组织之后,随着民主宪政、税收法治等先进理念的普及和深入,纳税人的权利意识越发强烈,其对税收的课征比任何时期都更为敏感和关心。税法学的存在价值,正在于科学地发现和把握征纳双方的利益平衡,在公平、正义理念的指导下,实现国家税收秩序的稳定与和谐。

长期以来,我一直致力于税法学的教学和研究,发表和出版了一系列论文和专著,主持了多项国家级科研课题,对中国税法学的发展以及税收法制建设做了一些力所能及的工作。然而,不容否认,中国税法学的研究力量仍然十分薄弱,有分量的研究成果也不多见,税法和税法学的应有地位与现实形成强烈的反差。我深深地感到,要想改变这种状态,绝非某个人或某一单位力所能及。当务之急,必须聚集和整合全国范围内的研究资源,挖掘和培养一批敢创新、有积累的年轻税法学者,在建设相对稳定的职业研究团体的同时,形成结构合理的学术梯队,通过集体的力量组织专题攻关。唯其如此,中国税法学也才有可能展开平等的国际对话,而税法学研究的薪火也才能代代相传,生生不息。

近年来,我先后主编"财税法系列教材""财税法论丛""当代中国依法治税丛书",这三项计划的开展,不仅使税法学研究的问题、方法和进程逐渐为法学界所熟悉和认同,同时也推动了税法学界的交流与合作。在此过程中,我既看到了新一代税法学者的耕耘和梦想,更感受到了他们在研究途中跋涉的艰辛。这群年轻的学者大多已取得博士学位,或已取得副教授职称,且至少熟练掌握一门外语。最为重要的是,他们对专业充满热忱,愿意为中国税法学贡献毕生精力。正是在他们的期待和鼓励下,为了展示中国税法学的成长和进步,激励更多的优秀人才加入研究队伍,我与北京大学出版社积极接触、多次磋商,终于在2002年达成了本文库的出版协议。

衷心感谢北京大学出版社对中国税法学的积极扶持。如果没有对学术事业的关心和远见,他们不会愿意承担该文库出版的全部市场风险,更不会按正常标准支付稿费。此举的意义,远远溢出了一种商业架构,事实上为中国年轻的税法学提供了一个新的发展机遇。正是他们的支持,才使得主编可以严格按照学术标准组织稿件,也使得作者可以心无旁骛,潜心研究和创作。若干年之后,当人们梳理中国税法学进步的脉络时,除了列举税法学人的成果和贡献,也应该为所有提供过支持的出版机构写上重重的一笔。这里,我还要代表全体作者特别感谢北京大学出版社副总编杨立范先生,他的智识和筹划,是本文库得以与读者见面不可或缺的重要因素。

本文库计划每年出版3—5本,内容涉及税法哲学、税法史学、税法制度学;税收体制法、税收实体法、税收程序法;税收收入法、税收支出法;国内税法、外国税法、国际税法、比较税法等多重角度和层面。只要观点鲜明,体系严密,资料翔实,论证有力,不管何种风格的税法专著都可成为文库的收录对象。我们希望,本文库能够成为展示税法理论成果的窗口,成为促进税法学术交流的平台。如果能够由此发现和锻炼更多的税法学人,推动税法理论与实践的沟通和互动,我们编辑文库的目的就已经实现。

刘剑文

2004年于北京大学财经法研究中心

中国财税法网(www.cftl.cn)

中国税法网(www.cntl.cn)

序

自 2003 年起,我和台湾大学法律学院葛克昌教授联合发起海峡两岸财税法研讨会以来,至今已经在台湾和大陆巡回举办 19 届。一直以来,基于两岸大陆法系的共同特性,大陆理论界和实务界对台湾税法学理和法制建构的参考借鉴良多,并及时开启和大力推动了大陆税收法治的建设。与此同时,随着两岸关系不断改善和快速发展,大陆的税制建设与税法发展也逐渐成为台湾学界重要的研究对象,很多学者还针对大陆税法领域发表诸多研究成果。由于经常往返两岸参加学术研讨会并与台湾法律、财税学界和实务界交流互动,我一直有一个愿望,希望能在适当的时间来推出一本两岸税法比较研究的专著,对若干年来两岸税制建设和税法发展作回顾性检讨和前瞻性评估,并藉此来推动两岸税法研究的比较与借鉴,同时也对两岸税制建设提供参考。2012 年 11 月,我接受《东方早报·上海经济评论》的约稿,开设"两岸税法比较"专栏,对两岸税法制度进行比较和解读,首篇评论《纳税人权利保护的税法实践比较》(与王桦宇合作)一文刊出后,反响很好,后续又相继推出涉及所得税、营业税、税捐稽征法、房产税等税种比较的评论。此后,我产生了将《两岸税法比较研究》作为专著选题的想法,通过半年多的资料收集和辛苦写作,以及与学界、实务界朋友和师生的充分讨论,本书最终得以完稿。

两岸法律制度特别是税法制度的差异性对两岸经济贸易往来带来新挑战,也为两岸税法学理研究和应用研究带来新课题。在目前两岸关系高度融洽的背景下,两岸租税领域的合作协议一直拖宕,引发有意在两岸深化投资和贸易往来的外商、台商和陆商的高度关注。这既与租税安排的特殊性紧密相关,又涉及两岸税法的衔接问题。与此同时,随着两岸投资和经贸的持续深化,在避税地注册的台商投资 BVI 公司在大陆如何进行税务筹划,陆资企业赴台投资应注意哪些税法事项,也都成为投资者非常重视的关键议题。此种情形下,两岸税制建设和税法发展的比较研究就显得尤为重要,也能为两岸税收政策制订和税收协议履行、两岸企业相互投资和经贸往来提供咨询参考和专业意见。客观而言,囿于经济发展阶段、特定社会政策、税收法治水平等主客观条件,两岸税法在历史沿革、法理依据和制度构建上有一脉相承之处,但也有诸多的差异性和不同点。本书涉及的我国大陆地区税法制度主要包括企业所得税、个人所得税、增值税、营业税、消费税、关税、房产税、土地税、印花税、车船税、契税等主要税种及税收征管与税收司法制度,涉及的我国台湾地区税法制度主要涉及所得税(营利事业所得税和综合所得税)、营业税(加值型营业税和非加值型营业税)、消费税、关税、房屋税、地价税、印花税、车船税、契税等主体税种及税捐稽征与税收司法制度。[1]

近些年来,两岸投资和经贸往来愈来愈密切,两岸签署了《海峡两岸经济合作框架协议》(ECFA)等多项合作协议,近段时间两岸租税协议也在紧锣密鼓协商中,此种背景下,无论是大陆学界和实务界,还是台湾学界和实务界,都有了解对方税制建设和税法发展最新动态的迫切需求。而由于社会制度和经济政治发展水平的差异性存在,单纯从法律文本出发并不能深入了解和掌握两岸税法的具体的理论与实践及其历史、现状与未来,所以对两岸税法的历史沿革、文化背景和法理基础作更细致的分析,则显得尤为重要。本书在比较两岸税法各单行税种的同时,还注重深入到税制结构本身和其所依托的法治环境,通过分析两岸税法制度与各自经济、政治、社会、文化的相互关联性,以期完整呈现两岸税制、税法的历史与现状。希望本书的出版,有利于两岸理论界和实务界了解大陆和台湾在法学理论、制度规则和运行实务上的异同点及其经济社会背景,有利于促进两岸在法学领域和财税领域更为紧密的学术研究合作,有利于通过制度比较和政策建议推动经济贸易交流的便利化。与此同时,还希望本书能起到抛砖引玉的功能,藉此开辟两岸税法研究的新视野。

刘剑文
北大陈明楼
甲午雨水

---

[1] 需要说明的是,台湾地区是祖国不可分割的一部分是不争的事实,也是本书作者秉持的立场,为方便读者阅读、查证保持行文顺畅,一些涉及台湾地区的机关和机构,法律法规等,按照原有的称呼,不作特别处理,部分情况使用"大陆""台湾""陆商""台商"等说法也不再做特别的修改和说明。

CONTENTS 目 录

导论
——开创两岸税收法治共同愿景　　1

第一章　历史源流、制度变迁与现代实践
——两岸税法沿革及其社会基础　　15
　　第一节　两岸税法的制度框架比较　　16
　　第二节　两岸税法实践的趋同与差异　　40

第二章　法治启蒙：赋税的正当性
——两岸税法学理与财税政策考察　　50
　　第一节　两岸税法学理及纳税文化比较
　　　　　　及启示　　51
　　第二节　财税政策的两岸观察　　56
　　第三节　两岸非税收入管制比较　　65

第三章　量能原则：课税权的界限
——两岸所得税法的价值衡量与功能使命　　75
　　第一节　"和而不同"的两岸企业所得税
　　　　　　制度　　76
　　第二节　台湾综合所得税与大陆个税
　　　　　　制度之比较　　96

CONTENTS 目　录

第四章　效率与公平：流转环节税制新课题？
　　——两岸商品税法的变革、调适与发展　　117
　　第一节　"营改增"背景下两岸营业税
　　　　　　制度比较及启示　　118
　　第二节　台湾加值型营业税与大陆
　　　　　　增值税之比较　　132
　　第三节　两岸消费税制比较及启示　　159
　　第四节　两岸关税制度比较及启示　　178

第五章　税收正义：地方税秩序的重建
　　——两岸财产和行为税的理论与实践　　194
　　第一节　两岸房产税制度的功能与实效　　195
　　第二节　两岸土地税制比较及启示　　207
　　第三节　台湾遗产及赠与税制度及其借鉴　　230
　　第四节　两岸印花税制度比较及启示　　247
　　第五节　两岸车船税制度比较及启示　　261
　　第六节　两岸契税制度比较及启示　　272

第六章　纳税人权利保护：救济的视角
　　——两岸税收程序与司法现状评介　　283
　　第一节　台湾"税捐稽征法"检讨与借鉴　　284
　　第二节　台湾税收司法评介及其借鉴　　303

CONTENTS 目 录

主要参考文献		315
附录		**327**
附录 1	两岸税法名词比较	327
附录 2	两岸税务机关组织机构图	331
附录 3	两岸各级政府财政收入划分图	335
附录 4	两岸税制体系图	337
附录 5	两岸税法查询网址	339
后记		340

导 论
——开创两岸税收法治共同愿景

近些年来,随着两岸互信渐进增强和开放政策稳步推进,两岸间经济贸易、文教交流和人员往来日益密切①,在两岸关系全面发展的同时,两岸理论研讨和学术互动也进入新阶段。2003 年,首届两岸税法学术研讨会在台湾大学成功举办,开启了两岸财税法论坛定期化机制。此后,两岸财税法学术研讨会由北京大学财经法研究中心和台湾大学财税法学研究中心联合发起,每年在台湾和大陆各举办一届,至今已是第 19 届。② 在法学理论界,特别是在大陆法学界,财税法学以其综合研究、交叉学科和新兴领域的独特秉性③,成为近年来大陆加强学术研究和推动法治建设的重要理论领域,税收法治真正成为构建法治社会的突破口。④ 在两岸税法学界的观念启蒙和积极推动下,税收法定、纳税人权利保护、量能课税、实质课税等税法原则和规

---

① 以两岸经济贸易为例分析之。2010 年,两岸签署《海峡两岸经济合作框架协议》,将"推动海峡两岸经贸社团互设办事机构"作为两岸经济合作的重要内容之一。2013 年 1 月 30 日,中国机电产品进出口商会台北办事处在台北挂牌,成为大陆经贸社团在台湾设立的第一个办事机构。在此之前的 2012 年 12 月 18 日,台湾贸易中心上海代表处成立,开台湾贸易社团在大陆设办事处之先例。两岸经贸社团互设办事机构的实现,是两岸恢复经贸往来三十多年来的历史性突破。参见吴亚明、王连伟、孙立极:《两岸经贸社团互设办事机构 为深化交流合作添薪火》,载《人民日报》2014 年 1 月 23 日,第 20 版。

② 2013 年 9 月 23 日至 27 日,第 19 届两岸税法研讨会在台北召开,主题为"核实课征、实价课税与推计课税",来自两岸的百余名理论界和实务界的专家学者与会。本次研讨会还评选了 2013 年度台湾地区最优税法司法判决,并由两岸专家学者就其专业领域主题各作深入点评。

③ 就财税法学自身特点的本体认识而言,主要体现在其学科地位的相对独立性、学理基础的综合包容性与学术视域上的纵横延展性。在方法论上,财税法学在财政学与法学领域存在交叉领域、在学科内部和学科之间呈现结构协力,且在技术路线上偏重价值分析和实证分析。就学科存在的逻辑反思而言,财税法学更为强调学术的知识自主、学者的价值中立和学问的功能效应。财税法学是兼具理论性和应用性特质的法学综合学科,立足中国语境研究和解决现实问题。在此基础上,财税法学从传统法学过渡到现代法学并成为新兴法律学科。参见刘剑文:《作为综合性法律学科的财税法学——一门新兴法律学科的进化与变迁》,载《暨南学报》(哲学社会科学版)2013 年第 5 期。

④ 关于税收法治为何及如何成为构建法治社会的突破口,参见刘剑文:《税收法治:构建法治社会的突破口》,载《法学杂志》2003 年第 3 期。

则逐渐得到两岸理论界和实务界的广泛认同,而就大陆而言,税收法定原则甚至提到了民主政治制度建设的新高度。① 在两岸实务界,财税法特别是税法以其高度的技术规则性及其隐于其后较为易变的政策文化背景,受到两岸投资、经贸界和政府部门的高度重视,成为两岸进一步加强经济合作和推动贸易交流的重要前提和基础②,台湾财政部门还就近期台商关注热点进行了政策释明。③ 在两岸逐渐扩大开放交流的背景下,台湾税制建设和税收法治的成就和经验亦成为大陆税收制度建设的重要借鉴和参考,在大陆《企业所得税法》《个人所得税法》《车船税法》《税收征收管理法》等多部税收立法中,都吸收和融合了台湾税法的相关原则和构成要素。大陆税务部门的法治意识和服务意识,也开始向海峡对岸同行们学习,注重"依法征税"和"依法治税",从"管理"走向"服务",全面构建面向纳税人的服务型征纳关系。④

---

① 在大陆税法学者进行长期宣导和多次呼吁下,中共十八届三中全会《决定》在"加强社会主义民主政治制度建设"中特别将"落实税收法定原则"写入其中。参见《中共中央关于全面深化改革若干重大问题的决定》,人民出版社 2013 年版,第 29 页。

② 目前,《两岸租税协议》已经进入最后推进阶段。2013 年 12 月,台湾"财政部常务次长"许虞哲在随台湾海基会董事长林中森赴大陆考察期间透露,《两岸租税协议》包含与台企相关的 5 个要点。第一,该协议效力不受大陆税收法调整影响,将永久适用;第二,台商赴大陆投资的财产交易所得,如股份转让,原则上由台湾方面课税,大陆不再课税;第三,台胞个体赴大陆为台企提供劳务,年均不超过 183 天,则大陆方面不予课税,其所得由台湾方面课税;第四,当台资企业遇到一方税务部门转移定价调整时,可要求另一方税务部门进行相应调整;第五,台企在课税过程中遇到的争议,可望透过国家税务总局与台"财政部"协商解决。参见张燕娟:《〈两岸租税协议〉将签署 力争避免两岸重复课税》,载《海峡导报》2013 年 12 月 21 日,第 18 版。

③ 为增进各界对两岸租税协议之了解,台湾"财政部"自 2013 年下半年起,陆续拜会 25 位"立法委员",并对 606 位会计师及对在台湾及大陆约 10,000 名之台商企业人士进行两岸租税协议内涵及效益之倡导,依据该部于 2014 年度较具规模 17 场(合计 2,171 人)倡导座谈会后回收之支持程度问卷统计,赞成签署者约 83%,表示普通者约 15%,反对者约 2%,目前外界响应尚称正面,唯对信息交换机制及大陆内部课税与协议适用问题,仍有些许疑问,台湾"财政部"爱与大陆方面进行讨论并取得共识,以响应外界意见。"财政部"说明,双方原已就两岸租税协议信息交换机制应严守"不溯及既往"、"不作刑事追诉"、"不作税务外用途"及"不是具体个案不提供"之四不原则达成共识。然而,近期与外界沟通说明时,部分台商对于信息交换仍有疑虑,爱再沟通讨论,大陆方面业再次确认该四不原则,并表示将规划于大陆地区对台商及地方税捐机关进行倡导说明,俾增进了解,减少疑虑。"财政部"强调,积极推动两岸租税协议之目的是透过相互减免税措施以消除两岸重复课税、减轻双方企业及人民之所得税负、促进双方经贸交流,而非交换信息协助对方查税,影响层面极小,各界应多了解两岸租税协议所提供之减免税利益。参见台湾"财政部"网站,http://www.mof.gov.tw/ct.asp?xItem=77512&ctNode=2449&mp=1,2014 年 10 月 31 日访问。

④ 在 2013 年 12 月 26 日召开的全国税务工作会议上,国家税务总局对 2014 年税收工作的 10 项安排就有 2 项涉及依法征税,1 项涉及纳税服务,分别是第 1 项"依法组织税收收入"、第 3 项"大力推进依法治税"和第 4 项"切实优化纳税服务",以彰显和强调全国税务系统贯彻依法行政、坚持依法征税和强化服务理念的决心和愿景。

与此同时,两岸学界和实务界的高度互动,也在客观上为两岸税制建设和税法发展能够在相互间取长补短、相得益彰提供了积极条件。

大陆税法和台湾税法本是同根同宗,一脉相承。不管是在思想观念和文化传统上,还是在制度体系和法系属性上,两岸税收体制和法律制度都具有高度的统一性和契合性。在思想观念层面,千百年来"皇粮国税"的观念使"纳税是义务而非权利"的观念长期扎根入中国人心中,绵连持续到近代民主革命爆发以来才有所转变,直至在最近一些年来两岸人权观念和法治进步的大背景下,才真正促成纳税人权利作为法定的基本权利而被两岸政府和民众普遍接受。近些年来,两岸更是推进了纳税人权利保护的法律化或政策文本化。在文化传统层面,中国历来传承和发扬"大一统"的集权文化①,这种文化特征体现在财政税收领域则主要体现在中央和地方关系上。② 从两岸实践来看,无论是大陆强调"发挥中央和地方两个积极性"还是台湾注重"地方自治与财政民主",基于政权统制和维持稳定的需要,在实质演进的最终立场上则总是"中央优位于地方"。③ 在制度体系层面,在既定的财政收入划分格局下,两岸的诸多税种被区分为中央税和地方税,而在这些两岸大体相同的税种设置中,增值税、所得税等主体性税种均被归类于中央税或是中央地方共享税。尽管大陆尚未就财政收入划分进行严格法律意义上的立法,但财政部门一直按照1994年分税制改革方案进行事实上的财政收入划分,而地方政府则通过不规范的实践安排来获得相对的财政自主权。④ 台湾的地方财政收入则更为遵循法治原则,在"财政收支划分法"

---

① 关于"大一统""家国天下"、宗法制度与中国古代财税体制变革的相互关系,参见王桦宇:《"诸侯国"抑或"宪政国"——中国大陆地方财税法制的进化与愿景》,载《月旦财经法杂志》第32期,2013年5月,第118—122页。

② 关于国民政府时期中央与地方财政划分的局限性,参见杜恂诚:《民国时期的中央与地方财政划分》,载《中国社会科学》1998年第3期。

③ 在大陆历次财税体制改革进程中,"发挥中央和地方两个积极性"都是重要的指导性原则。直至最近的"营改增"进程中,切分引发的中央和地方收入重划问题亦是在维持1994年分税制以来现有利益格局基础上进行。中共十八届三中全会《决定》中则进一步强调了"保持现有中央和地方财力格局总体稳定"的重要性。而台湾在2002年通过"规费法"和"地方税法通则"之后,地方财政收入是否有达到预期之效果,仍有待更多的讨论。

④ 此种地方政府实践包括:行使土地有偿使用权、"灵活"征收非税收入以及变相发行"地方债"等。有大陆学者认为,尽管正当的制度只能逐步建设和改进,但"事实上的财政自主权"仍会破坏法治秩序。参见徐键:《分权改革背景下的地方财政自主权》,载《法学研究》2012年第3期。

"地方税法通则"和"规费法"等法律框架内规范运行。在法系属性层面,两岸尽管社会制度不同,但均继受和延续大陆法系的立法传统,同样都以制定科学完备的税法法律体系为重要指向。自改革开放以来,大陆推进了个人所得税、企业所得税、税收征收管理等实体法和程序法的相继立法,在 1994 年税制改革后推进了增值税、营业税、消费税等主体税种的授权立法,并在 2011 年《车船税法》立法为契机,推动了新一轮税收立法法律化进程。[①] 而台湾则在基本秉承民国时期既定法统基础上,通过不断修正和完善以使得税法规定符合经济社会发展需求。

两岸税法在近几十年的时间区间内各自相对独立地发展,也因此必然地会存在诸多不同之处。无论是在经济地理和改革路径上,还是在征管体制和法治环境上,两岸税收体制和法律制度又具有相当的差别性和异相性。在经济地理层面,大陆"地大物博"和"人口众多"的资源禀赋和人口红利使得改革开放以来的大陆经济呈现强劲的发展势头[②],这也使得大陆税制调整具有极大的综合性和包容性,而台湾在亚太地区的独特经济区位则使得台湾税制结构呈现明显的特定性和开放性。大陆实体经济的强大储备使得税法调整涉及的宏观经济极为广泛,且拥有极有潜力的内需市场,而财税体制和税收政策成为调控和引导经济发展的关键。台湾的离岛特征和开放制度一方面使得其成为亚洲地区自由经济的标杆之一,但另一方面也使得税制结构和涉外税法受到外向型经济的高度影响。在改革路径层面,大陆在改革开放以后确认实行中国特色社会主义制度,其税收政策以建基于现行政治制度基础上执政党的宏观指导为基本完善路径,而台湾民主体制和政党制度使得其税制调整和税法沿革,严格遵循法律的既定审批程序而以民意为最终依归。尽管两岸税法学理对税制变革和税法发展的贡献有目共睹,但两岸的实现路径却有所不同,大陆更注重"加强顶层设计和摸着石头过河

---

① 参见刘剑文:《车船税立法启动财税"法律化"进程》,载《法制日报》2011 年 2 月 28 日,头版。

② 较早以前,有大陆学者就"地大物博"和"人口众多"的传统乐观观点表示了忧虑和质疑,指出大陆人均资源占有量低且分布极不均衡,且人口素质有待进一步提高。参见何祚庥:《对"地大物博,人口众多"的再认识》,载《中国社会科学》1996 年第 5 期。

相结合"①,旨在实现转型时期税制变革中的实质正义,而台湾则遵循"民主体制"和"程序主义",一切皆在法治轨道中进行制度变革,藉由形式正义实现实质正义。在税收体制上,大陆国家税务总局与财政部为分立的正部级单位,以体现税务部门的独立性和专业性②,而台湾"赋税署"则隶属于"财政部",以彰显财政收支的一体化管理。与此同时,大陆还单设国家税务局和地方税务局以保障税收收入的界分准确性。③ 两岸的此种差异,与财税体制的特定历史背景和财政收支结构是紧密关联的,即政府在部门设置中对财政收入与支出比重及其管理的平衡考量,大陆相对更注重财政收入,台湾则涵盖收支管理。在法律制度方面,尽管大陆的税收立法法律化已经开始呈现黎明前的曙光,但税收法定原则的完全贯彻落实依然任重而道远。④ 台湾的税收法律规范相对较为完善,税收法定原则贯彻比较完全,这也导致台湾税法的稳定性和可预期性更高。此种差异性存在,一方面是由于大陆仍处于持续性税制改革的过程阶段,需要通过灵活渐进的法治环境减少刚性阻力,另一方面也是由于大陆的民主法制建设仍处于特定的成长阶段而导致的必然结果。

就两岸具体的税法制度比较而言,不同的税种类型也存在各自不同的统一性和差异性。就所得税法而言,从制度变革的生成机理上讲,大陆企业

---

① 中共十八届三中全会《决定》对此的官方表述为:"坚持正确处理改革发展稳定关系,胆子要大、步子要稳,加强顶层设计和摸着石头过河相结合,整体推进和重点突破相结合,提高改革决策科学性,广泛凝聚共识,形成改革合力。"参见《中共中央关于全面深化改革若干重大问题的决定》,人民出版社 2013 年版,第 7 页。

② 在 1988 年国务院机构改革、财政部税务总局升格为国家税务总局之前,税务总局仅为财政部下属的正司级单位。1988 年 5 月 3 日,国务院将财政部税务总局升格为国家税务局(副部级机构),由财政部归口管理。1993 年 12 月 20 日,国务院将国家税务总局升格为正部级机构。

③ 根据中共十八届三中全会《决定》中"完善国税、地税征管体制"的相关表述,大陆国税和地税系统在中短期内合并的可能性不大。参见《中共中央关于全面深化改革若干重大问题的决定》,人民出版社 2013 年版,第 21 页。

④ 目前大陆现行有效的税收法律仅有 4 部:分别为《个人所得税法》(主席令第 48 号,1980 年 9 月 10 日通过,2011 年 6 月 30 日第 6 次修订,2011 年 9 月 1 日起施行)、《税收征收管理法》(主席令第 49 号,1992 年 9 月 4 日通过;2001 年 4 月 28 日第 2 次修订,2013 年 6 月 29 日修订)、《企业所得税法》(主席令第 63 号,2007 年 3 月 16 日通过,2008 年 1 月 1 日起施行)和《车船税法》(主席令第 51 号,2011 年 2 月 25 日通过,2012 年 1 月 1 日起施行)。其余单行税种法均以授权立法的形式由国务院制定暂行条例。

所得税法是在经济高速发展的外在压力与倒逼机制下渐次整合而形成①,而台湾企业所得税制则是在一贯绵连的公司和税收法制下以自我完善和追求正当性为目标的有序革新中变迁。② 台湾所得税采"两税合一课税制",包括综合所得税和营利事业所得税,合并立法于"所得税法"。大陆所得税为独立课税制,采分开立法模式,对个人所得税和企业所得税分别制定相应的税收法律和配套规定。在技术性规范和诸多法理层面,两岸企业所得税法在纳税主体、征税客体、应税收入和税前扣除项目的方面,除了些许差异客观存在外,往往有着非常多的重叠性考虑和近似性规定。③ 囿于主客观条件,两岸的企业所得税制度在征收管理、税收优惠、避免双重征税、反避税等方面仍存在一些明显的差异。在此种"和而不同"的比较视野下,两岸企业所得税制度在求同存异的基础上,也逐渐会在发展趋势上呈现更多的共同元素,并相互参考借鉴。台湾的个人所得税制度延续国民政府时期的分类综合所得税制,并更为注重租税公平和量能课税。相比而言,大陆的个人所得税制度则脱胎于改革开放的环境孕育,并在市场经济的持续推动中得以渐进发展。就课税对象而言,大陆税法采属人主义兼属地主义,而台湾税法独采属地主义,则更是呈现了两岸之间对于税源管控思路、开放经济理念、税收主权意识的差异以及国际化程度的不同层次。就课税所得和税收要素而言,大陆税法注重形式上的属性识别而台湾税法注重实质上的内涵分析,这亦导致大陆税法仍坚守易于操作的形式正义而非真实法理上的实质正义,而这其中大陆现有经济社会政治文化条件则是起到了"质"的决定性作用。而在政府效能与社会公平两大政策目标选择上,大陆更倾向于前者,而

---

① 从立法层次和规范性文件上看,两岸企业所得税法在立法层次上大体相同,都由税收法律、行政法规和其他规范性文件共同构成;不同点在于大陆企业所得税征收历史相对较短,立法相对较晚,修订变化次数也明显比台湾要少。另外,从实体内容上看,台湾的营利事业所得税法规定得较为详尽,内容上基本接近于大陆《企业所得税法》及其实施条例两者的结合。

② 1998年,台湾进行了重大税制改革,所得税制由原来的公司所得税与股东个人所得税的"两税独立课税制"改为现行的"两税合一课税制"。台湾所得税包括综合所得税和营利事业所得税,前者相当于大陆个人所得税,后者相当于大陆企业所得税。台湾采取所得税合并立法模式,综合所得税和营利事业所得税统一规定在"所得税法"中,并制定施行了"所得税法施行细则"、"所得基本税额条例"、"各类所得扣缴率标准"等配套规定。

③ 两岸在企业所得税制变革还存在另一个面相的趋同性,也即适应高度变化的市场经济环境以及迎合投资人在并购重组中的规则便利性,两岸都在并购重组、投资融资、金融创新等领域的所得税规则中增加了促进资本交易和减轻投资者负担的优化安排。

台湾更偏重于后者,当然这也与两岸空间地域、税制结构和法治水平的各自特点紧密相关。

就商品税法而言,台湾自1986年起通过立法将总额型营业税制调整为加值型营业税制,营业税区分为加值型营业税和非加值型营业税。而在大陆,则是相应分类为增值税和营业税。在大陆,增值税是对销售货物或者提供加工、修理修配劳务以及进口货物的单位和个人就其实现的增值额征收的一个税种,营业税则是以应税商品或应税劳务的营业额为计税依据的一种商品税。台湾自1986年推行加值型增值税而后又在2001年推动营业税法更名,尽管两岸经济社会发展时点和社会政策要求各不相同,但彼时台湾经济转型发展对税制变迁的诉求与当前大陆的结构性减税政策下"营改增"改革却有着异曲同工之处。大陆目前推进的"营改增"试点是在原有营业税差额征收前提下和进一步优化税制、提高租税正当性和积累试点经验基础上而作出的重大改革,且此项改革将在未来一段时间得到进一步强化。而台湾采取将营业税分为加值型营业税和非加值型营业税的"两分法"并以前者为主体构成的思路,正是体现了其顺应经济发展需要、降低整体税负和确保税收公平的价值取向。尽管两岸增值税法和营业税法有共同的目标基础和趋同的技术要素,但两岸的税法规定仍在营业税纳税人、征税范围、税率、减免税、起征点、发票管理和征收程序方面存在一定的规则差异。大陆消费税自1993年税制改革以来,历经2006年的调整到2008年的消费税条例的修订,大陆征税范围正在逐步扩大,正从有限型向中间型靠拢。台湾的消费税税目虽比大陆简化,但其课税面比大陆略广,属于中间型消费税,在取得财政收入的同时相对较好地体现了消费调控政策。两岸消费税法在征税对象与范围、纳税义务人、应税货物种类、税率或税额、免税范围、退税和征收程序方面也存在若干技术上的不同。在关税方面,台湾税法关于关税的规定相对比较简单、纯粹且利于执行,这是由台湾作为出口导向的特定经济体定位所决定的;大陆税法关于关税的规定相对比较复杂、综合且层次较多。就技术规则来看,由于两岸关税法历史演进和产生的特定背景不同,两岸税法中也难免出现一些分歧的看法,但关税的高度专业性和技术性特征也使得两岸税法在关税具体规则设定上的大致趋同。

目前两岸现行的财产税和行为税,主要涉及房产税、资源税、土地税、印花税、车船税和契税等。近些年来,两岸房地产市场均呈现快速发展的趋势,房产税制成为重要的财源工具和调控措施。就两岸比较而言,这样一个基础性前提很重要,即房产税的定位到底是稳定地方财源的积极措施,还是政府整体宏观调控的应对工具?从本质上看,税制结构本身只是一种技术规则,并不天然具备某种功能属性,房产税最初始的功能在于获取财源;但从效果上看,税制变革其实是在社会经济发展中具体呈现和应变的,其功能亦经历不断的自我调适,于是房产税在持续的政府宏观调控中有了其重要定位。相对台湾房产税制改革只是需要进行技术改进特别是房屋估价核价规则更新以及针对特定社会目的而新设奢侈税而言,大陆的房产税制度改革面临更多的外生性体制问题。从长远来看,以房产保有环节征税也即房产税为主的财产税制设计应是大陆最为上选的税法安排。就大陆而言,其土地使用税制建立在改革开放后因土地流转而产生土地价值功用的基础上,其税法安排采取相对笼统但便于征收的方式,以利迅速推进税法规则的有效实施,并高度尊重各地方的因地制宜;就台湾而言,其地价税开征则立基于围绕"平均地权"的社会政策而推动,其税法规则通过较为复杂的税率结构和阶梯性减免税技术来实现,但由于地价的区域性差别各县市仍有一定自主性,在程序事项上稽征机关附则有相当的告知义务。大陆土地增值税的问题还在于其不确定的预征和清缴制度,使得其征收管理透明度大受质疑,其未来改革应倾向于房地分离及避免所得税重复课征的基本路径。目前,台湾制订了"遗产及赠与税法",开征了遗产税;尽管大陆学界和实务界对开征遗产税不持异议,但对于何时及如何开征遗产税仍有分歧。台湾"遗产及赠与税法"在课税对象及范围、纳税义务人、减免及扣除、估价、税率与计算、征收程序方面有诸多成熟成型的规定,可供未来大陆遗产税立法参考和借鉴。另外,两岸税法在印花税、契税和车船税等税种的规定方面,除了局部、个别和零散的差异性存在外,其余内容大体相同,并体现两岸各自的经济社会发展特点。

税收程序和税收司法的相互关系在于,当税收程序不能通过行政救济的方式得以妥善的情形下,税收司法作为最后定纷止争的处理机制而对税收实体及程序事项作出最终的具有法律拘束力的判决和结论。"税捐稽征法"自公布日至今进行了21次修订,最新一次修订是2013年5月29日修正公布第12条之1(租税规避及纳税调整之界定等)、第25条之1(小额税款免予处理)及第39条(强制执行)条文。① 而在此前的2009年5月13日和2010年1月6日的两次重要修订中,则分别确认了实质课税原则和纳税人权利保护原则的法律条文化。② 尽管大陆近年来启动了《税收征收管理法》的修订工作,但目前仍有效且实际执行的税收程序法仍是2001年4月8日通过并在同年5月1日起施行的《税收征收管理法》。就大陆于2013年6月7日公布的《税收征收管理法修正案(征求意见稿)》具体内容来看,目前的关注点在于与行政法律的衔接、纳税信息共享、加强个人纳税人税收征管等方面③,未来大陆《税收征收管理法》的适时修订,应沿着将实质课税原则与纳税人权利保护原则条文化、进一步细化和优化税收征管程序以及渐进完善税收强制措施和税务救济的方向发展。相较而言,台湾的税收文化较为发达,纳税人权利意识和依法纳税的观念以及稽征机关严格遵循税法实体和程序性规定,使得整体税收法治环境较为优越,而在此种背景下的税收司法更能突出体现其权威性、最终性和正当性。对于税法学理和税法原则的贯彻和推动,是需要依靠税收法院和税收司法来完成的。就两岸税收司法而言,虽然两岸均未设立单独的税务法院系统,但台湾"最高行政法院"行政庭有专事税务审理的法官多名,且"司法院""大法官"中亦有多位税法学者罗列其中,此种事实亦能推动税法学理在司法过程中的着力实现。④ 大陆司法改革仍处在一个较长的论证和探索阶段,且目前关注重点在于确保依法独立公正行使审判权监察权以及健全司法权力运行机制⑤,税收司法化及

---

① 2013年5月29日,"总统华总一义字第10200101281号令"修正公布第12条之1、第25条之1及第39条条文。
② 2009年5月27日,"总统华总一义字第09800129201号令"修正公布第47条条文;2010年1月6日,"总统华总一义字第09800326961号令"增订"税捐稽征法"第1章之1章名、第11条之3至第11条之7及第25条之1条文;并修正第44条条文。
③ 参见《国务院法制办公室关于〈中华人民共和国税收征收管理法修正案(征求意见稿)〉公开征求意见的通知》,国务院法制办公室网站,http://www.chinalaw.gov.cn/article/cazjgg/201306/20130600387820.shtml,2014年10月31日访问。
④ 在税收司法过程中,法官们需要依据法律的严格规定和有关税收的客观事实,作出专业的学理判断和价值考量,对某一项税款是否需要征收以及征收多寡的正当性等作出裁决意见。
⑤ 十八届三中全会《决定》在"九、推进法治中国建设"中论及司法改革时,分别列明"(32)确保依法独立公正行使审批权检察权"和"(33)健全司法权力运行机制"。参见《中共中央关于全面深化改革若干重大问题的决定》,人民出版社2013年版,第33—34页。

其相关配套制度和措施建设暂未放在较为突出的位置①,这也使得大陆税收司法改革可能会需要一个相当长期的过程。

回到宏观税收体制的立场,考察两岸税制结构和税种框架,不难发现,两岸现行税制在推动经济发展和促进社会公平方面仍有待进一步完善。两岸改革的共同点在于遵循循序演进和推动法治化的基本原则,其差异性则在于:大陆的税制改革将会是在宏观结构和技术规则上较大幅度的综合调整,而台湾的税制改革则是在具体细部的制度规则和技术要点上进行适当完善。就大陆而言,现行税制中仍不完全适应打造经济升级版的要求的部分主要存在于:一些行业还没有纳入营业税改征增值税范围,不能更好地促进产业结构升级和现代服务业发展;一些消费品还没有纳入消费税征收范围,调节消费和促进资源节约等方面作用发挥得不够充分;资源税改革有待深化,环境税制缺失,不能完全满足建设资源节约型、环境友好型社会的要求。而与调节收入分配、促进社会公平的要求相比,大陆现行税制同样存在一些不适应的地方。主要是:初次分配和再分配的税收调节机制尚不完善;直接税比重偏低,影响税收调节收入分配的力度;个人所得税调节收入分配的作用有待增强;财产税制不健全,对财富分配的调节力度不足。因而,迫切需要积极深化税制改革,缓解和调节收入分配方面的矛盾。②就台湾而言,"行政院"赋税改革委员会和主管财税部门紧密围绕租税更公平的基准目标,积极提升施政绩效,在健全税制、衡平税负、机动降税、稳定物价、简化税政和革新便民等方面作出不懈努力。相较大陆而言,台湾整体税制较为完善,各主体税种短期没有作重大改革的必要性和可能性,更多的是涉及具体税法规定和稽征实务的优化和调整。从"财政部"2014年财税新措施记者会上发布的多项财税新措施来看,基本涉及技术规则和操作要点的更新和完善,具体包括综合所得税各式凭单免填发;2013年度免税额及扣除额配合物价指数调高;遗产税不计入遗产总额及各项扣除额金额按物价指数

---

① 十八届三中全会《决定》在"三、加快完善现代市场体系"之"(13)深化科技体制改革"中,提出"探索建立知识产权法院"。但《决定》并未就税务法院等有关相关表述。参见《中共中央关于全面深化改革若干重大问题的决定》,人民出版社2013年版,第14—15页。
② 参见王军:《深化税制改革 服务发展大局》,载《求是》2013年第24期。

调高;调增无实体电子发票专属奖中奖组数及统一电子发票格式等。①

尽管作为普遍规则和指导原则的共同税法学理推动并改善着两岸的具体税法实践,但在理解和掌握两岸税法过程中,还要注重两岸税法实践中各自规则体系中的关键要素及其时代变迁。就台湾而言,除了关注最新的税法学理②,还需要通过"立法院"追踪最新的民意立场走向和通过"司法院大法官释字"了解最新的类型化的税法解释。与此同时,在台湾"行政法院"历年作出的涉及避税防杜、纳税人协力义务、溢缴税款返还请求权、实质课税等具体税务案件判决中,亦可洞悉和了解税务案件的审理思路和基本观点。③ 就大陆而言,注重执政党财税政策在大陆税制建设和税法发展中的更为高阶的宏观指导性,以及财政部和国家税务总局发布的最新的部门规章和规范性文件。④ 大陆特定的政治制度使得执政党政策和国家法治建设的紧密相关性,税制改革及税法变迁的步伐往往随着历次中共中央文件的出台而规律性脉动和回应。以"税收法定原则"为例,十八届三中全会《决定》将"落实税收法定原则"写入后,各税种的法律化进程将会明显加快,税收优惠政策也会在税收法定原则下得到比较系统的规范和清理。与此同时,具有大陆本土化的特定执法口径和司法环境也应作为整体鸟瞰大陆税法及其

---

① 参见《"财政部"2014年财税新措施》,载台湾"财政部"网站,http://www.mof.gov.tw/ct.asp? xItem=74939&ctNode=2422&mp=1,2014年10月31日访问。

② 如近两年对于宗教团体、非营利组织课税议题,则有较多学者论及。参见范文清:《宗教团体之地价税优惠与信赖保护——"最高行政法院""一〇〇年度"判字第八一一号判决评析》,载台湾《月旦法学杂志》第206期,2012年7月,第21—35页;黄士洲:《修行团体所涉所得税、营业税争议》,载台湾《月旦法学杂志》第206期,2012年7月,第36—51页;黄源浩:《法国税法上的非营利组织课税问题》,载台湾《月旦法学杂志》第206期,2012年7月,第52—66页;蔡孟彦:《试论公益团体租税减免之基础与调整——以日本法制为核心》,载台湾《月旦法学杂志》第206期,2012年7月,第67—72页;许育典、封昌宏:《宗教团体捐赠收入课税的法律分析》,载台湾《月旦法学杂志》第220期,2013年9月,第206—226页;等等。

③ 近年来台湾行政法院的税法判决评析,参见葛克昌:《租税法发展专题回顾:近年来行政法院判决之分析》,载《台大法学论丛》第40卷特刊,2011年10月,第1907—1944页。2010年起,台湾学者葛克昌教授每年定期出版"资诚创新课程法学讲座丛书",目前已出版《避税案件与行政法院判决》(台湾翰芦出版社2010年版)、《纳税人协力义务与行政法院判决》(台湾翰芦出版社2011年版)、《溢缴税款返回请求权与行政法院判决》(台湾翰芦出版社2012年版)、《实质课税与行政法院判决》(台湾翰芦出版社2013年版)等数本,其中税法案例及其评析亦可供重要参考。

④ 自2012年新任领导人履新后,通过执政党和国务院文件形式先后通过或发布了《坚定不移沿着中国特色社会主义道路前进 为全面建成小康社会而奋斗》(中共十八大报告,2012年11月8日)、《关于深化收复分配制度改革的若干意见》(国务院文件,2013年2月5日)、《中共中央关于全面深化改革若干重大问题的决定》(中共中央文件,2013年11月12日)。

运行的重要方面。由于两岸经济社会发展程度和纳税人法治意识的差异性存在,大陆税务机关的执法口径及其与纳税人的相互关系,与台湾的相应实践存在着较大的不同。尽管国家税务总局在大陆税务系统中加强了"依法组织财政收入"的观念宣导,但"过头税"、"藏税"、"养税"的不合理税收实践可能仍会延续一段时间。① 在大陆,纳税人不愿或不敢与税务机关理论甚至是"打官司"的观念非常普遍,这也在客观上导致了大陆税务行政复议和税务诉讼案件案件数量极低的事实格局。令人尴尬的是,大陆不同地区的多数税务机关主管负责人认为,目前由国家税务总局主导的贯彻"依法征税"理念是指单向度的税务机关严格依照法律规定征税,但却忽略了税收法治的另一个向度,即税务机关应充分尊重纳税人有权依据法律规定享有复议或起诉的救济权,并积极配合纳税人行使该项权利。② 不过,从中长期看,伴随大陆法治中国建设进程的渐进提速,各级税务机关的法治水平已在稳步提升中,可以预期未来大陆税收法治将会进展到在一个相对完善和比较适当的程度内。

两岸的税法研究有着高度的共同点,但结合两岸的具体实践,却也衍生出不同的发展方向。大陆的税法研究开始关注财税体制,并融合财政法形成新的财税法学大概念,同时为转型时期的大陆财税体制改革和法治建设提供理论设计和政策咨询,并为具体税种立法提供专家意见。台湾的税法研究更加注重税法学理的深度挖掘,基于其良好法治环境,在立法、行政与司法的三造格局中推动学理研究与税法判决的良性互动,并积极指导和推

---

① 在大陆税务实践中,"过头税"、"藏税"、"养税"作为客观现象一直存在。"过头税"是指在税收收入欠佳的年度,为完成上级税务机关和本级政府的税收任务,地方税务机关在一定程度和范围内将以后年度的税收安排在本年度征收,已完成当年度核定指标;"藏税"、"养税"是指在税收收入丰盈的年度,为了稳定以后年度的增长基数以及避免和填补以后年度出现税收收入欠佳情形,在当年度完成既定增长指标后,即在一定程度和范围内将本年度税收安排在以后年度征收。近些年来,国家税务总局加强了依法征税的宣导和执行的力度,此种情形已经得到极大收敛,地方税务机关的依法征税意识已经得到很大提高。

② 比如,在部分税务稽查及复议案件中,纳税人希望复印税务机关相关稽查资料甚至是取之于纳税人自身的会计账簿或原始凭证,税务机关都心存顾虑,担心不利证据被纳税人掌握,而以税务规范性文件有相关规定为由并解释为案件正在处理而"只能查阅",以约束纳税人。

动台湾税法制度的持续修订与完善。① 此种两岸学界动向的差异性产生,与大陆法学研究的基本立场和功能旨趣是密切相关的②,且在大陆现行学术体制和实践对理论的内在需求格局下,面向应用的政策研究亦是非常重要的。大陆学者认为,财税法学研究应与国家治理和法治建设联系,形成"理财治国"之观点,唯有依法"理财"而"聚财",才能使"治国"具有正当性。③ 与此同时,财税法治可以称得上是"牵一发而动全身"的核心环节,如果灵活、有序地运转起来,必然能够温和、稳妥地推动政治、社会等各项改革的整体进程。④ 而基于在公法上对私人财产权保护的需要⑤,财税法作为"公共财产法"的理论观点也开始成形,渐进成为财税法学新的理论定位⑥,并已然与经济法出现研究分野。⑦ 从更全局的视角来观察,大陆全面深化改革已经进入深水区,而财税法治是全面深化改革的突破口和国家治理现代化的基石。⑧ 大陆财税法研究不仅需要深入财税法的基础性法理,还需要推动大陆

---

① 财政法学虽与税法学尚未呈现高度融合之势,但也开始成为重要研究方向,并藉此约束政府财政行为。关于财政法学之必要性论证,参见蔡茂寅:《财政作用之权力性与公共性》,载《台湾大学法学论丛》第25卷第4期,1996年7月,第53—76页。
② 有大陆学者以研究旨趣与思维方式为标准,法学研究可区分为法律理论研究和法律工程研究。参见姚建宗:《法学研究及其思维方式的思想变革》,载《中国社会科学》2012年第1期。
③ 参见刘剑文、侯卓:《"理财治国"理念之展开——另一种国家治理模式的探索》,载《财税法论丛》第13卷,法律出版社2013年版,第4—31页。
④ 参见刘剑文:《财税法治的破局与立势——一种以关系平衡为核心的治国之路》,载《清华法学》2013年第5期。
⑤ 传统学理上财产权保障不及于税课的见解,已受到最适财产权税课理论的突破。相关梳理及检讨,参见葛克昌:《纳税人财产权保障》,载葛克昌:《行政程序与纳税人基本权》(第三版),台湾翰芦图书出版有限公司2012年版,第439—464页。
⑥ 参见刘剑文:《公共财产法视角下的财税法学新思维》,载《财税法论丛》第13卷,法律出版社2013年版,第66—73页;刘剑文、王桦宇:《公共财产权的概念及其法治逻辑》,载《中国社会科学》2014年第8期。
⑦ 两岸关于经济法的界定各不相同。台湾学界所称经济法通常是指产业法、竞争法、媒体法等涉及经济领域的法领域,且往往与财税法分别设建,如台湾大学法律研究所就单设财税法和经济法组别;大陆学界所称的经济法,通常基于国家协调经济观念的法领域,通常包括市场规制法和宏观调控法,而财税法被视为宏观调控法之构成。但随着社会经济发展和法理研究进步,财税法的公共财产法性质已经不能用宏观调控法予以涵盖。财税法与经济法已成为相对独立的法学科、法部门和法领域。参见熊伟:《走出宏观调控法误区的财税法学》,载《财税法论丛》第13卷,法律出版社2013年版,第74—31页。
⑧ 参见刘剑文:《论国家治理的财税法基石》,载《中国高校社会科学》2014年第5期。

财税法治建设乃至国家法治建设的进程。① 相较而言,台湾的政治经济制度已经基本成熟稳定,民主体制和法治建设较为完善,法学界的努力更多地是为政府财税行政构建更多的制度理论假设并提供实践中的正当性基础,并藉此保护纳税人权利。通过对两岸财税法理论研究现状及趋势的前瞻性分析,可以发现两岸财税法研究的最终目标其实是殊途同归的,也即,均以推动法治建设和纳税人权利保护为主旨目标,以共同增进两岸民众福祉。在当前和今后一段时间,两岸税制建设和税法发展都面临着共同的机遇和挑战。随着金融风暴和欧债危机的持续深化,两岸经济发展进入新时期,陆资来台投资、台商返台投资、两岸经贸团体互设联络机构、两岸互设代表处等新情况、新机遇和新政策不断出现,两岸投资、经贸、科技、教育和文化等交流也得以显著加强,在此种大背景下,两岸税法研究亦承担更重要的使命,也即,两岸理论界和实务界携起手来,相互借鉴,相互学习,共同创建两岸税收法治美好愿景,并构建面向共同市场、一体化和更加便利的两岸税制框架和法治环境。

---

① 十八届三中全会《决定》在"五、深化财税体制改革"中专章论述财税体制改革时首次明确指出:"财政是国家治理的基础和重要支柱,科学的财税体制是优化资源配置、维护市场统一、促进社会公平、实现国家长治久安的制度保障。"除此之外,《决定》还在"二、坚持和完善基本经济制度"、"四、加快转变政府职能"、"九、推进法治中国建设"、"十、强化权力运行制约和监督体系"等章中对财税体制改革和财税法治建设有所涉及。参见《中共中央关于全面深化改革若干重大问题的决定》,人民出版社2013年版,第19—21页、第7—15页、第16—19页、第31—35页、第35—38页。

第一章　历史源流、制度变迁与现代实践
——两岸税法沿革及其社会基础

司马迁曰:"自虞、夏时,贡赋备矣。"① 孟子曰:"夏后氏五十而贡。"② 中国传统赋税制度在夏朝时期就已经产生了。在 2000 年中华文明和赋税制度发展的宏大背景下,大陆税法和台湾税法只是在最近数十年风云际会中存在各自发展空间,而在本源意义和传承基础上,两岸税法则是同根同宗,一脉相承。不管是在思想观念和文化传统上,还是在制度体系和法系属性上,两岸税收体制和法律制度都具有高度的统一性和契合性。在经济发展和税制规范愈加国际化的当下,随着两岸投资、经济贸易和人员往来的进一步开放和发展,两岸税收制度正朝向求同存异和殊途同归的方向持续变迁和渐进发展。目前,大陆已经成为台湾最大的贸易伙伴、最大的出口市场和最大的贸易顺差来源地。近些年来,两岸税法学领域的学术交流和理论研讨日益频繁,无论是在传统财税观点的传承方面,还是在现代法治理论的发展方面,都取得了非常丰硕的研究成果。与此相对应,在两岸税法理论界的引领和指导下,两岸税法实践方面也有着长足的进步和相当程度的发展,特别是在纳税人权利保护方面,两岸都通过立法或通过发布较高位阶的法律政策的方式来予以高度重视和切实推进③,并通过具体的政策措施和税法案

---

① 《史记·夏本纪》。
② 《孟子·滕文公上》。
③ 2009 年 11 月 6 日,国家税务总局发布《关于纳税人权利与义务的公告》(2009 年第 1 号公告)。该《公告》首次以税收规范性文件的形式,将《税收征收管理法》及相关法律法规中有关纳税人权利与义务的规定进行了归纳和整理,并将 14 项权利和 10 项义务逐一列明。据国家税务总局的官方口径,《公告》发布有三个目的:一是便于纳税人维护自身权益,二是促进纳税人纳税遵从度,三是规范税务机关的管理服务行为。尽管公告仅仅是一项宣示性的规范性文件和法条汇编,但是仍然有着重要的跨时代意义。毕竟,《公告》明确而具体地提出了纳税人权利保护的政策语词。2 个月后,也即 2010 年 1 月 6 日,台湾"税捐稽征法"启动立法程序,吸收税法学界的纳税人基本权保障建议,新增列条文"第一章之一　纳税义务人权利之保护",而首度将纳税义务人权利保护予以立法明文规定。从此,纳税不仅是人民之义务,更是受"宪法"保障之权利,此举在台湾税法实践上也无疑成为划时代的里程碑。

例实践得以彰显和实现。相较而言,基于经济发展的相对完善和法治水平相对较高的客观情形,无论是在税收立法层面、税收执法层面还是税收司法层面,台湾的法治环境整体优越于大陆。但大陆作为世界上最为重要的经济体之一,其经济总量和后发优势又使得大陆的税收政策体现出充分的灵活性和特殊的因应性,且在货币政策等相关政策的综合配套下,能有效地参与政府调控和管制宏观经济。从整体面上讲,两岸税法的理论与实践,也开始呈现出相互借鉴、取长补短的大致趋势。

第一节 两岸税法的制度框架比较

从 20 世纪 20 年代开始,国民政府便确定了相对较为初步的税制体系和征收原则,并按照当时经济发展水平和具体政策需要,颁布了一系列税收法律法规,保障和规范国家税收征收行为。1931 年,国民政府颁布中国第一部《营业税法》;1936 年,国民政府颁布了中国第一部《所得税暂行条例》,并于 1943 年颁布了中国第一部《所得税法》。这些税法的颁布对两岸的税法体制都产生了积极而深远的影响。从某种意义上讲,1911 年至 1949 年的国民政府税制,既有继承晚清税收改革的一面,又有在独特的历史条件下逐步资本主义化的一面,是中国税制发展承前启后的过渡阶段和现代税收思想起飞的创造时期,比较规范的现代化中国税制正是建立在这个时期。[①]1949 年以后,由于两岸分治的事实局面客观存在,大陆和台湾在税制建设和税法改革的具体选择上呈现出不同的思路和观点,但在综合框架和大体格局上基本趋同。为尽快统一税政和恢复全国经济,我国政务院在 1950 年 1 月 30 日颁布了《全国税政实施要则》,初步建立了统一的新税制体系。《全国税政实施要则》除规定征收农业税外,还要求开征货物税、工商业税、盐税、关税和薪给报酬所得税、存款利息所得税、印花税、遗产税、交易税、屠宰税、房产税、地产税、特定消费行为税和车船使用牌照税等 14 种税。其中,遗产税、薪给报酬所得税实际并未征收。而在此后的数十年内,大陆进行较大规模的税制改革,基本形成了 1994 年分税制改革形成的税制体系格

[①] 参见曾国祥主编:《赋税与国运兴衰》,中国财政经济出版社 2013 年版,第 227 页。

局和 2003 年以来"简税制、宽税基、低税率、严征管"的税制改革原则。2013 年 11 月,中共十八届三中全会通过了《中共中央关于全面深化改革若干重大问题的决定》,又推动了新一轮的财税体制改革。1946 年,国民政府对税收制度作了一系列调整,把统税改为货物税,停征了出口关税,并开征了遗产税。从 20 世纪 50 年代起,台湾根据经济社会发展要求和回应民众税制改革愿望基础上,依托"行政院"赋税改革委员会,先后进行了多次重要的税制改革,并培育和建构了以追求"税收更公平"为基本主旨且较为完善的税制体系和税法制度。

(一)历史沿革:一脉相承下的两个分支

大陆和台湾从 20 世纪 50 年代起都进行了多次税制改革和税法更新,理论界和实务界对两岸税制演进具体阶段的划分和理解可能存在不同看法,但在基本面上也大致统一。一个总体性的观点是,虽然不同时期特定政治经济文化的差异性客观存在,但两岸税制改革和税法发展的基本方向和具体措施仍具有相当的趋同性,这也使得两岸税法更为细致的比较在技术和规则上成为可能。与此同时,也只有在对两岸税法历史演进和社会文化作更深入了解和掌握的基础上,方能更好地研判和识别两岸税制和税法存在异同的必然性和客观性。从制度梳理和改革动因的角度观察,不难发现:大陆税法往往以执政党特定的历史性会议为契机进行调整,而台湾税法的变革则更多地是基于因应经济社会发展的特定阶段和特定的政策要求。此种情形的出现,往往也是由两岸不同的政治制度和社会政策所决定的,特别是 20 世纪 80 年代以来,大陆的税法调整更倾向于稳中求进,并在重点突破时往往会根据具体税种情况采取"先试点,后铺开"的推进方式,这样可以积累经验并减少决策风险,但可能破坏了税法制度的严肃性和统一性;台湾的税法变革则更加注重因应经济发展和国际市场的普遍规律,注重税制改革对社会现实和民众需求的呼应,通过既定的民主体制进行税收立法并通过高效行政体制贯彻执行,而台湾税制变革存在的问题在于,尽管税制是纯粹的经济问题和技术领域,但因为政党政治和选举文化的存在,税制变革和税法发展也具有一定的政治性,有可能导致未能兼顾社会多元利益的平衡和稳定。①

1. 大陆税法演进

大陆税制概况和税法变革，与中央和地方的财政体制和税权关系紧密相连。大体上讲，大陆和地方的财税体制和税权关系的演进可以区分为三个阶段：一是1950年至1979年的"统一领导、分级管理"阶段；二是1980年至1993年的"财政包干"阶段；三是1994年至今的"分税制"阶段。与这三个阶段相对应，中央和地方政府在税权配置上也可大致分为三个时期：一是"强中央财政时期"，中央财政收入站全国财政收入的70%以上；二是"弱中央财政时期"，中央财政收入占全国财政收入的30%左右；三是"中央财政相对增强时期"，中央财政收入站全国财政收入的50%左右。② 但是具体而言，不同时期的税制情况又有着不同的特点。总体上，基于集权文化传统和现实政治需要，大陆税制体系仍呈现"中央财政优位"的基本态势，以保障中央政府足够的财力进行国家治理和宏观调控。1994年分税制以来，先后召开过两次重要的执政党三中全会③，并均对税制改革作出部署安排。2003年10月，中共十六届三中全会通过了《中共中央关于完善社会主义市场经济体制若干问题的决定》，对分步实施税收制度改革作出了相应的部署。2013年11月，中共十八届三中全会通过了《中共中央关于全面深化改革若干重大问题的决定》，又对新一轮的财税体制改革和法治建设提出了新的政

---

① 有大陆学者对大陆存在的民众需求和媒体热议而对立法者形成压力，立法者基于信息不对称而偏离正当理性的压力型立法现象进行了分析，认为立法者应重塑信息能力并坚持立法的理性原则。此种观点对两岸税法发展有重要启示意义，即税收立法在响应部分纳税人呼声的同时，也应坚持理性课税原则而保障纳税人整体权益和福祉。参见吴元元：《信息能力与压力型立法》，载《中国社会科学》2010年第1期。

② 吕冰洋：《税收分权研究》，中国人民大学出版社2011年版，第7页。

③ 三中全会是指中共某届全国代表大会选出的中央委员会召开的第三次全体会议的简称。目前，中共全国代表大会每5年召开一次。按照中共政治惯例，每届中共中央的一中全会往往是紧接在党的代表大会之后召开，主题是"人事"，讨论选举中央最高领导层，比如选举政治局常委，通过中央书记处成员，决定中央军事委员会组成人员等。而二中全会，则是在全国"两会"（全国人民代表大会和中国人民政治协商会议，每届5年，每年3月在北京召开）换届前召开，主要讨论的是新一届国家机构的人事问题。而到了三中全会，每届中共中央及国家机构的人事问题已经安排妥当，可以全力投入国家的发展和改革问题。历届三中全会往往带有每届中央领导集体的烙印，往往可以通过观察三中全会的举措，来发现本届中央领导集体的施政特点。

策指要。①

（1）始于 1950 年的税制改革和税法演进。随着 1952 年恢复国民经济的任务完成，为配合进行社会主义改造，大陆在 1953 年 1 月起实施修改后的工商税制。1952 年 12 月 31 日，政务院发布了《关于税制若干修正及实行日期的通告》，同时公布了《商品流通税试行办法》等配套规定，并自 1953 年 1 月 1 日起执行。主要内容涉及：试行商品流通税；修订货物税、工商业税、印花税、屠宰税、交易税和城市房地产税；将棉纱统销税并入商品流通税；特种消费税改称文化娱乐税，原电影、戏剧及娱乐部分税率不变；筵席、冷食、旅店和餐厅部分并入营业税；等等。② 1953 年至 1956 年，大陆完成了对农业、手工业和资本主义工商业的社会主义改造，自此大陆经济结构变为单一的社会主义经济。1958 年 6 月 3 日，一届全国人大常委会第 96 次会议通过《农业税条例》，并于当日施行。同年 9 月 11 日，一届全国人大常委会第 101 次会议通过《工商统一税条例》，当月 13 日由国务院公布施行，对原工商税制进行了重大改革。主要内容涉及：将原来的商品流通税、货物税、营业税、印花税合并为工商统一税；简化纳税环节和纳税办法；等等。③ 1972 年 3 月，国务院批转财政部报送的《关于扩大改革工商税制试点的报告》，附发《工商税条例（草案）》，决定当年试点，1973 年全国试行。此次改革的主要内容涉及：合并税种，将工商统一税及其附加、城市房地产税、车船使用牌照税、盐税和屠宰税合并工商税；简化税目、税率；改革不合理的规定，下放给地方部分税收管理权；调整少数行业的税率。④

---

① 十八届三中全会《决定》在"五、深化财税体制改革"中专章论述财税体制改革时首次明确指出："财政是国家治理的基础和重要支柱，科学的财税体制是优化资源配置、维护市场统一、促进社会公平、实现国家长治久安的制度保障。"除此之外，《决定》还在"二、坚持和完善基本经济制度"、"四、加快转变政府职能"、"九、推进法治中国建设"、"十、强化权力运行制约和监督体系"等章中对财税体制改革和财税法治建设有所涉及。参见《中共中央关于全面深化改革若干重大问题的决定》，人民出版社 2013 年版，第 19—21 页、第 7—15 页、第 16—19 页、第 31—35 页、第 35—38 页。
② 1953 年 1 月 1 日，修正税制方案开始实施，但由此引发了一场震动高层的严重风波。1953 年 6 月至 8 月召开的全国财经工作会议对于修正税制提出了严厉批评，同时提出了过渡时期的税收任务和税收政策。
③ 1958 年，我国实施了 1949 年以来第二次大规模的税制改革。1958 年 6 月至 9 月，一届全国人大常委会先后完成、初步完成了农业税和工商统一税的立法工作，调整了税收管理体制。
④ 此次改革是 1949 年以来实施的第三次大规模税制改革。1972 年 11 月 23 日，财政部先后发出《关于试行工商税有关问题的解释》《关于在全国范围内减税、免税的规定》《关于工商税若干问题的处理意见》和《关于加强税收计划、会计、统计工作的意见》等配套性指导文件。

(2) 始于 1979 年的税制改革和税法演进。1978 年中共十一届三中全会①后,改革开放和经济建设进入新时期,税制调整和税法更新进入活跃期。从 1979 年到 1993 年,大陆初步建立起包括所得税法、流转税法、财产和行为税法和税收征管法等相对完备的税法体系。1980 年 9 月 10 日,五届全国人大三次会议通过《中外合资经营企业所得税法》和《个人所得税法》,并均于当日起施行。1981 年 12 月 13 日,五届全国人大四次会议通过《外国企业所得税法》,并于当日起施行。② 1983 年 4 月 29 日,财政部发布《关于国营企业征收所得税的暂行规定》。③ 1984 年 9 月 18 日,六届全国人大常委会第七次会议通过《全国人民代表大会常务委员会关于授权国务院改革工商税制和发布试行有关税收条例(草案)的决定》。④ 同日,国务院发布《产品税条例(草案)》《增值税条例(草案)》《盐税条例(草案)》《营业税条例(草案)》《资源税条例(草案)》等 6 个税收条例(草案)和《国营企业调节税征收办法》,均自 1984 年 10 月 1 日起试行。⑤ 1986 年 1 月至 9 月,国务院先后发布《城乡个体工商业户所得税暂行条例》、《房产税暂行条例》、《车船使用税暂行条例》和《个人收入调节税暂行条例》等单行税种条例。1988 年 6 月至 9 月,国务院先后发布《私营企业所得税暂行条例》、《关于征收私营企业投资者个人收入调节税的规定》、《城镇土地使用税暂行条例》、《印花税

---

① 中共十一届三中全会于 1978 年 12 月 18 日至 22 日在北京举行。会议的中心议题是讨论把全党的工作重点转移到社会主义现代化建设上来。会议提出了改革经济管理体制的任务,包括有领导地、大胆地向地方和企业下放权力,大力精简各级经济行政机构,坚决实行按照经济规律办事,认真解决党政不分、以党代政和以政代企的现象。会议还作出了实行改革开放的重大决策。

② 1991 年 4 月 9 日,七届全国人大第四次会议通过了《外商投资企业和外国企业所得税法》,自同年 7 月 1 日起施行,《外商投资企业所得税法》和《外国企业所得税法》同时废止。

③ 该《规定》自 1983 年 1 月 1 日起施行,征税工作自 1983 年 6 月 1 日开始办理。1984 年 9 月 18 日,国务院发布《国营企业所得税条例(草案)》,并自 1984 年 10 月 1 日起施行。此前 1983 年 4 月 2 日,国务院发出通知,批转财政部报送的《关于全国利改税工作会议的报告》和《关于国营企业利改税试行办法》。该《办法》自 1983 年 1 月 1 日起试行,其中规定:有盈利的国营大中型企业根据实现的利润和 55%的税率缴纳所得税;有盈利的国营小企业根据实现的利润和 7%和 55%的 8 级超额累进税率缴纳所得税;营业性的宾馆、饭店、招待所和饮食服务公司缴纳 15%的所得税;实行"利改税"后,遇有价格调整、税率变动,影响企业利润时,除了变化较大并经国务院批准外,一律不作调整;等等。

④ 同日,国务院发出通知,批转财政部报送的《关于在国营企业推行利改税第二步改革的报告》和《国营企业第二步利改税试行办法》。

⑤ 1984 年推动的税制改革是 1949 年以后大陆第 4 次大规模税制改革。同年 10 月,中共十二届三中全会通过的《中共中央关于税收体制改革的决定》中提出了有关税收的措施。

第一章　历史源流、制度变迁与现代实践

暂行条例》等单行税种条例和规定。在此期间,关税立法也得到加强。1991年10月31日,国务院批准新的《海关进出口税则》,并自1992年1月1日起施行。在程序税法方面,1992年9月4日,七届全国人大常委会第27次会议通过《税收征收管理法》,并自1993年1月1日起施行。①

(3)始于1994年的税制改革和税法演进。1993年12月13日,国务院发布《增值税暂行条例》《消费税暂行条例》《营业税暂行条例》《企业所得税暂行条例》《土地增值税暂行条例》,均自1994年1月1日起施行。② 同年12月15日,国务院发布《关于实施分税制财政管理体制的决定》。③ 同年12月25日,国务院发出通知,批转国家税务总局报送的《工商税制改革实施方案》,自1994年1月1日起施行。1994年,大陆据此对工商税制进行了全面性、系统性和结构性的改革。此次税制改革的指导思想是:统一税法,简化税制,公平税负,合理分权,理顺分配关系,保障财政收入,建立符合社会主义市场经济要求的税制体系。在流转税方面,增值税、消费税和营业税构成了改革后的流转税主要组成,并因此分税种颁布了《增值税暂行条例》《消费税暂行条例》和《营业税暂行条例》,统一适用于内资和外资企业。④ 在所得税法方面,合并原国营企业所得税、集体企业所得税和私营企业所得税,并取消国营企业调节税,统一为内资企业所得税并适用《企业所得税暂行条例》;合并个人所得税、个人收入调节税和城乡个体工商户所得税,统一了个

---

① 此前的1986年4月21日,国务院发布《税收征收管理暂行条例》,并自同年7月1日起施行。1993年1月1日《税收征收管理法》施行后,该《暂行条例》废止。

② 自1994年1月1日起,《增值税条例(草案)》《产品税条例(草案)》《营业税条例(草案)》《国营企业所得税条例(草案)》《国营企业调节税征收办法》《集体企业所得税暂行条例》和《私营企业所得税暂行条例》等税法条例和规定同时废止。

③ 《决定》中规定:自1994年起实行分税制财政管理体制,改革的原则和主要内容是:按照中央与地方政府的事权划分,合理确定各级财政的支出范围;根据事权与财权相结合原则,将税种统一划分为中央税、地方税和中央地方共享税,并建立中央税收和地方税收体系,分设中央与地方两套税务机构分别征管;科学核定地方收支数额,逐步实行比较规范的中央财政对地方的税收返还和转移支付制度;建立和健全分级预算制度,硬化各级预算约束。

④ 1993年12月29日,八届全国人大常委会第五次会议通过了《全国人大常委会关于外商投资企业和外国企业适用增值税、消费税、营业税等税收暂行条例的决定》,并自当日施行。1994年2月22日,国务院发出《关于外商投资企业和外国企业适用增值税、消费税、营业税等税收暂行条例有关问题的通知》。

人所得税,并通过了《个人所得税法》。① 在其他税种方面,开征土地增值税,开征统一的房地产税和车船税,取消产品税、盐税、集市交易税、牲畜交易税、特别消费税、烧油特别税、资金税、工资调节税,下放屠宰税和筵席税。在税收征管方面,1995年2月28日,八届全国人大常委会第十二次会议通过了修订后的《税收征收管理法》,并自当日起施行,将增值税专用发票纳入国家税务总局管理②;按照分税制的要求,设立了国税和地税两套组织机构实施税收征管;普遍建立了纳税申报制度并合理划分了中央和各级政府的税收立法权和管理权。③

(4) 始于2004年的税制改革和税法演进。2003年11月,十六届三中全会通过了《中共中央关于完善社会主义市场经济若干问题的决定》,要求按照"简税制、宽税基、低税率、严征管"的原则,稳步推进税收改革。在流转税方面,2004年7月1日起增值税改革在东北地区进行试点,并逐步扩大到中部地区,再到2009年1月1日施行新的《增值税暂行条例》。2006年4月1日起,消费税新增高尔夫球及球具、高档手表、木制一次性筷子和实木地板等项目,并完成配套改革。④ 在所得税方面,全国人大常委会在2005年10月27日、2007年6月29日、2007年12月29日和2011年6月30日先后4次修订《个人所得税法》,将免征额逐步提高到3500元,并扩大了自行申报的范围。2007年3月16日,全国人大常委会通过《企业所得税法》,并自2008年1月1日起施行,实行内外资企业适用所得税法完全统一。在财产

---

① 1993年10月31日,八届全国人大常委会第四次会议对《个人所得税法》进行了修订,并自1994年1月1日起施行。此次修订的主要内容涉及:将个人所得税、个人收入调节税和城乡个体工商业户所得税合并为新的个人所得税;规定居民纳税人和非居民纳税人的标准;调整应税所得和免税项目,并列个体工商户的生产、经营所得等5项应税所得,并规定部分减免税项目;规定工资、薪金所得的每月减除费用为800元;规定工资、薪金所得适用5%至45%的9级超额累进税率,个体工商户的生产、经营所得和企事业单位的承包经营、承租经营所得适用5%至35%的5级超额累进税率。

② 该法第22条第1款修改为:"增值税专用发票由国务院税务主管部门制定的企业印制;其他发票,按照国务院税务主管部门的规定,分别由省、自治区和直辖市国家税务局、地方税务局指定企业印制。"

③ 1994年税制改革,是我国建立社会主义市场经济体制的重大举措,有利地促进了改革开放和经济发展。其初步探索、框架提出、方案出台、完善措施及其历次重要调整,参见刘佐:《中国税制改革三十年》,中国财政经济出版社2008年版,第145—240页。

④ 2009年1月1日起,我国实行成品油价税费改革,取消养路费并提高成品油消费税单位税额。

第一章 历史源流、制度变迁与现代实践

税方面,2007年1月1日起,外商投资企业和外国企业纳入城镇土地使用税的范围。2007年1月1日起,《车船税暂行条例》废止,统一的《车船税法》开始施行。在农业税方面,2005年12月29日,《农业税条例》被废止。① 在增值税改革方面,2012年1月1日起,国务院决定在上海市交通运输业和部分现代服务业开展营业税改征增值税试点改革,拉开营业税改增值税的改革大幕。同年8月,营改增试点分批扩大。2013年4月10日,国务院常务会议决定,自8月1日起,将交通运输业和部分现代服务业营改增试点在全国范围内推开,并适当扩大部分现代服务业范围。② 2013年12月4日,国务院常务会议决定将铁路运输和邮政服务业纳入营改增改革试点。③

(5)始于2013年的税制改革和税法演进。2012年11月8日通过的中共十八大报告就财税体制改革提出指导性意见:"加快改革财税体制,健全中央和地方财力与事权相匹配的体制,完善促进基本公共服务均等化和主体功能区建设的公共财政体系,构建地方税体系,形成有利于结构优化、社会公平的税收制度。"④2013年11月12日,中共十八届三中全会通过了《中共中央关于全面深化改革若干重大问题的决定》(以下简称《决定》)。《决定》单设一章"财税体制改革",对税制改革提出了明确而具体的指导原则。《决定》要求,"深化税收制度改革,完善地方税体系,逐步提高直接税比重。推进增值税改革,适当简化税率。调整消费税征收范围、环节、税率,把高耗能、高污染产品及部分高档消费品纳入征收范围。逐步建立综合与分类相结合的个人所得税制。加快房地产税立法并适时推进改革,加快资源税改革,推动环境保护费改税。""按照统一税制、公平税负、促进公平竞争的原则,加强对税收优惠特别是区域税收优惠政策的规范管理。税收优惠

---

① 参见刘剑文、熊伟:《财政税收法》(第五版),法律出版社2009年版,第199—205页。
② 2013年5月24日,财政部、国家税务总局发布《关于在全国开展交通运输业和部分现代服务业营业税改征增值税试点税收政策的通知》(财税〔2013〕137号)。根据《通知》规定,自2013年8月1日起,在全国范围内开展交通运输业和部分现代服务业营改增试点。
③ 2013年12月12日,财政部、国家税务总局发布《关于将铁路运输和邮政业纳入营业税改征增值税试点的通知》(财税〔2013〕106号)。根据《通知》规定,自2014年1月1日起,在全国范围内开展铁路运输和邮政业营改增试点。与此同时,原《财政部 国家税务总局关于在全国开展交通运输业和部分现代服务业营业税改征增值税试点税收政策的通知》(财税〔2013〕37号)自2014年1月1日起废止。
④ 胡锦涛:《坚定不移沿着中国特色社会主义道路前进 为全面建成小康社会而奋斗——在中国共产党第十八次全国代表大会上的报告》,人民出版社2012年版,第21页。

政策统一由专门税收法律法规规定,清理规范税收优惠政策。完善国税、地税征管体制。"根据我国政治体制和决策模式安排,执政党之重大纲领性文件对国家重大财经经济政策调整和立法规划产生实质性的指导和直接性的影响。① 按照《决定》制定的指导原则,未来税制建设和税法发展拟重点突破的主要领域包括四个方面:首先是保持"两个稳定"。这是税制改革的基调,主要是指:一是稳定税负,二是保持现有中央和地方财力格局总体稳定。其次是落实税收法定。具体来说,一是完善立法,二是规范优惠,三是正税清费。再次是优化税制结构。一是要加大间接税改革力度,推动经济结构优化升级;二是要逐步提高直接税比重,促进社会公平;三是要完善地方税体系,增强地方财力。最后是支持全面改革。这是税制改革的责任,主要涉及:完善慈善捐助减免税制度,制定实施免税、延期征税等优惠政策,以税制改革支持全面改革。②

2. 台湾税法沿革

1895年4月17日,清政府与日本签订《马关条约》,割让台湾、澎湖列岛。在日据时代,日本对台湾实施殖民地政策,依托日本继受西欧的法律制度,建立了相对完备、有效率的司法、户政和地政制度。③ 在税收制度和政策方面,日本统治台湾也借鉴和采用了日本的税收制度和政策。在日本据台之前,台湾经济还处于较为落后的农业经济形态。在20世纪二三十年代日本提出"工业日本,农业台湾"的殖民政策以后,并在岛内大力发展米糖经

---

① 2014年6月30日,中共中央政治局召开会议,审议通过了《深化财税体制改革总体方案》。会议指出,财政是国家治理的基础和重要支柱,财税体制在治国安邦中始终发挥着基础性、制度性、保障性作用。新一轮财税体制改革是一场关系国家治理体系和治理能力现代化的深刻变革,是立足全局、着眼长远的制度创新。会议认为,深化财税体制改革的目标是建立统一完整、法治规范、公开透明、运行高效,有利于优化资源配置、维护市场统一、促进社会公平、实现国家长治久安的可持续的现代财政制度。重点推进3个方面的改革:改进预算管理制度,强化预算约束、规范政府行为、实现有效监督,加快建立全面规范、公开透明的现代预算制度;深化税收制度改革,优化税制结构、完善税收功能、稳定宏观税负、推进依法治税,建立有利于科学发展、社会公平、市场统一的税收制度体系,充分发挥税收筹集财政收入、调节分配、促进结构优化的职能作用;调整中央和地方政府间财政关系,在保持中央和地方收入格局大体稳定的前提下,进一步理顺中央和地方收入划分,合理划分政府间事权和支出责任,促进权力和责任、办事和花钱相统一,建立事权和支出责任相适应的制度。新一轮财税体制改革2016年基本完成重点工作和任务,2020年基本建立现代财政制度。会议为大陆财税体制改革奠定了顶层设计的政治保障,为当前和未来一段时间现代财政制度的建构指引方向和奠定框架,进一步细化了财政体制改革的系统性、整体性和协同性。
② 参见王军:《深化税制改革 服务发展大局》,载《求是》2013年第24期。
③ 参见王泽鉴:《台湾的民法与市场经济》,载《法学研究》1993年第2期。

济,使得台湾形成了专门生产少数特定农产品的单一经济结构。① 在税收制度方面,日本殖民者在台湾适用了混合了中日两国税制特征的以户税为主但不甚规范的复合型税制,并基于米糖经济政策而在税收上给予农业生产、销售和出口上的优惠。为求政府收入迅速增加以作开发之用,日本殖民者在台湾建立了以间接税为中心的租税体系以及藉由台湾财政补充日本的"殖民地型财政"。② 在第二次世界大战期间,为了积极扩军备战,日本殖民者甚至在台湾征收大东亚战争特别税等,并发布掠夺台湾人民购买外国公债或其他外国债权利息的《台湾外贷债特别税令》。③ 直至 1945 年日本投降,台湾地区形成的一套独特的税收制度,以户税为中心,其主要税种有营业税、所得税、统税、进口关税、盐税、田赋、使用牌照税、印花税、屠宰税和契税等。二战结束后,台湾光复,国民政府因应战后的新形势和新局面调整和完善了台湾当时的财税体制。1946 年,国民政府财政部公布《整理台湾税制五原则》,规定要彻底贯彻租税"公平合理"的宗旨和原则,根据当时具体情况采取提高起征点、降低税率等多种方式整顿和改善复杂繁琐的陈旧税制,进而建构适应当时发展需要的税制体系。

(1) 始于 1950 年的税制改革和税法演进。国民党政府迁台后,经过此前在大陆恶性通货膨胀之后,面对税制繁杂、征管失控的局面,确定从整顿税收、改革税制入手来解决财政困难问题。1950 年,台湾成立了"税制改革委员会",专门负责税制的整顿、规范与改革,并提出了"简化税制,调整税率,统一稽征,划一罚则"的税改方针。这一时期税制改革的要点在于:一是积极推进税收立法,废除原有的税捐摊派课征方式,实施"统一稽征条例"和"统一发票制度",将过去地方征收的户税和省征收的所得税合并,并推行商业会计办法,建立营利事业所得税,等等;二是简化优化税收征管,包括简化税目,降低税率,统一罚则,颁布税种表④,强化税收征收管理,等等。另外,在关税方面,为保护岛内市场,限制消费品进口,扶持幼稚产业的发展,采取

---

① 参见李非:《论殖民地时期台湾经济的基本特征》,载《台湾研究》2003 年第 3 期。
② 参见黄通、张宗汉、李昌槿合编:《日据时代台湾之财政》,台湾联经出版事业公司 1987 年版,第 15—17 页。
③ 参见范忠信:《日据时期台湾法制的殖民属性》,载《法学研究》2005 年第 4 期。
④ 将各税种明列在一个表内,并明告知纳税人,凡未经表列的,纳税人可以拒绝缴纳,以避免稽征机关随意摊派、课征赋税。

高关税政策,这一时期关税税收占总税收的比重平均在20%以上,是历史上最高的时期。1954年建立外销退税制度,但由于此时期仍以台湾岛内销售为主,此一制度显得不甚重要。① 这段时期的具体立法及措施有:1952年5月修订并施行货物税;1954年按照"涨价归公"原则颁布施行"都市平均地权条例"并开征地价税;1951年修正"所得税法",将原先的分类所得税修改为综合所得税与营利事业所得税两大类;等等。整顿后的1950年6月份,台湾各税收入比1949年6月份大幅度增收,有的税收最高的激增30多倍,最低的也激增8倍。1950年全年税收总额比1949年增加1倍,1951年又比1950年增加1倍。②

（2）始于1958年的税制改革和税法演进。20世纪50年代后期,台湾为配合外向型经济转轨需要,开始布局第二轮税制改革。1958年,台湾成立"赋税研究小组",探讨和拓展财税政策措施的经济功能。1960年,台湾制定"奖励投资条例",优化投资环境、扩大税收减免并激励新兴事业的投资,比如采取给予5年免征所得税的税收优惠等措施,以提高投资者的投资收益并减轻其投资风险,从而有利于吸引外资进入和促进经济发展。在"外销品冲退原料税捐办法"中,对外销品的投入所缴关税与货物税准予退税,并建立保税制度。台湾在这时期先后建立了14个保税工厂和19个保税仓库,受托管理13种主要出口商品。这些措施的实施,极大地增加了台湾产品在国际市场上的竞争力。这一时期税制改革的要点在于:一是全面修订"所得税法"。包括:建立所得税申报制度;推行蓝色诚实申报制,增列标准扣除额,并对2年定期存款免税;初步建立以直接税为中心的税制;等等。二是充分发挥税制促进经济功能,以抑制消费和鼓励出口,促使向外向型经济结构转变。这一时期的具体立法及措施有:推进鼓励出口税收政策和外销退税制度;实行高进口关税政策;改革消费税和关税制度,并对可供出口的商品课以较高的消费税;等等。此次税制实施结果,不断促进提高了储蓄,加速了资本形成,提高了就业水准和居民所得,而且将台湾的内向型经济结构转变为外销为导向的外向型经济结构,从而通过税制变革促进了经

---

① 参见张勇勤:《台湾税收制度的改革和存在的问题》,载《华侨大学学报(哲学社会科学版)》1997年第1期。

② 参见石人:《台湾的四次税制改革简介》,载《涉外税务》1991年第1期。

第一章 历史源流、制度变迁与现代实践

济起飞。①

（3）始于1968年的税制改革和税法演进。1968年3月，台湾成立"赋税改革委员会"，以期实现创造公平的税收环境、加快产业升级和提升财政收入为目标的税改规划，并进一步完善税收征收管理。这一时期税制改革重点在于解决经济成长过快与税制结构不相适应，支持基本建设的财力相对不足的矛盾。税制改革的要点在于：一是对税制进行系统检讨、梳理和更新。主要内容涉及：全盘修订"所得税法"，修正诸多重要条款；改进外销冲抵退办法；调整所得税累进税率结构；修订关税和进口管制政策；修订"奖励投资条例"；改进"货物税征稽征办法"；修订"都市平均地权条例"；逐渐推进加值型营业税；新开征房屋税；等等。就所得税而言，在此期间，台湾提高所得税占总税收的比重，并提高税收随所得而增加的弹性；将当时的综合所得税率由3%的累进税率，提高至由6%至60%的累进级距，并提高免税额及标准扣除额，体现量能课税原则；增加加速折旧的规定，使得部分企业延迟纳税成为可能。二是推动征管技术的现代化和规范化。包括：推动设立财税数据中心，将所得、财产等纳税资料集中处理；推进税收征管电算化；设立稽查组织，专责检查复核各类税捐稽征案件；成立财税人员培训所，负责培训财税人员；等等。在这一时期，台湾还进行配套税法改革。比如，1973年"遗产及赠与税法"的修订完成，修正了该法第57条条文；1977年"土地税法"的颁布施行和修正发布"外销品冲退原料税捐办法"；等等。这一时期，尽管所得税的改革仍受争议②，但整体上看，基于因应步入工业社会的时代变迁的评价，台湾税制结构实现了成功转型。③

（4）始于1986年的税制改革和税法演进。此时的台湾经济已经获得较为充足的发展，但由于国际总体经济形势影响，以经济自由化和国际化为

---

① 参见福建省地税局"台湾税收研究"课题组：《海峡两岸税制比较研究》，载《福建论坛（经济社会版）》2002年第10期。

② 参见于宗先、王金利：《台湾赋税体制之演变》，台湾联经出版事业股份有限公司2008年版，第236—237页。

③ 有大陆学者认为，台湾于20世纪60年代完成税制结构的成功转型，得益于经济快速发展的税源基础、税制建设追求公平合理的观念基础、现代直接税制建立的制度基础、财政支出需求不断加大的行动基础以及涉税信息管理能力建设的技术基础。根据台湾税制改革的经验，该学者指出，对大陆而言，税制结构转型实际上是"结构性减税"政策得以实现的基本途径。参见庞凤喜：《台湾地区税制结构转型观察》，载《涉外税务》2013年第1期。

目标的税制优化呼声日盛。在此期间,台湾适逢自由化、国际化与制度化时期,为配合"三化"政策,台湾开始逐年大幅度降低关税,并缩小外销退税的范围,其最后目标是全面取消外销退税制度。① 1986年,台湾再次成立"赋税改革委员会",在两年的时间内对税制的实施情况作全盘检讨,进行税制改革研究,并形成了76份研究报告。这些研究报告诸多建议和意见,在台湾实施的税制改革中得到部分采纳。这一时期税制改革的主要目标有:适足的税收;中立的税制;税负分配的公平合理;税制的多面配合调整;廉能有效的税政。其关键要点在于:一是完善和优化各单行税种。包括:1986年开征加值型营业税,并于1988年公布新的"营业税法";扩大综合所得税税基并调整减免税范围;避免营利事业所得税双重课征;取消民生必需品课征货物税;土地增值税改用比例税率;关税对农产品采用季节性浮动税率;等等。二是根据经济社会发展需要在取消部分税种的同时新增部分新税种。主要包括:1987年取消屠宰税、筵席税、港工捐、商港建设费、教育临时捐等;其后又开征能源税与污染税;等等。在此期间的相关税法改革还有:1985年4月起,台湾实施加值型营业税;1990年底,将"奖励投资条例"修订成"促进产业升级条例";等等。经过此次税制改革,台湾地区的直接税收入比重直线上升,1980年度税收收入中直接税和间接税的比重分别为36.1%和63.9%,到1994年度则分别为55.08%和44.92%。

(5) 始于1998年的税制改革和税法演进。经过多次税制改革,台湾逐步形成以所得税、营业税、货物税为主体的复合税制。为因应20世纪90年代以来的减税潮流,同时也为了解决税负不公、财政不足和税制艰难的困境,台湾自1998年再次开始对税制改革进行规划和设计。这一时期税制改革的要点在于:在所得税方面,1998年实行所得税的"两税合一"制度②,并调整综合所得税的扣除额、免税额。在调整税收奖励措施方面,1999年底和2002年初,先后两次修改"促进产业升级条例",加强与产业升级密切相

---

① 参见张勇勤:《台湾税收制度的改革和存在的问题》,载《华侨大学学报(哲学社会科学版)》1997年第1期。

② 涉及的营利事业所得税的税法规定有:营利事业缴纳的营利事业所得税可以抵扣其个人股东的综合所得税;凡股东适用的边际税率高于公司税率的,应当补税;股东适用的边际税率低于公司税率的,可以退税;公司之间投资取得的股息可以免税;对营利事业未分配的利润加征10%的营利事业所得税,同时取消对保留利润的额度限制;等等。

第一章　历史源流、制度变迁与现代实践

关并且具有外部效益的功能类投资奖励。在营业税改革方面，自1999年7月起，将营业税改为"国税"，并择机改由"国税局"自行征收。在金融税制方面，降低金融业的营业税税率。在进口税方面，改进进口征税办法，自2002年起，改为所有进口货物都在进口环节征税，由海关代征。在财产税方面，自2002年起，土地增值税减半征收两年，由此而引起的地方政府财政收入减少由"中央"政府弥补；调整契税、房屋税，1999年将契税降低了20%，自2001年7月起将房屋税的税率从1.38%降为1.2%，同时将房屋税的计税依据房屋评定标准价格修改为每三年调整一次；研究改革遗产税。在鼓励企业并购税制方面，2002年1月制订的"企业并购法"中规定了许多鼓励企业并购的税收措施。① 在关税方面，实施关税减让政策，降低工业产品的加权平均税率和农业产品的算术平均税率。在境内税收方面，还陆续修改了营业税进口货物完税价格、货物税的完税价格；降低了小汽车的货物税税率；取消了国产汽车的优惠税率和对建立台湾品牌形象支出的投资抵免；并决定以烟酒税取代烟酒专卖制度。②

（6）始于2008年的税制改革和税法演进。2008年5月，台湾领导人进行了更换。马英九上任后，迅速成立"赋税改革委员会"，领导和组织对台湾税制进行了一系列改革。新一轮税制改革以"增效率、广税基、简税政"为基本原则，检讨税收政策，进行包括营利事业所得税、营业税、遗产税等方面的赋税改革，达成经济发展、社会公义、国际竞争力及永续环境为总目标，以期实现"轻税简政、收入充裕"的目标。"行政院"赋税改革委员会和主管财税部门也紧密围绕租税更公平的基准目标，积极提升施政绩效，在健全税制、衡平税负、机动降税、稳定物价、简化税政和革新便民等方面作出不懈努力。具体而言，税改方案主要内容包括：在营利事业所得税方面，下调营利事业所得税率，出台"产业创新条例"③，推动特区税收优惠，免征大陆台商回台

---

① 例如，由于企业合并而发生的印花税、契税、证券交易税一律免征；转移货物、劳务不征收营业税；由于企业合并而随同转移的土地，其土地增值税准予计存，由合并后的企业于该项土地再转让时一并缴纳；已经享受税收优惠的企业或者资产，如果因并购而转移，并购以后可以继续承受税收优惠；等等。
② 参见刘佐：《台湾税制的重要变化》，载《中国税务报》2002年7月29日，第4版。
③ "产业创新条例"取消了"产业区别优惠"，同时对于"功能区别优惠"进行调整，只保留研发、人才培训、营运总部及国际物流配销中心等4项税收优惠。

湾上市的营利事业所得税,研究制定所得税反避税办法;在综合所得税方面,持续推动租税公平原则①;在遗产税及赠与税方面,降低税率至10%的单一税率,提高免税额,海外资金返台可免税;在证券交易税方面,实施证券交易税减征或免征等措施;在土地税及房屋税方面,调整地价税的征税范围并适当调整税率;在营业税方面,授权"财政部"制定购买境外劳务课征营业税的起征点;缩小视同销售等影响税额计算的情形;在其他税种方面,研究开征能源税,实施吨位税,开征特种货物及劳务税;在保护纳税人权利方面,推动纳税人权利保护法律条文化并研究制定行为罚金额上限;在税捐稽征方面,还应推动简化税务与关务行政为主内容的税政改革。台湾是民主体制较为发达的地区,这些施政纲领和税改意见能否完全的真正落地,还需要经由法定的议决程序,方能得以实施。另外,由于税制改革涉及方方面面,新一轮的改革能否顺利立法并有效执行并从而取得预期效果,还有待进一步观察。

(二) 体制变迁:组织机构、征收范围与运行格局

由于特定的历史原因和社会制度,两岸的税收体制在1949年以后呈现各自不同的变迁路径,并随着两岸的经济发展和法治进步而在不同阶段有着不同的发展情势。自改革开放以来,大陆逐渐进入国际政治经济的主流社会并恢复了市场经济的基本框架,税务机关作为专业行政机关的功能性突显,纳税人的权利也开始启蒙和不断提升,各项税收法律制度也开始逐渐完善,税收法定原则也开始得到相应重视并渐进贯彻。1993年12月20日,国家税务总局升格为正部级机构,税务机关在政府序列中的重要性和专业性也进一步突显。按照1994年分税制改革形成的财政管理体制格局,当前税收区分为中央税(国税)和地方税(地税),税务机关也区分为国家税务局和地方税务局两个系统,依据税法规定分别征收国税和地税。② 基于稳定现行财税体制、税负格局和税务机关队伍的考虑,在当前和未来一段时期,国

---

① 具体涉及:下调个人综合所得税最低三个级距的税率,调整综合所得税免税额及各项扣除额,实施勤劳所得租税补贴制度,取消军教薪资所得免税,增加保险费扣除项目。
② 最近几年,大陆一度传出国税、地税合并的消息,但根据中共十八届三中全会《决定》中"完善国税、地税征管体制"的相关表述,大陆国税和地税系统在中短期内合并的可能性不大。参见《中共中央关于全面深化改革若干重大问题的决定》,人民出版社2013年版,第21页。

第一章　历史源流、制度变迁与现代实践

税、地税两大系统并立的格局还将继续存在,并在优化管理基础上继续发挥相应作用。台湾依托其独特的地理位置和相特定的政治制度,持续参与全球化时代的国际市场竞争,其税制格局及其法律制度都较为市场化,在积极回应民众呼声和保护台湾企业利益基础上,采取有效税制改革措施主动适应国际税制的变革和调整。相较于大陆而言,税收法治程度较高的台湾在推动税收法定原则方面成果显著,民意机构对税收事项施行严格而完整的法律保留,所有实体税法和程序税法基本都统一实现了法律化,在这一点上与大陆的"授权立法"存在相当大的不同[①];税务案件的普遍化及其公平审理也使得台湾的税收司法环境比大陆更为优越,且所有判决全文公开的做法也彰显了其相当的司法透明度,而大陆巨大经济体量背景下的税务案件的少量化使得税收法治水平无法获得外界和国际上令人信服的较高评价。

1. 组织机构

1994 年大陆分税制改革是财税体制改革的重要里程碑。[②] 据此,对税收管理机构也进行了相应的配套改革。中央政府设立国家税务总局,是国务院主管税收工作的直属机构。国家税务总局设如下内设机构(正司局级):(1)办公厅;(2)政策法规司;(3)货物和劳务税司(主管增值税、消费税、营业税、车辆购置税等业务);(4)所得税司(主管企业所得税、个人所得税和法律法规规定的基金或费用等业务);(5)财产和行为税司(主管财产与行为各税种及教育费附加等业务);(6)国际税务司;(7)收入规划核算司;(8)纳税服务司;(9)征管和科技发展司;(10)大企业税收管理司;

[①] 在大陆税收法制建设的过程中,由于立法条件不成熟等原因,立法机关采取赋予最高行政机关有限的税收立法权的方式进行授权立法。根据《立法法》第 9 条的规定,尚未制定税收法律的,全国人民代表大会及其常委会可以授权国务院先制定税收行政法规。截至目前而言,以特别授权形式进行的专门的财税授权立法主要是 1984 年 9 月和 1985 年 4 月六届全国人大及常委会对国务院的两次授权。2009 年 6 月 27 日,十一届全国人大常委会第九次会议通过《关于废止部分法律的决定》,将 1984 年 9 月通过的授权决定列入废止的第五项法律规定予以废止。但由于对税收授权立法使用不当,缺乏有效的限制监督机制,授权立法也导致了行政权力的膨胀。基本经济关系由国家制定的法律予以调整是法治国家建设的必然要求,税收立法应当建立以税收法律为主,税收法规为辅的税法体系,授权立法在税法体系中只能处于辅助地位。

[②] 1993 年 12 月 15 日,国务院发布《关于实行分税制财政管理体制的决定》。《决定》明确指出,分税制改革的原则和主要内容为:按照中央与地方政府的事权划分,合理确定各级财政的支出范围;根据事权与财权相结合原则,将各种税划分为中央税、地方税和中央地方共享税,并建立中央税收和地方税收体系,分设中央与地方两套税务机构分别征管;科学核定地方收支数额,逐步实行比较规范的中央财政对地方的税收返还和转移支付制度;建立和健全分级预算制度,硬化各级预算约束。

(11)稽查局;(12)财务管理司;(13)督察内审司;(14)人事司。① 国家税务总局还另设如下事业单位(正司局级):(1)教育中心;(2)机关服务中心;(3)电子税务管理中心;(4)集中采购中心;(5)税收科学研究所;(6)国家税务干部学院(国家税务总局党校);(7)中国税务杂志社;(8)中国税务报社;(9)中国税务出版社;(10)注册税务师管理中心。② 省及省以下税务机构分设为国家税务局和地方税务局两个系统。国家税务局系统的机构设置为四级,即国家税务总局,省(自治区、直辖市)国家税务局,地(设区的市、州、盟)国家税务局,县(市、旗)国家税务局。国家税务局系统实行国家税务总局垂直管理的领导体制。地方税务局按行政区划设置,分为三级,即省(自治区、直辖市)地方税务局,地(设区的市、州、盟)地方税务局,县(市、旗)地方税务局。地方税务局系统的管理体制、机构设置、人员编制按地方人民政府组织法的规定办理。省(自治区、直辖市)地方税务局实行省(自治区、直辖市)人民政府和国家税务总局双重领导,以地方政府领导为主的管理体制。国家(地方)税务局系统依法设置,对外称谓统一为国家(地方)税务局、税务分局、税务所和国家(地方)税务局稽查局,按照行政级次、行政(经济)区划或隶属关系命名税务机关名称并明确其职责。

按照台湾"财政收支划分法"的规定,台湾财政收支系统划分如下:"中央"、"直辖市"、县(市)、乡(镇、县辖市)。台湾税课划分为"国税"、"直辖市"及县(市)税,后两者也称地方税。台湾财政主管部门是台湾最高财税行政机关,其所属负责税务和关务的行政机关和单位包括:(1)赋税署。主管台湾内地税行政业务,业务范围除赋税业务以外,还包括税务稽核和监察等工作。③

---

① 参见国家税务总局网站,http://www.chinatax.gov.cn/n2226/n2227/n2267/index.html,2014年10月31日访问。
② 同上注。
③ 台湾地区主管税务的机构为赋税署。1950年,台湾地区"行政院"颁布了精简机构方案,将"国税署"、"田粮署"和"地方财政司"等单位合并改组成"赋税署"。1976年9月1日,台湾地区"行政院"核定了"赋税署"货物税评价委员会组织规程,并设置了货物税评价委员会,主任委员由台湾"赋税署"的"署长"兼任,掌管货物税完税价格的评定事项。1981年2月,台湾地区公布修订后的"财政部组织条例",并且据此在1982年制定了台湾地区"赋税署组织条例"。依据这一条例,赋税署在1983年1月1日设立,除了原有的赋税业务以外,还增加了税务稽核和监察的工作。2012年2月3日配合"行政院"组织调整公布制定"财政部赋税署组织法",并定自2013年1月1日施行。新机关组织架构,为"中央行政机关组织基准法"所定三级机关,并将原有"财政部赋税署货物评价委员会"及"财政部"中部办公室(赋税业务)依业务属性,分别纳入内部各相关单位。

第一章 历史源流、制度变迁与现代实践

置署长1人,副署长2人,主任秘书1人,下设6组、4室:所得税组(掌理所得税、所得税涉外事务业务);消费税组(营业税、证券交易税、期货交易税、印花税、货物税、烟酒税、特种货物及劳务税);财产税组(遗产及赠与税、土地税、房屋税、使用牌照税、契税、娱乐税、特种货物及劳务税);监察组(税务风纪监察业务);稽核组(逃漏税案件之稽核);稽征行政组(税务行政、信息规划、租税教育及宣传、地方税稽征实务规划及综合规划);秘书室;人事室;政风室;主计室。(2)国税局。具体有:台北市"国税局"(主管台北市"国税"之稽征);高雄市"国税局"(主管高雄市"国税"之稽征);台湾省北区"国税局"(主管新北市及台湾省北区县市包含基隆市、桃园县、新竹县、新竹市、宜兰县、花莲县以及金马地区包含金门县、连江县"国税"之稽征);台湾省中区"国税局"(主管台中市及台湾省中区县市包含苗栗县、彰化县、南投县、云林县"国税"之稽征);台湾省南区"国税局"(嘉义县、嘉义市、屏东县、台东县、澎湖县"国税"之稽征)。① (3)关务署。主管台湾关税行政业务。置署长1人、副署长2人、研究委员、主任秘书1人,设综合规划、通关业务、关务查缉、调查稽核、税则法制、关务信息等6组;秘书、人事、会计、统计、督察、政风等6室。下辖基隆、台北、台中、高雄等4关,各关下设组、室。② (4)财政资讯中心。主管台湾财政资讯处理业务。(5)财税人员训练所。主管新进及在职财税人员训练业务。另外,台北市、新北市及高雄市政府财政局下设税捐稽征处,台中市政府及台南市政府下设税务局负责该市地方税制稽征业务。各县市政府下设税捐稽征处或税务局,负责各该县市地方税之稽征业务。③(以上参见附录2、附录3)

---

① 1967年6月,台湾地区以行政命令的方式规定台湾省各县市的"国税"一律由各县市的税捐征稽处代征。1967年7月1日以后,台北市改为"院辖市",成立了台北市"国税局",负责"国税"的征收;而台北市的地方税则由台北市的税捐稽征处负责征收。1970年3月,台湾"财政部"成立了直属稽核组。1979年7月1日,高雄市改为"院辖市",成立了高雄市"国税局",负责"国税"的征收;高雄市的地方税则由高雄市税捐稽征处负责征收。1992年7月1日,台湾地区又成立了台湾省北区、中区和南区"国税局",同年9月1日各县、市"国税"分局与稽征所正式接管了原来由各县市税捐稽征处代征的"国税",而地方税则仍然由各县市的税捐稽征处负责。

② 关务署成立于清朝咸丰四年(1854年),原名"海关总税务司署",中华民国成立以后,其组织制度,一直沿袭下来,直到"财政部关税总局组织条例"经"立法院"三读通过,"总统"于1991年2月1日明令公布后,正式改名为"财政部关税总局",并于2013年1月1日配合"行政院"组织改造,与"财政部关政司"整并成立"财政部关务署"。

③ 参见台湾"财政部"网站及相关下属单位网站,http://www.mof.gov.tw,2014年10月31日访问。

2. 征收范围

在大陆,按照 1994 年分税制财政体制的规定,国家税务局和地方税务局有着不同的征收范围,具体划分如下:(1) 国家税务局系统负责征收和管理的项目有:增值税、消费税(其中进口环节的增值税、消费税由海关负责代征)、车辆购置税,铁道部门、各银行总行、各保险公司总公司集中缴纳的营业税、企业所得税和城市维护建设税,中央企业缴纳的企业所得税,中央与地方所属企业、事业单位组成的联营企业、股份制企业缴纳的企业所得税,地方银行、非银行金融企业缴纳的企业所得税,海洋石油企业缴纳的企业所得税、资源税,从 2002—2008 年期间注册的企业、事业单位缴纳的企业所得税,对储蓄存款利息征收的个人所得税(目前暂免征收),对股票交易征收的印花税。从 2009 年起,企业所得税的征收管理范围按照有关税收政策的规定调整。① (2) 地方税务局系统负责征收和管理的项目有:营业税、企业所得税、个人所得税、资源税、印花税和城市维护建设税(不包括由国家税务局系统负责征收管理的部分)、房产税、城镇土地使用税、耕地占用税、契税、土地增值税、车船税、烟叶税。② 中央与地方共享收入包括:增值税、资源税、证

---

① 从 2009 年起,企业所得税的征收管理范围按照下列规定调整:(1) 下列新增企业的企业所得税由国家税务局系统负责征收和管理:应当缴纳增值税的企业,企业所得税全额为中央收入的企业,在国家税务局缴纳营业税的企业,银行(信用社)、保险公司,外商投资企业和外国企业常驻代表机构,在中国境内设立机构、场所的其他非居民企业。应当缴纳营业税的新增企业,其企业所得税由地方税务局系统负责征收和管理。(2) 非居民企业没有在中国境内设立机构、场所,而来源于中国境内的所得;或者虽然在中国境内设立机构、场所,但是取得的来源于中国境内的所得与其在中国境内所设机构、场所没有实际联系,中国境内的单位、个人向非居民企业支付上述所得的,该项所得应当扣缴的企业所得税的征收管理,分别由主管支付该项所得的中国境内单位、个人所得税的国家税务局或者地方税务局负责(其中不缴纳企业所得税的单位由国家税务局负责)。(3) 2008 年以前已经成立的跨区经营汇总纳税企业,2009 年以后新设立的分支机构,其企业所得税的征收管理机关应当与其总机构企业所得税的征收管理机关一致。2009 年以后新增跨区经营汇总纳税企业,其总机构企业所得税的征收管理机关按照上述第一条规定的原则确定,其分支机构企业所得税的征收管理机关也应当与总机构企业所得税的征收管理机关一致。(4) 依法免缴增值税、营业税的企业,按照其余缴的上述税种确定企业所得税的征收管理机关。既不缴纳增值税,也不缴纳营业税的企业,其企业所得税暂由地方税务局系统负责征收和管理。(5) 既缴纳增值税,又缴纳营业税的企业,原则上按照其税务登记的时候自行申报的主营业务应当缴纳的上述税种确定企业所得税的征收管理机关。企业办理税务登记证的时候无法确定主营业务的,一般以工商登记注明的第一项业务为准。企业所得税的征收管理机关一经确定,原则上不再调整。

② 其中,少数地区的耕地占用税、契税征收和管理工作还没有从财政部门移交地方税务局。西藏自治区只设立国家税务局,征收和管理税务系统负责的所有项目。但是暂不征收消费税、房产税、城镇土地使用税、契税和烟叶税。海关系统负责征收和管理的项目有:关税、船舶吨税。此外,负责代征进口环节的增值税、消费税。

第一章　历史源流、制度变迁与现代实践

券交易税。增值税中央分享75%,地方分享25%。资源税按不同的资源品种划分,大部分资源税作为地方收入,海洋石油资源税作为中央收入。证券交易税,中央与地方各分享50%。2001年12月31日,国务院发布《关于印发所得税收入分享改革方案的通知》(国发〔2001〕37号)。该《通知》指出,2002年所得税收入中央分享50%,地方分享50%;2003年所得税收入中央分享60%,地方分享40%;2003年以后年份的分享比例根据实际收入情况再行考虑。① 2002年1月24日,国家税务总局发布《关于所得税收入分享体制改革后税收征管范围的通知》(国税发〔2002〕8号)。该《通知》明确:2001年12月31日前国家税务局、地方税务局征收管理的所得税,仍由原征管机关征收管理,不作变动;自2002年1月1日起新设立或登记的单位,其企业所得税由国家税务局负责征收管理,除储蓄存款利息所得以外的个人所得税,仍由地方税务局负责征收管理。②

在台湾,按照"财政收支划分法"的规定,财政收支系统划分如下:"中央"、"直辖市"、县(市)、乡(镇、县辖市)。③ 台湾税课划分为"国税"、"直辖市"及县(市)税,后两者也称地方税。"国税"收入包括:(1)所得税(包含营利事业所得税和综合所得税);(2)遗产及赠与税;(3)关税;(4)营业税;(5)货物税(含特种货物及劳务税);(6)烟酒税;(7)证券交易税;

---

① 此次所得税收入分享改革的主要内容有:除少数特殊行业或企业外,对其他企业所得税和个人所得税收入实行中央与地方按比例分享。中央保证各地区2001年地方实际的所得税收入基数,实施增量分成。(1)分享范围。除铁路运输、国家邮政、中国工商银行、中国农业银行、中国银行、中国建设银行、国家开发银行、中国农业发展银行、中国进出口银行以及海洋石油天然气企业缴纳的所得税继续作为中央收入外,其他企业所得税和个人所得税收入由中央与地方按比例分享。(2)分享比例。2002年所得税收入中央分享50%,地方分享50%;2003年所得税收入中央分享60%,地方分享40%;2003年以后年份的分享比例根据实际收入情况再行考虑。(3)基数计算。以2001年为基期,按改革方案确定的分享范围和比例计算,地方分享的所得税收入,如果小于地方实际所得税收入,差额部分由中央作为基数返还地方;如果大于地方实际所得税收入,差额部分由地方作为基数上解中央。具体计算办法由财政部另行通知。(4)跨地区经营、集中缴库的中央企业所得税等收入,按相关因素在有关地区之间进行分配。具体办法由财政部另行制定。
② 目前大陆推进的"营改增"改革,仍以稳定中央和地方的税收收入分配比例为主基调,与"营改增"所致地方营业税减少对应的中央新增增值税的部分,仍留存地方。参见《财政部 国家税务总局 中国人民银行关于铁路运输和邮政业纳入营业税改征增值税试点有关预算管理问题的通知》(财预〔2013〕442号);《财政部 中国人民银行 国家税务总局关于营业税改征增值税试点有关预算管理问题的通知》(财预〔2013〕275号);等等。
③ "财政收入划分法"最近一次修正发布是在1999年1月25日。2001年11月29日,"行政院令"发布第8条第1项第6款(烟酒税)及第4项(烟酒税之分配)定自2002年1月1日施行。

(8)期货交易税;(9)矿区税;等等。其中,所得税总收入10%、营业税总收入减除依法提拨之统一发票给奖奖金后之40%及货物税总收入10%,应由"中央"统筹分配"直辖市"、县(市)及乡(镇、市);遗产及赠与税,应以在"直辖市"征起之收入50%给该"直辖市";在市征起之收入80%给该市;在乡(镇、市)征起之收入80%给该乡(镇、市);烟酒税,应以其总收入18%按人口比例分配"直辖市"及台湾省各县(市);2%按人口比例分配"福建省金门及连江二县"。"国税"由台北、高雄、北区、中区和南区5个"国税局"负责相应征收。"直辖市"及县(市)税包括:(1)土地税(包含田赋、地价税和土地增值税);(2)房屋税;(3)使用牌照税;(4)契税;(5)印花税;(6)娱乐税;(7)特别税课①;等等。其中,地价税,县应以在乡(镇、市)征起之收入30%给该乡(镇、市),20%由县统筹分配所属乡(镇、市);田赋,县应以在乡(镇、市)征起之收入全部给该乡(镇、市);土地增值税,在县(市)征起之收入20%,应缴由中央统筹分配各县(市);房屋税,县应以在乡(镇、市)征起之收入40%给该乡(镇、市),20%由县统筹分配所属乡(镇、市);契税,县应以在乡(镇、市)征起之收入80%给该乡(镇、市),20%由县统筹分配所属乡(镇、市);娱乐税,县应以在乡(镇、市)征起之收入全部给该乡(镇、市)。地方税由"直辖市"及县(市)税捐稽征处或税务负责征收。

表1-1 两岸现行各主要税种及属别比较图

分类	大陆		台湾	
	属别	税种	属别	税种
所得税	共享税	企业所得税	"国税"	营利事业所得税
	共享税	个人所得税	"国税"	综合所得税
商品税	共享税	增值税	"国税"	加值型营业税
	共享税	营业税	"国税"	非加值型营业税
	中央税	消费税	"国税"	货物税
			"国税"	特种货物及劳务税
	地方税	烟叶税		
			"国税"	烟酒税
	中央税	关税	"国税"	关税

---

① 特别税课,指适应地方自治之需要,经议会立法课征之税。但不得以已征货物税或烟酒税之货物为课征对象。

第一章 历史源流、制度变迁与现代实践

（续表）

分类	大陆		台湾	
	属别	税种	属别	税种
财产和行为税	地方税	房产税	地方税	房屋税
	地方税	城镇土地使用税	地方税	地价税
	地方税	耕地占用税		
	中央税	车辆购置税		
	中央税	船舶吨税		
			地方税	田赋
	地方税	土地增值税	地方税	土地增值税
			"国税"	遗产税
			"国税"	赠与税
	共享税	印花税	地方税	印花税
	中央税	车船税	地方税	使用牌照税
	地方税	契税		
其他税收	共享税	城市建设维护税		
	地方税	固定资产投资方向调节税		
			"国税"	证券交易税
			"国税"	期货交易税
			地方税	娱乐税

注：① 两岸税种的划分有多种标准，即便是在同一标准下也有不同的分类方法。此表的分类按照通说并参考本书体例展开，仅代表一种学理上的划分。另外，由于两岸部分税种并不完全等同，所以表中仅是按照近似性原则进行比对。

② 大陆自 2000 年起停止征收固定资产投资方向调节税，台湾自 1987 年停征田赋。

③ 在西藏自治区，除了关税和进口环节的增值税、消费税以外，大陆在该自治区征收的其他税收全部留给该自治区。

3. 运行格局

两岸税法运行格局和的实施效果评估，需要通过立法、行政和司法三个层面进行比较解读。在立法层面，大陆税法直接以法律形式出台且现行有效的只有 4 部，分别是《个人所得税法》《税收征收管理法》《企业所得税法》和《车船税法》。其他如增值税、消费税、营业税、房产税、城镇土地使用税、土地增值税、印花税、车船税等单行税种立法，都是以授权立法的形式通过国务院暂行条例的方式予以公布。尽管此种格局并不符合税收法定原则，但确实长期存在于倾向于政策灵活性的大陆税收立法实践中。直到最近十八届三中全会将"落实税收法定原则"写入《决定》以后,税收法定原则才重新进入贯彻实施的快车道。① 台湾的税收立法则主要通过"法律"的方式进行,具有较高的位阶,符合税收法定主义的基本要求。在行政层面,由于大陆税收法律的缺失、暂行条例的原则性以及经济社会发展更趋多元化,国家税务总局及其各司局会不定期发布大量的税收规范性文件,用于指导地方税务机关进行税务管理和行政执法,这些规范性文件在某种程度上成为税收行政的重要规范渊源。② 台湾税务机关在行政过程中,更多的是使用效力更高的税收法律和配套细则,并辅之以解释函令。③ 在司法层面,由于传统威权观念的存在,大陆的行政案件本身总量不多,而其中税务行政案件数量就更少,所以税收司法案件在大陆并不多见。④ 在租税协定签订方面,两岸也都作出了相当努力。截至 2014 年 3 月底,大陆已对外正式签署 99 个避免双重征税协定,其中 97 个协定已生效,和香港、澳门两个特别行政区签署了税收安排。⑤ 截至 2014 年 7 月底,台湾已签署并生效之全面性所得税协定计 27 个,另海、空或海空国际运输所得互免所得税单项协定计 14 个。⑥ 值得肯定的是,近年来大陆税务机关在探索依法征税、规范税收执法行为和

---

① 中共十八届三中全会《决定》在"加强社会主义民主政治制度建设"中特别将"落实税收法定原则"写入其中。参见《中共中央关于全面深化改革若干重大问题的决定》,人民出版社 2013 年版,第 29 页。

② 了解大陆税法执行,除了需要掌握税收法律、授权制定的税收法规外,还应特别注意国家税务总局单独和联合其他部门发布的规章和其他规范性文件。由于税收法律法规相对比较粗略,地方税务机关在实际执行时往往非常借重国家税务总局及其各司局或其上级税务机关发布的各种规范性文件。2009 年 12 月 15 日,国家税务总局通过了《税收规范性文件制定管理办法》并自 2010 年 7 月 1 日起施行,此后国家税务总局层面和地方税务机关层面的规范性文件质量在合法性和合理性方面都得到了一定的提升,数量也开始有所减少。

③ 解释函令之法理分析及与财税行政之关系,参见陈敏:《租税法之解释函令》,载台湾《政大法学评论》第 57 期,1997 年 6 月,第 1—36 页;葛克昌:《解释函令与财税行政》,载葛克昌:《所得税与宪法》(三版),台湾翰芦图书出版有限公司 2009 年版,第 501—545 页;等等。

④ 但是这并不意味着纳税人与税务机关基本不存在争议或争议较少。而只是说,纳税人与税务机关并不倾向于通过司法方式甚至是行政复议解决问题。更多的争议处理,往往提前至税务检查或税务稽查的过程中进行利益协调和交换。这样导致一种可以理解但非法定方式的理想局面:税务机关避免存在复议或诉讼而影响自身的绩效考核和稽征评估,而纳税人也避免了得罪税务机关而导致以后被报复性执法。尽管近些年来大陆税务执法水平和法治化程度不断提升,但此种情况仍没有在整体上得到改观。

⑤ 参见国家税务总局网站,http://www.chinatax.gov.cn/n2226/n2271/n2274/index.html,2014 年 10 月 31 日访问。

⑥ 参见台湾"财政部"网站,http://www.mof.gov.tw/ct.asp?xItem=70135&CtNode=2839&mp=67,2014 年 10 月 31 日访问。

第一章 历史源流、制度变迁与现代实践

约束税务行政裁量权方面中也有相当程度的进步。① 而在台湾的行政司法案件中,大量涉及税务争议。从某种意义上讲,评价税收法治程度的评级指标并不在于税务司法案件的多寡及其征纳双方意愿程度,而取决于纳税人是否自愿行使司法途径此种救济权及并相信其实际效果。

(三)发展路向:共同的税制优化愿景

两岸都按照行政区划和财政收入划分来设置税务机关,并基本上都采取全职能局的制度安排。这在技术上有利于保障税收得到普遍而专业的征管,在税务机关内部也能促进税务信息的相互传递和分享。在税收征管上,两岸的一个重要差别体现在税源管理上,大陆采取税收专管员制度,即由一名税务干部主管辖区内一定数量的企业,并负责其日常税务申报和管理。这种制度能有效保障每一户企业纳税人都能纳入到具体的税务专管员管理监督中,有利于加强责任制约束,并推动税源征收的有效性和可靠性,但与此同时,此种制度也会导致个体作业时不可避免地产生寻租空间的概率。另外,税制调整的经常化和财务制度的复杂性,也往往使得基层的税务专管员无法适应高度专业化的服务要求。最近,大陆正在探索和推进税源管理专业化改革,希望通过借鉴台湾以及各发达国家和地区的经验,通过税源专业管理组的方式取代税收专管员制度,以适应当前经济社会发展对税收征管的时代要求。② 在税制优化上,近些年来两岸都将税制改革的目标集中在促进经济发展和保障社会公平两项维度上,无论是大陆推行的以促进社会公平为导向、以"营改增"改革为契机③、以结构性减税为宗旨的税制

---

① 比如,2012年7月3日,国家税务总局发布《关于规范税务行政裁量权工作的指导意见》(国税发〔2012〕65号),对建立税务裁量基准制度和健全税务行政裁量权行使程序制度作出了指导性规定。
② 参见顾园:《税收专业化管理应着重关注四个方面》,载《税务研究》2013年第4期。
③ 营业税改征增值税试点改革是大陆实施结构性减税的一项重要举措,也是一项重大的税制改革。2011年,经国务院批准,财政部、国家税务总局联合下发营业税改征增值税试点方案。2012年1月1日起在上海市交通运输业和部分现代服务业开展营业税改征增值税试点改革,拉开营业税改增值税的改革大幕,同年8月营改增试点分批扩大。2013年12月12日,财政部和国家税务总局联合印发《关于铁路运输和邮政业纳入营业税改征增值税试点的通知》,明确从2014年1月1日起铁路运输和邮政业纳入营改增试点的相关政策,并适用11%的税率。按照规划,最快有望在"十二五"(2011年—2015年)期间完成"营改增"。

改革①,还是台湾推动的资本利得课税、所得税调和贫富差距以及能源税取代货物税的税制更新②,都是在积极寻求这样一个相同的税制优化目标,也即,在适当稳定财源的基础上促进经济结构调整和推动分配正义实现。③ 大陆目前处在重要转型时期,财税法治作为"牵一发而动全身"的核心环节,应当在整体法治改革的上下求索行"破局"和"立势"之功。④ 在当前和未来相当长的一段时间,两岸都会围绕减轻宏观税负的基本方向迈进,并通过局部和个别的税种的持续改革来实现弥补财政赤字和促进社会公平两者的平衡。无论是大陆采取的面向"结构优化、社会公平"的财税政策还是台湾提出的"税制更公平"和"轻税简政、收入充裕"施政要求,也无论是执着于对财政经济目标的考虑,还是偏重于对社会公义目标的追求,在当前"减税"的国际主流背景下,两岸都会紧密围绕稳定、衡平税负和促进纳税人整体利益的正当税制愿景而不懈突破和往前推进。

第二节 两岸税法实践的趋同与差异

随着海峡两岸经济的持续发展和合作交流的不断深入,特别是近些年来大陆法律制度的现代化改革步伐的加快,同样源自于大陆法系传统的大陆和台湾在法律制度的总体风格及内容结构上愈加更有相似性和可比性。就两岸税法制度而言,呈现出一种相互交错融合的态势:一方面两岸不同的政制格局使得两岸税制有着较大的实质区别,另一方面近些年来两岸税法

---

① 结构性减税既区别于全面的、大规模的减税,又不同于以往的有增有减的税负调整,结构性减税更强调有选择的减税,是为了达到特定目标而针对特定群体、特定税种来削减税负水平。结构性减税强调税制结构内部的优化,强调贴近现实经济的步伐,相对更为科学。有增有减的税负调整,意味着税收的基数和总量基本不变;而结构性减税则着眼于减税,税负总水平是减少的。"结构性减税"一词,在2008年12月初召开的中央经济工作会议中正式提出。

② 2013年6月25日,台湾"立法院"通过了搁置已久的"证券交易所得税修正案"。修正后的法案取消了8,500点的征税门槛。全年股票出售额在新台币10亿元(合3,380美元)或以上的投资者将有两种选择。为整个资产组合支付15%的所得税,或是为超出新台币10亿元的整个资产组合支付0.1%的所得税。

③ 关于税收法制创新在收入分配改革的价值与功用,参见刘剑文:《收入分配改革与财税法制创新》,载《中国法学》2011年第5期。

④ 参见刘剑文:《财税法治的破局与立势——一种以关系平衡为核心的治国之路》,载《清华法学》2013年第5期。

第一章　历史源流、制度变迁与现代实践

理论的互动发展使得各自税法领域的实践又殊途同归。在机构设置上,两岸的主要差异在于税务机关在政府序列中的位阶。在大陆,国家税务总局、海关总署与财政部分设且同为正部级单位,以体现税务关务部门的业务专业性和相对独立性,而台湾"赋税署"则隶属于"财政部",且"关务署"也同样隶属于"财政部",以贯彻财政收支一体化的理财原则。由于特定的经济历史条件,大陆的国税地税分治的格局并未在台湾税务部门中得以对应呈现,但与此同时,台湾也存在台北、高雄两市及北区、中区、南区等五大"国税局"的特定设置。而台湾东部、南部地区与北部地区财源不均及财政失衡的情形,也同样对应于大陆东部沿海地区和西部地区等欠发达地区的财政格局,并均需实施财政转移支付制度得以调整和处理。另外,基于保障地方财政稳健及推动地方基础设施建设的考虑,两岸都高度注重地方财源的培育和拓展,在优化地方税体系方面都作出相应的努力。与此同时,近些年来,以纳税人权利保护为主要构成的税法理论革新在两岸税法实践中都得到了长足的发展,并深刻影响了税法实践的演进脉络与具象图景。但无论如何,"财税制度在纳税人认知中的面貌,是由一连串对赋税的社会观感所组成,其核心是租税正义问题"①。在这个层次上,两岸税制发展和税法实践所展现的价值旨趣都高度一致,亦即税收的最终目的在于通过正义性的税制设计和税法安排,促进社会公平和实现社会正义,落实和保护全体纳税人的权益及福祉。

(一)纳税人权利保护:共同目标下差异化的实践路径

2009年11月6日,我国国家税务总局发布2009年第1号公告——《关于纳税人权利与义务的公告》(以下简称《公告》)。该公告第一次以税收规范性文件的形式,将《税收征收管理法》及相关法律法规中有关纳税人权利与义务的规定进行了归纳和整理,并将知情权、保密权、税收监督权、纳税申报方式选择权、申请延期申报权等14项权利和依法进行税务登记、按时如

---

① 〔法〕马克·勒瓦:《关于税,你知道多少?》,陈郁雯、詹文硕译,台湾卫城出版公司2012年版,第128页。

实申报、按时缴纳税款、接受依法检查、及时提供信息等 10 项义务逐一列明。① 据国家税务总局的官方口径,该公告发布有三个目的:一是便于纳税人了解其所享有的权利,增强其维护自身权益的意识,二是方便纳税人准确快捷地完成纳税事宜,促进其纳税遵从度的提高,三是规范税务机关的管理服务行为,构建和谐税收征纳关系。尽管《公告》仅仅是一项宣示性的规范性文件和法条汇编,但是仍然有着重要的跨时代意义,藉此进一步推进税收法治。毕竟,《公告》明确而具体地提出了纳税人权利保护的政策语词。两个月后,也即 2010 年 1 月 6 日,在海峡对岸的台湾,"税捐稽征法"启动修法程序,吸收税法学界的纳税人基本权保障建议,新增列条文"第一章之一 纳税义务人权利之保护",而首度将纳税义务人权利保护予以立法明文规定。② 此次修法,还增订第 11 条之 3 至第 11 条之 7 及第 25 条之 1 条文,分别就纳税人享有不必支付正确税额以外税额的权利、税捐优惠应符合比例原则、税务调查应事先告知、违法取证不得使用、陈情的权利、小额案件之简化便民处理原则、行政罚之比例原则等事项作出明确规定。③ 自此次"税捐稽征法"修法增列纳税人权利保护条文后,纳税不仅仅只是台湾人民之义务,更是受"宪法"保障之权利,此举在台湾税法实践上也无疑成为划时代的里程碑。

纳税人权利保护的基础学理,最初源自围绕人性尊严议题的法治国、社会国及租税国的宪法原则。④ 主要在于传统税法理论更强调财政收入或曰

---

① 纳税人的 14 项权利包括:知情权;保密权;税收监督权;纳税申报方式选择权;申请延期申报权;申请延期缴纳税款权;申请退还多缴税款权;依法享受税收优惠权;委托税务代理权;陈述与申辩权;对未出示税务检查证和税务检查通知书的拒绝检查权;税收法律救济权;依法要求听证的权利;索取有关税收凭证的权利。纳税人的 10 项义务包括:依法进行税务登记的义务;依法设置账簿、保管账簿和有关资料以及依法开具、使用、取得和保管发票的义务;财务会计制度和会计核算软件备案的义务;按照规定安装、使用税控装置的义务;按时、如实申报的义务;按时缴纳税款的义务;代扣、代收税款的义务;接受依法检查的义务;及时提供信息的义务;报告其他涉税信息的义务。

② 关于台湾学者如何影响和推动"税捐稽征法第一章之一"的修法,参见葛克昌主编:《纳税人权利保护——税捐稽征法第一章之一逐条释义》,台湾元照出版有限公司 2010 年版,序言。

③ 参见陈清秀:《纳税者权利保护法案之研讨》,载葛克昌主编:《纳税人权利保护——税捐稽征法第一章之一逐条释义》,台湾元照出版有限公司 2010 年版,第 5—14 页。

④ 纳税人权利保护的基本学理,参见黄茂荣:《税法总论:法学方法与现代税法》(第一册增订三版),台湾植根法学丛书编辑室 2012 年版,第 141—154 页;葛克昌:《纳税人权利之立法与司法保障》,载葛克昌主编:《纳税人权利保护——税捐稽征法第一章之一逐条释义》,台湾元照出版有限公司 2010 年版,第 27—52 页;陈清秀:《纳税人权利保障之法理——兼评纳税人权利保护法草案》,载陈清秀:《现代税法原理与国际税法》,台湾元照出版有限公司 2008 年版,第 1—43 页;等等。

税收债权的有效实现,而突显税务机关的行政功能和征收效率。但实践中,由于税法规定的挂一漏万以及实际样态的千差万别,税务机关在税收征收时会采取有利于税收债权实践的理解,这样就导致对纳税人权利的损害。近二十年来,世界税法发展趋势是更加迈向文明化和人权化,特别注重纳税人权利保护基础上的利益衡平原则的贯彻及和谐征纳关系的培育。两岸税法中的纳税人保护实践,呈现如下几个异同点。就相同点而言,两岸都采取积极的、成文的、总则性的法律政策规定来具体明确纳税人权利保护的基本原则和要点构成。可以预估的是,在相当长的一段时间内,此种税法原则将会指导和推动后续税收立法在纳税人基本权保障方面的落实。而差异点则体现在两三个方面:首先,台湾的纳税人保护原则是直接体现在"总则"一章,并依托法律条文得以阐释,而大陆的《公告》则只是国家税务总局将散列的法律条文加以汇编,并非完整意义的总揽性原则。其次,台湾的纳税人保护条款具有直接的执行性,比如明确规定税式支出必须经过评估且符合比例原则、不正当方法取得的非真实的自白不得作为课税与处罚的依据,等等。而《公告》暂时仅止步于现行法律规定,且多为抽象性规定,并无较为严格具体的关于课税界限及程序规则的特别表述。再次,台湾的行政法院通过司法判决的方式将纳税人权利保护原则实效化和强制化,使得税务机关会更加审慎评估税收执法的合理性与正当性,更是直接减少了纳税人权利受损的可能性与几率。大陆的税务诉讼并不发达,纳税人权利保护在司法中的案例较难寻觅。

(二) 避税与反避税:实质课税与国库主义的两岸取向

在传统意义上的税收的固定性、无偿性和强制性等三个特性中,非对价性在很大程度上导致了避税行为的发生。市场经济条件下,无论是个人理财还是企业投资,均追求收益或利润的最大化。在当今世界,货物、资本、人才及信息等跨境流动频繁,加之交易行为特质日益复杂且税务机关监管力量有限,避税也逐渐成为一些市场主体的人性选择。广义上的租税规避,是指法社会学上的租税规避,系指在经济上一切规避减轻税捐之行为,亦即立法时利用制定租税优惠之法律,法律执行时利用税法之漏洞,或者纳税义务人纳了税后,再从经济过程中转嫁他人。狭义的租税规避系法教义学(Rechtdogmatik）上的避税行为，亦即在执行法律时（租税行政过程中）利用法律之漏洞，来规避税捐。① 在税法上，实质课税原则往往是税务机关经常援引打击避税的法源依据。实质课税原则，在德国法中也称为经济观察法（Die wirtschaftliche Betrachtungsweise），乃是税法上特殊的原则或观察方法，由于税法领域受量能课税原则的支配，在解释适用法律时，应取向于其规定所欲把握的经济上给付能力。② 实质课税原则是指税务机关根据交易行为的经济实质而非形式要件其来辨识是否应当纳税，也即采用"实质大于形式"的标准。但此项原则的适用，又往往与税收法律原则注重规则确定性相冲突。③ 两岸学者普遍认为，实质课税原则若在税收执法中过度使用，不仅会动摇税收法律原则的基础性地位④，而且会侵害纳税人信赖利益及社会公平正义，更应制定普遍防制规避之概括规定，以期公平课税。⑤ 从更深远的意义上讲，避税与反避税议题，不仅是税法上重要课题，亦为宪法价值权衡取舍问题，关乎经济自由秩序及社会财富公平分配，同时又与纳税人权利保护和平等课税原则相关。

在大陆，2008 年 1 月 1 日施行的《企业所得税法》第 57 条明确规定："企业实施其他不具有合理商业目的的安排而减少其应纳税收入或者所得额，税务机关有权按照合理方法调整。"与该法相配套的《企业所得税法实施条例》（以下简称《实施条例》）第六章就"特别纳税调整"作了进一步的具体规定，对关联方、独立交易原则、核定所得额方法、不合理商业目的等概念和术语进行了明确。新《企业所得税法》不仅进一步规范了中国实践多年的转让定价和预约定价安排制度，还借鉴国际经验，第一次引进了成本分摊协议、受控外国企业、防范资本弱化、一般反避税以及对避税调整补税加收利息等规定。2009 年 1 月 8 日，国家税务总局发布《特别纳税调整实施办法

---

① 参见葛克昌：《租税规避之研究》，载《台大法学论丛》第 6 卷第 2 期，1977 年 6 月，第 170—174 页。
② 参见陈清秀：《税法总论》（第七版），台湾元照出版有限公司 2012 年版，第 188 页。
③ 黄茂荣：《税法总论：法学方法与现代税法》（第一册订三版），台湾植根法学丛书编辑室 2012 年版，561—580 页。
④ 参见刘剑文、王桦宇：《中国反避税法律制度的演进、法理省思及完善——以〈税收征管法〉修改为中心》，载《涉外税务》2013 年第 1 期。
⑤ 参见陈敏：《租税课征与经济事实之掌握——经济考察方法》，载台湾《政大法学评论》第 26 期，1982 年 12 月，第 1—25 页。

第一章 历史源流、制度变迁与现代实践

(试行)》(国税发〔2009〕2号),对新《企业所得税法》及其《实施条例》中涉及的关联申报、同期资料管理、转让定价方法、预约定价管理等反避税规定进行了细化。另外,财政部和国家税务总局发布的《关于加强非居民企业股权转让所得企业所得税管理的通知》(国税函〔2009〕698号)、《关于非居民企业所得税管理若干问题的公告》(国家税务总局公告2011年第24号)等规范性文件中还对非居民企业反避税事项作了相应规定。需要指出的是,大陆税法上的反避税规定,目前的实施目的主要是更多地保障税款及时足额征收。这种国库主义的反避税思路,主要体现在两个方面:一是反避税实践中"合理商业目的"界定的单方性,对相关争议有不同理解时基本以税务机关认定为准;二是税务机关不认可协议安排绕过或抵触税法规定,对企业税务筹划采取预设避税立场。在大陆报章报道的典型反避税税案中,也大多以补缴入库巨额企业所得税或谴责企业避税行为作为主旨标题和内容的。① 与此同时,税务案件司法化程度不高也导致了大陆的反避税实践目前仍停留在立法和行政层面。

台湾自1971年12月30日增订"所得税法"第43条之1,提供了转移定价避税案件调查及调整之法律依据。该条之1规定:"营利事业与国内外其他营利事业具有从属关系,或直接间接为另一事业所有或控制,其相互间有关收益、成本、费用与损益之摊计,如有以不合营业常规之安排,规避或减少纳税义务者,稽征机关为正确计算该事业之所得额,得报经'财政部'核准按营业常规予以调整。"该条文相比大陆的《企业所得税法》第47条,在实体识别和程序要件上规定得更为细致和具体。2004年12月29日,台湾公布实施"营利事业所得税不合常规移转定价查核准则",对常规交易原则、常规交易办法、文据资料、预先定价协议、调查核定及相关调整等进行了明确规定。2009年5月13日,台湾对"税捐稽征法"进行修正,增订第12条之1,作为一般反避税条款。2013年5月29日,台湾对"税捐稽征法"第12条之1再次进行了增订。第12条之1规定,税捐稽征机关认定课征租税之构成

---

① 比如,董琳、吴语:《江苏徐州国税局办结一起巨额反避税案》,载《中国税务报》2014年1月17日,第A3版;周武英:《苹果税案:跨国逃避税之冰山一角》,载《经济参考报》2013年5月30日,第5版;阳荔:《深圳国税局成立以来涉案金额最大的反避税案结案》,载《广州日报》2012年6月19日,第A20版;等等。

要件事实时,应以实质经济事实关系及其所生实质经济利益之归属与享用为依据。① 与此同时,司法实践中避税案件的审理裁判也为反避税之法理研析提供了很多参考性的标准和依据。在台湾"最高行政法院"2007 年判字第 823 号判决(资本公积转增资复减资避税)中,终审法院认为增资减资虽属两阶段行为,但并非以公司正常经营为目的,系权利滥用行为,最终作出了维持原审法院裁判的判决。② 值得注意的是,相比大陆继续坚持适度审慎的国库主义,台湾的税法实践却越来越注重约束实质课税在避税案件中的滥用③,在政府税收利益和纳税人权益中揣度平衡兼顾的合理正当性,从而有效保障纳税人权利,并促进实质意义上的税收正义实现。

(三) 税务举证责任:渐进迈向程序正义的税收法治愿景

在学理上,举证责任有客观的举证责任(objective Beweislast)与主观的举证责任(subjektive Beweislast)之区分。前者以实体法(materielles Recht)为其规范基础,所以学说称其为实质的或实体的举证责任(materielle Beweislast);后者以程序法为其规范基础,所以学说亦称其为形式的举证责任(formelle Beweislast)。④ 在税务争议案中,最主要即是事实认定问题,适用税法之际须先认定课税原因之事实,事实之阐明证据之评价,须由稽征机关

---

① "税捐稽征法"第 12 条之 1 规定:"涉及租税事项之法律,其解释应本于租税法律主义之精神,依各该法律之立法目的,衡酌经济上之意义及实质课税之公平原则为之。""税捐稽征机关认定课征租税之构成要件事实时,应以实质经济事实关系及其所生实质经济利益之归属与享有为依据。""纳税义务人基于获得租税利益,违背税法之立法目的,滥用法律形式,规避租税构成要件之该当,以达成与交易常规相当之经济效果,为租税规避。""前项租税规避及第二项课征租税构成要件事实之认定,税捐稽征机关就其事实有举证之责任。""纳税义务人依本法及税法规定所负之协力义务,不因前项规定而免除。""税捐稽征机关查明纳税义务人及交易之相对人或关系人有第二项或第三项之情事者,为正确计算应纳税额,得按交易常规或依查得资料依各税法规定予以调整。""纳税义务人得在从事特定交易行为前,提供相关证明文件,向税捐稽征机关申请咨询,税捐稽征机关应于六个月内答复。"
② 参见黄咏婕、夏有德、张湘怡整理:《公司以资本公积转增资后减资,并以现金收回股票是否为规避营利所得之脱法避税行为之再思考——"96 年"判字 823 号判决评释》,载葛克昌主编:《避税案件与行政法院判决》,台湾翰芦图书出版有限公司 2010 年版,第 539—611 页。
③ 有台湾学者针对税捐实务上过于扩大适用税捐规避行为概念而适用实质课税原则,亦提出应结合释义学上的辨正,更为准确厘定税捐规避行为,同时减缓处理税捐规避行为之处罚程度。参见柯格锺:《税捐规避及相关联概念之辨正》,载葛克昌、刘剑文、吴德丰主编:《两岸避税防杜法制之研析》,台湾元照出版有限公司 2010 年版,第 89—131 页。
④ 参见黄茂荣:《税务诉讼上的举证责任》,载黄茂荣:《税法总论:税捐法律关系(第三册)》,台湾植根法学丛书编辑室 2008 年版,第 567—572 页。

达到"自由心证"判定事实真伪。① 大陆在税收征收程序和举证责任上虽制度规则不多,但在实务中有对程序事项和举证责任进行研判和识别的客观需求。《税收征收管理法》在"第四章税务检查"中用第54条到第59条共6个条文对税务机关的检查程序进行了简略的规定,并在"第五章法律责任"中较为详尽地规定了未配合税务机关检查和调查应当承担的法律责任。但是,由于对税法的理解差异性的客观存在,以及交易行为本身的创新性与复杂性,可能会导致纳税人本身对是否应予申报纳税以及具体计算方式有着不同的理解。一旦此后税务机关进行税务检查或稽查,对于主观上是否有避税的恶意以及客观事实的推断与再现等事项,必然会涉及举证责任的问题。② 比如,在某次税务检查或稽查中,税务机关要求提供一份财务报表或会计凭证,而纳税人由于意外或偶发原因不能提供,这样无法探知真实交易情形,是否意味着纳税人必然会被认为是有逃税或避税的嫌疑? 此种情形下,若是由纳税人承担举证责任,则不可避免会产生补税和罚款的法律责任;但若由税务机关承担举证责任,则相关认定逃税或避税的事实就不一定成立。此处更为核心的问题是,此份财务报表或会计凭证是否具有绝对的证明力问题,这亦会对纳税人的责任识别和承担造成很大的影响。

与举证责任相关紧密相关且涉及纳税人权利的制度设计中,近年来纳税人协力义务成为在两岸特别是台湾学界的研究热点。在台湾税法学理上,纳税人的协力义务不能侵害法治国家国民基本权,亦不能逾越比例原则。③ 作为公共利益之受托人的税务机关对课税原因事实,毕竟具有最终的阐明责任。但从逻辑上讲,纳税人不正当行使或怠于行使其作为义务,会影响税务机关行使征税权而有碍税款征收,税法上应对相关纳税人作出让其承担不利后果。逻辑上讲,纳税人的协力义务与税务机关的职权调查并行不悖,相互配合与补充。纳税人愈是不尽到协力义务,税务机关的职权调查义务则随之减低,从而纳税人在证据法上的负担愈为不利,此时税务机关甚

---

① 参见葛克昌:《稽征程序之证据评价与证明程度》,载葛克昌:《行政程序与纳税人基本权》(第三版),台湾翰芦图书出版有限公司2012年版,第746—748页。
② 税法个案中的举证责任与证明度之研判,参见盛子龙:《租税法上举证责任、证明度与类型化方法之研究》,载台湾《东吴法律学报》第24卷第1期,2012年7月,第41—85页。
③ 参见葛克昌:《协力义务与纳税人基本权》,载葛克昌主编:《纳税人协力义务与行政法院裁决》,台湾翰芦图书出版有限公司2011年版,第3—22页。

至可以采取推计计税的方式,协力义务与职权调查二者间具有相互影响的替代关系。税法上协力义务,主要有五种类型:一是申报及报告义务,二是陈述及提示义务,三是制作账簿及会计记录义务,四是说明义务,五是忍受调查义务。① 换言之,纳税人有提供税务相关信息的义务。此种协力义务,原则上是对纳税人信息权的一种强制性干预,所以其识别和认定应遵循关联性、必要性和比例性原则。与此同时,如果纳税人未尽协力义务,但若不影响征收机关的职权调查,即无处罚的必要;如若因未尽协力义务至调查困难或花费过巨,则产生证明程度的减轻,而得以推计核定,亦无需特别除以罚款。② 即便是在国际税法上,依法纳税的企业亦有依价值创造与风险管理原则善尽协力义务,同时税务机关亦应以秉承保护纳税人权益保护的立场,协助纳税人完成纳税义务。③ 在台湾"最高行政法院"2007年判字第24号判决(推计课税与举证责任)中,终审法院认为,使用执照无法证明房屋与真正实际造价,契税单上记载与房屋评定价格也无法证明实际成交价格,故本案作为纳税义务人的被上诉人未尽协力义务。④ 该判决采用与原审法院法院相反的认定,则体现了台湾司法机关对协力义务的研判采取了相对客观居中的立场,以维护正当稽征秩序。

近年来,大陆税法学界对协力义务也开始了重视和研讨。不过,大陆现行税法制度并未对协力义务作出明确概括和具体规定。《税收征收管理法》第35条规定了不依法设置账簿、应当设置但未设置账簿、擅自销毁账簿或拒不提供纳税数据、账目混乱或难以查账、逾期不申报、计税依据明显偏低又无正当理由等6种情形下税务机关有权核定应纳税额。在《企业所得税法》《增值税暂行条例》等单行税种法中,亦由关于特定情形下税务机关有权核定应纳税额的相关规定。不过在大陆征管实务中,推定课税是税务机

---

① 参见葛克昌:《协力义务与纳税人基本权》,载葛克昌主编:《纳税人协力义务与行政法院裁决》,台湾翰芦图书出版有限公司2011年版,第6—11页。
② Tipke/Lang, Steuerrecht, 20. Aufl., 2010, §21 Rz. 173. 转引自陈清秀:《税法总论》(第七版),台湾元照出版有限公司2012年版,第188页。
③ 参见吴德丰:《国际税法上协力义务》,载葛克昌主编:《纳税人协力义务与行政法院裁决》,台湾翰芦图书出版有限公司2011年版,第23—50页。
④ 参见郭秉芳、黄庆华整理:《推计课税与举证责任——"96年"判字第24号判决评释》,载葛克昌主编:《纳税人协力义务与行政法院判决》,台湾翰芦图书出版有限公司2011年版,第249—284页。

关针对税务事项举证责任分配比较常用的手段。具体而言,推定课税是指当不能以纳税人的账簿为基础计算其应纳税额时,由税务机关采用特定方法确定其应纳税收入或应纳税额,纳税人据以缴纳税款的一种征收方式。而在台湾学界,其对协力义务的探讨深度影响了税法实践。相较而言,台湾税法程序事项的规定则较为具体明确。"税捐稽征法""第三章稽征"之"第六节调查"中第30条至34条即规定,按照调查程序系稽征机关为认定具体课税原因事实之程序,所认定之事实如具备法定课税要件,再从而核定税捐债务。而该法"第六章罚则"则对未给予取得及保存凭证、违反设置或记载账簿义务、拒绝调查提示档及备询等情形作出了处罚规定。可以推断的是,随着交易的不断创新及税法的日益复杂,税务争议会愈加增多,举证责任重要性也格外突显。观察两岸的举证责任负担,大陆仍采取较为直接的推计课税方式规制纳税人程序义务,但应在举证责任类型化和条文化作出努力,而台湾实践则是更多通过协力义务的妥适设置来实现税法上的程序正义,未来还应通过更多的案例指导税收程序的正义性实现。与此同时,从税法学理的角度出发,两岸税务行政诉讼证据效力的认定还应当充分考虑税收法定、纳税人权利保护和利益衡平等现代税法理念。①

---

① 参见刘剑文:《论税务行政诉讼的证据效力》,载《税务研究》2013年第10期。

第二章　法治启蒙:赋税的正当性
——两岸税法学理与财税政策考察

　　按照税法基本学理,税收法定主义、量能课税原则(实质课税原则)与稽征经济原则并列为税法之建制的三大基本原则。税收法定主义属于形式主义,量能课税原则属于实质正义,而稽征经济原则则属于技术正义的要求。他们分别代表不同层次的理性考虑。量能课税原则除要求税收课题的选择必须能表征纳税义务人负担税收之能力外,税收客体之有无、发生时点及其量化也必须切合实际。此外,还应留给纳税义务人生存、发展所需要之余地。其中,量能课税原则为依法课税之伦理基础,税收法定主义为量能课税原则之制度基础。课税权不是单纯以国家之统治权力为基础,还需要一定之伦理基础来正当化,为现代宪政国家的要求。① 租税社会学学者认为,税制的复杂性和对纳税人与税之间的关系的刻板印象,皆成为排斥公民观点的借口,而租税应当被认为是纳税人自愿贡献的观点,只有藉由透明化与单纯化税捐的目的、法规、负担和作用,税制才能获得纳税人的肯定,才能实现租税民主国家理想。② 而在租税伦理意义上,纳税人行为诱因之强烈程度因其所处之制度限制以及所处之社会价值观感不同而有地理时空之差异,因此有通过"固有性"(Intrinsity)加以细致化必要。③ 税法法理的基本构造在于,对于税收正义的理解,更多的应基于民主法治国家的外部环境,通过理性、妥适、正当的制度设计而确实约束政府征税的权力,而有效维护人性尊

---

　　① 参见黄茂荣:《税捐法定主义》,载黄茂荣:《税法总论:法学方法与现代税法》(第一册增订三版),台湾植根法学丛书编辑室 2012 年版,第 299—302 页。
　　② 参见〔法〕马克·勒瓦:《关于税,你知道多少?》,陈郁雯、詹文硕译,台湾卫城出版公司 2012 年版,第 171—173 页。
　　③ 参见蓝元骏:《课税宪法界限之伦理要求——课税正当性、宪法界限、租税伦理》,载台湾《华冈法粹》第 52 期,2012 年 3 月,第 141—157 页。

严并促进人格发展。① 其具体路径为:通过民主机制制定税收政策来规划宏观税法的正当性框架;通过税收立法来厘清国家征税公权力的界限,通过税收执法来实现事实上的税课法定取得,通过税收司法来保障纳税人具体个案中的权利救济。当前两岸税法学理研究,秉承大陆法系税法基本理论,又根据两岸具体情况予以取舍,对增强税制改革的妥适性及推动税收法治发展具有重要的指导作用。就大陆而言,增值税、消费税、营业税等主体税种的长期授权立法状态的妥适性以及税务机关和法院在行政与司法过程中因税法无明确规定时如何处理等议题,都需要从法学理论中寻求正当性基础和法理依据。就台湾而言,审理避税案件中涉及的公平合理原则以及具体案件办理中对协力义务的掌握,也需要从法学理论中探究法理价值和正义秩序。

第一节 两岸税法学理及纳税文化比较及启示

对税收的概念界定,两岸税法界的认识基本趋同。一般认为税收是指政府为了适应人民公共需要和增进人民公共福祉,基于国家统治权,依据法律规定的范围和方法,通过强制力向人民或其他征税对象所征收的货币价值给付,而无直接对等报偿的行为。在税法演进过程中,其所存在的国家和地区文化在其中具有重要作用。② 在大陆理论界,财税学界注重传统的固定性、无偿性和强制性"税收三性"的界定③,而法学界则更加偏向税收宗旨的公共属性和税法学理的深层价值。④ 随着大陆建设法治国家的政策倡导,学界和大众对税法的社会意义的理解,也由作为计算规则保障税款及时入库

---

① 参见葛克昌:《人性尊严、人格发展——赋税人权之底线》,载葛克昌:《行政程序与纳税人基本权(第三版)》,台湾翰芦图书出版有限公司2012年版,第41—65页。
② 早期欧陆国家税制与法文化的关系及沿革探讨,参见蓝元骏:《现代国家课税制法理基础——中世纪税制之法文化观》,载台湾《华冈法粹》第54期,2012年10月,第153—180页。
③ 参见刘怡:《财政学》,北京大学出版社2010年版,第171—173页;谭光荣主编:《税收学》,清华大学出版社2013年版,第16—20页;王汝印主编:《中国税收》,北京邮电大学出版社2012年版,第2—3页;李晶、刘澄主编:《最新中国税收制度》,中国社会科学出版社2010年版,第3—5页;等等。
④ 参见刘剑文、熊伟:《财政税收法》(第五版),法律出版社2009年版,第143—148页;陈少英:《税法学教程》(第二版),北京大学出版社2011年版,第7页;张富强:《税法学》,法律出版社2007年版,第5—7页;刘少军:《税法学》,中国政法大学出版社2008年版,第1—10页;等等。

转变为在保护纳税人权利基础上依法征收税款,并且认为税法与人民基本财产权利以及所置身的社会生活真正紧密相连。相较于大陆而言,台湾法学理论研究起步较早,具有连续性,其开放性的学术体制也有利于对西方国家先进的法律观念领会和吸收。这种状况曾一度导致在改革开放后一段时期大陆法学研究在包括税法学在内各个领域都纷纷借鉴和采纳台湾学者的思想、观点和理论。就两岸而言,文化因素对税法实践也产生了极为重要的影响。虽然两岸都能追根溯源至传统的"普天之下莫非王土"封建集权社会,但数十年来两岸政治、经济和社会制度的事实界分和地区分治也导致了税收观念和法治文化上差异性的客观存在。相对而言,横亘于大陆社会和民众的集体主义观念体现出国家治理无处不在的行政主导性[①],具体到税收立法则体现出"法律父爱主义"的明显特征[②],反映到税法实践则在较长时间内都呈现除政府税收权高于个人财产权的纳税文化[③];而当下台湾的民主意识则更能体现敬畏法律和遵从民众优位性的原则,税收政策的制订和税收法律的变动都遵循严格的法律程序,投射到税法实践则呈现出税务机关以提供纳税服务和促进人民福祉的纳税文化。

(一) 税法学理:债权债务关系说的视角

在一战以前,以奥托·梅耶(Otto Mayer)为代表的德国传统行政法一直主张,税收法律关系是依靠财政权力而产生的关系,国家或地方公共团体享有优越于人民的权力,而人民则必须服从此种权力。因此,从性质上看,税收关系是一种典型的权力关系。1919 年制定的德国《帝国税收通则》以"税收债务"为核心,对税收实体法以及税收程序法的通则部分作了完备的规

[①] 中共十八届三中全会《决定》中提出,"全面深化改革的总目标是完善和发展中国特色社会主义制度,推进国家治理体系和治理能力现代化"。尽管"现代化"的内涵和外延还有待进一步廓清,但在某种意义上此种政策宣示可以被认为是一种治理方式的转型愿景。参见《中共中央关于全面深化改革若干重大问题的决定》,人民出版社 2013 年版,第 3 页。

[②] 源自西方的法律父爱主义理论主张政府在某些领域为了公民自身的利益可以不顾其意志而限制其自由或自治。有大陆学者将它概括为"政府对公民强制的爱",并认为该理论与中国法律文化传统、法律规范与社会现实颇有契合之处,并有广泛的适用空间。但是为了防止该理论的滥用,防止将人由目的变成客体,需要将其限定在不得侵犯作为基本权利核心的人性尊严的范围内。参见孙笑侠、郭春镇:《法律父爱主义在中国的适用》,载《中国社会科学》2006 年第 1 期。

[③] 尽管财产权负有社会义务,但如何消解其与社会正义之间的冲突,亦是现代宪法必须面对的课题。参见张翔:《财产权的社会义务》,载《中国社会科学》2012 年第 9 期。

定。此后,学者们以此为契机,就税收债务关系的理论体系展开了深入论证。其中,最有代表性的是阿尔伯特·亨泽尔(Alert Hensel),他明确主张税收法律关系在性质上属于一种公法上的债权债务关系,认为税收债务的成立不以行政权介入为必要条件。① 日本学者金子宏认为,权力关系说和债务关系说的区别在于:前者以税的赋课、征收的程序为重点展开其权力关系说;而后者主要以纳税人对国家的税债务为中心展开其法律关系说。尽管从法技术的角度来看很难把税的法律关系一元性地归为权力关系和债务关系,但税收债务说确实使运用课税要件的观念就可对公法上债务也即税债务(Steuerschuld)进行理论上的研究和体系化成为可能。② 而日本学者北野弘久则主张完全的一元论,即彻底的债务关系说,并认为有必要对法认识论和法实践内进行区别。③ 目前,大陆税法学界已基本接受主张债权债务关系说,并已经在《税收征收管理法》等税收法律中对具体立法进行理论指导。④ 不过在税法实践中,由于纳税人保护意识和法治观念还有待进一步提升,大陆税务机关在税收征管和案件审理中真正切实贯彻此一观点,仍需一段相对较长的时间;在台湾税法一直以债权债务关系说作为税法理论的当然观念,无论是税法学者的教科书抑或专著论文均如此,并无类似大陆的相关前置性争论。而且在税法实践中,诸多的税务案件判决也多数体现了司法机关对行政机关与纳税人平权保护的基本立场。

(二)纳税文化:从纳税光荣到税收法治

《说文解字》里这样解释"税":"租也,从禾从兑。"这反映出税的起源来自于农业社会。在农业中国,最早的税的雏形是夏朝的"贡",此后又延展至商朝的"助"、周代的"彻"以及春秋战国时期的"赋""税",才慢慢形成较为稳定的"税"的概念。⑤ 从一定意义上讲,一部税收的历史就是一部国家经

---

① 参见刘剑文:《财税法——原理、案例与材料》,北京大学出版社2013年版,第175—176页。
② 参见〔日〕金子宏:《日本税法》,战宪斌、郑林根等译,法律出版社2004年版,第19—21页。
③ 参见〔日〕北野弘久:《日本税法学原论》(第五版),中国检察出版社2008年版,第170—178页。
④ 如《税收征收管理法》第38条、第39条关于税收担保的规定;等等。
⑤ 参见陈明光:《中国古代的纳税与应役》,商务印书馆2013年版,第1—28页。

济、社会、政治和文化的历史。① 无论是西方国家发端于"无代表不纳税"的宪政革命,还是传统中国肇始于"苛政猛于虎"的皇朝更替②,基本都是围绕政府课以苛捐杂税和民众反对苛捐杂税而展开和推进。随着封建时代的结束和世界民主浪潮博兴,纳税人思想意识开始得到启蒙并觉醒,公共服务政府概念被广泛接受,现代税收制度得以建立。通常认为,国家设立政府并稽征税收,主要的目的和功能是在筹集施政的财源,从事内政、外交、国防、治安、教育、文化、卫生、环保、司法、交通等经济社会建设,以保障人民财产和人身安全,提高人民的公共福祉。1952 年大陆推动实行社会主义改造和其后的社会主义建设,社会主义和集体观念成为大众的核心意识形态,税收成为为国家建设添砖加瓦的重要生力军。即便是在改革开放后相当长一段时期,"纳税光荣"以推进国家建设的意识文化仍占据主导地位,无论是政府还是纳税人都在很大程度上接受了此种倡导和说法。直到近些年来,公共财政和服务型政府观念才得到普遍意义上的接受,税收"取之于民、用之于民"的基本观念才真正深入人心③,对税法理念的提炼也从依法治税转型为税收法治。④ 在大陆税法学界持续推动税收法定主义以及纳税人权利保护理论过程中⑤,政府推动税收法治建设的进程亦在加快。相较而言,同时期台湾的法治化程度较高,且税务机关服务意识更好,政府依法征税和大众依法纳税的观念更早获得社会的普遍认同。

(三)税收法定:如何真正理解法律保留?

税法是侵害人民财产权利的法律,有关税收的设定、核课与征收,必须

---

① 以中美两国为例,各自独特的经济发展水平、政治权力需要、赋税传统文化决定了中美税制的存在基础,而两国税制变迁也折射和反映出中美政治模式转换、经济结构深化和社会文化演进的历史过程。参见王桦宇:《文化演进、制度变迁与税收法治——法理语境下的中美税制比较》,载《东方法学》2013 年第 5 期。

② 有学者认为,中国历朝封建社会实质上是皇权专制社会,其所形成的赋税不是近现代意义上的税,该赋税本质上为暴力潜能租。参见杜树章:《中国皇权社会的赋税研究》,中国财政经济出版社 2009 年版,第 63—93 页。

③ 关于税收遵从和纳税服务的相互关系,参见邓保生:《税收遵从行为与纳税服务关系研究》,中国税务出版社 2009 年版,第 138—140 页。

④ 参见谭志哲:《当代税法理念转型研究——从依法治税到税收法治》,法律出版社 2013 年版,第 196—198 页。

⑤ 还有学者提出衡平税法理念,认为当前非均衡经济制度下税法应注重公平和效率的衡平目标。参见张怡等:《衡平税法研究》,中国人民大学出版社 2012 年版,第 53—84 页。

有法律的依据。亦即,国家非根据法律不得核课征收税收,亦不得要求民众缴纳税收,而且仅于具体的经济生活时间内和行为,可以被涵摄于法律的抽象构成要件前提下时,国家的税收债权始可成立。此项原则,即被称为税收法定主义或税收法律主义。① 在税法学理上,法律保留是指税收行为只能在法律规定的情况下作出,法律没规定的就不得作出。也就是说,对于关涉民众核心权益的税收事项,要实行严格的法律保留,一定要通过法律的形式进行规定。② 大陆实行长期的威权体制和行政主导,立法和行政皆居于一元统制之下,法律、行政法规和规章的界分不甚清楚,民众对于税法事项在法律和行政法规规定的有何差异不能较为清晰地理解,这种情形一直延续到2000年颁行《立法法》后才得到基本解决。而且,由于税法的专业性和技术性,需要借助专家学者的专业智识,而经济学家在税收立法中长期居于主导地位而缺乏法学家的介入,也导致法理正当性在税制改革和税收立法中被忽视。③ 在大陆税法学者进行长期启蒙和多次呼吁下,中共十八届三中全会《决定》在"加强社会主义民主政治制度建设"中特别将"落实税收法定原则"写入其中。对于在执政党政策可以指导立法规划的大陆而言,强调税收法定原则意义非常重大,将会在未来一段时间成为指导税收立法的重要依据,也即后续的增值税、消费税、房产税等税收立法将更多采取较高位阶的法律形式。相对而言,台湾的税收法定主义贯彻得比较好,除了政府层面民主法治程度较好以外,更重要的是民众对税法的认识较好且在税法遵从度呈现良好的态势。而且,在台湾税法学理上,税收法定主义所涵盖的课税要件法定主义之法律规范层次,并不以形式意义法律为限,亦包括实质意义法律;与此同时,立法本身包括"大法官释宪"也并非完全自由,尚需受到"宪法"之限制,以实现税收法定主义之实质要旨。④

---

① 参见陈清秀:《税法总论》(第七版),台湾元照出版有限公司2012年版,第44—45页。
② 关于法律保留的法理起源、宪法依据、功能取向和问题检讨,参见许宗力:《论法律保留原则》,载许宗力:《法与国家权力》,台湾元照出版有限公司1999年版,第117—213页。
③ 税收政策是个技术问题,公共官僚机构的专家通常支配了整个过程,且专家们通常按照自己独特的世界观制定政策,经济学家、律师和公务员都有着各自专业偏好而又负责政策的不同部分,此种情况亦会因为观点间的差异而导致"官僚政治"。参见〔美〕B. 盖伊·彼得斯:《税收政治学:一种比较的视角》,郭为桂、黄宁莺译,江苏人民出版社2008年版,第17—18页。
④ 参见黄俊杰:《税捐法定主义》,台湾翰芦图书出版有限公司2012年版,第140—188页。

第二节 财税政策的两岸观察

财税政策作为经济政策的重要组成,不仅是推动经济发展和筹集政府财源的杠杆性工具,也是保障社会稳定和实现分配正义的基础性手段。就大陆而言,从 1994 年实行分税制改革以来,在充分厘清中央和地方财政关系基础上合理界分事权财权关系一直是税制改革的重点。在 2003 年 11 月召开的十六届三中全会并通过《中共中央关于完善社会主义市场经济体制若干问题的决定》以后,税制改革围绕"简税制、宽税基、低税率、严征管"的 12 字方针作了相当的努力,如增值税转型、企业所得税"两税合并"、取消农业税,等等。目前大陆推进税制改革的总体方向是"完善税收制度,构建地方税体系"①,并继续"推进增值税改革,适当简化税率"。② 2013 年 11 月召开的十八届三中全会《决定》中单设一章"财税体制改革",对税制改革提出了明确而具体的指导原则。③ 目前台湾的税制改革正朝向"租税更公平"的目标迈进,提出"增效率、广税基、减税政"的任务,并实施"健全税制、衡平税负、机动降税、稳定物价、简化税政、革新便民"的具体措施,以达致"构建优质赋税环境、维护租税合理公平"的愿景。④ 在税制改革方面,整体而言,大陆更加注重税制改革建基于确保经济增长和社会稳定的双重前提上,目

---

① 胡锦涛:《坚定不移沿着中国特色社会主义道路前进 为全面建成小康社会而奋斗——在中国共产党第十八次全国代表大会上的报告》,人民出版社 2012 年版,第 21 页。
② 《中共中央关于全面深化改革若干重大问题的决定》,人民出版社 2013 年版,第 20 页。
③ 《决定》要求,"深化税收制度改革,完善地方税体系,逐步提高直接税比重。推进增值税改革,适当简化税率。调整消费税征收范围、环节、税率,把高耗能、高污染产品及部分高档消费品纳入征收范围。逐步建立综合与分类相结合的个人所得税制。加快房地产税立法并适时推进改革,加快资源税改革,推动环境保护费改税。""按照统一税制、公平税负、促进公平竞争的原则,加强对税收优惠特别是区域税收优惠政策的规范管理。税收优惠政策统一由专门税收法律法规规定,清理规范税收优惠政策。完善国税、地税征管体制。"参见《中共中央关于全面深化改革若干重大问题的决定》,人民出版社 2013 年版,第 20—21 页。
④ 相关政策表述,参见台湾"财政部"网站,http://www.mof.gov.tw,2014 年 10 月 31 日访问。

前大陆税收增长红利仍将持续①,因此税制改革的步调是在整体渐进中有所重点突破,并在近些年来加强并推动税收法定、社会公平和分配正义等改革新思路的贯彻落实,而台湾税制改革则更加直接面向解决具体的经济财政问题和着力提升台湾的核心竞争力,并注重实际操作中的法律程序,通过民意管道吸收和因应基层民众和台湾企业的心愿和呼声。与此同时,台湾的税制改革在立法层面的及时性和行政层面的细致性相对要优越于大陆的税制改革。需要指出的是,财税政策的惯性往往使得关于制度调整、协商以及经济、生活与社会工具化背后的思维逻辑被忽略②,所以两岸在税制建设和税法发展中都应注重作为社会功能的财税政策法律正当性原则。

(一)促进经济发展:税制调整的效率取向

近几年来,大陆税制改革的政策基点是与注重效率的整体经济体制改革相配套,主要的着力点仍是"结构性减税",以便休养生息,藏富于民。由于独特的政治体制和执政党对经济政策的主导性特点,大陆税制改革的基本脉络,也可以从执政党的历届中央文件来得以管窥。自改革开放以来,财税体制改革一直是历次中央综合性改革的重中之重,且注重财政平衡政策对改革、发展和稳定的协调和促进作用。③ 历次中央重要文件重点表述的内容,特别是最新的十八届三中报告中甚至单设一章涉及"财税体制改革",并在相关各章中零散论及财税体制改革。④ 在最为重要的所得税和流转税方面,以企业所得税"两税合并"和"营改增"改革为重点和龙头的税制改革业已取得重大突破,并在其他税种改革中也呈现出更为积极的进步。但若干

---

① 在分税制改革后,大陆税收长时间高速增长的原因主要在于三个方面:分税制的税收分权契约性质具有强烈的税收激励作用;间接税的制度设计放大了纳税人的纳税能力;我国正处于"税收增长红利"集中释放期。该学者进一步预测,未来第一种因素的作用将减弱,第二种因素的作用部分消失,第三种因素的作用依旧存在。从长期看,由于税收增长红利仍将持续很长一段时期,税收仍可能保持较高速度的增长。参见吕冰洋、郭庆:《中国税收高速增长的源泉:税收能力和税收努力框架下的解释》,载《中国社会科学》2011 年第 2 期。
② 参见〔法〕马克·勒瓦:《关于税,你知道多少?》,陈郁雯、詹文硕译,台湾卫城出版公司 2012 年版,第 84—85 页。
③ 参见贾康:《我国财政平衡政策的历史考察》,载《中国社会科学》1993 年第 2 期。
④ 2013 年 11 月十八届三中全会《决定》除了在"五、深化财税体制改革"中专章论述财税体制改革外,还在"二、坚持和完善基本经济制度"、"四、加快转变政府职能"、"九、推进法治中国建设"、"十、强化权力运行制约和监督体系"等章中对财税体制改革和财税法治建设有所涉及。

年来的大陆税制改革仍存在相当的不足：一是经济效率取向的改革方向需逐渐调整，促进经济增长成为税制改革最优先的价值目标需要更多融入社会公平因素；二是部分既定的改革措施因客观条件阻碍无法如期实现，比如个人所得税制的改革一直没有明显突破。未来税制改革的基本走向，可以从 2011 年 3 月《国民经济和社会发展第十二个五年规划纲要》①、2012 年 11 月《坚定不移沿着中国特色社会主义道路前进 为全面建成小康社会而奋斗——在中国共产党第十八次全国代表大会上的报告》②、2013 年 11 月《中共中央关于全面深化改革若干重大问题的决定》③等三个主体性文件中得以预见。总体而言，大陆税制改革呈现出三个更加注重的主要态势：一是更加注重税收立法遵循严格税收法定，并把财税法治化放在极为重要的高度；二是更加注重税制改革及各税种立法本身的普适性和规范性，逐项有序地适时推动税收实体税法法律化和程序税法的修订完善；三是更加注重税制改革的促进社会公平和实现分配正义的功能，并把纳税人权益和福祉作为检验税制改革正当性的重要标准。④

近些年来，台湾大力推动了促进经济永续发展和加强台湾竞争力的税制改革，并通过立法程序完成了税制改革立法进程，且在行政部门也推动了

---

① 2011 年 3 月《国民经济和社会发展第十二个五年规划纲要》中涉及"改革和完善税收制度"一节的表述是："按照优化税制结构、公平税收负担、规范分配关系、完善税权配置的原则，健全税制体系，加强税收法制建设。扩大增值税征收范围，相应调减营业税等税收。合理调整消费税征收范围、税率结构和征税环节。逐步建立健全综合与分类相结合的个人所得税制度，完善个人所得税征管机制。继续推进费改税，全面推进资源税和耕地占用税改革。研究推进房地产税改革。逐步健全地方税体系，赋予省级政府适当税政管理权限。"

② 该报告在"全面深化经济体制改革"一段中的表述是："加快改革财税体制，健全中央和地方财力与事权相匹配的体制，完善促进基本公共服务均等化和主体功能区建设的公共财政体系，构建地方税体系，形成有利于结构优化、社会公平的税收制度。建立公共资源出让收益合理共享机制。"

③ 2013 年 11 月十八届三中全会《决定》在"完善税收制度"一段中的新表述是："深化税收制度改革，完善地方税体系，逐步提高直接税比重。推进增值税改革，适当简化税率。调整消费税征收范围、环节、税率，把高耗能、高污染产品及部分高档消费品纳入征收范围。逐步建立综合与分类相结合的个人所得税制。加快房地产税立法并适时推进改革，加快资源税改革，推动环境保护费改税。按照统一税制、公平税负、促进公平竞争的原则，加强对税收优惠特别是区域税收优惠政策的规范管理。税收优惠政策统一由专门税收法律法规规定，清理规范税收优惠政策。完善国税、地税征管体制。"

④ 2013 年 2 月，国务院批转《关于深化收入分配制度改革的若干意见》，特别指出，"收入分配制度是经济社会发展中一项带有根本性、基础性的制度安排，是社会主义市场经济体制的重要基石"。该意见被认为是更加注重社会公平和分配正义的重要政策性文件。

多项税制改革执行的政策利好,并在施政绩效的评估框架下多数取得了积极的成效。例如,在所得税方面,主动调降所得税税率及简化税政。一是进行"轻税"改革,自2010年起营利事业所得税税率由25%调降为17%,采单一税率,并将起征额由5万元提高至12万元;综合所得税税率"6%、13%、21%"等3个级距分别调降1%,并调高5%税率级距之起征金额。二是"简政"改革,简化营利事业所得税暂缴申报制度,简化独资合伙组织营利事业所得税之申报及盈余归课稽征程序。① 与此同时,台湾财政部门订定台湾来源所得认定原则,通过提供公平、合理、透明之课税规定,提升台湾租税环境之竞争力以求更多吸引外商投资。在金融税制方面,"行政院"于2009年12月30日增订公布"证券交易税条例"第2条之1,自2010年1月1日起7年内,暂停课征公司债及金融债券之证券交易税,协助台湾企业筹集资金及促进资本市场发展。在特定产业促进方面,财政部门还明定文化创意捐赠得列费用规定,带动文化创意产业发展。② 在消除国际重复征税方面,台湾财政部门积极推动与其经贸关系密切国家洽签双边租税协议。③ 相较于大陆而言,近些年来台湾税制改革除了税制调整之经济改革的杠杆作用以外,还呈现两个技术上的重要特点:一是税制改革能够通过民主体制及时反映民意并在较快的时间内推动立法,而其中专家学者的智识支持也在其中发挥了重要的作用;二是财政部门和税务部门在执行具体法律和政策时能够贯彻比例原则,积极服务纳税人,并在施政策略和行政程序上主动寻求公

---

① 此举使得估计70万家营利事业享减税利益,减轻营利事业租税负担,且每年可简化约32万家之暂缴申报,以及约26万家独资、合伙组织营利事业之申报及缴税程序,降低纳税依从成本,提升税务行政效率。相关施政绩效资料,参见台湾"财政部"网站,www.mof.gov.tw,2014年10月31日访问。

② 台湾财政部门配合"行政院"文化建设委员会于2010年2月3日制定文化创意产业发展法,针对营利事业购买国内文化创意产业原创之产品或服务,经由学校、机关、团体捐赠学生或弱势团体,捐赠偏远地区举办之文化创意活动、文化创意事业成立育成中心或其他经中央主管机关认定事项等符合一定要件者,其捐赠总额在1000万元或所得额10%之额度内,得列为营利事业当年度费用或损失,不受"所得税法"第36条第2款之限制;投资于文化创意研究与发展支出金额,得依有关税法或其他法律规定减免税捐。

③ 为消除国际间重复课税,促进经贸、文化及科技交流,保障台湾商人在境外投资或经营事业获得合理租税待遇,积极推动与台湾经贸关系密切国家和地区洽签双边租税协议。至2013年09月30日止,台湾已签署并生效之全面性所得税协定计25个;另海、空或海空国际运输所得互免所得税单项协议计14个。此类租税协定,有效促进缔约双方友谊,并有助于双方投资、贸易、资金往来、科技交流及税务合作。

平和效率的平衡。

（二）维护社会公平：税法变革的秩序要求

近些年来,大陆税制改革调整和税收法治建设在社会公平方面作了相当大的努力。就特定税种而言,相较于间接税,直接税改革对社会公平和分配正义对纳税人的影响更为明显。比如,2008年的企业所得税"两税合并",对外商投资企业、民营企业和国有企业一体化规制和一体化管理,适用相同的税率、扣除标准和优惠政策,这有利于营造自由平等的税制环境和公平有序的市场竞争秩序。在2005年10月、2007年6月、2007年12月、2011年6月相继4次的《个人所得税法》修订,凸显对经济社会发展现实的响应和对纳税人的人文关怀,具有较强的时代进步意义。尽管分类与综合相结合的个人所得税制仍未建立,但这与在不动产财产登记公示制度尚未有效建立和涉税信息尚未完全被税务机关掌握的客观现实具有紧密关联性。在间接税方面,自2011年开始的"营改增"改革引领了"结构性减税"的新方向和新潮流,在减轻宏观流转税负和理顺税负承担链条方面具有重要意义。在税收征管程序方面,目前正在修订的《税收征收管理法》将在加强与相关法律的衔接、涉税信息管理、改革纳税前置程序、税款的补缴与追征、一般反避税条款等方面作出较大突破,以更好地保护纳税人权利。① 与此同时,税务机关还通过自我约束的方式加强了对税收规范性文件的规范管理,以进一步推进依法行政和税收法治。② 从贯彻税收公平原则的角度,近些年的大陆税法变革更多开始关注社会公平和民生议题,这种公平不仅仅包括不同主体之间的税负公平,也包括对量能课税主义的理解和对弱势群体的特别保护。在中共十八大报告提出了"社会公平"的新表述后,权利公平、机会公平和规则公平的公平观念会在相当程度上指导大陆税制的发展方向。

---

① 2011年,国家税务总局曾牵头拟定《税收征收管理法(修改建议稿)》并提交给国务院,但因一些原因未能进入修法程序。2013年,国务院法制办对社会公布《税收征收管理法(征求意见稿)》,并广泛征求意见。在新一届的全国人大及其常委会立法规划中,《税收征收管理法》再次列入其中,其及时修订可以预期。

② 比如,2010年2月10日,国家税务总局发布《税收规范性文件制定管理办法》(国家税务总局令第20号),自2010年7月1日起施行。该《办法》就规范税务机关特别是地方税务机关的税收规范性文件制定和管理作出了指导性规定。

第二章　法治启蒙：赋税的正当性

在维护社会公平方面，台湾税法变革更体现了倾听民意、沟通民情和关注民生的政策取向和行政立场，并且，台湾"财政部赋税署"明确以"租税更公平"作为其部门服务愿景和施政绩效目标。在所得税方面，财政部门推动调降所得扣缴率标准，增加民众可支配所得。2010 年 12 月 22 日，修正"各类所得扣缴率标准"及"薪资所得扣缴办法"，自 2011 年 1 月 1 日起，调降台湾境内居住之个人薪资所得扣缴率及提高其兼职所得及非每月给付薪资之起扣标准，以减轻非居住者中低薪资所得的租税负担。同时，调整综合所得税扣除额，增加可支配所得。综合所得税免税额及各项扣除额之调整，经"行政院"赋税改革委员会通盘研议检讨达成共识，在财政许可范围内，配合修正"所得税法"第 5 条之 1、第 17 条、第 126 条规定，并追溯自 2008 年 1 月 1 日适用，对标准扣除额之额度进行相应调整。① 考虑到时空环境变迁、社会快速发展及赋税公平理念之深根，2011 年 1 月 19 日修正公布"所得税法"第 4 条、第 17 条及第 126 条，取消现役军人薪饷及公立中小学、私立初级中小学、幼儿园与托儿所之薪资所得免纳所得税规定，自 2012 年 1 月 1 日起取消军教薪资所得免税，建立公平税制。为健全房市并遏止短期投机，财政部门配合"行政院"制定"特种货物及劳务税条例"并通过立法程序，于 2011 年 6 月 1 日起开征特种货物及劳务税，以符合社会对落实居住正义之期待及营造优质租税环境。② 考虑到政党轮替和选举政策的影响，台湾的税制改革和税收政策在时序延续性方面可能会受到一定影响，甚至会出现政策的重大转向，但无论如何，也这正是因为此种独特法治环境存在，才使得台湾历次税制改革在促进经济永续发展基础上聚焦公共福祉和关注民生的

---

① 个人由新台币 46,000 元提高至 73,000 元，有配偶者由 92,000 元提高至 146,000 元；薪资所得特别扣除额及身心障碍特别扣除额分别由 78,000 元及 77,000 元提高至 100,000 元；教育学费特别扣除额由就读大专以上院校子女"每户"以 25,000 元为限计算修正为"每人"。2009 及 2013 年度则分别配合物价指数上涨，再调高前 3 项扣除额额度。相关资料，参见台湾"财政部"网站，www.mof.gov.tw，2014 年 10 月 31 日访问。

② 台湾"立法院"财政委员会 2014 年 3 月 10 日并案审查行政院函请审议"特种货物及劳务税条例"第 2 条、第 5 条、第 26 条修正草案及委员拟具同条例相关条文修正草案。修正内容如下：(1) 将依法得核发建造执照之非都市土地之工业区土地纳入课税范围，以落实抑制短期投机交易之政策目的；(2) 修正自住换屋免征特销税之要件，除符合办竣户籍登记之条件外，尚须有自住事实；并增订授权财政部对于确属非短期投机核定免税之概括规定及追溯适用未核课确定案件，以营造公平合理租税环境。参见台湾"财政部"网站，http://www.mof.gov.tw/ct.asp?xItem=75392&ctNode=2422&mp=1，2014 年 10 月 31 日访问。

基本立场从未改变。且在历次税法制订和修正上,面向纳税人的权利保护和对政府公权力的约束的提案及其通过有愈演愈烈之趋势,其在具体的税法案件中,纳税人权利也得到高度的注重和保护,这样无疑促进了社会公平正义的个案实现。

(三) 税制改革的中心:正当性的确定

在学理上,赋税制度与结构,应与促进经济发展与实现社会公平相配合。与此同时,"税法必须符合正义(Gerechtigkeit)之理念,而为正义之法(Gerechtigkeitsreht)"。① 税制改革对社会正义的重要性,需要从两个层面来理解:一是经济效率层面,二是社会公正层面。就经济效率层面而言,税制改革应能通过杠杆传导机制有效促进经济绩效的提升或熨平经济滞涨周期,在政府干预的必要性和妥适性中寻求平衡之道,并藉以保障市场竞争的公平税制环境。在特定情形下,税制改革还可以发挥引导性功能,在一定时期促进和推动特定产业和特殊行业的健康有序发展。就社会公正层面而言,税制改革和税法演进应注重遵循法治国、社会国和租税国的基本主旨,严格贯彻税收法定、社会公平和税收正义的基础原则,在推动社会经济发展的同时亦能在课税中保障纳税人权益,同时使得税课收入能真正提高人民福祉。评价税制改革是否具有正当性,主要的衡量指标可能区分为三类:其一,财政目的。税收收入应当充分而可靠地满足政府运作的基本需要,并能支持政府应急处理突发事务的附随需要,与此同时其征收本身亦能通过适当节约以降低征收成本。在现代社会,财政还是促进经济发展的重要前提和进行国家治理的重要基础。其二,经济绩效。税制设计的首要原则是稳固税本,并在此基础上拓展税源。但与此同时,利用税制促进经济成长和增进特定产业的竞争以及调节周期性景气也非常重要,并成为现代国家政府干预的重要工具。其三,社会政策。面向社会大众普遍征税的方式,可以达到课税平等负担的效果,也正因为纳税人众多而使得每个纳税人的等分得以稀释,并进而减少人均负担而更愿意接受和承担赋税。② 特别是在所得税领域,税法的制订应贯彻累进税制的方式来体现量能负担原则,以达到分配

---

① 黄俊杰:《税捐正义》,北京大学出版社 2004 年版,第 2 页。
② 参见〔英〕威廉·配第:《赋税论》,马妍译,中国社会科学出版社 2010 年版,第 21—29 页。

正义的效果。

由于国内生产总值(GDP)绝对优位性的发展理念长期存在,大陆在税制改革正当性方面的抉择与取舍往往会遭遇博弈论中的囚徒困境(Prisoner's Dilemma)。一方面,由于"发展是硬道理"的 GDP 政绩观的长期存在,税制改革措施必然要促进经济效率的提升,而在多数情形下高度重视效率的政策取向也必然导致对社会公平的忽视;另一方面,由于"稳定压倒一切"的社会治理客观要求,税制改革也同样需要注重对社会公平特别是分配公平的响应,但过于追求社会公平又会导致经济效率的放缓。以房产税试点为例,即能很好论证这种困境的存在。在上海和重庆两地推出房产税试点①,其目的有两个:一是拓展地方财政收入,二是遏制过快上涨的房价。但是,试点几年以来,其实际效果并不明显。两地房产税征收总额在全部税收甚至是房地产税收总额中的比重极少,同时两地房价涨幅并未比其他未征收的地方来得要低。地方政府更为担心的是,强化房产税会导致市场预期下降致使 1994 年分税制下的"土地财政"分崩离析。② 这种囚徒困境可以理解为:由于税收关乎公共建设和城市发展资金充裕度,政府希望不能因税收政策导致牵动关键行业的房产业受到较大影响,而另一方面又必须响应民意对高速上涨的房价制定有所作为的税收政策,于是仅仅面向新购增量而非保有存量、面向特定城市而非全部城市、面向特定房屋而非全部住宅的具有折中性、试点性和局部性特点的房产税政策出台。当然,从技术上讲,房产税征收还需要居民住房信息联网、不动产价格评估体系等一系列配套制度的协调推进。但毫无疑问的是,大陆房产税试点效果并不明显已经被证实,但政府仍受到立基于民意的房产税改革正当性的约束,这意味着在经济稳定前提下大陆房产税改革仍将继续。

按照经济学一般理论,良好税制应保持税收中性原则,避免影响市场经济自身规律。但自近现代以来,税制改革应体现社会正义的观念日益博兴。特别是量能负担理论的提出,为所得税制改革提供了正当性理论基础。在

---

① 2011 年 1 月 27 日,上海重庆宣布次日开始试点房产税,上海征收对象为本市居民新购房且属于第二套及以上住房和非本市居民新购房,税率暂定 0.6%;重庆征收对象是独栋别墅高档公寓,以及无户口、无企业、无工作人员所购二套房,税率为 0.5%—1.2%。

② 分税制与土地财政的相互关系,参见孙秀林、周飞舟:《土地财政与分税制:一个实证解释》,载《中国社会科学》2013 年第 4 期。

更进一层的意义上,"租税之立法与课征,即正义之实践,应期能以正当之税法推行正当之税政,实现民主法治之宪政理想"。① 台湾的税制改革非常关注在税收公平和量能负担的基础上合理确定税制的正义性标准。以遗产及赠与税制改革为例,2009年年初遗产税、赠与税税率从最高边际税率50%调降为10%,并采单一税率,同时将遗产税免税额由779万元提高至1200万元、赠与税免税额由每年111万元提高至220万元,以降低避税诱因、提高纳税依从度及建构合理租税环境,长远而言,透过租税诱发效果之发挥,将增加国内经济动能,有助税基自然之增长,对整体税收产生回馈效益,对促进税负公平及平均社会财富亦有正面影响,落实税改利益全民共享。② 该税制改革绩效在于两点:一是降低租税规避诱因,提升纳税依从度;二是减轻纳税义务人遗产税、赠与税负担,提升资本运用效率。与此同时,征收程序的改善与优化,也涉及对纳税人程序权利的保障,因而也涉及正当性原则。以综合所得税试算为例,台湾税务部门为强化综合所得税结算申报服务措施而着力推动税额试算服务,推动更便捷地服务纳税人。2011年5月办理2010年度综合所得税结算申报期间,首次推出综合所得税结算申报税额试算服务,减轻纳税义务人办理结算申报之时间与成本。③ 从更本源意义上来讲,对税制改革进行立法规制,是为正当性意义最直接和最强烈的保障方式。也即,"租税权之行使,则应依民主程序由立法机关以多数决定为之,

---

① 陈敏:《宪法之租税概念及其课征限制》,载《政大法学评论》第24期,1981年12月,第58页。
② 2009年遗产及赠与税实征约223亿余元,与修法前2006至2008年平均实征数287亿余元相较,税收减少约64亿元;2010年遗产及赠与税实征约403亿余元,扣除特殊大额案件后,实征数约253亿余元,2011年遗产及赠与税实征236亿余元,及2012年实征数282亿元,均高于2009年实征数,税收并未大幅减少。相关资料,参见台湾"财政部"网站,www.mof.gov.tw,2014年10月31日访问。
③ 此举大幅减少纳税义务人搜集所得、扣除额等数据时间,简化结算申报程序并减少结算申报成本。针对申报内容较单纯之案件,由稽征机关利用纳税义务人前一年度申报之基本资料及所掌握课税年度所得与扣除额资料,先行替纳税义务依人试算课税年度应纳税额并主动将载有所得额、免税额及扣除额等数据、应自行缴纳税额或应退还税之通知书,连同缴税案件之缴款书及缴税取款委托书,或退税案件及不缴不退案件之确认申报书,以挂号寄给纳税义务人,纳税义务人经核对资料无误后,仅须依规定于结算申报期间内缴纳税款或回复确认,即完成课税年度综合所得税结算申报。为服务更多民众,2013年起本项作业适用范围扩大至未曾办理申报(即首次申报)之纳税义务人,包括2012年起薪资所得恢复课税之军教人员及初入社会新鲜人,得申请适用2012年度税额试算服务,经稽征机关审核符合条件者,即主动寄发试算书表,以方便其完成申报。2013年5月利用税额试算服务措施完成2012年度申报之件数达189万件,占总申报件数597万件之32%。相关资料,参见台湾"财政部"网站,www.mof.gov.tw,2014年10月31日访问。

并符合税捐法定主义、税捐公平原则与过度禁止之宪法意旨,以有效落实纳税者之权利保护"。①

第三节 两岸非税收入管制比较

对非税收入的理解,两岸在学理和实务上都有所不同。依台湾学理,政府的财政收入可以按照不同方式划分,而依台湾"财政收支划分法"则可以分为 10 类:税课收入;独占及专卖收入;工程受益费收入;罚款及赔偿收入;规费收入;信托管理收入;财产收入;营业盈余捐献赠与及其他收入;补助及协助收入;公债及借款。税收收入、非税收入和借债收入等等。② 其中,政府收入又分为"中央"、"直辖市"、县(市)和乡(镇、市)四级收入,独占及专卖收入属于"中央"收入,自治税捐收入属于地方收入。而非税收入,一般指税收以外其他公课,至少包括营业盈余及事业收入、规费、受益费、罚款收入、财产收入及特别公课等。③ 从大陆官方的视角,政府非税收入是指除税收以外,由各级政府、国家机关、事业单位、代行政府职能的社会团体及其他组织依法利用政府权力、政府信誉、国家资源、国有资产或提供特定公共服务、准公共服务取得并用于满足社会公共需要或准公共需要的财政资金,是政府财政收入的重要组成部分,是政府参与国民收入分配和再分配的一种形式。④ 有大陆学者在对非税收入进行概念厘清后,认为可把非税收入区分为"预算内"、"预算外"、"制度外"三大类⑤,但随着财政法治化的推进,"制度外"收费越来越少,"预算外"资金也开始过渡到"预算内",非税收入应全面纳入预算管理体系。这些收入,有些由税务部门征收,有些则由财政部门或其他部门征收。按照国务院规定,目前由税务部门组织征收的非税收入项

---

① 黄俊杰:《纳税者权利之维护者》,载黄俊杰:《纳税人权利之保护》,北京大学出版社 2004 年版,第 11 页。
② 参见蔡茂寅:《财政收入总论(上)》,载台湾《月旦法学教室》第 77 期,2009 年 3 月,第 60—66 页。
③ 参见黄俊杰:《财政宪法》,台湾翰芦图书出版有限公司 2006 年版,第 20 页。
④ 参见 2004 年财政部颁布的《关于加强政府非税收入管理的通知》(财综〔2004〕53 号)。
⑤ 参见卢洪友:《非税财政收入研究》,载《经济研究》1998 年第 6 期。

目有教育费附加①、文化建设事业费②2项,各省、自治区和直辖市可以规定由税务机关征收社会保险费③。

(一) 非税公课:前提性的法理辨识

两岸关于非税收入的学理研究呈现不同的层次与高度。由于大陆税法学研究兴起时间不长,且财政法学仍在较为初期的阶段,尽管近几年来有一些关于非税收入的研究,但关于深层法理层面研究的成果并不多。④ 大陆经济学界对非税收入的研究,则按照其来源类型将非税收入可以分为三类:一是成本补偿型收入,主要表现为体现成本对价关系的行政事业性收费、政府

---

① 教育费附加是大陆为了发展教育事业而征收的一种专项资金。1986年4月28日,国务院发布《征收教育费附加的暂行规定》,自当年7月1日起施行。2011年1月8日,国务院总理温家宝签署国务院令第588号,公布2010年12月29日由国务院第138次常务会议通过的《国务院关于废止和修改部分行政法规的决定》,并自公布之日起施行。该《决定》在附件2《国务院决定修改的行政法规》中"一、对下列行政法规中明显不适应社会主义市场经济和社会发展要求的规定作出修改"第3项中明确,将《征收教育费附加的暂行规定》第2条、第6条中的"产品税"修改为"消费税"。根据1995年全国人民代表大会通过的《教育法》第57条等和国务院发布的上述规定,教育费附加由税务机关征收,其收入纳入财政预算管理,作为教育专项资金,由教育行政部门统筹管理,主要用于实施义务教育。教育费附加的缴纳单位包括缴纳消费税、增值税、营业税的单位和个人(除按照规定缴纳农村教育费附加者和缴纳进口货物增值税、消费税者除外)。教育费附加以各单位和个人实际缴纳的增值税、营业税、消费税的税额为计征依据,教育费附加率为3%,分别与增值税、营业税、消费税同时缴纳。

② 文化事业建设费是大陆为了引导和调控文化事业的发展而征收的一种专项资金。1996年9月5日,国务院发布《国务院关于进一步完善文化经济政策的若干规定》(国发〔1996〕37号)。该文件规定:从1997年1月1日起,在全国范围内开征文化事业建设费,由地方税务机关负责征收。1997年7月7日,财政部、国家税务总局发布《文化事业建设费征收管理暂行办法》(财税〔1997〕95号)。文化事业建设费由缴纳娱乐业、广告业营业税的单位和个人缴纳,以纳税人应当缴纳的娱乐业、广告业营业税的营业额为计征依据,费率为3%。

③ 社会保险费是大陆为发展社会保险事业而征收的专项资金,包括基本养老保险费、基本医疗保险费、工伤保险费、失业保险费和生育保险费。根据2010年10月28日通过,并自2011年7月1日起施行的《社会保险法》的规定,社会保险费征收机构负责社会保险的征收工作。由于《社会保险法》并未明确指明社会保险费征收机构的具体承办单位,故在实务中仍按照1999年1月22日国务院发布的《社会保险费征缴暂行条例》(国务院令第259号)第6条的规定,社会保险费的征收机构由省、自治区、直辖市人民政府规定,可以由税务机关征收,也可以由劳动保障行政部门按照国务院规定设立的社会保险经办机构征收。目前,亦有十多个省、自治区和直辖市规定由地方税务局征收社会保险费。

④ 比如,蒋熙辉:《中国非税收入制度新探索》中国社会科学出版社2012年版;孙忠欣:《政府非税收入理论探索与制度建设》,中国财政经济出版社2011年版;齐守印、王朝才主编:《非税收入规范化管理研究》,经济科学出版社2009年版;白雪飞:《我国政府非税收入研究》,经济科学出版社2008年版;王乔、席卫群:《非税收入管理问题研究》,中国税务出版社2008年版;等等。

性基金等①;二是功能校正型收入,主要表现为政府为实现特定政策(限制)所取得的收入或者政府依行政处罚(禁止)实施各种罚款和没收收入②;三是所有权收益型收入,主要表现为属于国家所有的财产以及各种自然资源所提供的收入。台湾税法学界对非税收入的探讨主要建立在德国法公课理论基础上,依据公课的不同分类方法展开了体系化研究,并通过法理论指导和推动了台湾"规费法"等非税收入立法。以财政收入为主要或次要目的之强制性公法金钱给付义务,谓之公课(Öffentliche Abgaben)。公课可以划分为税收及非税公课,税收为最为重要的公课,非税公课则指税收以外的公课,包括规费、受益费及特别公课(Sonderabgaben)。各项公课均有其不同之规范概念,而能作为国家对各事物领域行使统治权之财政工具。③ 其中,规费以特定(现实)之对待给付,受益费以受益之可能性(潜在的对待给付),均以对待给付为要件,亦合称受益负担(Vorzuglast)。规费又可分为行政规费、使用规费和管制特许规费(Verleihungsgebühren)。至于特别公课,则为实现特定国家任务或社会政策而征收的一种金钱给付义务。④ 至于税收与规费、受益费及特别公课之差异,大概可以略述如下:税收为无对待给付之人民公法上债务;规费收入以个别之公共服务为对待给付,属于统筹统支的范围且列入预算;受益费则针对建造、改良或增建营造物或公共设施征收,以存在现实或潜在的收益可能性为征收依据,且多列入地方收入;特别公课则基于特定国家任务或社会政策而征收,且为专款专用,一般需成立特种基金或设置专户。⑤

---

① 也即,因为使用了政府提供的公共服务或者因此项服务或工程受益,用户或受益者必须向公共服务或工程的提供者缴纳一定费用。
② 该类收入的目的在于限制或禁止人们并不期望发生的事或行为,以校正上述事或行为产生负的外部不经济。
③ 参见黄俊杰:《税捐法定主义》,台湾翰芦图书出版有限公司2012年版,第54—56页。
④ 在台湾,特别公课并非明文在相关立法中规定,而是由"大法官"解释(释字第426号)予以确认。依据该号解释理由书,"此项防治费既系国家为一定政策目的之需要,对于由特定关系之国民所课征之公法上负担,并限定其课征所得之用途,在学理上成为特别公课,乃现代工业先进国家常用之工具"。
⑤ 非税公课之详尽学理,参见葛克昌:《论公法上金钱给付义务之法律性质》,载葛克昌:《行政程序与纳税人基本权》(第三版),台湾翰芦图书出版有限公司2012年版,第158—173页。

(二) 两岸征收比较:原则、规则与实践

两岸学界和实务界对非税收入及其征收的正当性问题都给予高度关注。台湾学者认为,由于租税国家本质上不能从事营利活动,其所提供之个别服务,亦不得由此谋收额外利益。[①] 惟个别服务与公共利益无关,故收取规费,但应严守"成本或费用填补原则",由受益者负担成本费用。不过管制规费本质上为"经济诱因",以规费作为引导工具,故不受"成本填补原则"拘束,但应纳入法律规制范畴。而立法者在规费或受益费之间作决策时,受益之个别受领人事实已明确时,征收规费;如群体受益个人只有受益可能时,征收受益费。而特别公课取得财政收入,须与其课征之国家任务,具有合理关联性,并给予课征义务人对应之全体财政收入收益。[②] 但也有台湾学者针对"大法官"释字第 426 号解释在详细论证后认为,空气污染防治费并不属于特别公课的范畴。[③] 大陆学者认为,非税收入是为一种财政收入,应贯彻财政法的基本原则,也即财政民主主义、财政法定主义、财政健全主义、财政平等主义[④],这四个原则分别从制度保障、形式要素、功能目标和价值追求而对财政法治进行基准定位。[⑤] 与此同时,非税收入征收管理还应准循以下具体原则:依法征收原则、理性征收原则、程序征收原则。在法治国的视野下,对非税收入的规制,并不以实现收入多寡或者特定社会事业的成就作为规范化依据,而是以是否取得法律的授权或者纳税人或受益人的同意而具备合理性基础。[⑥] 目前,在政府收支分类科目中,非税收入具体包括:政府性基金收入、专项收入、行政事业性收入、罚没收入、国有资本经营收入、国

[①] 近年来实践中出现的管制诱导性租税,对传统税法有所突破,但其正当性仍受到相当质疑。参见葛克昌:《管制诱导性租税与违宪审查》,载葛克昌:《行政程序与纳税人基本权》(第三版),台湾翰芦图书出版有限公司 2012 年版,第 201—230 页。

[②] 参见葛克昌:《论公法上金钱给付义务之法律性质》,载葛克昌:《行政程序与纳税人基本权》(第三版),台湾翰芦图书出版有限公司 2012 年版,第 165—173 页。

[③] 参见柯格锺:《特别公课之概念及争议——以释字第 426 号解释所讨论之空气污染防治费为例》,载台湾《月旦法学杂志》第 163 期,2008 年第 12 期,第 194—215 页。

[④] 财政法的基本原则,参见刘剑文主编:《财政法学》,北京大学出版社 2009 年版,第 1—50 页。

[⑤] 参见熊伟:《财政法基本问题》,北京大学出版社 2012 年版,第 35—52 页。

[⑥] 亦有大陆学者认为,非税收入规制的基本原则主要有两项:一是受益原则,二是支付能力原则。参见徐孟洲:《财税法律制度改革与完善》,法律出版社 2009 年版,第 264—267 页。

有资源(资产)有偿使用收入、其他收入。此种分类,与台湾的规费、受益费和特别公课的分类方式并不完全对应。但大致上,规费基本对应于行政事业性收费,受益费和特别公课则包含在政府型基金中。[①]

2002年11月19日,台湾"立法院"三读通过"地方税法通则"及"规费法",对于地方财政关系最密切之"税"与"非税公课"提供了法律建制,在使得非税公课合法化的同时也有效厘清了非税公课的正当性。虽然规费与地方税的相关立法解决了地方自治的框架性的财源困难,但仍有管制特殊性规费、税与规费的权限争议等诸多法律争议仍待解决。[②] 不过,无论如何,"规费法"和"工程受益费征收条例"本身即使得非税公课的法律规范得以建立,加之立法、行政和司法单位对特别公课的特别管制,使得台湾的非税公课规制已经进入法治化轨道。[③] 反观大陆的非税收入立法,相对比较滞后。由于种种原因,此前大陆学界研议良久的《行政收费法》一直未能进入全国人大常委会立法规划。而针对各部门各地方在收费过程中存在各种问题,财政部在2010年9月10日印发《政府性基金管理暂行办法》,并成为目前处理大陆政府性基金最主要的规范性文件。根据该《办法》第11条的规定,国务院所属部门(含直属机构)、地方各级人民政府及其所属部门申请征收政府性基金,必须以法律、行政法规和中共中央、国务院文件为依据。[④] 有大陆学者认为,尽管特别公课和政府性基金具有相当的共同点,但在课征人与受益人之间的关联性上讲,税法学理上的特别公课并不能直接等同于大

[①] 此种关于归类的比较概括,并不具有绝对性和准确性。这是由于两岸特殊的经济社会环境、财政收入体制以及行政与财政法治化的差异性所决定的。根据2010年9月10日《财政部关于印发〈政府性基金管理暂行办法〉的通知》的界定,政府性基金是指各级人民政府及其所属部门根据法律、行政法规和中共中央、国务院文件规定,为支持特定公共基础设施建设和公共事业发展,向公民、法人和其他组织无偿征收的具有专项用途的财政资金。但在实际操作中,政府性基金的管理仍未纳入到严格的法律规制层面。

[②] 参见葛克昌:《规费地方税与自治立法》,载葛克昌:《税法基本问题(财政宪法篇)》,北京大学出版社2004年版,第185—198页。

[③] 但"规费法"在实践中的效果如何?以2010年台北花博会门票为例,即滋生诸多学理与实务问题。参见罗承宗:《论花博门票的法律课题:以规费法为中心》,载台湾《玄奘法律学报》第16期,2011年12月,第277—303页。

[④] 《政府性基金管理暂行办法》第21条还进一步规定:"除法律、行政法规和中共中央、国务院或者财政部规定外,其他任何部门、单位和地方各级人民政府均不得批准设立或者征收政府性基金,不得改变征收对象、调整征收范围、标准及期限,不得减征、免征、缓征、停征或者撤销政府性基金,不得以行政事业性收费名义变相设立政府性基金项目。"

陆的政府性基金,且在学理里定义政府性基金应超脱于规范性文件的条文表述。① 不过,从妥适性上讲,政府性基金事项涉及公民、法人和其他组织的重要财产权益,应以法律至少是行政法规或地方性法规的形式出台。② 但结合目前行政法治状况,该办法虽为财政部颁布的部门规章,但至少已经将各部门各地方开征政府性基金的动机和行为得以有效约束,并从实际效果上看已对此前政府性基金的泛滥开征有着较好的阻却作用。

相较台湾学理研究和法制实务对非税公课有比较明晰的识别和充分的实践,大陆在非税收入法理研究、立法实践和规则运行中仍存在相当的问题。目前,社会上热议的收费话题基本上都关乎大众民生:上海私车牌照拍卖的正当性③、北京地铁公交涨价的合法性④、机场建设费的合理性⑤,等等。具体而言,非税收入管理存在的主要问题在于四个方面:一是非税收入尚未全面进入预算管理的范畴,其收入和支出的透明度也有待加强;二是非税收入的收支情况还未纳入形式和实质的民主议决程序,没有经过民意机关进行审议或授权;三是非税收入的监督管理机制尚未有效建立,出现财政部门和职能部门分散管理的局面;四是非税收入管理的地方性法规或规范化文

---

① 参见熊伟:《财政法基本问题》,北京大学出版社2012年版,第298—301页。
② 有大陆学者认为,政府性基金应以法律作为政府性基金项目的设立依据。参见陈融:《我国政府性基金法律问题探讨》,载《政治与法律》2013年第1期。
③ 上海私车牌照拍卖始于1986年,真正意义上的拍卖制度建立于1992年。为解决上海交通拥堵的状况,1994年开始首度对新增的客车额度实行拍卖制度,上海开始对私车牌照实行有底价、不公开拍卖的政策,购车者凭着拍卖中标后获得的额度,可以去车管所为自己购买的车辆上牌,并拥有在上海中心城区(外环线以内区域)使用机动车辆的权利。上海私车牌照拍卖之初,不但相关国家部委对私车牌照拍卖行为合法性存在不同看法,且社会各界对其所应具备的合法性与正当性一直持有争议。2014年8月,上海私人私企客车额度拍牌的最低成交价73600元,平均成交价73785元。2013年3月,上海私人私企客车额度拍牌价格达到最高点,最低成交价90800元,平均成交价91898元。
④ 2013年12月,北京市交通委召开新闻发布会证实,正在进行地铁票涨价调研,称是针对"高峰期涨价"、"普遍涨价"、"按里程收费"、"有涨有降"四方面的全方位调研。数据显示,仅2012年,北京公共交通公用事业的补贴到170亿元。有专家认为,考虑到优先发展公共交通的需求,北京市公共交通票价改革方案应以现实为基础,实行按里程计价的方式;城市轨道交通票制票价的改革,需要考虑地面公交票制票价的相应变化。但其涨价方案如何得出、是否需要听证程序、听证程序如何安排等,都成为社会热议其正当性的焦点。
⑤ 机场建设费在票价外以税款(代号为"CN")的形式征收,并以航段为计收基础,取消原8小时以内中转免缴机场建设费的规定。机场建设费曾不断造成社会公众和法律界人士的质疑:机场建设费的征收是不是乱收费?机场建设费的性质究竟是什么?2012年4月17日,财政部正式公布新的《民航发展基金征收使用管理暂行办法》,由此民航发展基金将取代之前的机场建设费。

件尚处缺位状态,目前关于非税收入管理的规范性文件本身数量很少。立基于非税收入法律规制的角度,以后可能的改革方向主要有:就价值取向而言,应通过法律来严格规范和调整政府非税收入行为;就技术特征而言,各主要发达国家和地区均采全面预算管理原则;就管理模式而言,应实行实质意义上的收支两条线管理,建立合理的财政收入体系;就制度规则而言,应通过民主化的制度设计、公开透明的财政体系、积极的公民参与、完善的社会监督等方式,加强对政府非税收入的监督和管理。就管理模式而言,清晰的收入分类、全面的预算控制、严格的收支管理等三大要素应为非税收入管理的主要模式。就具体技术规则而言,非税收入的议决制度、公开制度、责任制度等三大模块应为非税收入立法的基本组成。未来非税收入的制度设计,仍应紧紧围绕特定公共利益和被课征人之间的利益关系衡平,严格遵循实体上收入取得上的正当性、立法决策上的民主性、课征程序上的法定性等三个核心要素推进和展开。

(三) 更深层次的分析:税制本身的缺陷?

税制问题大多都与财政问题紧密相关,研究税收事项必然会联系到财政体制。两岸同根同源,都发端于中华传统文化并承继于威权体系,大一统的文化意识仍然占据相对主导的地位,这样也导致了两岸财政经济上的高度集权体制。无论是大陆还是台湾,财政集权都是长期的规律与趋势。无论是大陆进行的1994年分税制财政体制改革,还是2002年台湾通过"地方税法通则"及"规费法",都肇因于伴随支出责任日益增加的情形下地方财政长期不彰而陷于制度性困境,并进而通过体制改革或法制创新的方式寻求解决方案。根据税收法定原则,包括税种的开征、税率的调整等税收事项均实行最严格的法律保留,与此同时,即便是依据法律规定地方可以自行安排的税种,其权源基础仍来自于中央。而在国税和地方税的划分中,国税所占比例过大,而地方税所占比例较小且呈现明显的不均衡性。此种情形导致了财政收支划分和财政转移支付存在的必要性[1],而基于集权体制和提供均等国民公共服务的客观情形和时代要求,即便是存在建制化的财政转移

---

[1] 大陆财政收支划分和财政转移支付有关学理,参见刘剑文:《财政法——原理、案例与材料》,北京大学出版社2013年版,第35—53页。

支付安排，来源于地方企业和国民的税收仍会依照财政收支划分体制大量纳入国库，地方财源都呈现全面吃紧局面。① 既然地方上新税种开征较为困难，又或者是地方有权开征的税种在地方税收入中占比极少，地方为筹措财源，往往会在税收之外另行获得收入。② 而且，基于地方自治学理，地方自治乃源于人性尊严与个人人格发展之基本价值，国家仅为工具性价值。如此，地方事务应由地方在存在自有财源基础上进行自主负责。③ 这使得非税收入或非税公课成为地方财源的补充性构成④，而在大陆，中央部门也能在管辖范围内征收政府性基金⑤，地方政府也获得试点发行地方债的机会⑥，并积极开拓地方财源。⑦ 在根源层面上，以税收为唯一法定的公共收入的制度不能适应当下多元化格局下的利益主体的正当化需求，非税收入在很大程度上会弥补税收制度不能涵盖的领域和空间，而与税收制度一起实现公共收入和支出的妥适构造和良好秩序。

即便两岸经济都有长足发展，民主建设也都因地制宜地呈现更为进步的状态，但毫无疑问的是，中央和地方税制的结构性偏重使得地方在收支用度时受到掣肘，而当涉及负担的民众仅只为特定范围时，非税收入成为取得

---

① 此种情形下，地方有限课税权应具有正当性，并宜通过法律规定得以制度保障。参见葛克昌：《制度性保障与地方税》，载葛克昌：《行政程序与纳税人基本权》（第三版），台湾翰芦图书出版有限公司 2012 年版，第 263—286 页。

② 以大陆为例，地方政府往往通过行使土地有偿使用权、"灵活"征收非税收入以及变相发行"地方债"等方式获得财源以应支出，但此种"事实上的财政自主权"会破坏法治秩序。参见徐键：《分权改革背景下的地方财政自主权》，载《法学研究》2012 年第 3 期。

③ 参见葛克昌：《地方课税权与纳税人基本权》，载葛克昌：《税法基本问题（财政宪法篇）》，北京大学出版社 2004 年版，第 168—172 页。

④ "中央"与地方的财权与事权划分议题在台湾学理上之见解，参见黄茂荣：《事权划分、财政划分与财政调整》，载黄茂荣：《税法总论：法学方法与现代税法》（第一册增订三版），台湾植根法学丛书编辑室 2012 年版，第 59—126 页。

⑤ 此种趋势，在 2010 年 9 月 10 日财政部颁布实施《政府性基金管理暂行办法》后得以明显扭转。

⑥ 2014 年 5 月 19 日，财政部发出《关于印发〈2014 年地方政府债券自发自还试点办法〉的通知》（财库〔2014〕57 号）。根据《通知》规定，经国务院批准，2014 年上海、浙江、广东、深圳、江苏、山东、北京、江西、宁夏、青岛试点地方政府债券自发自还。《通知》还印发《2014 年地方政府债券自发自还试点办法》，共 23 条，自印发之日起施行。

⑦ 在现有制度框架的激励下，地方政府为获得必要的财力，一方面扩大了非税收入的规模，另一方面通过地方融资平台等渠道隐性负债，造成地方债压力剧增。参见刘剑文：《地方财源制度建设的财税法审思》，载《法学评论》2014 年第 2 期。

第二章 法治启蒙:赋税的正当性

财政收入的一种合理且可能的路径。① 但一般认为,非税收入的法理逻辑在于四点:其一,非税收入的存在前提是非税合理性。现代国家业已成为税收国家,政府不能在税收外取得其他收入,但随着政府调控功能的突显以及市场规律本身的缺陷,政府介入经济生活并按照合理性原则取得收入。其二,非税收入的规制原则是预算程序和平等对价原则。依照政府干预经济取得收入,或者按照特定使用者付费原则取得收入,或者作为行政行为结果取得收入,均应纳入政府预算并贯彻平等对价原则。其三,非税收入的权源基础是纳税人或受益人同意。非税收入亦是国民或市民的金钱给付义务,除法律直接授权的,其权源依据在于国民或市民的许可,政府不能直接依据行政权利作出征收的规定或行为。其四,非税收入的权力边界是行政控权。非税收入的取得,归根结底是一种行政行为或者准行政行为,其权力行使的边界或者基本约束依然在于行政法的行政限权或者控权理论。政府取得非税收入的目的在于公共政策,但行使本身要受到法律的严格限制。就非税收入本身而言,尽管其构成本身有较为清晰的学理分类,但由于现实生活的复杂性,往往某项非税公课兼具多项特征,此时应尤其按照相关法理进行梳理和仔细识别。② 基于不同的实体特点和客观功用,税收收入与非税收入共同构成了财政收入的主体性来源,但基于保护民众财产权的角度,两者都应进入法律规制的层面。

有直接民主正当性之税捐立法者,不得滥用立法之形成自由;而无直接民主正当性之税捐行政机关,更不得滥用或逾越来自法律授权之行政立法权。③ 在既定法治秩序下,以法律规定本身不违宪为前提,税收收入和非税收入最基本的正当性基础就是遵循严格的法定主义,只是税收收入和非税收入的层级要求不同而已。而在这一原则下,就利益层面来探讨税费的正义性时,必须提及量能课税和受益者付费两个基本原则。量能课税的目的

---

① 有台湾学者认为,在平等原则之要求下,如何消弭不同行政区域住民享受国家福利给付之差异性,为国家调整财政分配之正当理由,亦是彼此差异性不够明显之地方自治团体开征地方税之最大限制。参见张永明:《财政收支划分下地方税收之探讨》,载张永明:《国家租税权之界限》,台湾翰芦图书出版有限公司2010年版,第29—55页。

② 财政工具法律特征之异同,参见黄俊杰:《税捐法定主义》,台湾翰芦图书出版有限公司2012年版,第116—117页。

③ 参见黄俊杰:《纳税者权利之维护者》,载黄俊杰:《纳税人权利之保护》,北京大学出版社2004年版,第5页。

在于贯彻税法公平价值①,它强调的是税收的人性因素,主张依据纳税人经济负担能力课税,以实现实质意义上的税收正义。受益者付费原则是指在非税收入的法律关系中,行政行为和公共服务的利益效用,只是限定于付费者或特定社会政策涵盖的特定范围,从而使公共资源得到有效调节,同时也确保特定给付中权利义务的配置公平。税收收入与非税收入的共同之处在于,它们都是政府的收入形式,也都是给付行为的财力支撑,都体现了公权力与私权利的分配与平衡。尽管由于非税收入存在多种类别,使得税收收入和非税收入的具体比较表现出差异性和浮动性,其在基本面上的抽象区分也难以准确厘定,但法理上的尽力论证仍有利于制度上的妥适设计。尽管随着现代给付国家职能的扩张,税收收入和非税收入又有不同程度的功能延展,这使得两者表面界限更进一步模糊化,但在理论上和实践中,两者之间依然体现出一定的界限。但不论是财政工具的理性选择还是公权力的合理制约,也无论是强调税收的绝对法定主义还是突显非税收入的相对理性主义,也无论是扩大地方税的适用还是采取非税收入的模式②,都体现出两者法律规制中的实体公平和程序正义。其中的要义即在于,既注重在保护私权利的同时,对个体效用进行分配和引导,又注重在约束公权力的同时,保证社会整体效用的取得和维持。③

---

① 量能课税到底是税法的基本原则,还是一种财税思想,目前还有争论。但应该指出的是,基于纳税人保护的立场,量能课税在具体适用中应受到一定限制。参见刘剑文、熊伟:《税法基础理论》,北京大学出版社2004年版,第128—146页。
② 无论是非税收入还是地方税,原则上都是出于扩大地方财源的诱因,这也是现代国家的地方税制危机之大体趋势。以法国为例,近年来其租税法体制也开始突破原财政体制与宪政传统,出现地方税制获确认及巩固之情事。参见黄源浩:《法国地方税制之危机与转机》,载《台湾大学法学论丛》第35卷第3期,2006年5月,第195—275页。
③ 参见王桦宇:《论税与费的法律界限》,载《珞珈法学论坛》(第6卷),武汉大学出版社2007年版,第168—182页。

第三章 量能原则:课税权的界限
——两岸所得税法的价值衡量与功能使命

所得税亦称收益税,是以纳税人在一定期间的纯所得(净所得)额为征税物件的税收。所得税1799年创始于英法战争时期的英国,当时它只是一种为筹措军费而开征的临时性税收,以后逐渐被广泛接受并成为一个永久性的税种。① 从19世纪后期到20世纪初期,各主要资本主义国家如美国、法国、德国、日本纷纷开征所得税,经过几十年的发展,所得税已成为世界大多数国家和地区的主要税种。② 现代国家和地区往往以建立以所得税为中心的税制,并成为税制改革的重心。主要原因在于所有税具有税收丰富之特性,能适应现代高度发展国家财政需求,另一方面,所得税以所得归属人为中心,特别考虑、斟酌纳税人之个别状态与家庭负担,被认为是最符合量能课税原则。③ 至于所得税法上的所得概念,各国和各地区立法亦有不同。美国法上的所得概念采"无论来源于何处"的表述,外延最广,而澳大利亚则把所得区分为一般所得和法定所得,英国发生则基于几类所得的列举,瑞典则把所得划分为雇佣所得、商业所得和资本利得,德国则在制定法架构中规定了7类所得以及适用于各种所得的两种计算方法,日本则采取折中方式进行综合定义。④ 与此同时,各个国家和地区以及有关国际组织有关所得税的法定名称及分类方式都不完全相同,如日本将所得税分为法人所得税,资本、利息所得税,个人所得税;瑞典有国家所得税、公众表演所得税、公共所

---

① 由于这种税以所得的多少作为负担能力的标准,比较符合社会公平原则,具有普遍征收的特点,而且还具有经济调节功能,所以被大多数西方经济学家视为良税,并在世界各国迅速推广。
② 参见刘剑文、熊伟:《财政税收法》(第五版),法律出版社2009年版,第259页。
③ 参见葛克昌:《综合所得税与宪法》,载葛克昌:《所得税与宪法》(三版),台湾翰芦图书出版有限公司2009年版,第29—31页。
④ 参见〔美〕休·奥尔特、〔澳〕布赖恩·阿诺德等:《比较所得税法——结构性分析》(第三版),丁一、崔威译,北京大学出版社2013年版,第191—193页。

得税和利润分享税等;而加拿大、巴西、新加坡则只有所得税一个名称。① 经济合作发展组织(OECD)和国际货币基金组织(IMF)则将所得、利润和资本利润课征的税收划归为所得税,并分为个人所得税、公司所得税和其他所得税三个类目。② 按照大陆现行税制,所得税分为企业所得税和个人所得税,且对企业所得税和个人所得税进行分开立法,并归类为中央与地方共享税③;在台湾,所得税则被区分为营利事业所得税和综合所得税,并按照财政收入划分进行共享④,大体分别对应于大陆的企业所得税和个人所得税,并采取将两税合并立法的技术。

第一节 "和而不同"的两岸企业所得税制度

企业所得税是以企业等组织为纳税义务人,对其一定期间的所得额或利润额征收的税收。虽然企业所得税的出现比个人所得税稍晚,其产生与战争经费的筹措密切相关。1915 年至 1924 年,英国对公司征收特别税,直到 1937 年才正式开征公司所得税。19 世纪前后,包括美国、日本等各在内主要发达国家开始推动企业所得税的征收,并在此后持续推动所得税制的优化和完善。⑤ 在学理上,所得税按照其课征形态分为:分类所得税(Scheduled income)、综合所得税(Universal or world income tax)和分类综合所得税,由各国各地区根据根据具体情况予以抉择与采用。近代以来,无论是晚清政府时期、国民政府阶段,还是在 1949 年后的海峡两岸所得税制都是重要的主体性税种。1998 年,台湾进行了重大税制改革,所得税制由原来的公司所得税与股东个人所得税的"两税独立课税制"改为现行的"两税合一课税制"。台湾所得税包括综合所得税和营利事业所得税,尽管还存在一些

---

① 关于各国所得税概况及分类,参见曾康华:《外国财政》,对外经贸大学出版社 2011 年版,第 184—205 页;王德祥:《现代外国财政制度》,武汉大学出版社 2005 年版;等等。
② 参见刘剑文:《财政法——原理、案例与材料》,北京大学出版社 2013 年版,第 218 页。
③ 2003 年 11 月 13 日,国务院发布《关于明确中央与地方所得税收入分享比例的通知》(国发〔2003〕26 号)。该文件明确,为促进区域经济协调发展和深化改革,国务院决定,从 2004 年起,中央与地方所得税收入分享比例继续按中央分享 60%,地方分享 40% 执行。
④ 按照台湾《财政收入划分法》第 8 条的规定,所得税部分的 10% 应由台湾政府统筹分配"直辖市"、县(市)及乡(镇、市)。
⑤ 参见付伯颖编著:《比较税制》,北京大学出版社 2010 年版,第 99—101 页。

差异性,但前者大致相当于大陆个人所得税,后者大致相当于大陆企业所得税。从立法模式上讲,台湾采取所得税合并立法,综合所得税和营利事业所得税统一规定在"所得税法"中,并制定施行了"所得税法施行细则"、"所得基本税额条例"①、"各类所得缴扣率标准"等配套规定。台湾"所得税法"的最近两次修正是在 2014 年 1 月 8 日和 2014 年 6 月 4 日。前者修订核定所得税各式凭单免填发等条文②,后者修订涉及使现行两税合一完全设算扣抵制调整为部分设算扣抵制等若干条文。③ 大陆所得税制采用独立课税制,且采企业所得税和个人所得税分开立法模式,对企业所得税和个人所得税分别制定相应的税收法律和配套规定。目前,大陆企业所得税的基础性法律法规为 2007 年 3 月 16 日通过的《企业所得税法》和 2007 年 11 月 28 日通过的《企业所得税法实施条例》(国务院第 512 号,以下简称《实施条例》)。与此同时,财政部和国家税务总局还根据所得税法执行的具体情况具体还定期颁布一些配套部门规章和规范性文件。

(一) 两岸企业所得税制变迁:倒逼机制抑或自主突破?

基于西学东渐和中体西用的视角来考察所得税,"回顾近代中国的税制发展历程之后,这些以'直接税'为名的各项西洋税制,立即显示出其无以伦

---

① 所得基本税额制产生原因之背景分析,参见王建煊:《租税法》(第三十二版),台湾华泰文化事业股份有限公司 2009 年版,第 179 页。

② 2014 年 1 月,台湾"财政部"又有修正"所得税法"之"反避税条款"的考量。据"财政部"说明,为避免营利事业藉由在租税庇护所国家或地区设立公司,藉盈余保留不分配,以规避投资收益并计台湾营利事业所得课税,或藉居住者身份之转换规避境内外所得应予合并课税之适用,该部依据"行政院"赋税改革委员会"所得税反避税制度之研究"决议并参考欧美国家与邻近日本、韩国与我国大陆地区做法,拟具"所得税法"部分条文修正草案,增订"受控外国公司(CFC)课税制度"及"按实际管理处所(PEM)认定营利事业居住者身份"等反避税制度,俾与国际趋势接轨。参见台湾"财政部"赋税署网站,http://www.dot.gov.tw/dot/home.jsp?mserno=200912140005&serno=200912140018&menudata=DotMenu&contlink=ap/news_view.jsp&dataserno=201401270000,2014 年 10 月 31 日访问。

③ 2014 年 6 月 4 日,"总统华总一义字第 10300085101 号令"修正公布第 5 条、第 14 条、第 17 条、第 66 条之 4、第 66 条之 6、第 71 条、第 73 条之 2、第 75 条、第 79 条、第 108 条、第 110 条及第 126 条条文。此次修正,使现行两税合一完全设算扣抵制调整为部分设算扣抵制,并增加综合所得课税级距,使综合所得净额超过 1,000 万元部分适用 45% 税率,另调高标准扣除额、薪资所得特别扣除额及身心障碍特别扣除额,以适度减轻中低所得者、薪资所得者及特殊境遇家庭租税负担。该修正"法案"所建立之"回馈税"(feedback tax)制度,让少数行业或高所得者多回馈社会,使多数人受益,有助于改善所得分配及健全财政。

比的重要性"。① 1949年以后,两岸所得税法进入了各自独立发展的特定时期。在大陆,由于长期实行社会主义公有制,所得税制度长期难以彰显其应有的功能,并在很大程度上与公有制企业的利润等概念相混同,且在早期的"利改税"过程中难以有效顺利推进。实行改革开放后,出于吸引外商投资和消除其对于税收利润提取后顾之忧的考虑,大陆化被动为主动,积极顺应国际税制发展潮流和所得税制的基本原理,尽快启动了涉外企业所得税法,并根据经济社会的发展情况在历次修法中不断加以完善。而台湾的所得税法,一直延续国民政府的所得税基础性法律框架,而顺应时代变化和经济社会发展而作相应的调适和修正。但无论是被动的倒逼机制,还是主动的自我突破,两岸企业所得税制的变革方向都朝向减轻或消除重复征税、创造公平税收环境和保持税收中性的同一路径,并在税制调整过程中确保收入分配的公平以及税收法治的实现。就大陆而言,在2008年对内对外两套所得税制合并后,实行统一的25%的企业所得税税率,对内外资企业均按照25%的税率征收企业所得税,并将税收优惠作面向产业政策而非征税对象的整体调整,并在税制要素上也作了更进一步的优化。而台湾的营利事业所得税和综合所得税合并立法则高度统合了所得税的基本原理,抽象和提炼生存保障和营业保障、生存费用扣除和营业费用扣除等相似概念的同构型要素,很好地贯彻和体现了所得征税的量能负担和租税公平基本原则②,且在税制实践中根据台湾经济社会发展的不同阶段和国际税制发展趋势进行了适时修法调整,在促进外向型经济和吸引境外投资方面收到了良好的效果,与此同时,还有效发挥了促进社会公平的分配功能。

从历史沿革上看,大陆的企业所得税立法分为三个阶段。一是初步创设阶段(1949—1979)。其特点是建立了初步的所得课税框架。1949年,通过统一全国税收政策基本方案,其中包括企业所得税和个人所得征税的办法。1950年1月,政务院发布《全国税政实施要则》,其中工商业税、存款利息所得税和薪给报酬所得税等三项为对所得课税。二是制度形成阶段

---

① 林美莉:《西洋税制在近代中国的发展》,台湾"中央研究院"近代史研究所2005年版,第336页。
② 关于所得课税与量能原则的基本学理,参见葛克昌:《所得税法基本概念》,载葛克昌:《所得税与宪法》(三版),台湾翰芦图书出版有限公司2009年版,第13—20页。

(1979—1994)。这一阶段的主要特点是"内内有别","内外有别"。1983年,国务院决定在全国试行国营企业"利改税"。1984年9月18日,国务院发布《国营企业所得税草案》和《国营企业调节税征收办法》,自同年10月1日起施行。1985年4月11日,国务院发布《集体企业所得税暂行条例》,自当年1月1日起施行。1988年6月25日,国务院发布《私营企业所得税暂行条例》,并自该年度起施行。至此,形成不同所有制企业的"内内有别"情形。1980年9月1日和1981年12月13日,五届全国人大第三次会议和第四次会议先后通过《中外合资经营企业所得税法》和《外国企业所得税法》,并公布施行。① 1991年4月9日,七届全国人大第4次会议通过了将以上两部法律整合的《外商投资企业和外国企业所得税法》,并于同年7月1日施行。这也事实上造成了"内外有别"的税制格局。三是稳步调整阶段(1994—2007)。这一阶段的主要特点是"内外有别"。1993年12月13日,国务院整合制订了《企业所得税暂行条例》,消除了内资企业所得税差异,并自1994年1月1日起施行。四是统一立法阶段(2008—目前)。这一阶段的主要特点是"统一无差别"。2007年3月16日,十届全国人大第五次会议通过《企业所得税法》(主席令第63号),2007年11月28日,国务院通过《企业所得税法实施条例》(国务院令第512号),并均于2008年1月1日起施行,从此内、外资企业施行统一的企业所得税法。

从法律传统沿用的情形来看,台湾企业所得税立法分为两个大的阶段。第一个大的阶段是国民政府阶段。其间又可分为两个时期:一是初步创设阶段(1914—1943)。1914年1月,北洋政府颁布"所得税条例"27条,其纳税义务人之规定以属地主义为原则,后因各地商会反对,尚未正式开征。1936年10月,国民政府制定《所得税暂行条例》采分类所得税制,主要对营利事业所得、薪给报酬所得及证券存款所得课征,1937年全面实施。二是

---

① 《外国企业所得税法》共19条,其中规定:外国企业所得税的纳税人为在中国境内取得生产、经营所得和其他所得的外国企业;计税依据为纳税人每一年度的收入总额减除成本、费用和损失后的余额;实行20%—40%的5级超额累进税率;从事农林牧等利润低的外国企业经营期在10年以上的可以给予减免税的税收优惠;年度亏损可以逐年弥补,但最长不超过5年;在境内没有设立机构的外国公司、企业和其他经济组织取得来源于境内的股息、利息、租金、特许权使用费和其他所得,应当缴纳20%所得税;国际金融组织贷款给中国政府和中国国家银行取得的利息,外国银行按照优惠利率贷款给中国国家银行取得的利息,可以免征所得税。

成长演进阶段(1944—1948)。1943年增订财产租赁出卖所得,1946年修法改为分类综合所得税,另增"一时所得",合为五类,并自1947年实施,此时"所得税法"为42条。第二个大阶段是国民党政府迁台以后阶段。其间,又分为两个时期,一是存续调整阶段(1949—1968)。1949年后,台湾继续沿用国民政府时期的"所得税法"。1955年,台湾修正"所得税法"至120条,改革此前分类所得税为主、综合所得税为辅的混合制为综合所得税及营利事业税并行制。二是锐意变革阶段(1969—目前)。自1968年以后,为适应经济社会发展需要,"所得税法"修订频繁,但基本框架与法条次序不变,仅作技术规则上的修订与增删。① 1997年底"所得税法"完成修订并确定为"两税合一"制。② "所得税法"最近的两次修订分别为2013年7月10日修订第14条之2开征证券交易所得税等条文和2014年1月8日的最新修订核定所得税各式凭单免填发等条文③,但"所得税法"仍保持的原来总体格局。依据"所得税法"第120条之规定,"财政部"制订了"所得税施行细则",并在2013年8月26日进行了最新修订。④ 为使适用租税减免规定而缴纳较低或不用缴税的公司或个人,都能缴纳最基本税款的税制,台湾还自2006年1月1日起施行的"所得税基本税额条例"。⑤

从两岸所得税立法的纵向变迁来考察,大陆企业所得税的发展主要得益于经济原因的外在推动。首先,在以吸收外资和保障外商税收权益的改革开放大背景下,大陆制定了两部涉外企业所得税法,且这两部所得税法是当时大陆制订的为数不多的经济领域立法的重要构成;其次,基于建立社会主义市场经济的需要,大陆对内不再局限于"条条框框"的限制而超越按所有制类型来进行内资所得税立法,对国内企业施行统一的企业所得税条例;

---

① 参见严庆章:《租税法》,台湾月旦出版社股份有限公司1995年版,第167—169页。
② "两税合一"之演进及法理分析,参见葛克昌:《两税合一之宪法观点》,载葛克昌:《所得税与宪法》(三版),台湾翰芦图书出版有限公司2009年版,第141—246页。
③ 2013年7月10日"总统华总一义字第10200131111号令"修正公布第14条之2、第88条及第89条条文。2014年1月8日"总统华总一义字第10300000621号令"增订公布第94条之1条文;并修正第102条之1及第126条条文。
④ 2013年8月26日"台财税字第10204596000号令"修正发布第8条之11、第17条之1、第19条之2、第19条之3、第19条之5及第109条;并删除第19条之1。
⑤ "所得基本税额条例"的相关法律争议,参见葛克昌:《所得基本税额条例相关法律争议》,载葛克昌:《所得税与宪法》(三版),台湾翰芦图书出版有限公司2009年版,第301—324页。

第三章 量能原则:课税权的界限

再次,则是在贯彻 WTO 精神和消除超国民待遇的平等原则指引下,实行所得税的统一立法,实现同一市场环境下完全公平的所得税机制。① 而就台湾"所得税法"而言,在所得税法基本框架确定后,虽也有经济原因考虑,但总体上是基于合理性原则进行修订而非直接的税制改革,且一直保持所得税法体系稳定和税制连贯性。从制度变革的生成机理上讲,大陆企业所得税法是在经济高速发展的外在压力与倒逼机制下渐次整合而形成,注重立法的及时性和实效性,而台湾企业所得税制则是在一贯绵连的公司和税收法制下以自我完善和追求合理性为目标的有序革新中变迁,注重立法的程序性和正当性。从立法层次和规范性文件上看,两岸企业所得税法在立法层次上大体相同,都由税收法律、行政法规和其他规范性文件共同构成,且在逻辑分布也都比较均匀,考虑到具体执行中的重点和难点;不同点在于大陆企业所得税征收历史相对较短,立法相对较晚,经济社会发展程度也相对欠成熟,且修订变化次数也明显比台湾要少,而台湾"所得税法"则在其七十多年的法制演进和近四十年来市场经济高速发展的背景下愈加完善,且其及时修订更能呼应民意需求和经济环境的变化。另外,从实体内容和立法技术上看,台湾"所得税法"对营利事业所得税规定得较为详尽,内容上基本接近于大陆的《企业所得税法》及其实施条例两者的结合。

(二)技术规范与法理逻辑:经济全球化格局下两岸税法的规制趋同

在技术性规范和诸多法理层面,两岸企业所得税法在纳税主体、征税客体、应税收入和税前扣除项目的方面,除了些许差异客观存在外,往往有着非常多的重叠性考虑和近似性规定。这种法律技术上的趋同性,一方面是由于两岸在税法原理和课税规则上所呈现出的互融共通性,这是由税法的高度专业性和特定技术性所决定的,另一方面也是由于作为企业所得税法基础性规范的公司法制和财务会计制度的近似性,大陆法系的企业制度架构使得两岸所得税法在依附实体上具有同质性。两岸在企业所得税制变革还存在另一个面相的趋同性,也即适应高度变化的市场经济环境以及迎合

---

① 目前大陆在所得税法实施过程中,仍存在一些问题,需要通过进一步改革而得以完善。参见刘剑文等:《企业所得税法实施问题研究——以北京为基础的实证分析》,北京大学出版社 2010 年版,第 203—239 页。

投资人在并购重组中的规则便利性,两岸都在并购重组、投资融资、金融创新等领域的所得税规则中增加了促进资本交易和减轻投资者负担的优化安排,且在最近若干年里,相应税制变革频度和有效性显得尤为突出。① 在预防和控制企业利用海外避税港进行避税方面,大陆税务机关还制定了专门的非居民企业纳税管理办法,进一步加强对非居民企业的涉税监管,并在征管和稽查实践中大力推进。② 一方面,两岸税法都注重系统融入所得税法规制的国际趋势,并在此大格局下进行具体制度设计;另一方面,两岸都在具体税法制订和施行过程中,切实遵循现代税收法定主义的严格立场,并高度秉承纳税人权利保护的人本精神。在税收要素的一致性基础上,企业所得税和个人所得税一体化是世界所得税改革的主流趋势。从长期来看,台湾税法的企业所得税和个人所得税合并立法和同质课征,将会在不久的未来成为大陆所得税法改革的趋势和目标。

1. 纳税人。在大陆,根据《企业所得税法》第1条规定,纳税人为企业和其他取得收入的组织,但排除了个人独资企业和合伙企业。《企业所得税》第2条第1款明确规定:"企业分为居民企业和非居民企业。"第2款和第3款则对两类企业作出界定。"本法所称居民企业,是指依法在中国境内成立,或者依照外国(地区)法律成立但实际管理机构在中国境内的企业。""本法所称非居民企业,是指依照外国(地区)法律成立且实际管理机构不在中国境内,但在中国境内设立机构、场所的,或者在中国境内未设立机构、场所,但有来源于中国境内所得的企业。"而台湾"所得税法"并未对居民企业和非居民企业作直接定义,只是在第2条和第3条就综合所得税和营利

---

① 以大陆为例,2009年4月30日,财政部、国家税务总局联合发布《关于企业重组业务企业所得税处理若干问题的通知》(财税〔2009〕59号),就企业重组所涉及的企业所得税具体处理问题作出规定。

② 2009年1月9日,国家税务总局发布《关于印发〈非居民企业所得税源泉扣缴管理暂行办法〉的通知》(国税发〔2009〕3号),出台《非居民企业所得税源泉扣缴管理暂行办法》,就规范和加强非居民企业所得税源泉扣缴管理作出规定。2009年12月10日,国家税务总局发布《关于加强非居民企业股权转让所得企业所得税管理的通知》(国税函〔2009〕698号文),对非居民企业转让中国居民企业的股权(不包括在公开的证券市场上买入并卖出中国居民企业的股票)所取得的所得课税作出了更严格的规定。

事业所得税抽象规定了来源地所得课税原则和扣抵原则。① "所得税法"第11条则对"营利事业"作了定义,"本法称营利事业,系指公营、私营或公私合营,以营利为目的,具备营业牌号或场所之独资、合伙、公司及其他组织方式之工、商、农、林、渔、牧、矿、冶等营利事业。"相较而言,两岸在纳税人界定上相同点在于,皆以在境内有所得者为纳税义务人。而差异点则在于纳税人分类的明确性及适用企业的类型化。大陆税法对居民纳税人和非居民纳税人界定明确,而台湾则采间接规定及学理识别方式处理;考虑到个人独资企业与合伙企业等两类企业的非法人属性,大陆对该两类企业不征企业所得税,而是对投资人和合伙人征个人所得税②;台湾对这两类企业则统一征收营利事业所得税。

2. 征税范围。两岸所得税法均是以属人原则为主,属地原则为辅,同时实行居民管辖权和地域管辖权。在大陆,《企业所得税法》第3条规定的课税范围比台湾"所得税法"第2条的规定略宽,主要差异是对于在境内设立机构、场所的非居民企业,发生在境外但与其所设机构、场所有实际联系的所得,要求缴纳所得税;而在台湾,"所得税法"第2条在对营利事业所得税课税范围中明确规定了总机构在境外的仅就台湾境内营业事业所得课税。③ 此种差异的存在,与两岸对于税源管控的严格程度以及对实际联系原则的差异化理解紧密相连。"所得税法"第3条之2还对委托人为营利事业

---

① 依"所得税法"第2条规定,凡有台湾境内来源所得之个人,应就其台湾境内来源之所得,依本法规定,课征综合所得税。非台湾境内居住之个人,而有台湾境内来源所得者,除本法另有规定外,其应纳税额,分别就源扣缴。依"所得税法"第3条规定,凡在台湾境内经营之营利事业,应依本法规定,课征营利事业所得税。营利事业之总机构在台湾境内者,应就其台湾境内外全部营利事业所得,合并课征营利事业所得税。但其来自台湾境外之所得,已依所得来源国税法规定缴纳之所得税,得由纳税义务人提出所得来源国税务机关发给之同一年度纳税凭证,并取得所在地台湾"使领馆"或其他经台湾政府认许机构之签证后,自其全部营利事业所得结算应纳税额中扣抵。扣抵之数,不得超过因加计其境外所得,而依境内适用税率计算增加之结算应纳税额。营利事业之总机构在台湾境外,而有台湾境内来源所得者,应就其台湾境内之营利事业所得,依本法规定课征营利事业所得税。

② 近年来,在大陆学界和实务界,私募基金等新兴合伙企业的课税问题,亦成为税法研究和实际税收征管的热点、重点和难点。相关讨论,参见林采宜:《阳光"照耀"下的私募基金涉税思考》,载《第一财经日报》2012年7月30日,第A14版;夏芳:《40%浮盈税尚未出台引争议 合伙制基金或回归公司制?》,载《证券日报》2012年4月18日,第D02版;叶红、张志越:《"先分后税":合伙企业法律体系的核心原则》,载《中国税务报》2011年3月14日,第9版;等等。

③ "所得税法"第8条对台湾境内来源所得进行了明确定义。

之信托契约①,符合法定条件时应予课税。② 大陆目前还没有对信托课税较为具体清晰的法律规定,但学界已经开始探讨。③ 相较而言,大陆按照较为积极的国库主义原则,在税收立法及执法中贯彻管制主义、效率优先和应收尽收原则;台湾则以充分法理论证和审慎立法为前提,更加突出强调低税负、公平优先、市场化及纳税人权利保护原则。

3. 税率。在大陆,《企业所得税法》第4条规定,企业所得税的税率为25%,非居民企业在中国境内未设立机构、场所的,或者虽设立机构、场所但取得的所得与其所设机构、场所没有实际联系的,其来源于中国境内的所得适用税率为20%。除《企业所得税法》另有规定优惠税率外,企业所得税的法定税率只有25%和20%两档。台湾则在2010年5月28日对"所得税法"第5条第5项进行修订时将税率调整为17%,并以所得超过新台币12万元作为免税界限,且规定即便是应纳税额超过新台币12万元,但其应纳税额不得超过营利事业课税所得额超过新台币12万元部分之半数。④ 其中,关于应纳税额不得过半数的规定,是台湾立法机关在参考德国税法学理并严格贯彻量能课税原则而最终制定的,体现了税收立法对纳税人权利的

---

① 信托课税之法理及建制,参见黄茂荣:《信托之税捐义务》,载黄茂荣:《税法总论:法学方法与现代税法》(第二册),台湾植根法学丛书编辑室2005年版,第103—150页。
② "所得税法"第3条之2规定:"委托人为营利事业之信托契约,信托成立时,明定信托利益之全部或一部之受益人为非委托人者,该受益人应将享有信托利益之权利价值,并入成立年度之所得额,依本法规定课征所得税。""前项信托契约,明定信托利益之全部或一部之受益人为委托人,于信托关系存续中,变更为非委托人者,该受益人应将其享有信托利益之权利价值,并入变更年度之所得额,依本法规定课征所得税。""信托契约之委托人为营利事业,信托关系存续中追加信托财产,致增加非委托人享有信托利益之权利者,该受益人应将其享有信托利益之权利价值增加部分,并入追加年度之所得额,依本法规定课征所得税。""前三项受益人不特定或尚未存在者,应以受托人为纳税义务人,就信托成立、变更或追加年度受益人享有信托利益之权利价值,于第七十一条规定期限内,按规定之扣缴率申报纳税;其扣缴率由财政部拟订,报请行政院核定发布之。"信托课税与"所得税法"之修订的相关讨论,参见葛克昌:《信托课税之难题与突破》,载葛克昌:《行政程序与纳税人基本权》(第三版),台湾翰芦图书出版有限公司2012年版,第499—519页。
③ 参见安体富、李青云:《英日信托税制的特点及对我们的启示》,载《涉外税务》2004年第1期;宋琳:《完善信托产品收益课税制度》,载《税务研究》2005年第9期;郝琳琳:《信托所得课税法律问题研究》,法律出版社2013年版;等等。
④ "所得税法"第5条第5项规定:"营利事业所得税起征额及税率如下:一、营利事业全年课税所得额在十二万元以下者,免征营利事业所得税。二、营利事业全年课税所得额超过十二万元者,就其全部课税所得额课征百分之十七。但其应纳税额不得超过营利事业课税所得超过十二万元部分之半数。"

保护。① 除此以外,两岸还各自通过税收协定来对与之签订协定的所在国投资者在符合协议规定时对其所得适用更为优惠的税率。

4. 应税所得额和税额计算。在大陆,《企业所得税法》第5条规定了应纳税所得税。该条规定,"企业每一纳税年度的收入总额,减除不征税收入、免税收入、各项扣除以及允许弥补的以前年度亏损后的余额,为应纳税所得额。"第6条规定了收入总额的范围。② 第8条则规定了准予在计算应纳税所得税时扣除的支出,即企业实际发生的与取得收入有关的、合理的支出,包括成本、费用、税金、损失和其他支出。第19条规定了非居民企业在中国境内未设立机构、场所的,或者虽设立机构、场所但取得的所得与其所设机构、场所没有实际联系的,其来源于中国境内的所得之应纳税所得之计算。③ 第22条规定了应纳税额的计算方法。④ 第23条和第24条则规定了已在境外缴纳的所得税税额可进行相应抵免。⑤ 在台湾,依"所得税法"第24条第1项规定,营利事业所得之计算,以其本年度收入总额减除各项成本费用、

---

① 关于所得税法上课税半数原则的探讨,参见葛克昌:《所得税法基本概念》,载葛克昌:《所得税与宪法》(三版),台湾翰芦图书出版有限公司2009年版,第11—13页。
② 《企业所得税法》第6条规定:"企业以货币形式和非货币形式从各种来源取得的收入,为收入总额。包括:(一)销售货物收入;(二)提供劳务收入;(三)转让财产收入;(四)股息、红利等权益性投资收益;(五)利息收入;(六)租金收入;(七)特许权使用费收入;(八)接受捐赠收入;(九)其他收入。"
③ 《企业所得税法》第19条规定:"非居民企业取得本法第三条第三款规定的所得,按照下列方法计算其应纳税所得额:(一)股息、红利等权益性投资收益和利息、租金、特许权使用费所得,以收入全额为应纳税所得额;(二)转让财产所得,以收入全额减除财产净值后的余额为应纳税所得额;(三)其他所得,参照前两项规定的方法计算应纳税所得额。"
④ 《企业所得税法》第22条规定:"企业的应纳税所得额乘以适用税率,减除依照本法关于税收优惠的规定减免和抵免的税额后的余额,为应纳税额。"
⑤ 《企业所得税法》第23条规定:"企业取得的下列所得已在境外缴纳的所得税税额,可以从其当期应纳税额中抵免,抵免限额为该项所得依照本法规定计算的应纳税额;超过抵免限额的部分,可以在以后五个年度内,用每年度抵免限额抵免当年应抵免税额后的余额进行抵补:(一)居民企业来源于中国境外的应税所得;(二)非居民企业在中国境内设立机构、场所,取得发生在中国境外但与该机构、场所有实际联系的应税所得。"第24条规定:"居民企业从其直接或者间接控制的外国企业分得的来源于中国境外的股息、红利等权益性投资收益,外国企业在境外实际缴纳的所得税税额中属于该项所得负担的部分,可以作为该居民企业的可抵免境外所得税税额,在本法第二十三条规定的抵免限额内抵免。"

损失及税捐后之纯益额为所得额。① 依"所得税法"第 24 条第 3 项规定,对短期票券利益所得,除依规定扣缴税款外,不计入营利事业所得额,大陆的《企业所得税法》则无此规定,所有利息收入都计入应纳税所得额。"所得税法"第 24 条之 1、之 2、之 3、之 4 还对营利事业持有公债、公司债及金融债券、进行金融交易、取得利息收入、从事海运业务等情形下之所得,规定了较为具体的计算办法。"所得税法"第 25 条、第 26 条、第 40 条和第 43 条之 1,则分别对从事国际运输、国外影片、营业期间不满 1 年的企业以及关联交易的调整,专门规定了确定应纳税所得额的计算方法,大陆《企业所得税法》则没有专门针对某一行业计算应纳税所得额的特殊规定。相较而言,台湾"所得税法"对应纳税所得额的规定,更为具体和细致,且在所得额计算中所涵盖的范围更为普遍和广泛,且税法规定的指导性和操作性也更强,在很大程度上贯彻了对各种所得进行普遍征收和税收公平的原则。

5. 税前扣除项目。两岸税法都对税前扣除项目做了较为详细和明确的规定。在应纳税所得额准予扣除的成本费用项目中,大陆与台湾存在的差别有以下几个方面:一是就公益性捐赠支出而言,大陆准予扣除限额是年度利润总额的 12%,而关于公益性捐赠的界定,则在《实施条例》中加以规定②;台湾的"所得税法"第 36 条规定,营利事业之捐赠,列为当年度费用或损失者,除为协助"国防"、"劳军"及对各级政府捐赠以及经财政部专案核准之捐赠外,对于符合教育、文化、公益、慈善等特定机关或团体等,以不超过 10% 为限。"所得税法"第 6 条之 1 还规定营利事业成立、捐赠或加入符合规定的公益信托之财产,亦准用第 36 条的规定。两岸税法关于公益性捐赠支出的扣除限额基本类似,均能在一定程度上积极促成企业积极贡献慈善事业,但仍有进一步拓展空间。二是就不得扣除的支出项目而言,大陆的

---

① "所得税法"第 24 条第 1 项规定:"营利事业所得之计算,以其本年度收入总额减除各项成本费用、损失及税捐后之纯益额为所得额。所得额之计算,涉有应税所得及免税所得者,其相关之成本、费用或损失,除可直接合理明确归属者,得个别归属认列外,应作合理之分摊;其分摊办法,由财政部定之。"

② 《实施条例》第 51 条规定:"企业所得税法第九条所称公益性捐赠,是指企业通过公益性社会团体或者县级以上人民政府及其部门,用于《中华人民共和国公益事业捐赠法》规定的公益事业的捐赠。"

《企业所得税法》第 10 条较详细地列出了不得扣除的支出项目[①],"所得税法"第 38 条也各有类似规定[②],但两者范围和概括方式有一定程度的不同。其三,就资产的税务处理而言,《企业所得税法》第 11 条、第 12 条、第 13 条分别规定了不得计算折旧扣除的固定资产类别、不得计算摊销费用扣除的无形资产类别,以及可以计算摊销扣除的长期待摊费用类别[③];在《实施条例》"第四节资产的税务处理"中具体规定了各项资产的计税基础和折旧年限等。"所得税法"没有直接类似的条款,但在"第四节"规定了资产估价问题,其中涉及流动资产估价、固定资产之估价、固定资产之折旧方法、无形资产估价、资产重估等类似问题。其四,就亏损不得抵减盈利而言,《企业所得税法》第 17 条规定,"企业在汇总计算缴纳企业所得税时,其境外营业机构的亏损不得抵减境内营业机构的盈利"。"所得税法"在第 43 条之 1 和第 43 条 2 也有类似规定,但规定更为具体细致。其五,就亏损结转而言,《企业所得税法》第 18 条规定亏损准予向以后年度结转,但结转年限最长不得超过 5 年。[④]"所得税法"第 39 条对此也有类似规定,并在符合规定条件的

---

① 《企业所得税法》第 10 条规定:"在计算应纳税所得额时,下列支出不得扣除:(一)向投资者支付的股息、红利等权益性投资收益款项;(二)企业所得税税款;(三)税收滞纳金;(四)罚金、罚款和被没收财物的损失;(五)本法第九条规定以外的捐赠支出;(六)赞助支出;(七)未经核定的准备金支出;(八)与取得收入无关的其他支出。"

② "所得税法"第 38 条规定:"经营本业及附属业务以外之损失,或家庭之费用,及各种税法所规定之滞报金、怠报金、滞纳金等及各项罚款,不得列为费用或损失。"

③ 《企业所得税法》第 11 条规定:"在计算应纳税所得额时,企业按照规定计算的固定资产折旧,准予扣除。""下列固定资产不得计算折旧扣除:(一)房屋、建筑物以外未投入使用的固定资产;(二)以经营租赁方式租入的固定资产;(三)以融资租赁方式租出的固定资产;(四)已足额提取折旧仍继续使用的固定资产;(五)与经营活动无关的固定资产;(六)单独估价作为固定资产入账的土地;(七)其他不得计算折旧扣除的固定资产。"第 12 条规定:"在计算应纳税所得额时,企业按照规定计算的无形资产摊销费用,准予扣除。""下列无形资产不得计算摊销费用扣除:(一)自行开发的支出已在计算应纳税所得额时扣除的无形资产;(二)自创商誉;(三)与经营活动无关的无形资产;(四)其他不得计算摊销费用扣除的无形资产。"第 13 条规定:"在计算应纳税所得额时,企业发生的下列支出作为长期待摊费用,按照规定摊销的,准予扣除:(一)已足额提取折旧的固定资产的改建支出;(二)租入固定资产的改建支出;(三)固定资产的大修理支出;(四)其他应当作为长期待摊费用的支出。"

④ 《企业所得税法》第 18 条规定:"企业纳税年度发生的亏损,准予向以后年度结转,用以后年度的所得弥补,但结转年限最长不得超过五年。"

情形下可进行亏损扣除之年限可达 10 年。① 就整体比较而言,在所得税财务会计和税务处理上,两岸的相关规定相似度和同质化较高。

6. 减免税。在大陆,《企业所得税法》第 7 条规定了下列收入不征税收入,包括:(1) 财政拨款;(2) 依法收取并纳入财政管理的行政事业性收费、政府性基金;(3) 国务院规定的其他不征税收入。第 25 条规定对重点扶持和鼓励发展的产业和项目给予所得税优惠。第 27 条规定对企业从事农林牧渔所得、国家重点扶持之基建项目投资经营所得、环保事业所得等五种所得可以进行减免税。② 第 28 条对于小型微利企业、国家需要重点扶持的高新技术企业的优惠税率加以特别规定,分别减按 20% 和 15% 的税率征收。第 29 条规定了民族自治地方可以自行减免所得税中的地方共享部分。③ 第 30 条规定了开发"三新"(新技术、新产品、新工艺)的研发费用以及安置残疾人员及其他符合条件的就业人员所付工资,可以实行加计扣除。第 31 条至第 34 条则对国家重点扶持和鼓励的创业投资、因技术进步对固定资产加速折旧、生产符合国家产业政策产品、进行环保投资等情形下的所得税额抵扣、加速折旧、减计收入和税额抵免作了相应规定。在台湾,"所得税法"第 4 条则规定了 20 项免税所得(包括综合所得税项目)的规定,相比大陆规定且更为明确和细致,主要包括:教育、文化、公益、慈善机构或团体、各级政府及公有事业的所得;出售土地;证券及期货交易所得;等等。第 4 条之 1、之 2 和之 3 分别就证券交易所得、期货交易所得的暂行停课以及符

---

① "所得税法"第 39 条规定:"以往年度营业之亏损,不得列入本年度计算。""但公司组织之营利事业,会计账册簿据完备,亏损及申报扣除年度均使用第七十七条所称蓝色申报书或经会计师查核签证,并如期申报者,得将经该管稽征机关核定之前十年内各期亏损,自本年纯益额中扣除后,再行核课。""修正之条文施行前,符合前项但书规定之公司组织营利事业,经稽征机关核定之以前年度亏损,尚未依法扣除完毕者,于修正施行后,适用修正后之规定。"关于第 38 条在台湾税法案例中的相关评析,参见葛克昌:《"大法官"解释与公司合并亏损扣除——高雄"高等行政法院"2000 年度诉字第二五四号判决评析》,载葛克昌:《所得税与宪法》(三版),台湾翰芦图书出版有限公司 2009 年版,第 479—500 页。

② 《企业所得税法》第 27 条规定:"企业的下列所得,可以免征、减征企业所得税:(一)从事农、林、牧、渔项目的所得;(二)从事国家重点扶持的公共基础设施项目投资经营的所得;(三)从事符合条件的环境保护、节能节水项目的所得;(四)符合条件的技术转让所得;(五)本法第三条第三款规定的所得。"

③ 《企业所得税法》第 30 条规定:"企业的下列支出,可以在计算应纳税所得额时加计扣除:(一)开发新技术、新产品、新工艺发生的研究开发费用;(二)安置残疾人员及国家鼓励安置的其他就业人员所支付的工资。"

第三章 量能原则:课税权的界限

合规定之营利事业受益人免纳所得税进行了规定。相较而言,两岸税法在减免税方面对都规定得较为具体,有利于稽征机关在执行时易于掌握,大陆的减免税规定更为广泛和繁杂,并不太重视对税收优惠政策的类型化归纳;台湾的减免税规定则较为紧凑,范围也略小,且更注重对税收优惠政策的规范和约束。

　　总体而言,两岸企业所得税法在基础条款和主体内容方面都较为接近。至于其中存在差异性的部分,则基本上与两岸企业所得税制实践中会计语词、日常惯例、经济社会环境和法治化程度的不同有关。在表达方式和立法习惯上,大陆税法的条款规定较为简练和原则,并在立法习惯上,更倾向于在实施条例中规定更为具体的规定,以突出所得税法本身的总纲性和提要性;台湾税法的条款规定更为具体和清晰,更愿意采取在实体税法进行明确规定的做法,而实施细则仅作为补充。在规则安排上,大陆税法更注意内容的实质性表达以及具体规则的明确性;台湾税法则在形式上注重类型化的构造以及体系的完整性。另外,在专门规章上,台湾还针对电子商务涉税制订了"网路交易课征营业税及所得税规范"等具体办法,能紧密贴合行业发展的现实情况[①];而目前大陆关于电子商务课税仍处于政策讨论的阶段。两岸企业所得税法和制度规范在这些细节性的差异并不影响两岸在租税观念和管制思路上的趋同性,量能课税、税收公平、克服双重征税等税法原则在两岸所得税法都得到了相当程度的嵌入和展开,并且在所得实现的确认、营业支出扣除等方面得以规则体现。[②] 不过,就企业所得税及其法律规制而言,仍有诸多理论问题需要共同厘清和研讨,与此同时,两岸公司企业形态发展和交易方式日新月异也使得所得税法实践将会呈现更多的问题,私募基金、合伙企业、非营利组织等新型组织的课税问题,以及电子商务、网络支付、虚拟银行等新兴交易方式带来的课税问题,都需要两岸税法学界同仁共同研究和解决。两岸间定期化和指定议题的理论研讨和实务沟通交流机制,会促进两岸企业所得税制在改革过程中取长补短,互为借鉴,进而探索

---

　　① 关于电子商务课征加值型营业税的比较分析及相关建议,参见邱祥荣:《电子商务课征加值型营业税之法律探析》,北京大学出版社 2005 年版,第 130—134 页。
　　② 量能课税原则之于所得税法的重要性以及量能课税与所得税改革的关系,参见葛克昌:《量能课税原则与所得税法》,载葛克昌:《税法基本问题(财政宪法篇)》,北京大学出版社 2004 年版,第 120—130 页。

和寻求更适合自身特点的规制原理和技术路径。

(三) 和而不同:两岸企业所得税法的统一性与多样性

囿于经济发展阶段、特定社会政策、大众民主观念、税收法治水平等主客观条件,两岸的企业所得税制度仍存在一些明显的差异。① 在此种"和而不同"的比较视野下,两岸企业所得税制度在求同存异的基础上,也逐渐会在规则设计和发展趋势上呈现更多的共同元素,并相互参考和借鉴。一般而言,征收管理、行政体制等与法治发达程度紧密相关,税收制度在经济生活中得以执行的实际效果则与行政法治状况紧密相关。与台湾所得税法较为稳定的变迁过程不同,大陆所得税法改革具有明显的阶段性。改革开放三十年来,在大陆所得税法演进过程中,先后呈现两个重点突破:一是税收优惠的逐渐收敛并进入实质法治化。此前若干年,企业所得税制度在大陆执行中较为泛滥的是税收优惠政策的执行,此种情形的出现,大抵是因为税收优惠对经济发展和对外开放政策影响甚巨,地方政府在招商引资中作出相当程度甚至是超越税法规定的承诺,使得税法特别是所得税法的严肃性受到强烈的挑战和质疑。而随着对法治建设的重视程度进一步加强,规范税收优惠政策已经成为执政党重要政策性文件中的官方表述。② 二是涉外企业所得税征管的渐进加强并形成常态化机制。近些年来,大陆加强了反避税方面的引导和管制,税务机关高度重视在避免双重征税的同时加强了反避税工作,一方面通过订立双边或多边的税收协议来对双重征税进行规则确认,打压外国企业和投资者通过避税地来侵蚀大陆的税基,从而在"结构性减税"的大背景下通过加强征管而保障宏观税负整体的平衡性;另一方面对在大陆境内的非居民企业进行了严格的税收征管,当前国内民营企业为获得更为灵活的资本市场支持、更为宽松的政府管制以及更为优惠的税收政策而倾向于在境外避税地设立导管公司,但此种状况因国家税务总局

---

① 台湾"所得税法"在"第三章营利事业所得税"中除设"第一节登记"、"第二节账簿凭证"、"第三节营利事业所得额"外,还设有"第四节资产估价"、"第五节股东可扣抵税额账户"及"第六节未分配盈余之课税"等,相关财务及税法规定较为完整,且与大陆《企业所得税法》在结构和功能上存在较大差异。

② 十八届三中全会《决定》还特别在"深化财税体制改革"之"(18)完善税收制度"一段中特别提及:"税收优惠政策统一由专门税收法律法规规定,清理规范税收优惠政策。"

第三章 量能原则：课税权的界限

加强非居民企业税收规范性文件的制订以及在实务中推动典型案例而有所收敛。

1. 征收管理。两岸税法在征收管理上除存在较多的共同点外，还不可避免地有若干细节性差异的规定。一是纳税地点。在大陆，《企业所得税法》第50条第1款规定，"居民企业以企业登记注册地为纳税地点；但登记注册地在境外的，以实际管理机构所在地为纳税地点。"台湾"所得税法"对纳税地点的规定与大陆大体相同。二是合并纳税。《企业所得税法》第50条第2款规定，"居民企业在中国境内设立不具有法人资格的营业机构的，应当汇总计算并缴纳企业所得税。"第52条规定，"除国务院另有规定外，企业之间不得合并缴纳企业所得税。"台湾"所得税法"的规定与此基本相同，主要的差异在于对总机构在境外，若设有多个境内营业场所，未规定可以合并纳税。三是纳税年度。《企业所得税法》第53条第1款规定，企业的纳税年度均为公历年度。① 台湾的所得税法规定课税年度与会计年度相同，而会计年度一般取公历年度②，两岸基本相同。台湾"所得税法"第23条则规定，"但因原有习惯或营业季节之特殊情形，呈经该管稽征机关核准者，得变更起讫日期。"四是纳税程序。《企业所得税法》第54条规定，企业所得税分月或者季度终了15日内预缴，按年在年度终了5个月内汇算清缴。③ 第55条还规定了若年度中间中止经营的，应在60日进行其汇算清缴。④ 台湾"所得税法"同样采取年度内预缴和按年结算的办法。按照第67条的规定，企业只需要在每年9月份预缴一次，而且预缴金额为上年度应纳税额的

---

① 《企业所得税法》第53条规定："企业所得税按纳税年度计算。纳税年度自公历1月1日起至12月31日止。""企业在一个纳税年度中间开业，或者终止经营活动，使该纳税年度的实际经营期不足十二个月的，应当以其实际经营期为一个纳税年度。""企业依法清算时，应当以清算期间作为一个纳税年度。"

② "所得税法"第23条规定："会计年度应为每年一月一日起至十二月三十一日止。""但因原有习惯或营业季节之特殊情形，呈经该管稽征机关核准者，得变更起讫日期。"

③ 《企业所得税法》第54条规定："企业所得税分月或者分季预缴。""企业应当自月份或者季度终了之日起十五日内，向税务机关报送预缴企业所得税纳税申报表，预缴税款。""企业应当自年度终了之日起五个月内，向税务机关报送年度企业所得税纳税申报表，并汇算清缴，结清应缴应退税款。""企业在报送企业所得税纳税申报表时，应当按照规定附送财务会计报告和其他有关资料。"

④ 《企业所得税法》第55条规定："企业在年度中间终止经营活动的，应当自实际经营终止之日起六十日内，向税务机关办理当期企业所得税汇算清缴。""企业应当在办理注销登记前，就其清算所得向税务机关申报并依法缴纳企业所得税。"

1/2,尔后在次年 5 月份结算申报。① 在规则设计上,台湾"所得税法"还单设稽征程序一章,分别就"暂缴"、"结算申报"、"调查"、"扣缴"②、"盈余申报"等 6 节作了专门的细致规定。与此同时,"所得税法"还在"奖惩"一章中对告发检举、不依规定报送账簿文据等奖惩事项作了具体规定。而大陆《企业所得税法》对此没有专门规定,企业所得税的征管及程序多由《税收征收管理法》来进行调整。相较而言,大陆税法关于企业所得税的规定多限于实体性规定,而基于突显程序法的统一性而将所有税种的程序事项均纳入统一的税收征管法处理,但可能有失对具体税种征管特殊性的关照;台湾税法对营利事业所得税的规定既有和综合所得税相同的要则性规定,又有在与"税捐稽征法"相协调的基础上,对所得税稽征程序事项作更有针对性的奖惩规定,以突出程序规定对实体内容的高度适应性。

2. 税收优惠。《企业所得税法》第四章专门规定了"税收优惠"。这些税收优惠主要包括:免税收入、免征或减征所得税的项目、加计扣除的支出、固定资产缩短折旧年限或加速折旧、减计收入、税额抵免等。其他配套制度则主要是《高新技术企业认定管理办法》等单行规范性文件。而台湾"所得税法"对税收优惠的表述中则散见于较少的几个条款,而更多税收优惠则是通过在"产业创新条例"、"生技新药发展条例"、"促进民间参与公共建设法"等其他法律法规中加以规定。目前,在税法学理上,税收优惠也受到相当的讨论和质疑,认为破坏了税法的公平原则、平等原则和量能原则。相较

---

① "所得税法"第 71 条规定:"纳税义务人应于每年五月一日起至五月三十一日止,填具结算申报书,向该管稽征机关,申报其上一年度内构成综合所得总额或营利事业收入总额之项目及数额,以及有关减免、扣除之事项,并应依其全年应纳税额减除暂缴税额、尚未抵缴之扣缴税额及可抵税额,计算其应纳之结算税额,于申报前自行缴纳。但依法不并计课税之所得之扣缴税款,及营利事业获配股利总额或盈余总额所含之可抵税额,不得减除。"前项纳税义务人为独资、合伙组织之营利事业者,以其全年应纳税额之半数,减除尚未抵缴之扣缴税额,计算其应纳之结算税额,于申报前自行缴纳;其营利事业所得额减除全年应纳税额半数后之余额,应由独资资本主或合伙组织合伙人依第十四条第一项第一类规定列为营利所得,依本法规定课征综合所得税。但其为小规模营利事业者,无须办理结算申报,其营利事业所得额,应由独资资本主或合伙组织合伙人依第十四条第一项第一类规定列为营利所得,依本法规定课征综合所得税。""台湾境内居住之个人全年综合所得总额不超过当年度规定之免税额及标准扣除额之合计数者,得免办理结算申报。但申请退还扣缴税款及可抵税额者,仍应办理结算申报。""第一项及前项所称可抵税额,指股利凭单所载之可抵税额。"

② "所得税法"上的扣缴之实务问题研析,参见钟典晏:《扣缴实务相关问题研析》,台湾翰芦图书出版有限公司 2004 年版,第 11—92 页。

于租税之课征,租税优惠乃今日国家为实现社会国理想,以减免租税负担作为达成特定经济政策或社会政策之工具,对于法治国家之量能课税原则多有违反。在保障人权保障和平等负担纳税义务下,租税优惠的实行不以具备形式意义之法律规定为满足,而应具备是指正当理由,因此在租税优惠法律中应强化信息公开、租税辅助之必要性审核与受优惠者绩效考核等配套机制,为租税优惠偏离量能负担原则提供正当性理由。① 基于此种学理上的论断和观点,也指导和规范着两岸所得税关于税收优惠的立法。目前,两岸所得税立法实践都将税收优惠严格控制在新兴产业引导、公共事业建设和特定社会政策推进等少数领域,在对税收优惠实体内容的必要性和正当性进行检讨额同时,还对具体的税收优惠法律条款变更或相对应的税收政策制订进行相当严格的程序性约束。②

  3. 避免双重征税。为了避免双重征税,两岸企业所得税法都规定,对于来源于境外的所得,已在境外缴纳的所得税税额,可以从其当期应纳税额中抵免。抵免限额同样都是该项所得依照本地所得税法规定计算的应纳税额。在大陆,《企业所得税法》第23条规定,对于(1)居民企业来源于中国境外的应税所得;和(2)非居民企业在中国境内设立机构、场所,取得发生在中国境外但与该机构、场所有实际联系的应税所得,就其已在境外缴纳的所得税税额,超过抵免限额的部分,可以从其当期应纳税额中抵免;超过抵免限额的部分,可在以后5个年度内,用每年度限额抵免当年应抵税额后的余额进行抵补,而台湾"所得税法"没有类似规定。台湾"所得税法"第3条第2款只是概括性规定:"但其来自台湾境外之所得,已依所得来源国税法规定缴纳之所得税,得由纳税义务人提出所得来源国税务机关发给之同一年度纳税凭证,并取得所在地台湾外事机构或其他认许机构之签证后,自其全部营利事业所得结算应纳税额中扣抵。扣抵之数,不得超过因加计其国外所得,而依国内适用税率计算增加之结算应纳税额。"这也反映出大陆在处理双重征税问题上,积极扶持国内企业"走出去"的基本态度。需要指出

---

  ① 关于租税优惠正当性之探讨,参见张永明:《租税优惠正当性之探讨》,载张永明:《国家租税权之界限》,台湾翰芦图书出版有限公司2010年版,第57—86页;王霞:《税收优惠法律制度研究——以法律的规范性及正当性为视角》,法律出版社2012年版,第154—155页。
  ② 税捐优惠的学理、台湾立法例、立法技术及检讨,参见黄茂荣:《论税捐优惠》,载黄茂荣:《税法总论:税捐法律关系》(第三册),台湾植根法学丛书编辑室2008年版,第339—468页。

的是,大陆和台湾都与部分国家和地区签订了避免双重征税的国际条约和地区性协议,这些由两岸有权机关签订或批准的条约和协议,在处理双重征税问题时亦为重要的法源依据。

4. 反避税。《企业所得税法》第六章专门规定了特别纳税调整。第41条、第42条和第43条分别规定了独立交易原则、预约定价安排和年度关联业务往来报告表等事项。① 第44条规定了税务机关的应纳税所得额的核定权。② 第45条规定了利用避税地故意不分或少分利润之处理。③ 第46条规定了关联方交易时债权性投资与权益性投资非正常比例时之处理。④ 第47条规定了一般反避税条款。⑤ 2009年,国家税务总局发布《特别纳税调整实施办法(试行)》(国税发〔2009〕2号),对反避税规定进行了细化。此后,财政部、国家税务总局又先后联合或单独发布《关于企业重组业务企业所得税处理若干问题的通知》(财税〔2009〕59号)和《关于加强非居民企业股权转让所得企业所得税管理的通知》(国税函〔2009〕698号)等一系列重要文件,就企业重组的类型、一般性税务处理和特殊性税务处理的适用、非居民股权转让所得税管理等事项作出了更为细致的规定。这些规范性文件的及时出台,丰富和充实了大陆现有反避税制度体系。台湾"所得税法"第43条之1规定了不合营业常规之调整,对关联交易的调整作出了原则性的规定。

---

① 《企业所得税法》第41条规定:"企业与其关联方之间的业务往来,不符合独立交易原则而减少企业或者其关联方应纳税收入或者所得额的,税务机关有权按照合理方法调整。""企业与其关联方共同开发、受让无形资产,或者共同提供、接受劳务发生的成本,在计算应纳税所得额时应当按照独立交易原则进行分摊。"第42条规定:"企业可以向税务机关提出与其关联方之间业务往来的定价原则和计算方法,税务机关与企业协商、确认后,达成预约定价安排。"第43条规定:"企业向税务机关报送年度企业所得税纳税申报表时,应当就其与关联方之间的业务往来,附送年度关联业务往来报告表。""税务机关在进行关联业务调查时,企业及其关联方,以及与关联业务调查有关的其他企业,应当按照规定提供相关资料。"
② 《企业所得税法》第44条规定:"企业不提供与其关联方之间业务往来资料,或者提供虚假、不完整资料,未能真实反映其关联业务往来情况的,税务机关有权依法核定其应纳税所得额。"
③ 《企业所得税法》第45条规定:"由居民企业,或者由居民企业和中国居民控制的设立在实际税负明显低于本法第四条第一款规定税率水平的国家(地区)的企业,并非由于合理的经营需要而对利润不作分配或者减少分配的,上述利润中应归属于该居民企业的部分,应当计入该居民企业的当期收入。"
④ 《企业所得税法》第46条规定:"企业从其关联方接受的债权性投资与权益性投资的比例超过规定标准而发生的利息支出,不得在计算应纳税所得额时扣除。"
⑤ 《企业所得税法》第47条规定:"企业实施其他不具有合理商业目的的安排而减少其应纳税收入或者所得额的,税务机关有权按照合理方法调整。"

2004年,台湾颁布《营利事业所得税法不合常规移转定价查核准则》,较为详细地规定了关联交易的调整问题。2009年5月,台湾增订"税捐稽征法"第12条之1的一般反避税条款,明确规定税捐稽征机关认定课征租税的构成要件事实时,应以"实质经济事实关系"及其所生实质经济利益的归属与享有为依据。2010年,台湾又增订"所得税法"第43条之2的反资本稀释条款,自2011年度起,营利事业对关系人之负债占业主权益之比率超过3:1者,超过部分之利息支出不得列为费用或损失。与此同时,台湾更进一步考虑,在参考国外立法例基础上,创建受控外国公司(CFC)法则及营利事业采实际管理处所(Place of Effective Management)认定居住者身份等反避税制度,以使台湾反避税法制更臻健全完整。

  大陆和台湾,虽然历史、文化与血缘一脉相承,但多年来因政治制度、经济环境等客观情形不同形成的社会和法律制度亦会出现较大的差异,这种态势所折射出的观念歧见即使是在具有高度技术性特征的税法上也有诸多体现。在学理上,关于所得税法的论争和研讨仍在持续。就所得税改革而言,需考虑理想与现实因素甚多,且必须循序渐进,但从量能课税原则可提供一思考方向。量能课税原则在选取纳税义务人、租税客体与税基时,要求较为严格和精准。但在是否违反过度禁止之具体化过程中,则呈现相对的弹性。[①] 是故,所得税法的修订与完善,应着眼于纳税人负担的公平性以及国家调整税制时对市场交易的及时响应理念,以保护法律秩序下纳税人在伦理上和现实中的正当权益。当下,两岸投资贸易、经济交流和人员往来日益紧密和频繁,同样源自大陆法系国家的税法学理与制度也在两岸学界和政府努力下渐进融合,并各自取得税制改革和法制建设的丰硕成果。台湾的所得税法改革,应继续围绕"租税更公平"的目标,在税制优化、程序透明、减轻税负和加强反避税方面作出进一步努力和贡献。而就大陆所得税法未来修订而言,至少以下五点可以参考借鉴台湾所得税法:其一,反避税规定应及时修订,并确保其清晰性和可执行性,以加强纳税人对税法的可预期性及保护纳税人信赖利益,同时提高反避税规定的效力层级;其二,税收优惠政策应进一步类型化,将税收优惠更多地集中在促进社会公

---

  ① 参见葛克昌:《量能课税原则与所得税法》,载葛克昌:《税法基本问题(财政宪法篇)》,北京大学出版社2004年版,第130页。

平而非经济发展上,并尽量减少税收优惠政策的适用;其三,采纳台湾现行所得税制上"课税半数原则"及最低税负保障规则,制订所得税税额最高上限及所得基本税额制度,通过设定最高税负和最低税负基准,以保证量能课税的合理区间;其四,特定营业之纳税人经许可后可选择非公历年度,以保障纳税人在税法规制的前提下,根据通用会计准则和企业自身情形而获得效率上的便利;其五,择机调整大陆现行分月或分季预缴制度为年度一次预缴制度,或者按照企业具体情况赋予企业一定的自主弹性,避免纳税人会计稽核和税务处理上的过分劳累而在程序设计上损害纳税人权利。

第二节 台湾综合所得税与大陆个税制度之比较

个人所得税是 1789 年英国首相皮特(W. Pitt)为筹措战争经费,临时开办的税种。[①] 1842 年,首相皮尔(R. Peel)为弥补关税与消费税的不足,创收经常性质的所得税,施行至今已经有两百多年历史。个人所得税有两个主要功能,一是财政收入功能,二是社会分配功能。前者使得国库获得财政收入,以维护公权力并提供公共物品,后者则通过对个人收入课税,实现分配公平和社会正义。个人所得税以其"自动稳定器"的突出社会功能而被认为是一种"良税",目前已经成为世界上经济发达国家和地区的主要税种。随着经济贸易往来和人员交流的常态化,两岸之间关于探亲访友、观光旅游、商务考察、投资兴业等领域的相关政策也越来越开放,特别是台湾同胞到祖国大陆经商投资、考察就业、短期出差和置产定居的情形也越来越多。个人所得税与个人所得的来源及性质、工作地点、居住地区、居留时间等都有非常密切的关系,也直接关系个人所得税额的确定。两岸个人所得税制均以纳税人之净所得衡量其纳税能力,均采累进税率课税,以符合所得税量能课税之基本原则,并达到平衡社会财富分配的目的,具有高度的原理共通性和规则相似性。比较两岸间个人所得税的税收制度、居民纳税人与非居民纳税人的税负等问题,不仅是两岸税务机关加强税收征管与协调的重要基础,

---

[①] 1773 年,英法两国爆发了大规模战争。为了应付战争经费,当时的英国首相皮特于 1789 年创立了一种被称为"三部合成捐"的新税,这通常被认为是英国所得税的雏形。

也是台胞登陆或者陆客来台投资或任职的重要考虑因素。目前,大陆关于个人所得税的主要法律规定是 2011 年 6 月 3 日最新修订并于 2011 年 9 月 1 日起施行的《个人所得税法》(主席令第 48 号)及《个人所得税法实施条例》(国务院令第 600 号,以下简称"《实施条例》")等配套规定。台湾关于综合所得税的主要法律规定则是 2014 年 6 月 4 日最新修正的"所得税法"①及 2013 年 8 月 26 日"台财税字第 10204596000 号令修正"发布之"所得税法施行细则"等配套规定。②

(一) 两岸个人所得税制:个人所得、财产权利与社会变迁

从法律属性上讲,所得税为对人税,且为直接税的一种。也即,以所得或财产的归属人为中心,考虑纳税人的个别条件者(家庭负担、幼儿扶养、老病照顾、灾害等),称为属人税。从产生时间上看,区别于间接税和对物税,属人税在租税上为晚近发生之税捐。③ 从表观层面上看,大陆与台湾的个人所得税的税制差异体现在两岸立法者因地制宜的选择,并根据各自经济发展水平、征管技术能力和社会法治基础而进行的理性选择;但从深层观点来看,大陆与台湾税制存在不同的根本核心在于两岸对于私人财产权保护的迥然不同的历史沿革和观念变迁,也即,是否尊重私人财产权并通过税法来约束政府财政权对个人财产权的侵犯,从而划定公私财产权的界限。在大陆,私人财产无从保护则个人所得税法无从谈起,私人财产开始重视则个人所得税法得以成长,这也说明了大陆为何在改革开放以后才制订个人所得税法。从这个意义上讲,私人财产权保护是大陆个人所得税法启蒙和发达

---

① 2014 年 6 月 4 日,"总统华总一义字第 10300085101 号令"修正公布第 5 条、第 14 条、第 17 条、第 66 条之 4、第 66 条之 6、第 71 条、第 73 条之 2、第 75 条、第 79 条、第 108 条、第 110 条及第 126 条条文。此次修正,使现行两税合一完全设算扣抵制调整为部分设算扣抵制,并增加综合所得税课税级距,使综合所得净额超过 1,000 万元部分适用 45% 税率,另调高标准扣除额、薪资所得特别扣除额及身心障碍特别扣除额,以适度减轻中低所得者、薪资所得者及特殊境遇家庭租税负担。该修正"法案"所建立之"回馈税"(feedback tax)制度,让少数行业或高所得者多回馈社会,使多数人受益;有助于改善所得分配及健全财政。

② 2013 年 12 月 24 日,台湾"立法院"第 8 届第 4 会期第 15 次会议三读通过"'所得税法'第 94 条之 1、第 102 条之 1 及第 126 条修正草案"。2014 年 1 月 8 日,"所得税法"经修订公布,并经"行政院"核定,自该日起所得税凭单免填发作业即可开始实施。

③ 参见葛克昌:《所得税法基本概念》,载葛克昌:《所得税与宪法》(三版),台湾翰芦图书出版有限公司 2009 年版,第 2—4 页。

的逻辑起点和基础前提。当前,尽管大陆学界对个人所得税的功能定位是取得财政收入还是促进社会公平仍有争议和分歧①,但毫无疑问的是,个人所得税在促进收入公平分配上有其重要的调节功能;而台湾基于其社会制度的不同,长期以来注重对私人财产的公法保护,更早地将个人收入与政府公器的切分线和临界点作出法律识别,并在更深层次上,将促进社会公平而非保障财政收入作为个人所得税的存在依据和征收原则,同时在法律规则上通过综合所得税的形式在技术上实现量能课税原则和税收公平原则。

中国的个人所得税制度起源于20世纪初,当时受欧美国家和日本建立所得税制度的影响,清政府于宣统年间的1910年,由资政院起草《所得税章程》。该章程包括了对企业所得征税和对个人所的征税的内容,但未能公布施行。1911年辛亥革命后中华国民政府曾经以该章程为基础制定《所得税条例》,共27条,并于1914年初公布。这是中国最早的所得税法。1928年国民政府定都南京后的第一次全国财政会议中曾有与会代表提出开征所得税。时任国民政府租税涉及委员会顾问的甘穆尔(E. W. Kemmeler)认为当时在中国推行所得税不符合客观情况,因而搁置。1934年第二次全国财政会议,再度有人提出实施直接税的建议。1935年7月,国民政府财政部向中央政治会议提议,于1936年7月由立法院制定出共22条的《所得税暂行条例》,同年7月21日对外公布,并于同年10月1日正式施行。至此,酝酿已久的所得税制度以《所得税暂行条例》为标志在中国得以诞生,并成为中国近代以来所得税立法的重要里程碑。《所得税暂行条例》实施分类所得税制,就营利事业所得、薪资报酬所得和证券存款利息所得等三类所得以累进税率课征所得税。1943年新增一财产租赁所得,变为四类。同年,中国历史上第一部《所得税法》由国民政府制定并实施。1945年抗战胜利后,国民政府改采分类综合所得税制,将所得分为营利所得、薪资所得、证券存款利息、财产所得等五类,分按不同税率课征分类所得税,并以个人所得超过60万元者,再加征综合所得税。

1949年后,台湾当局在税收方面仍以间接税为重心,财政部门为整顿

---

① 参见黄威:《关于中国个人所得税改革的研究综述》,载《上海财经大学学报》2008年第4期。

第三章 量能原则：课税权的界限

税收并建立以直接税为重心的租税体系,在 1955 年修正"所得税法",参考世界各主要国家所得税申报制度,将原分类综合所得税制改为个人综合所得税与营利事业所得税两制并行,并立法施行。至此,此举奠定了台湾个人所得税制的结构性基础,台湾个人所得税制调整为综合所得税,以就源扣缴、自动申报与调查核定等三大原则,建构了比较完整的个人所得税制度基础。1963 年,为适应工业经济发展及纳税人财产权保护需要,台湾又修正"所得税法",采取属地主义课税,增订标准扣税额,简化稽征程序,配合经济发展扩大奖励减免,创制了蓝色申报制度,并明确制订了课税时效及鼓励诚实申报自动补报。1968 年台湾成立"赋税改革委员会",积极推进和完善综合所得税制,提高其在总税收中的比例,并促进税负更加公平合理,对"所得税法修订草案"和 1969 年"所得税税率条例草案"完成了立法程序。此次修订重点主要为调整税率及起征点、订立最低扣除额、加强账簿管理、明确财产所得计算、配合机器处理数据、规定公司及合作社未分配盈余扣缴税款,等等。其后,台湾又多次小幅修正"所得税法"。比如,1987 年规定夫妻薪资所得分开计税、增列残障特别扣除额,1991 年在免税额及课税级距上采物价指数联动法调整,等等。1998 年,台湾进行了重大税制改革,所得税制由原来的公司所得税与股东个人所得税的"两税独立课税制"改为现行的"两税合一课税制"。台湾所得税包括综合所得税和营利事业所得税,尽管不能完全地一一对应,但前者大致相当于大陆个人所得税,后者大致相当于大陆企业所得税。此后随着台湾经济社会发展,"所得税法"也历经数十次修订,最近一次修正是在 2014 年 1 月 8 日,修订核定所得税各式凭单免填发等条文。① 但就"所得税法"中的个人综合所得税而言,相关调整幅度并不大,仍延续了此前的基本框架和主要内容。

---

① 2014 年 1 月,台湾"财政部"又有修正"所得税法"之"反避税条款"的考量。据"财政部"说明,为避免营利事业藉由在租税庇护所国家或地区设立公司,藉盈余保留不分配,以规避投资收益并计台湾营利事业所得税,或藉居住者身份之转换规避境内外所得应予合并课税之适用,该部依据"行政院"赋税改革委员会"所得税反避税制度之研究"决议并参考欧美国家与近邻日本、韩国,以及大陆地区做法,拟将"所得税法"部分条文修正草案,增订"受控外国公司(CFC)课税制度"及"按实际管理处所(PEM)认定营利事业居住者身份"等反避税制度,俾与国际趋势接轨。参见台湾"财政部赋税署"网站,http://www.dot.gov.tw/dot/home.jsp? mserno = 200912140005&serno = 200912140018&menudata = DotMenu&contlink = ap/news_view.jsp&dataserno = 201401270000,2014 年 10 月 31 日访问。

在大陆,个人所得税经历了从无到有和逐步发展的过程。1950年1月,政务院颁布《全国税政实施要则》,其中列有"薪给报酬所得税"和"存款利息所得税",这两种税都是个人所得税的组成部分。但由于当时大陆施行高度集中的计划经济体制和低工资、低物价、多补贴的政策,个人收入分配制度简单、收入来源单一、个人收入差距不大等原因,加之私人财产权及其保护的观念尚未建立,前者尚未开征,后者则只开征了很短一段时间,到1959年就停征了。从1949年到20世纪80年代的三十年时间里,大陆基本上没有个人所得税制度。大陆的个人所得税立法重新启动,则真正开始于改革开放以后。随着对外开放的持续推动,各国各地区与大陆的国际技术交流和合作日益增多,来大陆工作的外国人和外商投资者也越来越多,其工资薪金相对大陆人民普遍较高;与此同时,通过担任咨询顾问、转让专利权和专门技术,他们在大陆来源所得的收入也不断增加,基于私财产权的重视,这些人对个人所得税的征收格外关注,对个人所得税立法的呼声也最强烈。按照国际通行的征税原则,我国可以对这些外籍人员按照属地主义行使税收征管权,与此同时,其母国也可以根据属人主义进行征税,但可以进行税收抵免。在此背景下,1980年9月,五届全国人大第三次会议通过《个人所得税法》,同年12月,经国务院批准,财政部公布《个人所得税法施行细则》。《个人所得税法》适用于在我国取得收入的外籍人员和其他个人。该法规定,纳税人工资、薪金所得的免征额是每月800元。按当时人民的实际收入水平和私人财产拥有及使用状况,大多数人并不需要缴纳个人所得税。1986年1月,国务院发布《城乡个体工商业户所得税暂行条例》,对城乡个体工商业户的经营所得征收个人所得税。同年9月,国务院又发布《个人收入调节税暂行条例》,目的是调节合法取得高收入者的个人收入,贯彻分配公平的社会政策,但其调整范围仅限于本国居民。至此,形成了外籍人员适用的个人所得税、本国公民适用的个人收入调节税、个体工商业户生产经营适用的城乡个体工商业户所得税等为主体的三部税收法律法规并存的格局。也正是在此期间,一个相对比较完整但"内外有别"且"内内有别"的个人所得税制度,开始在大陆建立。

随着社会主义市场经济体制的不断深化和改革开放的持续进行,三部个人所得课税的法律法规之间逐渐产生了矛盾和问题,"内外有别"和"内内有别"都不符合私人财产权平等保护的市场经济价值观念。1993年10月,八届全国人大常委会第四次会议首次修订《个人所得税法》,自1994年1月1日起实施。主要改革内容包括:(1)基于平等原则将个人所得税、个人收入调节税和城乡个体工商业户所得税合并为新的个人所得税;(2)基于国际惯例和税法规则,规定居民纳税人和非居民纳税人标准;(3)基于公平原则调整应税所得和免税项目。增列"个体工商户的生产、经营所得"、"对企事业单位的承包经营、承租经营所得"、"财产转让所得"、"偶然所得"和"稿酬所得"5项应税所得;规定科学、教育、技术、文化、卫生、体育和环境保护等方面的奖金;国债和国家发行的金融债券利息等项目免税;(4)规定工资、薪金所得每月减除费用800元,特定纳税人适用附加减除费用;(5)调整税率。工资、薪金所得适用5%至45%的9级超额累进税率;个体工商户的生产、经营所得和对企事业单位的承包经营、承租经营所得适用5%至35%的超额累进税率。1999年8月30日,九届全国人大常委会第十一次会议再次修订《个人所得税法》,并重新开征"储蓄存款利息税"。2000年6月20日,国务院发布《关于个人独资企业和合伙企业征收所得税问题的通知》,自该年起个人独资企业和合伙企业投资者依法缴纳个人所得税,个人所得税制度开始更加趋向于对实质合理性的把握。此后的2005年10月27日、2007年6月29日、2007年12月29日、2011年6月30日,十届和十一届全国人大常委会又先后四次修订《个人所得税法》,根据社会经济发展和物价水平情况对工资薪金费用扣除标准及税率和级距等相关事项作了适当调整,以符合人民预期并体现税收公平原则。根据2011年6月《个人所得税法》的最新修订,工资、薪金所得的费用扣除标准为3500元,并适用3%—45%的超额累进税率。[①]

[①] 有大陆学者就此次《个人所得税法》修订对通过收入构成与分配效应相互关系作了两点分析:其一,平均税率的高低是个税收入分配效应大小的主要决定因素,累进性则是次要的。由于平均税率的降低,本次税收改革弱化了本来就十分微弱的个人所得税的收入分配效应。其二,个人所得税整体累进性指数随工资薪金所得费用扣除的提高呈倒 U 型。十分巧合的是,本次改革确定的3500 元免征额正好处于倒 U 型的最大值,超过 3500 元的费用扣除反而会削弱我国个税的累进性。参见岳希明、徐静、刘谦、丁胜、董莉娟:《2011 年个人所得税改革的收入再分配效应》,载《经济研究》2012 年第 9 期。

比较两岸个人所得税的历史沿革,不难发现,不同的经济发展水平、社会制度和社会法治程度对两岸个人所得税的立法演进产生了重要影响。台湾的个人所得税制度延续国民政府时期的分类综合所得税制,并在经济社会进一步发展的基础上推行了更为注重租税公平和量能课税的综合所得税制,并在此基础上实现了与营利事业所得税的合并立法。台湾较为注重私人财产权的保护,并一直推行以资本主义和外向型经济为主导的经济政策,在法律制度上也关注作为公权力的课税权对人民私财产权侵害的特别保护①,并藉此优化和改善了诸多实体税法和程序税法上的诸多规定。相比而言,大陆的个人所得税制度则脱胎于改革开放的环境孕育,并在市场经济的持续推动和法治水平的不断提高中得以渐进发展。因为平均分配的低收入工资水平无法承载个人所得税制度的基础条件,所以个人所得税制度只能先从来大陆投资赚取利润的外商和先富起来的个体工商户及高收入人群的收入调节开始起步。这样,也必然造成了大陆以"内外有别"和"内内有别"为特点的个人所得税制度。随着改革开放的持续深入,私人财产权保护意识和公平平等理念也逐渐普及,个人所得税制度此时亦被提到相当的位阶层次,并进而达到收入分配和量能负担的法理高度。在财产权的保护范围从"物"向"财产利益"、从"存续保障"向"价值保障"扩张后,所得税开始被纳入财产权的问题视野。个人所得税应被界定为财产权所应承担的社会义务,而非对财产的征收。② 但无论如何,由于实行综合所得税制的条件暂时还不具备,所以历次《个人所得税法》的修订,无一不聚焦于费用扣除标准及税率高低,而在这个具体税额的控制层面上,也是立法者致力于注重私人财产权与国家财政权的界限识别和合理分割的集中体现。

---

① 税法上人民之基本权利的保障,具体涵盖所有权及财产权之保障、生存权的保障、过重课税之禁止与比例原则、婚姻及家庭之歧视的禁止、税捐秘密等要点,参见黄茂荣:《税法总论:法学方法与现代税法》(第一册增订三版),台湾植根法学丛书编辑室 2012 年版,第 141—152 页。

② 参见张翔:《个人所得税作为财产权限制——基于基本权利教义学的初步考察》,载《浙江社会科学》2013 年第 9 期。

（二）课税模式与税收要素：从经济社会差异到政治文化比较

就课税模式而言，相比台湾采纳综合所得税制，大陆适用分类所得税制其实并非简单的技术原因，而是受制于大陆独特的经济发展程度、社会征信体制、政治改革状况与法治文化水平。析言之，经济发展水平不高使得大陆居民收入来源较为单一，综合性收入所得并非主要的收入取得方式；社会征信体制不健全意味着财产所得无法通过登记或公示程序被税务机关准确掌握；政治改革状况与官员财产公示等议题紧密相连，更强化了税制改革的复杂性；而在法治文化水平不高的背景下，自行申报难以取得应有的效果。就课税对象而言，大陆税法采属人主义兼属地主义，而台湾税法独采属地主义，则更是呈现了两岸之间对于税源管控思路、开放经济理念、税收主权意识的差异以及国际化程度的不同层次。而在更本源的层面上讲，台湾采用属地主义的原则是由于其高度开放性的经济特征所决定的。就课税所得和税收要素而言，大陆税法注重形式上的属性识别而台湾税法注重实质上的内涵分析，这亦导致大陆税法仍坚守易于操作的形式正义而非真实法理上的实质正义，而这其中大陆现有经济社会政治文化条件则是起到了"质"的决定性作用，也即此前大陆一直推崇的"效率优先、兼顾公平"的改革指导思路。

1. 课税模式。世界各国各地区的个人所得税制，总体而来分为三类：一是分类所得税制，二是综合所得税制，三是分类综合所得税制。分类所得税制是指以个人为纳税单位，将个人取得的各项收入，按其来源划分成若干类别，对各种不同来源、性质各异的所得，分别适用不同的税率计征的一种所得税制度。我国大陆地区采用此税制。综合所得税制是以家庭为纳税单位，综合纳税人全年各种不同来源的所得，再从总所得中减去法定的免税额、宽减额及各项扣除额，就其所得净额按照规定的税率，以累进的方式计征所得税的一种税制。美国等主要发达国家以及我国台湾地区采用此税制。分类综合所得税制又称混合所得税制，是指对不同性质的所得或一定金额以下的所得，按区别对待原则适用分类所得税制模式征税，当各类所得总额达到一定标准时，就超过部分再按累进税率加征综合所得税。日本、韩国等采用此税制。在学理上，所得税法上的所得理论，大体分为三种：分别为源泉所得、纯资产增加说与市场所的理论,且更有偏向于认定纯资产增加说的观点认定。① 但无论是哪种所得,都应遵循量能课税的基本原理,就纳税人税捐负担能力作出公平合理的界定。基于比较的立场,分类所得税制对不同性质的所得项目适用不同的税率,符合税收公平原则,既突出稽征效率又体现量能课税精神,但未考虑到家庭等综合层面上实际所得,且征税范围有限。综合所得税制认为个人所得税的计税依据应是人的总体负担能力,应税所得就是纳税人在一定时期内获得的净额,净额征收比较能够体现量能负担原则和税收公平原则,具备缩小贫富差距和调节经济景气的功能。综合所得税的手续则相对比较繁杂,征管现代化和信息化程度要求较高,计征成本较高。分类综合所得税制则同时具备分类和综合所得税制的优点,但问题是税制本身变得复杂且可能导致重复课税。我国大陆地区经济发展水平不高又地域辽阔,人口流动性大,民众诚信意识和法治文化观念还需要进一步加强,加之社会征信体系、公职人员财产申报制度、个人金融信息管理体系、涉税监管技术条件等都尚未发达,依托于个人诚信申报和以家庭为单位的综合所得税难以施行,而只能退而求其次,采用有利于税源管控的分类所得税制。

2. 纳税人和征税范围。在税法上,课税主权有属人主义和属地主义的分类。属人主义包含国籍原则和居住原则,即作为本国公民和居民均有纳税的义务,但问题是对于征管手段难以准确掌握国外收入,也可能违反公平原则;属地主义则采来源地作为课税的依据,但可能导致仅在境外取得收入的人在本国享受公共服务而无需缴税,违反应益课税原则和量能课税精神。目前,大多数国家兼采属人主义和属地主义。我国《个人所得税法》第1条规定,在中国境内有住所,或者无住所而在境内居住满1年的个人,从中国境内和境外取得的所得,应缴纳个人所得税;在中国境内无住所又不居住或者无住所而在境内居住不满1年的个人,从中国境内取得的所得,亦应缴纳

---

① 所得税法上所得的各国学理及分析,参见柯格锺:《论所得税法上的所得概念》,载《台湾大学法学论丛》,第37卷第3期,第129—182页。

个人所得税。① 依《实施条例》第4条规定,"从中国境内取得的所得",是指来源于中国境内的所得;"从中国境外取得的所得",是指来源于中国境外的所得。② 也即,我国个人所得税系采属人兼属地主义,居民就中国境内、境外的所得课税,非居民就境内的所得课税,课税方式为按所得分项课税。我国台湾地区实行综合所得税制,仅就来源于台湾的所得课税采属地主义。台湾"所得税法"第2条规定,凡有台湾来源所得之个人,应就其台湾来源之所得课征综合所得税。非台湾境内居住之个人,而有台湾来源所得者,除另有规定外,其应纳税额分别就源扣缴。台湾对税源的宽松化管理虽在形式上看起来存在税源流失的可能,但却减轻了台湾居民的税务负担而吸引更多的侨民和投资者来台投资兴业。相较而言,台湾法治发达且国际化程度较高,也易于接受简易稽征成本下基于属地主义的外向型和低税率租税政策。③ 至于对无住所居民的理解,两岸个人所得税法略有不同,大陆强调一个纳税年度中在境内居住365日,而台湾则理解为于一课税年度内在境内居留合计满183天。

3. 应税所得。在大陆,《个人所得税法》第2条规定了应纳个人所得税的11项个人所得:(1)工资、薪金所得;(2)个体工商户的生产、经营所得;(3)对企事业单位的承包经营、承租经营所得;(4)劳务报酬所得;(5)稿

---

① 《实施条例》第2条规定:"税法第一条第一款所说的在中国境内有住所的个人,是指因户籍、家庭、经济利益关系而在中国境内习惯性居住的个人。"第3条规定:"税法第一条第一款所说的在境内居住满一年,是指在一个纳税年度中在中国境内居住365日。临时离境的,不扣减日数。""前款所说的临时离境,是指在一个纳税年度中一次不超过30日或者多次累计不超过90日的离境。"第6条规定:"在中国境内无住所,但是居住一年以上五年以下的个人,其来源于中国境外的所得,经主管税务机关批准,可以只就由中国境内公司、企业以及其他经济组织或者个人支付的部分缴纳个人所得税;居住超过五年的个人,从第六年起,应当就其来源于中国境外的全部所得缴纳个人所得税。"第7条规定:"在中国境内无住所,但是在一个纳税年度中在中国境内连续或者累计居住不超过90日的个人,其来源于中国境内的所得,由境外雇主支付并且不由该雇主在中国境内的机构、场所负担的部分,免予缴纳个人所得税。"

② 《实施条例》第5条规定:"下列所得,不论支付地点是否在中国境内,均为来源于中国境内的所得:(一)因任职、受雇、履约等而在中国境内提供劳务取得的所得;(二)将财产出租给承租人在中国境内使用而取得的所得;(三)转让中国境内的建筑物、土地使用权等财产或者在中国境内转让其他财产取得的所得;(四)许可各种特许权在中国境内使用而取得的所得;(五)从中国境内的公司、企业以及其他经济组织或个人取得的利息、股息、红利所得。"

③ 目前台湾综合所得税采属地主义,有减损所得税之量能负担功能、减损所得税属人税性质及减损脱法避税应予防杜之虞,应建议检讨并改制。参见葛克昌:《综合所得税属地主义之检讨》,载葛克昌:《所得税与宪法》(三版),台湾翰芦图书出版公司2009年版,第457—478页。

酬所得；(6)特许权使用费所得；(7)利息、股息、红利所得；(8)财产租赁所得；(9)财产转让所得；(10)偶然所得；(11)经国务院财政部门确定征税的其他所得。① 依《实施条例》第10条规定，个人所得的形式，包括现金、实物、有价证券和其他形式的经济利益。② 在台湾，依"所得税法"第14条规定，个人的综合所得税额，则以其全年下列10类所得合并计算：(1)营利所得；(2)执行业务所得；(3)薪资所得；(4)利息所得；(5)租赁所得及权利金③；(6)自力耕作、渔牧、林业及矿业所得；(7)财产交易所得；(8)竞技、竞赛及机会中奖之奖金或给与；(9)退职所得；(10)其他所得。第14条之1还对利息所得作了特别规定。两岸关于课税所得都参照国际惯例采用条列式的正列举法列举征税项目，种类也基本一致。但细察之，仍有两个主要不同点：一是课税主体差异。大陆应税所得包括个体工商户和企事业

---

① 《实施条例》第8条对各项所得的进行明确定义。该条规定："税法第二条所说的各项个人所得的范围：(一)工资、薪金所得，是指个人因任职或者受雇而取得的工资、薪金、奖金、年终加薪、劳动分红、津贴、补贴以及与任职或者受雇有关的其他所得。(二)个体工商户的生产、经营所得，是指：1.个体工商户从事工业、手工业、建筑业、交通运输业、商业、饮食业、服务业、修理业以及其他行业生产、经营取得的所得；2.个人经政府有关部门批准，取得执照，从事办学、医疗、咨询以及其他有偿服务活动取得的所得；3.其他个人从事个体工商业生产、经营取得的所得；4.上述个体工商户和个人取得的与生产、经营有关的各项应纳税所得。(三)对企事业单位的承包经营、承租经营所得，是指个人承包经营、承租经营以及转包、转租取得的所得，包括个人按月或者按次取得的工资、薪金性质的所得。(四)劳务报酬所得，是指个人从事设计、装潢、安装、制图、化验、测试、医疗、法律、会计、咨询、讲学、新闻、广播、翻译、审稿、书画、雕刻、影视、录音、录像、演出、表演、广告、展览、技术服务、介绍服务、经纪服务、代办服务以及其他劳务取得的所得。(五)稿酬所得，是指个人因其作品以图书、报刊形式出版、发表而取得的所得。(六)特许权使用费所得，是指个人提供专利权、商标权、著作权、非专利技术以及其他特许权的使用权取得的所得；提供著作权的使用权取得的所得，不包括稿酬所得。(七)利息、股息、红利所得，是指个人拥有债权、股权而取得的利息、股息、红利所得。(八)财产租赁所得，是指个人出租建筑物、土地使用权、机器设备、车船以及其他财产取得的所得。(九)财产转让所得，是指个人转让有价证券、股权、建筑物、土地使用权、机器设备、车船以及其他财产取得的所得。(十)偶然所得，是指个人得奖、中奖、中彩以及其他偶然性质的所得。""个人取得的所得，难以界定应纳税所得项目的，由主管税务机关确定。"

② 《实施条例》第10条规定："个人所得的形式，包括现金、实物、有价证券和其他形式的经济利益。所得为实物的，应当按照取得的凭证上所注明的价格计算应纳税所得额；无凭证的实物或者凭证上所注明的价格明显偏低的，参照市场价格核定应纳税所得额。所得为有价证券的，根据票面价格和市场价格核定应纳税所得额。所得为其他形式的经济利益的，参照市场价格核定应纳税所得额。"

③ "所得税法"第14条第1项第5类第5款规定："财产出租，其约定之租金，显较当地一般租金为低，稽征机关得参照当地一般租金调整计算租赁收入。"其中法理之困惑与解析，参见葛克昌：《租金管制与所得税调整——所得税法第十四条第一项第五类第五款之法律问题》，载葛克昌：《所得税与宪法》(三版)，台湾翰芦图书出版有限公司2009年版，第381—455页。

单位承包人两类主体所得,而台湾则概括在执行业务所得中。这亦表明,大陆注重名词属性的形式观念,而台湾则更为注重经济实质。二是所得归类差异。基于鼓励创作的考虑,台湾"所得税法"规定稿酬、版税等执行业务所得全年总数在 18 万元以内的免纳所得税,大陆《个人所得税法》第 3 条则规定对于稿酬所得减征 30%。相较于大陆的比例扣除,台湾的免征额则对较低收入的著作权人体现人文关怀。

4. 税率。在大陆,《个人所得税法》根据不同的个人所得项目规定了超额累进税率和比例税率两种形式。《个人所得税法》第 3 条规定了个人所得税的税率:工资、薪金所得适用 3%—45% 的超额累进税率;个体工商户的生产、经营所得和对企事业单位的承包经营、承租经营所得,适用 5%—35% 的超额累进税率;稿酬所得,适用 20% 的比例税率并减征 30%;劳务报酬所得适用 20% 比例税率,亦可加成征收;特许权使用费所得,利息、股息、红利所得,财产租赁所得,财产转让所得,偶然所得和其他所得,适用 20% 的比例税率。在台湾,"所得税法"第 5 条则按照全年综合所得净额规定了综合所得税课税级距及累进税率。第 5 条第 2 项的具体规定如下:52 万元以下者课征 5%;52—117 万元者课征 26000 并加征超过 52 万部分的 12%;117—235 万元者课征 104000 元并加征超过 235 万元的 20%;235—440 万元者课征 340000 元并加征超过 235 万元的 30%;440 万以上者课征 955000 元并加征超过 440 万的 40%;1000 万以上者课征 3195000 元并加征超过 1000 万部分之 45%。[①] 观察两岸的个人所得税税率,尽管都采用了超额累进税率,但仍不难发现:大陆的税率种类分散但相对固定,在分类所得基础上采用比例税率或超额累进税率,以确保税源监管的稳定性和持续性;而台湾的税率较具弹性,在综合净额基础上统一采取超额累进税率,而每年由财政部门动态调整级距,计算简明清晰,并注重纳税人信赖利益的保护。

---

① "所得税法"第 5 条第 1 项规定:"综合所得税之免税额,以每人全年 6 万元为基准。免税额每遇消费者物价指数较上次调整年度之指数上涨累计达 3% 以上时,按上涨程度调整之。调整金额以千元为单位,未达千元者按百元数四舍五入。"第 3 项规定:"前项课税级距之金额每遇消费者物价指数较上次调整年度之指数上涨累计达 3% 以上时,按上涨程度调整之。调整金额以万元为单位,未达万元者按千元数四舍五入。"第 4 项规定:"综合所得税免税额及课税级距之金额,于每年度开始前,由财政部依据第一项及前项之规定计算后公告之。所称消费者物价指数,指行政院主计总处公布至上年度十月底为止十二个月平均消费者物价指数。"

表 3-1　大陆个人所得税税率表一（工资、薪金所得适用）

级数	全月应纳税所得额	税率（%）
1	不超过 1500 元的部分	3
2	超过 1500 元至 4500 元的部分	10
3	超过 4500 元至 9000 元的部分	20
4	超过 9000 元至 35000 元的部分	25
5	超过 35000 元至 55000 元的部分	30
6	超过 55000 元至 80000 元的部分	35
7	超过 80000 元的部分	45

注：① 本表依《个人所得税法》(2011 年 6 月 3 日修订，2011 年 9 月 1 日施行)制作；
② 本表所称全月应纳税所得额是指依照《个人所得税法》第 6 条的规定，以每月收入额减除费用 3500 元以及附加减除费用后的余额。

表 3-2　大陆个人所得税税率表二
（个体工商户的生产、经营所得和对企事业单位的承包经营、承租经营所得适用）

级数	全年应纳税所得额	税率（%）
1	不超过 15000 元的部分	5
2	超过 15000 元至 30000 元的部分	10
3	超过 30000 元至 60000 元的部分	20
4	超过 60000 元至 100000 元的部分	30
5	超过 100000 元的部分	35

注：① 本表依《个人所得税法》(2011 年 6 月 3 日修订，2011 年 9 月 1 日施行)制作；
② 本表所称全年应纳税所得额是指依照《个人所得税法》第 6 条的规定，以每一纳税年度的收入总额减除成本、费用以及损失后的余额。

表 3-3　台湾综合所得税税率表

级数	全年综合所得净额（新台币）	税率（%）
1	不超过 520000 元的部分	5
2	超过 520000 元至 1170000 元的部分	12
3	超过 1170000 元至 2350000 元的部分	20
4	超过 2350000 元至 4400000 元的部分	30
5	超过 4400000 元的部分	40
6	超过 10000000 元的部分	45

注：① 本表的制作依据是"所得税法"(2014 年 6 月 4 日修正发布)；
② 综合所得税之免税额，以每人全年 6 万元为基准。免税额每遇消费者物价指数较上次调整年度之指数上涨累计达 3% 以上时，按上涨程度调整之。调整金额以千元为单位，未达千元者按百元数四舍五入；
③ 综合所得税免税额及课税级距之金额，于每年度开始前，由"财政部"依据"所得税法"第 5 条第 1 项及前项之规定计算后公告之。所称消费者物价指数，指行政院主计处公布至上年度 10 月底为止 12 个月平均消费者物价指数。

5. 减免税。在大陆,《个人所得税法》第 4 条规定了免税和减税的 10 种情形:(1) 省部军级以上教科文卫等领域颁发的奖金;(2) 国债和国家金融债券利息;(3) 国家统一津补贴;(4) 福利费、抚恤金、救济金;(5) 保险赔款;(6) 军人的转业和复员费;(7) 干部职工的安家、退职、退休和离休的工资及补助费;(8) 外交人员所得;(9) 国际协议免税所得;(10) 其他免税所得。第 5 条则规定了减税的 3 种情形:(1) 残疾、孤老人员和烈属的所得;(2) 严重自然灾害造成重大损失的;(3) 其他减税所得。在台湾,"所得税法"第 5 条规定,免税额以每人全年 6 万元为基准。免税额每遇消费者物价指数较上次调整年度之指数上涨累计达 3% 以上时,按上涨程度调整。免税额及课税级距之金额,由财政主管部门于每年度开始前依法计算后公告。第 5 条之 1 规定了综合所得税之标准扣除额、薪资特别扣除及身心障碍特别扣除额以综合所得净额为基准,其计算调整方式亦与之相同。① 相较而言,为严格控制税源,避免纳税人滥用减免税条款,大陆的减免税规定覆盖范围相对较少,且规定相对抽象,不能体现普遍减免税的要求。而在实践中,符合规定的减免税情形也不常出现,在某种意义上这些规定成为纸面上或者形式上的条款。而台湾的免税规定不仅直接具体且数额明确,而且还随着物价指数调整而相应动态调整,以符合税收公平原则。

6. 费用扣除及应纳税所得额计算。个人所得税是在扣除有关费用后的纯收入的基础上征收,从个人收入总额中扣除各项成本、费用以及其他必要的费用,仅就其净额征税。个人所得税实施费用扣除,以便真实反映纳税人的纳税能力。费用扣除的方法有三种:一是定额扣除法;二是定率扣除法;三是定额与定率相结合的扣除法。在大陆,个人所得税费用的扣除方法是采用定额扣除和定率扣除相结合。《个人所得税法》第 6 条对应不同的收入项目分列 6 种情形对费用扣除标准及应纳税所得额计算作了相应规定。比如,工资、薪金所得,以每月收入额减除费用 3500 元后的余额,为应纳税

---

① "所得税法"第 5 条之 1 规定:"综合所得税之标准扣除额、薪资所得特别扣除额及身心障碍特别扣除额以第十七条规定之金额为基准,其计算调整方式,准用第五条第一项及第四项之规定。""前项扣除额及第五条免税额之基准,应依所得水平及基本生活变动情形,每三年评估一次"。

所得额①；劳务报酬所得、稿酬所得、特许权使用费所得、财产租赁所得，每次收入不超过 4000 元的，减除费用 800 元；4000 元以上的，减除 20% 的费用，其余额为应纳税所得额；等等。② 第 7 条规定了在境外取得所得且在境外已缴纳的税款在符合规定情形下可以抵免。③ 台湾因采用综合所得税制，其关于扣除标准的规定则相对简单。"所得税法"第 13 条规定："个人之综合所得税，就个人综合所得总额，减除免税额及扣除额后之综合所得净额计征之。"第 17 条规定了综合所得净额为个人综合所得总额减除下列免税额及扣除额后之余额，并对免税额及扣除额进行了非常详尽的规定。第 17 条之 1 规定了死亡、离境结算申报之换算减除，第 17 条之 2 规定了出售自用住宅所缴综合所得税税额之扣抵或退还④，第 17 条之 3 规定了上市之记名股票之股利不适用储蓄投资特别扣除。因大陆使用分类所得税制而未采用以家庭为单位进行申报⑤，尽管在操作上费用扣除计算简单易行且利于一体化的税收征管，但固化的费用扣除标准会导致因成员收入差异而导致的家庭税

---

① 有大陆学者认为，费用扣除还应考虑通货膨胀的影响，并以 1994—2003 年特定区间的实证数据为例进行了深入分析。参见刘怡、聂海峰：《中国工薪所得税有效税率研究》，载《中国社会科学》2005 年第 6 期。

② 《个人所得税法》第 6 条规定："应纳税所得额的计算：一、工资、薪金所得，以每月收入额减除费用三千五百元后的余额，为应纳税所得额。二、个体工商户的生产、经营所得，以每一纳税年度的收入总额减除成本、费用以及损失后的余额，为应纳税所得额。三、对企事业单位的承包经营、承租经营所得，以每一纳税年度的收入总额，减除必要费用后的余额，为应纳税所得额。四、劳务报酬所得、稿酬所得、特许权使用费所得、财产租赁所得，每次收入不超过四千元的，减除费用八百元；四千元以上的，减除百分之二十的费用，其余额为应纳税所得额。五、财产转让所得，以转让财产的收入额减除财产原值和合理费用后的余额，为应纳税所得额。六、利息、股息、红利所得，偶然所得和其他所得，以每次收入额为应纳税所得额。""个人将其所得对教育事业和其他公益事业捐赠的部分，按照国务院有关规定从应纳税所得中扣除。""对在中国境内无住所而在中国境内取得工资、薪金所得的纳税义务人和在中国境内有住所而在中国境外取得工资、薪金所得的纳税义务人，可以根据其平均收入水平、生活水平以及汇率变化情况确定附加减除费用，附加减除费用适用的范围和标准由国务院规定。"

③ 《个人所得税法》第 7 条规定："纳税义务人从中国境外取得的所得，准予其在应纳税额中扣除已在境外缴纳的个人所得税税额。但扣除额不得超过该纳税义务人境外所得依照本法规定计算的应纳税额。"

④ 《个人所得税法》第 17 条之 2 规定："纳税义务人出售自用住宅之房屋所缴纳该财产交易所得部分之综合所得税额，自完成移转登记之日起二年内，如重购自用住宅之房屋，其价额超过原出售价额者，得于重购自用住宅之房屋完成移转登记之年度自其应纳综合所得税额中扣抵或退还。但原财产交易所得已依本法规定自财产交易损失中扣抵部分不在此限。""前项规定于先购后售者亦适用之。"

⑤ 个人所得税课税单位制度改革的方向和目标，应是以更为体现税负公平的家庭制取代个人制。参见陈茂国、袁希：《我国个人所得税课税单位改革探究》，载《法学评论》2013 年第 1 期。

第三章 量能原则:课税权的界限

负不公平,同时也未能体现量能负担的基本原则。台湾采用综合所得税制,不会遇到的难题和尴尬。

7. 征收程序。在大陆,《个人所得税法》第 8 条规定了纳税义务人和扣缴义务人。① 第 9 条规定了代扣代缴、自行申报以及各项所得的纳税期间,分别为次月 15 日、30 日或年度终了 30 日。② 第 10 条规定了各项所得的计算单位为人民币。第 11 条规定了对扣缴义务人扣缴税款支付 2% 手续费。第 12 条对储蓄存款利息所得开征、减征、停征作了另行规定。第 13 条规定个人所得税的征收管理依照《税收征收管理法》规定执行。在台湾,"所得税法"第 15 条规定了配偶之合并申报。③ 第 16 条规定了盈亏减除,也即,纳税义务人及其配偶经营两个以上营利事业,其中有亏损者,符合规定的可以扣除。④"所得税法"还单设稽征程序一章,分别就"暂缴"、"结算申报"、"调查"、"扣缴"、"盈余申报"等 6 节作了专门的细致规定。与此同时,台湾的"所得税法"还在"奖惩"一章中对告发检举、不依规定报送账簿文据等奖

---

① 《个人所得税法》第 8 条规定:"个人所得税以所得人为纳税义务人,以支付所得的单位或者个人为扣缴义务人。个人所得超过国务院规定数额的,在两处以上取得工资、薪金所得或者没有扣缴义务人的,以及具有国务院规定的其他情形的,纳税义务人应当按照国家规定办理纳税申报。扣缴义务人应当按照国家规定办理全员全额扣缴申报。"

② 《个人所得税法》第 9 条规定:"扣缴义务人每月所扣的税款,自行申报纳税人每月应纳的税款,都应当在次月十五日内缴入国库,并向税务机关报送纳税申报表。""工资、薪金所得应纳的税款,按月计征,由扣缴义务人或者纳税义务人在次月十五日内缴入国库,并向税务机关报送纳税申报表。特定行业的工资、薪金所得应纳的税款,可以实行按年计算、分月预缴的方式计征,具体办法由国务院规定。""个体工商户的生产、经营所得应纳的税款,按年计算,分月预缴,由纳税义务人在次月十五日内预缴,年度终了后三个月内汇算清缴,多退少补。""对企事业单位的承包经营、承租经营所得应纳的税款,按年计算,由纳税义务人在年度终了后三十日内缴入国库,并向税务机关报送纳税申报表。纳税义务人在一年内分次取得承包经营、承租经营所得的,应当在取得每次所得后的十五日内预缴,年度终了后三个月内汇算清缴,多退少补。""从中国境外取得所得的纳税义务人,应当在年度终了后三十日内,将应纳的税款缴入国库,并向税务机关报送纳税申报表。"

③ "所得税法"第 15 条规定:"纳税义务人之配偶,及合于第十七条规定得申报减除扶养亲属免税额之受扶养亲属,有前条各类所得者,应由纳税义务人合并报缴。纳税义务人主体一经选定,得于该申报年度结算申报期间届满后六个月内申请变更。""纳税义务人得就其本人或配偶之薪资所得分开计算税额,由纳税义务人合并报缴。计算该税额时,仅得减除薪资所得分开计算者依第十七条规定计算之免税额及薪资所得特别扣除额;其余符合规定之各项免税额及扣除额一律由纳税义务人申报减除,并不得再减除薪资所得分开计算者之免税额及薪资所得特别扣除额。"

④ "所得税法"第 16 条规定:"按前两条规定计算个人综合所得总额时,如纳税义务人及其配偶经营两个以上之营利事业,其中有亏损者,得将核定之亏损就核定之营利所得中减除,以其余额为所得额。""前项减除,以所营营利事业均系使用本法第七十七条所称'蓝色申报书'申报者为限;但纳税义务人未依期限申报综合所得税者,不得适用。"

惩事项作了具体规定。而大陆的《个人所得税法》对此没有专门规定,个人所得税的征管及程序多由《税收征收管理法》来进行调整。相较而言,大陆税法关于个人所得税的规定多限于实体性规定,而基于突显程序法的统一性而将所有税种的程序事项均纳入统一的税收征管法处理,但可能有失对具体税种征管特殊性的关照;台湾税法对综合所得税的规定即有和营利事业所得税相同的要则性规定,又有在与"税捐稽征法"相协调的基础上,对所得税稽征程序事项作更有针对性的奖惩规定,以突出程序规定对实体内容的高度适应性。

(三) 两岸个人所得税征管比较:在政府效能与社会公平之间

大陆施行分类所得税制,还牵涉地域空间及税制结构的差异性,并且在根本上还肇因于政府对财政收入丰盈的现实执着,并且在程序税法上和征收实践中更进一步强化了这种意识。再更进一步而言,在大陆,作为政府机关的税务局工作效能的体现,在多数情形下都是呈现出税款以应收尽收的方式足额入库并实现小幅增长的基本态势。台湾施行综合所得税制并在历次修法中调整若干条款,其目的却是在于减轻纳税人负担和实现税收的分配调节功能,并促进综合所得税更加公平①,同时在程序税法上保障个人所得税征收的便利性和效率性,没有类似税收征收指标的考核及要求。从法理而言,所得不仅是由个人之劳心劳力,同时也是市场交易之结果,故所得由个人给付及市场交易组成,二者缺一不可;又所得之产生是由个人利用社会所提供的营利可能,致个人财产有所增益,而就此种社会提供之盈利可能所生所得,藉由所得税法由国家取得参与分配之权。② 基于此,在效率与公平的双方之间,不同发展阶段的国家、地区或经济体,往往会选择最适合自身发展的税制规则和法律制度,并在相互借鉴与学习中取长补短,实现可持

---

① 比如夫妻合并申报制度,即为税法实行婚姻家庭保障之体现。参见葛克昌:《租税国家之婚姻家庭保障任务》,载葛克昌:《所得税与宪法》(三版),台湾翰芦图书出版有限公司 2009 年版,第 325—380 页。

② 参见葛克昌:《综合所得税与宪法》,载葛克昌:《所得税与宪法》(三版),台湾翰芦图书出版有限公司 2009 年版,第 43—44 页。

续的税制革新与最终的社会公平正义。① 个人所得税作为政府取得财政收入的重要组成部分,但其征收管理仍应进入法治轨道,严格依照税收法定原则进行立法、修法和征税,维持合理、必要和正当的个人所得税负标准。对于两岸个人所得税征管而言,无论是处于何种发展阶段,相对稳定的税负、快捷便利的纳税程序,以及在实体和程序上加强对纳税人权利的保护,永远是税收法治的主要构成。

不同国家和地区的个人所得税制度,也呈现属地化、多样化和动态化的特点。析言之,属地化是指税制本身在具体执行时会受到当地纳税人习惯、法律制度和征管水平的影响;多样化是指由于各项所得的复杂性和交叉性,个人所得税征收体现出所得认定和征收管上的多样化;动态化是指随着社会经济发展和财产、所得及交易形态的不断变化,个人所得税制也会在此基础上动态因应和适时调整。大陆实行分类所得税制而台湾施行综合所得税制,各自采用不同的课税模式,在通常意义上难以横向比较而只能采取要素比对的方式。与此同时,两岸在个人所得税制度的其他许多方面也存在诸多基础性差异。第一个方面在于空间地域。大陆幅员辽阔,包括31个省、自治区和直辖市,各地经济发展情况和薪资收入水平不一致,在税法理论上基于公平原则和平等原则,宜以不同地方的基础性生计费用来明确工资薪金的费用扣除标准,但事实上,基于税收法定原则及克服税收规避的考虑,大陆实际上仍只能适用统一的费用扣除标准。台湾地域空间相对较小,虽亦有北中南的经济发展差异存在,但台湾劳动者适用统一的基本工资(最低工资),这与大陆不同省市区适用不同的最低工资存在本质的差异。第二个方面则在于税制结构。台湾的直接税比重较大,符合成熟市场经济体的税制要求。根据财政部统计资料,2011年、2012年和2013年大陆个人所得税收入占税收总收入的比重为5.8%、5%和5.9%,企业所得税收入则占税收总收入的比重为16.2%、16.8%和20%,所得税总比例为22%、21.8%和25.9%②,亦有较大提升空间。而台湾历年来的资料都在40%以上,而个人综合所得税则占到20%以上。两岸以上差异的存在,事实上导致了大陆和

---

① 参见邓子基、李永刚:《最优所得税理论与我国个人所得税的实践》,载《涉外税务》2010年第2期。

② 数据来源:财政部网站,www.mof.gov.cn,2013年12月19日访问。

台湾对个人所得税征管的不同立场和态度。

大陆目前实行的是以从源扣缴为主、自行申报为辅的过渡性征收方式。因特定的政府效能目标及现实征收条件和水平的限制,这样也形成了一个事实上的怪圈:在经济欠发达的地方,由于个人所得税税源的匮乏,以组织财政收入为主要功能的税务机关,则更容易将个税征收重点放在工资薪金收入者身上,因为纳税人众多可以采取填空走量的方式,而执行税收征管愈加严格。因大陆自 2006 年起实行年收入 12 万元以上的高收入者自行申报纳税①,在经济发达的地方,高收入者缴纳的个人所得税应当成为个税收入主要收入构成,但事实上高收入者为避免以后被税务机关备案,往往不会主动申报。税务机关限于征收技术水准及稽查人手限制,也无法及时有效地发现这些高收入者能被并课以处罚。而在法不责众的思维定势诱导下,高收入者的投机心理和逃税技巧被传导和放大,又进一步增加了对其征收的难度。为保障个人所得税收入的既定指标,亦会将个人所得税征收的重点再次放在工资薪金收入者身上。这样,实现足额入库的税收效率要求实际上破坏了税法上的公平原则和平等原则。从某种意义上讲,大陆的个人所得税征收事实上起到了劫贫济富的反向社会功能。实证研究显示,不同收入人群的纳税份额和平均税负变动迥异,中等收入阶层是税制不变时期个税收入增加的主要负担者,也是免征额提高时税负降低的主要受益者。与发达国家相比,大陆个税累进性较高,但平均税率偏低,导致个税政策调节收入分配的作用有限,这与当前居民收入水平和政府征税能力有关。因此,个税改革不能一蹴而就,完善税收征缴能力,同时降低流转税的税率,是当

---

① 2006 年 11 月 6 日,国家税务总局发布《关于印发〈个人所得税自行纳税申报办法(试行)〉的通知》(国税发〔2006〕162 号)。该 162 号文规定,凡依据个人所得税法负有纳税义务的纳税人,有下列情形之一的,应当按照本办法的规定办理纳税申报:(一)年所得 12 万元以上的;(二)从中国境内两处或者两处以上取得工资、薪金所得的;(三)从中国境外取得所得的;(四)取得应税所得,没有扣缴义务人的;(五)国务院规定的其他情形。其中,第一项年所得 12 万元以上情形的纳税申报,自 2006 年 1 月 1 日起执行;有关第二条第二项至第四项情形的纳税申报规定,自 2007 年 1 月 1 日起执行。

务之急。①

根据台湾"所得税法"的规定,综合所得税采取自行申报和源泉扣缴两种方式,但是以个人的自行申报方式为主,即要求纳税人应就个人综合所得进行年度结算,自行申报。"所得税法"还特别规定了股利所得、机关团体事业单位执行业务者所给付的薪资、利息、租金和权利金等项所得必须设账,施行从源扣缴的方式。② 具体而言,台湾综合所得税的申报方式有单身申报、夫妻合并申报、家庭结构变化时申报及已分居夫妻申报等若干种。但即便是设置如此复杂的申报方式,其根本点仍不在于税款的足额入库,而是保障纳税人的负担可以随着家庭情形的变化或实际负担的加重相应调整而使其整体生活质量得以改善。从整体意义上看,台湾相比大陆而言,在个人所得税法律制度、征管理念和征收技术方面,都有更为优越的特征和表现。但同时需要指出的是,近年来,台湾出现的个人所得税税收收入大量流失以及为社会公平及财源目的而开征证所税导致的学界和社会的热议。③ 目前各界对综合所得税的批评意见还包括:此前因综合所得税中对军公教人员的不同政策标准而导致的税负不公的合理质疑,现行采属地主义的综合所得税制是否有向兼采属地主义和属人主义改革的必要性,个税稽征程序方面是否仍有进一步检讨和改进的空间,律师、会计师、医师等特定从业者及中介、补习班、流动摊贩等执行业务者之有效、便利、合理的稽征规则设计是否有新的突破,等等。诸如此类的争论,亦反映出个人所得税制度的在比较层面上的优劣更多体现的是一种示范意义和借鉴功能,不同地区和经济体最

---

① 利用微观住户调查数据考察1997年以来中国个人所得税的收入分配效应,研究发现:1997—2005年,在税制保持不变而居民收入增长时期,个税累进性逐年下降,但是由于平均有效税率上升,个税的收入分配效应仍在增强。2006—2011年,在税制改革时期,尽管三次免征额提高和2011年的税率层级调整提升了个税累进性,但同时降低了平均有效税率,恶化了个税的收入分配效应。不同收入人群的纳税份额和平均税负变动迥异,中等收入阶层是税制不变时期个税收入增加的主要负担者,也是免征额提高时税负降低的主要受益者。参见徐建炜、马光荣、李实:《个人所得税改善中国收入分配了吗——基于对1997—2011年微观数据的动态评估》,载《中国社会科学》2013年第6期。

② 关于扣缴薪资所得税所形成之稽征机关、纳税人与扣缴义务人三者之间法律关系及其评析,参见陈敏:《扣缴薪资所得税之法律关系》,载台湾《政大法学评论》第51期,1994年6月,第45—72页。

③ 按照税法学理,财产权应以私用为主,所得税负担为辅,也即,在对所得课税时,财产权之社会义务不应高于财产权人致个人利益。参见葛克昌:《综合所得税与宪法》,载葛克昌:《所得税与宪法》(三版),台湾翰芦图书出版有限公司2009年版,第46—51页。

需要的更是找寻符合自身客观需要的税制模式和法律制度。

台湾关于社会公平优先的个人所得税税收征管理念及其对纳税人保护的法治意识,尤其值得大陆税务机关予以借鉴和学习。纵观大陆历次修订《个人所得税法》,总是以工资薪资收入免征额提高作为主要基点,实际上却忽视了加强对高收入者和取得非劳务所得者的严格征管以及对不同税收负担群体的均等化保护。此种情形的出现,一方面是立法者忽略了税制模式对税收正义的根本决定性,也即分类所得税框架下难以在技术上实现根本性的突破;另一方面,社会大众对个人所得税制的改革方向未受到正确的宣导,似乎单纯提高免征额即是个人所得税制度不断发展的唯一路径。在实务中,从税收平等原则上看,加强对高收入者和取得资本收入者的个人所得税征收管理,实际上也是一种对工资薪金收入者和取得劳务收入者的权利保护,因为执法严格程度实际上影响了不同层级纳税人的真实税负承担。与此同时,"为落实平等原则不但必须在法律之适用,而且必须在其制定的阶段,即在其实体规定的内容及其执行之技术,确保平等原则在结果上之实现的可能性。"①总体而言,在累进税率的适用下,个人所得税较能贯彻量能课税原则,促进租税公平,某种程度起到了"均财富"和"重分配"的功能,确实是一种兼具公平性和效率性的税种,其在未来改革进程中尤其应注重其调节收入分配功能的实现。② 就目前而言,大陆在采比例税率的同时并部分兼采累进税率,实行按所得项目课税的分类所得税制,尽管与当前经济社会文化法治条件及征管水平等客观情况具有一定的相符性和匹配度,但随着经济社会的发展和税收法治的进步,逐步调整和修改为按累进税率课征的分类综合所得税制以至于综合所得税制,并对分类综合所得税框架下的个人所得税征收模式作相应调整,也即在有序规划、加强宣导和创造各种制度前提的基础上采用台湾的现行税制模式,亦是可以明确期待的。

---

① 黄茂荣:《税法总论:法学方法与现代税法》(第一册增订三版),台湾植根法学丛书编辑室2012年版,第171页。
② 参见施正文:《分配正义与个人所得税法改革》,载《中国法学》2011年第5期。

第四章 效率与公平：流转环节税制新课题？
——两岸商品税法的变革、调适与发展

商品税又称为"流转税"或"流通税"，国际上则通称为"货物和劳务税"，是以商品为征税对象的一类税的总称。商品税一般以纳税人商品生产、流通环节的流转额或者数量以及非商品交易的营业额为征税对象。从性质上讲，商品税是间接税，具有税源稳定持久、征收便利及时和税负隐蔽间接的特点，在大多数发展中国家和少数发达国家中构成主体税种。此后，商品税在漫长的封建社会不断得到发展，至国民政府时期已经成为主体税种之一。就具体税种而言，增值税最早由美国耶鲁大学教授托马斯·S.亚当斯以及担任政府顾问的德国万·西蒙斯博士提出设想[1]，但其最早被采用则是在法国。[2] 消费税的历史悠久，欧洲在古罗马时期就曾征收过盐税，在18世纪英国还完成了以消费税为主体的间接税制度取代了古老的直接税制度。[3] 中国周朝的"关市之赋"和"山泽之赋"以及后来的盐税、酒税和茶税等都属于消费税的范畴。[4] 营业税在中国也由来已久，周代对"商贾虞衡"的课税，汉代对商人征收的"算缗钱"，明代开征的"市肆门摊税"，清代开征的当税、屠宰税，都具有营业税的性质。按照两岸现行税制，商品税主要包括增值税、消费税、营业税、关税四个税种。台湾地区自1986年通过立法将总额型营业税制调整为加值型营业税制，营业税区分为加值型营业税

---

[1] 美国耶鲁大学教授托马斯·S.亚当斯（T. S. Adams）在1917年提出增值税概念，他在《商业税》一文中将工资、租金、利息和利润的综合列为营业毛利，认为营业毛利正好体现了国民所得增加部分。1921年，亚当斯又提出了从销项税额中扣除企业外国商品所付税收计算营业毛利税的方法。同年，西蒙斯（C. F. Siemens）在其所著的《改进的周转税中》中正式提出增值税的名称，并详细叙述了税制内容。

[2] 1954年，法国在生产阶段对原来的按照营业额全额课税的方法该为允许从税款中扣除购进项目已缴纳税款的方法，正式确立了增值税就增值额课税的基础性原则。

[3] 参见刘剑文：《财税法：原理、案例与材料》，北京大学出版社2013年版，第200页。

[4] 在中国周朝，"关市之赋"针对经过关卡或者上市交易的物品征收，"山泽之赋"针对伐木、采矿、狩猎、捕鱼、煮盐等征收。

和非加值型营业税。而在大陆,则是相应分类为增值税和营业税。在大陆,增值税是对销售货物或者提供加工、修理修配劳务以及进口货物的单位和个人就其实现的增值额征收的一个税种,营业税则是以应税商品或应税劳务的营业额为计税依据的一种商品税。消费税是指以特定消费品或消费行为课征对象而征收的一种税。[①] 关税则是指以进出关境的货物或物品为征税对象,以其商品额作为课税依据的一种税。

第一节 "营改增"背景下两岸营业税制度比较及启示

营业税是以应税商品或应税劳务的营业额也即经营所得为课税对象而征收的一种税。营业税的计税依据通常为营业额全额,税额本身不受纳税主体经营成本费用及是否盈利影响,有利于保障税源稳定和组织财政收入。与此同时,因营业税涉及的行业和业务范围非常广泛,为促进税收公平和提升税收效率,营业税制往往按照不同行业和业务分设不同的税目和税率。但基本上,针对同一行业或同一类业务往往会适用相同的税率。两岸营业税法在征税范围上具有一致性,均为除增值税(台湾为加值型营业税)征税范围之外的所有经营业务,且均对营业额(台湾除加值型营业税外)全额征税;而税率则根据不同行业而相应区别设置,除娱乐业等特定行业外,总体上的税率水平相对较低。不过,营业税(台湾除加值型营业税外)作为流转税的一种,实行多环节征税,对商品每经过一个流转环节就要征收一次营业税,此点不同于消费税、关税等单一环节征税的其他税种,具有非常强的特殊性。需要特别说明的是,台湾营业税的概念与大陆有所差异,具体分为加值型营业税和非加值型营业税,前者大致与大陆的增值税相对应,后者则在计税依据和税额计算上基本等同大陆的营业税。在台湾,非加值型营业税

---

① 大陆在增值税、消费税和营业税的应纳税额基础上,还附加征收城市维护建设税和教育费附加,但这两种税费并不属于商品税。城市建设维护税的征收依据是1985年2月8日国务院发布的《维护建设税暂行条例》。根据该《条例》规定,凡缴纳产品税、增值税、营业税的单位和个人,都是城市维护建设税的纳税义务人,都应当缴纳城市维护建设税。城市维护建设税,以纳税人实际缴纳的消费税、增值税、营业税税额为计税依据,分别与消费税、增值税、营业税同时缴纳。城市维护建设税税率如下:纳税人所在地在市区的,税率为7%;纳税人所在地在县城、镇的,税率为5%;纳税人所在地不在市区、县城或镇的,税率为1%。

也称为总额型营业税或特种营业税。这两种类型的营业税,实行统一立法、开具统一发票并进行统一管理。在大陆,由于营业税对绝大多数劳务以营业额全额为计税依据课征,并不采取抵扣法,导致产生了重复课税问题,与此同时,不少劳务项目在提供时涉及货物消耗,但又不能相应抵扣,又会产生重复课税问题。目前,大陆推进的"营改增"改革,即是为克服双重课税、促进税负公平而分阶段、有步骤推进的优化税制安排和重大税法变革。

(一)变革与调适:两岸营业税的法制演进

大陆的营业税立法最早溯源于1950年政务院《工商业税暂行条例》。该条例规定,将原来工商业应纳的营业税和所得税合并为工商业税。1958年税制改革时,将当时实行的货物税、商品流通税、印花税以及工商业税中的营业税部分,合并为工商统一税,不再征收营业税。1973年全国试行工商税,将工商统一税纳入其中。第二步利改税时,又将工商业和服务业等单列出来征收营业税。1993年的税制改革则重新修订颁布《营业税暂行条例》,将营业税的课税范围限定为提供应税劳务和无形资产以及销售不动产,并统一适用于内外资企业,继而建立了比较规范统一的营业税制。① 大陆营业税最新法规政策是2008年11月5日国务院第34次常务会议修订通过,并于2009年1月1日起施行的修订后的《中华人民共和国营业税暂行条例》(国务院令第540号,以下简称《暂行条例》)以及2011年11月1日施行的修订后的《营业税暂行条例实施细则》(财政部第65号,以下简称《实施细则》)。2012年1月1日起,国务院决定在上海市交通运输业和部分现代服务业开展营业税改征增值税试点改革,拉开营业税改增值税的改革大幕。同年8月,营改增试点分批扩大。2013年4月,国务院常务会议决定,自8月1日起,将交通运输业和部分现代服务业营改增试点在全国范围内推开,并适当扩大部分现代服务业范围。② 2013年12月,国务院常务会

---

① 参见刘剑文:《财税法学》(第二版),高等教育出版社2012年版,第222—223页。
② 2013年5月24日,财政部、国家税务总局发布《关于在全国开展交通运输业和部分现代服务业营业税改征增值税试点税收政策的通知》(财税〔2013〕137号)。根据《通知》规定,自2013年8月1日起,在全国范围内开展交通运输业和部分现代服务业营改增试点。

议决定将铁路运输和邮政服务业纳入营改增改革试点。① 需要说明的是，1993年12月27日国家税务总局发布的《关于印发〈营业税税目注释（试行稿）〉的通知》（国税发〔1993〕149号），除部分内容与"营改增"及其他高位阶法律法规和规范性文件不一致而自动失效外，其他部分仍具有适用效力。另外，财政部和国家税务总局根据经济社会发展情况和特定经济社会政策也相应出台了一些关于营业税的规范性文件。

台湾营业税立法经历了两个发展阶段。自1931年6月建制实施营业税以来，其课税方式系采用多阶段营业总额课税，凡设有店铺对外营业者，即须依法课征营业税。这要导致在1986年4月1日以前，台湾营业税延续民国时期的全值流转税制，即以商品或劳务流转额全值为课税对象。但此种全值流转税模式给台湾的产业发展带来沉重的双重甚至是多重税负，不利于台湾的经济繁荣和国际竞争。1986年4月1日，为改善全值流转税制存在的税上加税现象以及改进台湾外销货物所含营业税之退税，以提高产品外销的竞争力，台湾将原全值型营业税模式改革为国际通行的增值税模式，以消除重复征税并引导各环节专业分工，除极少数特定行业和情形外，课税对象由全值流转额全部转变为增值流转额。2001年7月9日，为了更加清晰表达其营业税政策，台湾将"营业税法"变更为"加值型及非加值型营业税法"，并经"行政院"核定自2002年1月1日起施行。目前，"加值型及非加值型营业税法"已经进行了总计38次修正，最近两次修正分别在2014年1月8日②和2014年6月4日。③ 2014年5月2日，"行政院"还最

---

① 2013年12月12日，财政部、国家税务总局发布《关于将铁路运输和邮政业纳入营业税改征增值税试点的通知》（财税〔2013〕106号）。根据《通知》规定，自2014年1月1日起，在全国范围内开展铁路运输和邮政业营改增试点。与此同时，《财政部 国家税务总局关于在全国开展交通运输业和部分现代服务业营业税改征增值税试点税收政策的通知》（财税〔2013〕37号）自2014年1月1日起废止。

② 2014年1月8日，"总统华总一义字第10300000631号令"修正公布第12条条文，修正公布"加值型及非加值型营业税法"第12条条文，"行政院"定自2014年3月1日施行。该第12条修正之缘由，系呼应国际重视性别平等议题之潮流，并配合"消除对妇女一切形式歧视公约施行法"第8条规定，将该条第2款修订为，有陪侍服务之茶室、咖啡厅、酒吧等特种饮食业，依25%税率课征营业税。

③ 2014年6月4日，"总统华总一义字第10300085111号令"修正公布第11条及第36条条文，并由"行政院"核定自2014年7月1日施行。修正案之主要内容系恢复"银行业、保险业经营银行、保险本业"销售额之营业税税率为5%，其中保险业之本业销售额应扣除财产保险自留赔款。至该二业其余销售额及其他金融业之销售额适用之税率仍维持现行规定。

第四章　效率与公平：流转环节税制新课题？

新修正了"加值型及非加值型营业税法施行细则"（以下简称"施行细则"）第 16-4 条、第 28 条、第 29 条、第 38 条、第 47 条条文。另外，台湾财政主管部门也制订了"小规模营业人营业税起征点"、"营业税特种税额查定办法"、"网路交易课征营业额及所得税规范"、"兼营营业人营业税额计算办法"、"统一发票使用办法"、"营业税电子资料申报缴税作业要点"等与"营业税法"的配套规定和解释函令。

（二）基础税制要素的视角：技术规则的差异性

1. 纳税人。台湾的营业税（含加值型营业税和非加值型营业税）的立法规定要比大陆更为广泛一些。台湾"营业税法"第 2 条规定，纳税义务人包括 4 类：(1) 销售货物或劳务的营业人；(2) 进口货物的收货人或持有人；(3) 外国之事业、机关、团体、组织，在境内无固定营业场所者，其所销售劳务的买受人（境外国际运输事业在境内无固定营业场所者，若有代理人则为其代理人）；(4) 农业用油、渔业用油有转让或移作他用而不符免税规定者，为转让或移作他用之人，但转让或移作他用之人不明者，为货物持有人。第 3 条就销售货物进行了界定并规定了视同销售货物情形。① 第 6 条规定了营业人的含义。② 依《暂行条例》第 1 条的规定，在境内提供本条例规定的劳务、转让无形资产或者销售不动产的单位和个人，为营业税的纳税人。《实施细则》第 3 条规定，"劳务、转让无形资产或者销售不动产"，是指有偿提供劳务、有偿转让无形资产或者有偿转让不动产所有权的行为，但单位或者个体工商户聘用的员工为本单位或者雇主提供条例规定的劳务，不包括

---

① "营业税法"第 3 条规定："将货物之所有权移转与他人，以取得代价者，为销售货物。""提供劳务予他人，或提供货物与他人使用、收益，以取得代价者，为销售劳务。但执行业务者提供其专业性劳务及个人受雇提供劳务，不包括在内。""有左列情形之一者，视为销售货物：一、营业人以其产制、进口、购买供销售之货物，转供营业人自用；或以其产制、进口、购买之货物，无偿移转他人所有者。二、营业人解散或废止营业时所余存之货物，或将货物抵偿债务、分配与股东或出资人者。三、营业人以自己名义代为购买货物交付与委托人者。四、营业人委托他人代销货物者。五、营业人销售代销货物者。""前项规定于劳务准用之。"

② "营业税法"第 6 条规定："有左列情形之一者，为营业人：一、以营利为目的之公营、私营或公私合营之事业。二、非以营利为目的之事业、机关、团体、组织，有销售货物或劳务者。三、外国之事业、机关、团体、组织，在中华民国境内之固定营业场所。"

在内。第 5 条规定了无偿转让、自建行为等视同发生应税行为的三种情形。① 相较而言,台湾的营业税纳税人范围更广,几乎涵盖所有的销售货物、劳务和进口货物的单位和个人,且视同销售规定更为细致;而大陆营业税纳税人仅只涵盖特定劳务(除加工、修理修配劳务外)、转让无形资产和不动产的单位和个人。

2. 征税范围。台湾的营业税(含加值型营业税和非加值型营业税)范围比较广泛,基本涵盖所有销售货物、劳务和进口货物的交易行为,甚至把餐饮旅馆业、夜总会、金融业归为特殊纳税人类别也纳入营业税体系。但若纯粹比较其非加值型营业税,则大陆营业税范围更为广泛。根据台湾"营业税法"第 21、22、23 条的规定,非加值型营业税仅只涉及金融保险、特种饮食业及依主管稽征机关核定的小规模营业人等情形,其余的营业人则依"营业税法"第 20 条规定的税率按照一般税额计算加值型营业税税额。"营业税法"第 4 条规定了在台湾境内销售货物之含义。② 在大陆,《实施细则》第 2 条则规定,营业税的应税劳务是指属于交通运输业、建筑业、金融保险业、邮电通信业、文化体育业、娱乐业、服务业税目征收范围的劳务,但不包括加工和修理、修配等非应税劳务。③《实施细则》第 3 条规定,在大陆境内提供条例规定的劳务、转让无形资产或者销售不动产,是指:(1) 提供或者接受条例规定劳务的单位或者个人在境内;(2) 所转让的无形资产(不含土地使用权)的接受单位或者个人在境内;(3) 所转让或者出租土地使用权的土地在境内;(4) 所销售或者出租的不动产在境内。相较而言,台湾税法规定的营业税征税范围极为广泛,涵盖所有销售货物、劳务和进口货物行为,但在大陆税法上,除加工、修理修配之外的绝大部分劳务,都被排除在增值税的范

---

① 《实施细则》第 5 条规定:"纳税人有下列情形之一的,视同发生应税行为:(一) 单位或者个人将不动产或者土地使用权无偿赠送其他单位或者个人;(二) 单位或者个人自己新建(以下简称自建)建筑物后销售,其所发生的自建行为;(三) 财政部、国家税务总局规定的其他情形。"

② 依"营业税法"第 4 条规定,有下列情形之一者,系在台湾境内销售货物:(1) 销售货物之交付须移运者,其起运地在台湾境内;(2) 销售货物之交付无须移运者,其所在地在台湾境内。有下列情形之一者,系在台湾境内销售劳务:(1) 销售之劳务系在台湾境内提供或使用者;(2) 国际运输事业自台湾境内载运客、货出境者;(3) 外国保险业自台湾境内保险业承的再保险者。

③ 2013 年 12 月 12 日,财政部、国家税务总局发布《关于将铁路运输和邮政业纳入营业税改征增值税试点的通知》(财税〔2013〕106 号)。根据《通知》规定,自 2014 年 1 月 1 日起,在全国范围内开展铁路运输和邮政业营改增试点。目前,交通运输业、邮政业以及部分现代服务业,改征增值税。

第四章 效率与公平:流转环节税制新课题?

围之外,而征收营业税。

3. 税率。台湾营业税税率按照加值型和非加值型进行区分,大陆则按照不同行业进行区分。"营业税法"第10条规定,营业税税率,除另有规定外,最低不得少于5%,最高不得超过10%;其征收率由行政机构制定。此处所称"另有规定"则主要是指非加值型营业税的税率。"营业税法"第11条规定了金融业的税率在1%—5%之间①,第12条则规定了夜总会和有娱乐节目的餐饮店的税率为15%,而酒家及有陪侍的茶室、咖啡厅、酒吧等的税率为25%②,第13条则规定小规模营业人等符合规定情形的营业人税率为0.1%—1%。③ 而大陆营业税率则大都实行比例税率,并且税率较低。根据《暂行条例》所附《营业税税目税率表》的规定,营业税税率共分为三档:交通运输业、建筑业、邮电通讯业、文化体育业的税率为3%;金融保险业、服务业、转让无形资产和销售不动产的税率为5%;娱乐业的税率为5%—20%。第3条规定了兼营行为之税率适用,即对于兼营不同税目应税劳务、转让无形资产或者销售不动产,应当分别核算,否则从高适用税率。④ 从税率角度而言,大陆营业税和台湾非加值型营业税税率具有相似性,税率均在3%—5%左右,而对于特定行业和营业行为,税法则规定在15%—

---

① 2014年6月4日修正公布的"加值型及非加值型营业税法"第11条第2项增加规定:"银行业、保险业、信托投资业、证券业、期货业、票券业及典当业之营业税税率如下:一、经营非专属本业之销售额适用第十条规定之税率。二、银行业、保险业经营银行、保险本业销售额之税率为百分之五;其中保险业之本业销售额应扣除财产保险自留赔款。但保险业之再保费收入之税率为百分之一。三、前二款以外之销售额税率为百分之二。"第3项规定:"前项非专属本业及银行、保险本业之范围,由财政部拟订相关办法,报行政院核定。"

② "加值型及非加值型营业税法"第12条规定:"特种饮食业之营业税税率如下:一、夜总会、有娱乐节目之餐饮店之营业税税率为百分之十五。二、酒家及有陪侍之茶室、咖啡厅、酒吧等之营业税税率为百分之二十五。"

③ "加值型及非加值型营业税法"第13条规定:"小规模营业人、依法取得从事按摩资格之视觉功能障碍者经营,且全部由视觉功能障碍者提供按摩劳务之按摩业,及其他经财政部规定免予申报销售额之营业人,其营业税税率为百分之一。""农产品批发市场之承销人及销售农产品之小规模营业人,其营业税税率为百分之零点一。""前二项小规模营业人,指第十一条、第十二条所列各业以外之规模狭小,平均每月销售额未达财政部规定标准而按查定课征营业税之营业人。"

④ 《暂行条例》第3条规定:"纳税人兼有不同税目的应当缴纳营业税的劳务、转让无形资产或者销售不动产,应当分别核算不同税目的营业额、转让额、销售额;未分别核算营业额的,从高适用税率。"

25%这一较高的区间。需要说明的是,台湾另行颁布"娱乐税法"①,其立法目的和税制结构大致与大陆娱乐业营业税大致相同,且税率也具有近似性。

表4-1 大陆营业税税目税率表

税目	税率
一、交通运输业	3%
二、建筑业	3%
三、金融保险业	5%
四、邮电通信业	3%
五、文化体育业	3%
六、娱乐业	5%—20%
七、服务业	5%
八、转让无形资产	5%
九、销售不动产	5%

注:本表依照大陆《营业税暂行条例》所附《营业税税目税率表》(2008年11月5日修订,2009年1月1日起施行)制作。

表4-2 台湾特种税额计算营业人税率表

税目/规定情形	税率
银行业、保险业、信托投资业、证券业、期货业、票券业、典当业;但经营非本专属业之销售时;保险业之再保费收入	2%;5%;1%
夜总会、有娱乐节目之餐饮店	15%
酒家及有陪侍之茶室、咖啡厅、酒吧等	25%
小规模营业人及其他经"财政部"规定免予申报销售额之营业人	1%
农产品批发市场之承销人及销售农产品之小规模营业人	0.1%

注:本表依台湾"加值型及非加值型营业税法"(2014年1月8日修正发布)第11、12、13条制作。

---

① 在台湾,娱乐税系对特定娱乐场所、娱乐设施或娱乐活动所收票价或收费额征收之。娱乐税依所收票价或收费额征收,各种娱乐场所、娱乐设施或娱乐活动不售票券,另以其他饮料品或以娱乐设施供应娱乐人者,按其收费额课征。娱乐税的纳税义务人为出价娱乐之人,代征人为娱乐场所、娱乐设施或娱乐活动之提供人或举办人。娱乐税之税率,"娱乐税法"仅有最高税率之规定,各县市政府在法定最高税率范围内规定征收率,该项征收率于提经县市议会通过并报"财政部"核备后实施,作为实际征税之依据。

第四章 效率与公平：流转环节税制新课题

表 4-3　台湾娱乐税税率表

税目	法定最高税率
电影（外国语言、中文语言）	60%；30%
职业性歌唱、说书、舞蹈、马戏、魔术、技艺表演及夜总会之各种表演	30%
戏剧、音乐演奏及非职业性歌唱、舞蹈等表演	5%
各种竞技比赛	10%
舞厅或舞场	100%
高尔夫球场	20%
其他提供娱乐设施供人娱乐者	50%

注：① 本表依台湾"娱乐税法"（2007 年 5 月 23 日修正发布）第 5 条制作。
② 大陆《营业税暂行条例》中娱乐业营业税的规定，与台湾"娱乐税法"中娱乐税规定功能大致相仿，故此处加以比较参考。

4. 减免税。两岸均对公益事业、政府机关、社会团体提供的服务给予减免税待遇。但相对而言，台湾规定比大陆的涉及面和规定事项更为广泛而具体，并涉及出口退税等事项（加值型营业税）。台湾"营业税法"第 8 条、第 8 条之 1、第 9 条分别对出售土地等 32 种情形、标售义卖与义演及进口特定货物作了免税规定。"营业税法"第 7 条还对外销货物、与外销有关之劳务、免税商店销售过出境旅客的货物、销售与保税区营业人供营运的货物或劳务、国际间运输、销售与国际运输用之交通工具所使用之货物或修缮劳务、保税区营业人销售直接出口的货物、保税区营业人销售存入保税仓库或物流中心以供外销之货物等 9 种情形作了零税率的规定①。第 7 条之 1 规定了外国人在台购买货物或劳务的退免税，即对外国人参加展览或临时商务活动而购买货物或劳务支付加值型营业税达到一定金额时，得申请退税免税。而大陆《暂行条例》第 8 条对托儿所、幼儿园、养老院、残疾人福利机构提供的育养服务，婚姻介绍，殡葬服务，残疾人员个人提供的劳务、医院、

---

① "营业税法"第 7 条规定："下列货物或劳务之营业税税率为零：一、外销货物。二、与外销有关之劳务，或在国内提供而在国外使用之劳务。三、依法设立之免税商店销售与过境或出境旅客之货物。四、销售与保税区营业人供营运之货物或劳务。五、国际间之运输。但外国运输事业在中华民国境内经营国际运输业务者，应以各该国对中华民国国际运输事业予以相等待遇或免征类似税捐者为限。六、国际运输用之船舶、航空器及远洋渔船。七、销售与国际运输用之船舶、航空器及远洋渔船所使用之货物或修缮劳务。八、保税区营业人销售与课税区营业人未输往课税区而直接出口之货物。九、保税区营业人销售与课税区营业人存入自由港区事业或海关管理之保税仓库、物流中心以供外销之货物。"

诊所和其他医疗机构提供的医疗服务、学校和其他教育机构提供的教育劳务、学生勤工俭学提供的劳务等7种情形作了免征营业税的规定。① 第9条还规定纳税人兼营减免税项目但未单独核算减免税项目营业额的,不得减免。② 两岸营业税减免税的规定基本类似,并无较大的区别。不过,大陆应营业税涉及范围较广,其减免税涉及范围也略宽。

5. 征收程序。两岸营业税制在征收程序上也呈现一些细微的区别。(1) 推计课税。"营业税法"第43条规定了未及时申报、未设立账簿、未办妥登记、短漏报销售额、漏开统一发票、应当用而未使用统一发票等6种情形以及销售额显不正常情形时,稽征机关得核定销售额及应纳税额。《暂行条例》第7条规定了价格明显偏低时税务机关可核定税款。③ (2) 扣缴义务人。"营业税法"第36条规定了外国事业机关团体组织销售劳务之营业税申报。《暂行条例》第11条则规定,境外单位或个人发生应税行为且在境内无经营机构时境内代理人或受让方、购买人为扣缴义务人。④ (3) 申报期限。台湾的申报期限明确规定为2个月,而大陆则根据具体情况分为5种期限。"营业税法"第35条规定,除另有规定外,以2个月为1期,纳税人于次期开始15日内向税务机关申报销售额、应纳税款或溢付税款,若有应纳税款,应先缴纳,连同缴纳收据一并申报。符合零申报规定的特定纳税人,也适用此种申报规定。而《暂行条例》第15条规定,纳税期分为5日、10日、15日和1个月或1个季度。前3种情况下的纳税人,自期满之日起5日

---

① 《暂行条例》第8条规定:"下列项目免征营业税:(一) 托儿所、幼儿园、养老院、残疾人福利机构提供的育养服务,婚姻介绍,殡葬服务;(二) 残疾人员个人提供的劳务;(三) 医院、诊所和其他医疗机构提供的医疗服务;(四) 学校和其他教育机构提供的教育劳务,学生勤工俭学提供的劳务;(五) 农业机耕、排灌、病虫害防治、植物保护、农牧保险以及相关技术培训业务,家禽、牲畜、水生动物的配种和疾病防治;(六) 纪念馆、博物馆、文化馆、文物保护单位管理机构、美术馆、展览馆、书画院、图书馆举办文化活动的门票收入,宗教场所举办文化、宗教活动的门票收入;(七) 境内保险机构为出口货物提供的保险产品。""除前款规定外,营业税的免税、减税项目由国务院规定。任何地区、部门均不得规定免税、减税项目。"

② 《暂行条例》第9条规定:"纳税人兼营免税、减税项目的,应当分别核算免税、减税项目的营业额;未分别核算营业额的,不得免税、减税。"

③ 《暂行条例》第7条规定:"纳税人提供应税劳务、转让无形资产或者销售不动产的价格明显偏低并无正当理由的,由主管税务机关核定其营业额。"

④ 《暂行条例》第11条规定:"营业税扣缴义务人:(一) 中华人民共和国境外的单位或者个人在境内提供应税劳务、转让无形资产或者销售不动产,在境内未设有经营机构的,以其境内代理人为扣缴义务人;在境内没有代理人的,以受让方或者购买方为扣缴义务人。(二) 国务院财政、税务主管部门规定的其他扣缴义务人。"

内预缴税款,次月15日内再申报纳税并结清上月应纳税款;后3种情况下的纳税人自期满之日起15日内申报纳税。(4)纳税义务发生时间。《暂行条例》第12条规定纳税义务发生时间为纳税人应税行为完成并收讫款项或凭据的当天,扣缴义务发生时间为纳税义务发生的当天。① 而依"营业税法"之规定,纳税义务发生时间为收款或计算时。(5)纳税地点。《暂行条例》第14条规定营业税纳税地点机构所在地或者居住地、不动产所在地。而依"营业税法"之规定,纳税地点多为纳税人之所在地。需要补充说明的是,由于两岸不同的税收征管体制,台湾营业税属"国税"("中央税"),由"国税局"征收,而大陆营业税则属地方税,由地方税务局征收,这也是两岸营业税征管体制的一个重大差异。

(三)差额征收和起征点:两岸营业税的政策检讨与实践

两岸在营业税制的发展中,都特别注重在经济社会发展和税收实践中不断进行自我检讨和完善。其中,差额征收的安排和起征点的设置对两岸营业税制的影响最为明显。营业税的差额征收是指按照纳税人以收取的全部价款和价外费用减去规定可扣除的支付款项后的余额为计税营业额,以避免双重征税和"税上加税"的情形发生。以大陆为例,尽管差额征收已经在《实施条例》和财税部门相关规范性文件中有所规定,但随着近些年来竞争市场分工化、专业化和集成化等特征的突显,越来越多的业务按照综合集成和分工合作的方式进行,且这些业务并不仅限于传统的承揽、旅游、建筑工程、金融商品买卖等领域,目前《实施条例》和财税部门相关规范性文件采用的有限列举式规定难以涵盖所有依据税法原理应予以差额征收的业务,这使得在总额征收的规则下,在实务中存在一些明显不合理的征收逻辑。以上海某意大利广告公司为例,其利润在于通过接洽大客户的广告业务后仅承接附加值高的广告创意部分,而将具体的广告制作业务外包给其他广告制作公司。而此种情形下,该广告公司仍需就全部业务收入总额缴纳营

---

① 《暂行条例》第12条规定:"营业税纳税义务发生时间为纳税人提供应税劳务、转让无形资产或者销售不动产并收讫营业收入款项或者取得索取营业收入款项凭据的当天。国务院财政、税务主管部门另有规定的,从其规定。""营业税扣缴义务发生时间为纳税人营业税纳税义务发生的当天。"

业税,而非扣除支付给外包广告制作公司的费用,故此种甚至难以获得利润的税负明显不公的情形并不少见。① 台湾的加值型营业税和非加值型营业税的区分并以加值型营业税为主体的营业税制则正好顺应了市场经济发展的要求,这种思路值得大陆借鉴和参考。对于营业税制的起征点而言,两岸都特别注重对中小企业特别是小微企业的税负控制。需要说明的是,起征点的制度逻辑在于超过起征点会全额征收。大陆对起征点的设置是按照纳税方式进行区分,而台湾起征点的设置则更为具体、细致和科学,并采取了比例加总原则。

具体而言,两岸营业税均以营业额或销售额为计税依据,其区别主要在于是否差额征收或者仅就加值部分征收。按照《暂行条例》第5条的规定,通常情形下,大陆营业税以营业额为计税依据,营业额为纳税人提供应税劳务、转让无形资产或者销售不动产收取的全部价款和价外费用。但第5条也同时规定了承揽、旅游、建筑工程分包、金融商品买卖以及另有规定时等可以差额征收的5种情形。② 也即是说,即便是《暂行条例》的规定和立法愿意,营业税并非是不可以差额征收的,只是说具体涉及差额征收是采取类型化规定的方式还是有限列举的手段,以及在税务机关具体执行时如何准确掌握口径的问题。此后,财政部和国家税务总局又联合发布《关于营业税若干政策问题的通知》(财税〔2003〕16号)等规范性文件③,对差额征收的范围作了进一步归纳和细化,在计税依据和税额计算层面,对减少重复课税和确保税负公平作了有益尝试,但由于市场交易行为的日益复杂化,有限列

---

① 关于"营改增"背景下营业税差额征收的实例评析,参见王桦宇:《一份税务稽查法律意见书的解读——兼论上海市"营改增"试点与纳税人权利保护》,载熊伟主编:《税法解释与判例评注(第3卷)》,法律出版社2012年版,第48—61页。

② 《暂行条例》第5条规定:"纳税人的营业额为纳税人提供应税劳务、转让无形资产或者销售不动产收取的全部价款和价外费用。但是,下列情形除外:(一)纳税人将承揽的运输业务分给其他单位或者个人的,以其取得的全部价款和价外费用扣除其支付给其他单位或者个人的运输费用后的余额为营业额;(二)纳税人从事旅游业务的,以其取得的全部价款和价外费用扣除替旅游者支付给其他单位或者个人的住宿费、餐费、交通费、旅游景点门票和支付给其他接团旅游企业的旅游费后的余额为营业额;(三)纳税人将建筑工程分包给其他单位的,以其取得的全部价款和价外费用扣除其支付给其他单位的分包款后的余额为营业额;(四)外汇、有价证券、期货等金融商品买卖业务,以卖出价减去买入价后的余额为营业额;(五)国务院财政、税务主管部门规定的其他情形。"

③ 财税〔2003〕16号文对营业税的征收范围、适用税目、营业额、营业额减除项目凭证管理、纳税义务发生时间、纳税地点等作了更为明确的规定。

第四章　效率与公平:流转环节税制新课题?

举的方式必然不能有效解决营业额全额征收带来的税负不公问题。在台湾,根据"营业税法""第四章税额计算"之"第一节一般税额计算"和"第二节特种税额计算"的规定,加值型营业税则在计算应纳税额时以销售额为依据先计算销项税额,然后以扣减进项税额的余额为应纳税所得额;非加值型营业税则以销售额按规定税率计算营业税额,但其中兼营的非属本业的部分也可以经申请按照加值型营业税税额计算处理。另外,查定计算营业税额的小规模营业人等特定营业人,购买营业上使用的货物或劳务并取得载有营业税额之凭证者,并依规定申报者,可以按照每期10%的进项税额扣减。①

　　就起征点而言,大陆以制定或修订《实施细则》的方式设定或调整起征点,而台湾则是财政主管部门制定或修订"小规模营业人营业税起征点"函令的方式设定或调整起征点。根据《暂行条例》第10条的规定,纳税人营业额未达到主管部门规定的营业税起征点的,免征营业税;达到起征点的,全额计算缴纳营业税。2011年新修订的《实施细则》第23条则规定,营业税起征点的适用范围限于个人。其幅度如下:按期纳税的,为月营业额5000—20000元;按次纳税的,为每次(日)营业额300—500元。省、自治区、直辖市财税部门应当在规定的幅度内,根据实际情况确定本地区适用的起征点,并报财政部、国家税务总局备案。另外,为扶持小微企业发展,自2013年8月1日起,大陆对营业税纳税人中月营业额不超过2万元的企业或非企业性单位,暂免征收营业税。② 台湾"营业税法"第26条则规定了农产品批发市场承销人等之营业税起征点。该条规定,查定计算营业税额之农产品批发市场之承销人、销售农产品之小规模营业人、小规模营业人及其他经财政部规定免予申报销售额之营业人;其营业税起征点,由"财政部"定之。根据台湾财政部门2006年12月22日修正发布并于2007年1月1日施行的"小

---

① "营业税法"第25条规定:"依第二十三条规定,查定计算营业税额之营业人,购买营业上使用之货物或劳务,取得载有营业税额之凭证,并依规定申报者,主管稽征机关应按其进项税额百分之十,在查定税额内扣减。但查定税额未达起征点者,不适用之。""前项税额百分之十超过查定税额者,次期得继续扣减。"

② 2013年7月29日,财政部、国家税务总局发布《关于暂免征收部分小微企业增值税和营业税的通知》(财税[2013]52号)。该文件规定:"为进一步扶持小微企业发展,经国务院批准,自2013年8月1日起,对增值税小规模纳税人中月销售额不超过2万元的企业或非企业性单位,暂免征收增值税;对营业税纳税人中月营业额不超过2万元的企业或非企业性单位,暂免征收营业税。"

规模营业人营业税起征点"的规定,买卖业等16种业别和装潢业等14种业别的起征点分别为每月销售额新台币8万元和4万元。与此同时,营业人如同时兼营上述两类业别之营业,其各点所列业别销售额占各该点起征点之百分比合计数超过100%者,也予课征。①

(四)税负公平下的减税改革:营业税"两分法"与"营改增"试点

大陆营业税的差额征收,是在不改变营业税和增值税原有覆盖范围的前提下,通过技术规则的简单调整来克服税法学理上出现的税负不公和双重课税问题。如此一来,营业税的差额征收有利于避免双重征税并有效保障税负公平,并进而有利于促进产业分工的专门化和产业链条衔接的有序性。虽然差额征收在技术上并非如直接的增值税那么彻底、更具有正当性逻辑,但毫无疑问的是,未来大陆营业税的改革方向必然是朝向更多的差额征收范围和更彻底地向增值税进行税制转型。台湾将营业税区实行"两分法",也即将营业税分为加值型营业税和非加值型营业税,并以前者为主体构成,以后者为辅助构成。此种思路,正是体现了其顺应经济发展需要、降低整体税负和确保税收公平的价值取向。而营业税作为流转税而全额征收的弊端和不利面的客观所在,这也恰好切实解释了营业税应予区分加值型和非加值型或者增值税取代营业税的技术基础和正义逻辑。台湾施行的营业税"两分法"在税务技术上有完善税制和克服双重征税的效果,但更有意义的是,"两分法"更体现了一种对纳税人课税的公平正义,也即对经济观察法的正向适用以及对纳税人权利保护的高度尊重。与此同时,台湾营业税制对于小微企业在税率和起征点上的特别优惠安排也体现了鼓励小企业发展和增加小企业活力的产业政策。另外,台湾的营业税制关于零申报和纳税期限等程序安排相较于大陆也更为简单,通过高度信息化的营业税征收

---

① "小规模营业人营业税起征点"主要内容如下:"一、买卖业、制造业、手工业、新闻业、出版业、农林业、畜牧业、水产业、矿冶业、包作业、印刷业、公用事业、娱乐业、运输业、照相业及一般饮食业等业别之起征点为每月销售额新台币八万元。二、装潢业、广告业、修理业、加工业、旅宿业、理发业、沐浴业、劳务承揽业、仓库业、租赁业、代办业、行纪业、技术及设计业及公证业等业别之起征点为每月销售额新台币四万元。三、营业人如兼营第一点、第二点所列业别之营业,其各点所列业别销售额占各该点起征点之百分比合计数超过百分之一百者,应予课征,其计算公式如下:第一点所列业别之销售额/第一点所列业别之起征点+第二点所列业别之销售额/第二点所列业别之起征点≥100/100。"

第四章 效率与公平:流转环节税制新课题?

平台,既切实方便了纳税人申报纳税,又有效降低了征管成本。

相比而言,大陆营业税制长期实行"全额征收为主,差额征收为辅"的征收理念,已经不太适合理顺流转税链条和营造公平税负环境的税制改革要求。目前,大陆正在实行结构性减税政策,并以上海为基础,在确保地方税收不受影响的前提下,果断推动了"营改增"改革试点。2012 年 1 月 1 日起,国务院决定在上海市交通运输业和部分现代服务业开展营业税改征增值税试点改革,拉开营业税改增值税的改革大幕。同年 8 月,营改增试点分批扩大。2013 年 4 月,国务院常务会议决定,自当年 8 月 1 日起,将交通运输业和部分现代服务业营改增试点在全国范围内推开,并适当扩大部分现代服务业范围。① 2013 年 12 月,国务院常务会议决定自 2014 年 1 月 1 日起将铁路运输和邮政服务业纳入营改增改革试点。② 按照规划,最快有望在"十二五"(2011 年—2015 年)期间完成"营改增"。此项重大改革,及时顺应了国际上通行的增值税制发展趋势,对优化有利于市场经济的宏观税制体系具有里程碑式的意义。但需要指出的是,相较于台湾,大陆幅员辽阔,涉及省、自治区和直辖市众多,各地经济社会发展和税收征管水平也不一致,大陆"营改增"改革试点同时也会带来新的阶段性的不平等,也即实行"营改增"试点的行业和未实行"营改增"试点的行业在税负上的差异性亦会衍生新的合理性与正当性问题,与此同时,在税法规则的安排上也会存在不公平或不便利的地方。但总体而言,毕竟试点改革的最终目的在于全体纳税人的整体税负优化与减轻,在此种权衡观念下,当前针对一段时期、部分行业但未来面向长期稳定、全部行业的"营改增"试点便也具有了实质意义上的正义性。

有学者基于实证研究对大陆"营改增"改革前营业税和增值税的福利效应进行了比较,认为大陆营业税对消费品或服务品的价格效应大于增值税

---

① 2013 年 5 月 24 日,财政部、国家税务总局发布《关于在全国开展交通运输业和部分现代服务业营业税改征增值税试点税收政策的通知》(财税〔2013〕137 号)。根据《通知》规定,自 2013 年 8 月 1 日起,在全国范围内开展交通运输业和部分现代服务业营改增试点。

② 2013 年 12 月 12 日,财政部、国家税务总局发布《关于将铁路运输和邮政业纳入营业税改征增值税试点的通知》(财税〔2013〕106 号)。根据《通知》规定,自 2014 年 1 月 1 日起,在全国范围内开展铁路运输和邮政业营改增试点。与此同时,《财政部 国家税务总局关于在全国开展交通运输业和部分现代服务业营业税改征增值税试点税收政策的通知》(财税〔2013〕37 号)自 2014 年 1 月 1 日起废止。

的价格效应,从而营业税对每一个消费群体产生的福利伤害程度都高于增值税带来的福利伤害程度,并进而推算出服务业企业目前缴纳的营业税如折算成增值税,其税率高于 18.2%,超出了增值税的标准税率 17%。也即是说,在宏观税负比较上,营业税也是高于增值税因而是低效率且不利于经济增长和社会福祉的。① 基于此,并以两岸比较的借鉴视角来检讨和反思大陆营业税制,台湾营业税制的如下优点和经验可以被当前营业税制参考和吸收。一是继续扩大营业税的差额征收范围。在"营改增"试点的推进过程中,对于试点尚未覆盖的地方或行业,可以通过进一步扩大营业税的差额征收范围来确保结构性减税力度和税负公平性。在"营改增"全面完成之前,参照台湾"营业税法"中非加值型营业税的范围规定,将营业税的全额征收逐步约束在特定的行业企业,或者是将全额征收的整体税负限定在相对比较合理的范围内。二是加大小微企业营业税优惠力度。具体针对小微企业的营业税优惠政策,既可以是细化分类不同行业的起征点营业额并定期调整,也可以是许可一定数额或比例的直接扣除或进项抵免,或是对兼营不同业务的起征点进行总比例约束,还可以是多种措施和方法同时使用,其最终目的是在于进一步加大对小微企业的税收扶持力度。三是优化简化营业税征收程序。征管程序的繁简和便利,其实也涉及税收正义和纳税人权利保护。② 可以将目前《实施条例》第 15 条中规定的 5 日、10 日、15 日和 1 个月或 1 个季度等 5 种纳税期限,参照台湾"营业税法"的规定直接调整为 1 个月或 2 个月,有效降低纳税人的时间成本。

第二节 台湾加值型营业税与大陆增值税之比较

增值税(Value-Added Tax),是指以增值额为课税对象而征收的一种税。由于受到特定经济社会环境、征收管理水平和法治化程度的不同,各国和各地区的增值税制度中的增值税内涵和外延并不尽一致。但通常而言,增值

---

① 参见平新乔、梁爽、郝朝艳、张海洋、毛亮:《增值税与营业税的福利效应研究》,载《经济研究》2009 年第 9 期。

② 税捐稽征法上的效率原则之纳税人享有被提供有效率服务的权利,参见陈清秀:《税法总论》(第七版),台湾元照出版有限公司 2012 年版,第 441 页。

税可以区分为三种类型:生产型增值税、收入型增值税和消费型增值税。其中,生产型增值税准许在销售收入中扣除中间性产品价值、劳务支出和同期购入的全部固定资产价值;收入型增值税准许在销售收入中扣除投入生产的中间性产品价值、劳务支出和固定资产折旧,即等于工资、利润、利息和租金之和;消费型增值税则准许在销售收入中扣除投入的中间性产品价值后的余额,即等于工资、利润、利息和租金之和。① 目前,大陆正在朝向完全的消费型增值税实现全面转型。② 大陆增值税的主要法律政策依据是1993年12月13日国务院发布而后在2008年11月5日由国务院第34次常务会议修订通过并于2009年1月1日起施行的《增值税暂行条例》(以下简称《暂行条例》)和财政部、国家税务总局在2008年12月18日发布的《增值税暂行条例实施细则》(财政部 国家税务总局第50号,以下简称《实施细则》),以及《关于将铁路运输和邮政业纳入营业税改征增值税试点的通知》(财税〔2013〕106号)(以下简称"财税〔2013〕106号文")等等。③ 大致来看,台湾现行税制中的加值型营业税对应于大陆现行税制中的增值税,且属于典型的消费型增值税。按照通行定义,所谓加值型营业税是对各生产阶段营业人销售货物或劳务时课征,最后由消费者负担的一种间接税。考虑到税收公平和税负均衡原则,加值型营业税不同于传统流转税按每一阶段的销售总额课征,而仅对每一环节的加值额课征,其计税依据是纳税人某一期间内的总收入减去同一期间内的进项总支出后的余额。台湾营业税最新法规政策是2014年1月8日修正公布的"加值型及非加值型营业税法"以及在2014年5月2日由"行政院"修正的"加值型及非加值型营业税法施行细则"。另外,台湾财政主管部门也制定了一些与"营业税法"相配套的法规命令和行政规则。

---

① 参见刘剑文:《财税法——原理、案例与材料》,北京大学出版社2013年版,第191页。
② 目前,增值税已经成为最主要的税种之一,近年来增值税的收入占大陆全部税收的60%以上,是大陆最大的税种。增值税由国家税务局负责征收,税收收入中75%为中央财政收入,25%为地方收入。进口环节的增值税由海关负责征收,税收收入全部为中央财政收入。
③ 2013年12月12日,财政部、国家税务总局发布《关于将铁路运输和邮政业纳入营业税改征增值税试点的通知》(财税〔2013〕106号)。根据《通知》规定,自2014年1月1日起,在全国范围内开展铁路运输和邮政业营改增试点。与此同时,《财政部 国家税务总局关于在全国开展交通运输业和部分现代服务业营业税改征增值税试点税收政策的通知》(财税〔2013〕37号)自2014年1月1日起废止。

（一）基础性法理：最公平的税种？

随着近年来全球经济的持续性衰退、加上产业结构改变，劳动力成本增加，环保意识日渐普及、土地取得成本上扬、投资成本亦大幅提高等等不利之因素，企业为维持成本及提升竞争能力，而愈加需要更加公平的税制。另一方面，随着社会经济发展，传统营业税的重复课征以及税上加税的弊端，致使在不同生产和流通环节专业化分工的企业税负各自相同，这不仅不符合税收中性原则，干扰市场资源的正当分配，也给企业带来巨大困扰。因此，业界一直在积极而努力地寻求一种既能确保国家财政收入、又能适应市场经济发展需要且还能维护社会公平的流转税制及税收结构，而增值税则正好迎合了这种企业和市场的客观诉求。通常认为，增值税是最公平的一种间接税。在税制结构安排上，增值税具有以下两个外在特点：一是环节课税，不产生重复课税。也即，对流转过程中的各个阶段增税，增值多少，课税多少，符合税收公平原则。二是普遍课税，征税面普遍广泛。也即，对于进入商品流通的所有组织和单位课税，在符合税收平等原则的同时，又能有效保证财政收入。与此同时，对增值税还可以进行功能和价值分析：一是从财政功能上讲，增值税因具有普遍征收的特点而对财政充裕性进行了适度保证；二是从税收效率上讲，增值税的中性原则有利于提高市场经济环境下的资源配置效率，有利于推动建构公平有序的竞争秩序；三是从税负公平上讲，增值税在促进普遍征税的横向公平的同时，又保证了按流通环节征税的纵向公平，充分体现了量能负担原则。深入来看，在税制要素设计上，增值税存在以下两个潜在特性：一是转嫁性。增值税作为价外税在商品流转过程中层层转嫁，因此很难确定谁真正承担了增值税税负，转嫁使增值税成了没有痛觉的收入来源，甚至在一些国家和地区增值税成为政府财政扩张的主要工具。① 二是累退性。基于税收中性的考虑，增值税一般实行单一税率，但从最终税负由消费者承担的角度来看，高收入群体的消费支出比例相对低收入者要低，实际上低收入者税负相对较高，此种安排有悖公平原则。与此同时，虽然针对特定行业和征税对象虽有优惠税率、零税率和减免税方

---

① See Charles E. *The Value-added tax-key to deficit reduction*？American Enterprise institute Mclure，Washington D. C. 1987，p. 12.

第四章　效率与公平：流转环节税制新课题？

面的规定,但仍然增加了税收遵从成本并提高了税收征管成本。

现代型增值税的代表是新西兰,其增值税制最大限度地把所有商品和劳务纳入增值税的征税范围,是征税范围最完整和抵扣最充分的增值税,并和消费税配合形成最佳的商品劳务征税制度结构。① 从税收学的角度,增值税以增值税额为计税依据,而增值税从做加法的角度来看等于工资和利润的总和,从做减法的角度来看等于产出减除投入的差额。因此,对于增值税的计税方法存在直接相加法、间接相加法、直接减除法和间接减除法(扣税法)等四种。根据扣税法计算增值税,其计税原理为:在每一个应税阶段,对销售商品或提供劳务所产生的相应计税基础,按适用税率计算销项税额,然后再减除已经直接影响构成商品或劳务价格各组成部分成本的进项税额,即为应纳增值税额。这种计税方法使得税额的计算在时间上具有极大弹性,既可以按周、按月进行,也可以按季、按年进行,同时还以针对不同情形适用不同的税率,在公平和效率两个层面上都远比其他计税方法科学和先进。② 一个基本的改革趋势是,面向社会公平的增值税改革征税范围广和税率档次少的趋势发展,在对农产品、不动产、公共服务和金融行业等特定行业产品采取特殊课税政策的同时,将允许外购不动产等进行全部抵扣,渐进达成效率与公平的协调平衡。随着两岸经济市场化、国际化程度的日益提高,社会分工进一步细化,货物和劳务的界限日益模糊,货物和劳务贸易的国际竞争也更加激烈。在这种背景下,增值税、营业税两税并存的弊端更加突出,无论是从大陆市场的税制公平角度,还是从借鉴台湾统一营业税制角度,抑或是国际市场的税收竞争角度,研究改革营业税并将之纳入增值税征收范围,已是当务之急。③

(二)制度变迁的一致性:差额征收与"营改增"

两岸增值税制度虽然在名称上讲法不同,但实质内容上已经有高度的

---

① 根据新西兰《货物与劳务税法》规定,在新西兰境内的税务登记者发生的销售货物、提供劳务以及进口货物的行为,都属于增值税的征税范围。新西兰不仅对提供产品征税,而且对提供劳务,包括政府机关也征税,是当今国际上施行增值税范围最广的一个国家。参见全国人大常委会预算工作委员会编:《增值税法律制度比较研究》,中国民主法制出版社2010年版,第15—16页。
② 参见於鼎丞:《两岸税制比较》,中国税务出版社2009年版,第53—54页。
③ 参见龚辉文:《关于增值税、营业税合并问题的思考》,载《税务研究》2010年第5期。

契合度和相似点。台湾自 1986 年推行加值型增值税而后又在 2001 年推动"营业税法"更名,尽管两岸经济社会发展时点和社会政策要求各不相同,但彼时台湾经济转型发展对税制变迁的诉求与当前大陆的结构性减税政策下"营改增"改革却有着异曲同工之处。也即,增值税是一种最理想的主体流转税,即便特定经济社会发展要求对保留营业税制仍有诸多讨论的空间,但不可改变的是,逐步减少营业税的适用而朝向更加公平的增值税已经是不争之事实。目前在台湾施行的"加值型及非加值型营业税法"仍存在一些纰漏和疏失的部分,并在不断立法修订中得到及时完善。与此同时,在大陆,最快有望在"十二五"(2011 年—2015 年)期间完成"营改增",并将在未来几年的时间内完成增值税立法,也即制定《增值税法》。①

1. 大陆立法回顾。大陆的增值税法沿革可以分为三个阶段:第一阶段是增值税的起步探索阶段。自 1979 年起,大陆开始研究增值税的可行性问题。1980 年,财政部决定在柳州、长沙、襄樊和上海等城市,选择重复征税矛盾较突出的机器机械和农业机具两个行业进行试点。1982 年,财政部制定了《增值税暂行办法》,决定从 1982 年起在全国范围内对上述两个行业的产品以及对电风扇、缝纫机、自行车三项产品在全国范围内试行增值税。1984 年工商税制全面改革中,国务院正式发布《中华人民共和国增值税条例(草案)》,由此增值税成为一个独立的税种。② 但这一阶段的增值税是消费型增值税,税率档次过多,征税范围并不包括全部产品和所有环节,只是引进了增值税计税方法,并非真正意义上的增值税。第二阶段是增值税的改革发展阶段。在 1992 年党的十四大确立了社会主义市场经济体制目标后,自 1993 年起大陆工商税制进行了较为彻底的系统改革。1993 年 12 月

---

① 根据《十二届全国人大常委会立法规划》,增值税等若干单行税法已作为第一类项目,也即条件比较成熟、任期内拟提请审议的法律草案。参见全国人大常委会网站,http://www.npc.gov.cn/npc/xinwen/syxw/2013-10/31/content_1812101.htm,2014 年 10 月 31 日访问。

② 1987 年,财政部进一步扩大了增值税试行范围,将一部分轻工产品、建筑、有色金属和非金属矿产品改征增值税;税目扩大到 30 个,并将"扣税法"和"扣额法"统一为扣税法;扣除项目包括为生产应税产品所耗用的外购原材料、低值易耗品、燃料、动力、包装物以及委托加工费用,扣除税率所列举外,统一按照 14% 的税率计算。并规定,纳税人将自己生产的应税产品用于本企业连续生产应税产品的,不再重复征税,委托加工收回产品受托方已完税的,也准予扣除。从 1989 年开始,又在扣税法的基础上逐步统一实行了"价税分流购进扣税法",即规定企业在成本利润核算中不再包括增值税因素。

第四章　效率与公平：流转环节税制新课题？

13日国务院发布《中华人民共和国增值税暂行条例》，确立了自1994年1月1日起，增值税的征税范围为销售货物、加工、修理修配劳务和进口货物，因不允许一般纳税人扣除固定资产的进项税额，故称"生产型增值税"。实行生产型增值税，主要是基于控制投资规模、引导投资方向和调整投资结构的需要。① 第三个阶段是增值税的全面转型阶段。2004年起，大陆开始实行由生产型增值税向消费型增值税的转型。② 2008年11月5日，国务院修订《增值税暂行条例》（以下简称《暂行条例》），决定自2009年1月1日起，在大陆范围内实施增值税转型改革。2011年11月11日，财政部和国家税务总局修订并重新公布了《增值税暂行条例实施细则》（以下简称《实施细则》）。③ 为了进一步完善增值税制，消除重复征税，促进经济结构优化，经国务院常务会议决定，自2012年1月1日起，在部分地区和部分行业开展增值税改革试点，逐步将目前征收营业税的行业改征增值税。1月1日，"营改增"在上海部分行业率先开展试点。④ 2013年4月，国务院常务会议决定，自2013年8月1日起，将交通运输业和部分现代服务业营改增试点在全国范围内推开，并适当扩大部分现代服务业范围。⑤ 2013年12月，国

---

① 至此，增值税与消费税、营业税、关税等税种相互配合构成我国流转税新体系，并成为骨干税种。

② 自2004年7月1日起，东北地区的辽宁省、吉林省、黑龙江省和大连市实行扩大增值税抵扣范围政策的试点；自2007年7月1日起，扩大增值税抵扣范围的改革由东北三省一市扩大到中部地区26个老工业基地城市；自2008年7月1日起，东北老工业基地扩大增值税抵扣范围试点政策适用于内蒙古东部地区；与此同时，增值税转型试点扩大到汶川地震中受灾严重地区，包括极重灾区10个县市和重灾区41个县区。

③ 2011年10月28日，财政部、国家税务总局发布《关于修改〈中华人民共和国增值税暂行条例实施细则〉和〈中华人民共和国营业税暂行条例实施细则〉的决定》（财政部令第65号），自2011年11月1日起施行。根据该《决定》，将《实施细则》第37条第2款修改为："增值税起征点的幅度规定如下：（1）销售货物的，为月销售额5000—20000元；（2）销售应税劳务的，为月销售额5000—20000元；（3）按次纳税的，为每次（日）销售额300—500元。"同时，将第23条第3款修改为："营业税起征点的幅度规定如下：（1）按期纳税的，为月营业额5000—20000元；（2）按次纳税的，为每次（日）营业额300—500元。"

④ 2012年8月1日起，交通运输业和部分现代服务业"营改增"试点范围，由上海市分批扩大至北京、天津、江苏、浙江、安徽、福建、湖北、广东和厦门、深圳10个省、直辖市和计划单列市。

⑤ 2013年5月24日，财政部、国家税务总局发布《关于在全国开展交通运输业和部分现代服务业营业税改征增值税试点税收政策的通知》（财税〔2013〕37号）。根据《通知》规定，自2013年8月1日起，在全国范围内开展交通运输业和部分现代服务业营改增试点。

务院常务会议决定将铁路运输和邮政服务业纳入营改增改革试点。① 2014年4月,经国务院批准,财政部和国家税务总局明确2014年6月1日起,将电信业纳入营改增试点范围。②

2. 台湾税制演进。台湾的营业税制则大致经历了两个阶段。第一阶段是多阶段销售税阶段。1986年4月1日以前,台湾对境内外公营、私营或公私合营之事业,以及机关团体或其作业组织有对外营业者,自制造、批发以至零售各阶段发生的营业行为,课征多阶段销售税。由于各阶段的营业总额课征有重复课征及税上加税③、违反租税中立及增加外销货品成本影响台湾产品的对外竞争力,台湾决定采用加值型营业税,并将部分的货物税以及统一发票总缴的印花税并入,将过去按某一交易阶段的营业总额课税,改为按照每一阶段的价值额征收营业税,台湾由此进入营业税制的第二阶段,也即加值型营业税阶段。这种新改制的加值型营业税于1986年4月1日开始施行,并于2001年7月9日经由修法程序而由"营业税法"正名为"加值型及非加值型营业税法",并在此后不断修订补充。"加值型及非加值型营业税法"采取对加值型营业税和非加值型营业税合并立法的方式,通过将不同纳税人划分为加值型营业人和总额型营业人的方法,通过统一立法达到对所有纳税人课税的目的。按照台湾"加值型及非加值型营业税法"的规定,在台湾境内销售货物或劳务及进口货物,均应课征加值型或非加值型营业税。其中,对于金融等特定行业④和特种饮食业⑤课

---

① 2013年12月12日,财政部、国家税务总局发布《关于将铁路运输和邮政业纳入营业税改征增值税试点的通知》(财税〔2013〕106号)。根据《通知》规定,自2014年1月1日起,在全国范围内开展铁路运输和邮政业营改增试点。与此同时,《财政部 国家税务总局关于在全国开展交通运输业和部分现代服务业营业税改征增值税试点税收政策的通知》(财税〔2013〕37号)自2014年1月1日起废止。

② 2014年4月30日,经国务院批准,财政部和国家税务总局于4月30日印发《关于将电信业纳入营业税改征增值税试点的通知》(财税(2014)43号),明确2014年6月1日起,将电信业纳入营改增试点范围,实行差异化税率,基础电信服务和增值电信服务分别适用11%和6%的税率,为境外单位提供电信业服务免征增值税。

③ 具体演算实例,可参见张进德:《新租税法与实例解说:法律逻辑分析与体系解释》,台湾元照出版有限公司2010年版,第301页。

④ 依据"加值型及非加值型营业税法"第11条的规定,具体指银行业、保险业、信托投资业、证券业、期货业、票券业及典当业等特定行业。

⑤ 根据"加值型及非加值型营业税法"第12条的规定,具体指(1)夜总会、有娱乐节目之餐饮店;以及(2)酒家及有陪侍之茶室、咖啡厅、酒吧等。

征非加值型营业税,而对其他行业课征加值型营业税。另外,在税款计算过程中,小规模营业人、符合特定要求的按摩业①以及其他经财政部门规定免予申报销售额的营业人,其营业税税率适用1%的共同标准。

3. 综合比较分析。台湾"营业税法"自2001年1月完成重大修订以来,除当年11月新增第36-1条条文外,立法规定一直保持稳定。即便是近期"立法院"基于男女平等原则对该法进行了细微修改并三读通过,但仅只涉及个别条款的妥适性考虑。目前,大陆"营改增"进行得如火如荼,一方面体现出大陆对税制改革的魄力和决心,但另一方面也凸显了大陆增值税制存在诸多问题。这些问题主要表现在以下几个方面:一是仍未落实税收法定原则。基于税收法定原则,在增值税制立法方面制定专门税种法律是世界各国各地区的主要方式。二是增值税进项税额抵扣仍不充分完整。尽管大陆仍在不断进行增值税"扩围",但征税范围仍相对较窄,抵扣链条不完整,限制了增值税功能的发挥。三是减免税规定较多导致执行中的不统一。为了照顾特定行业及鼓励出口,大陆规定了很多减免税规定,但在实际执行中由于口径不一,导致税负实际承担不均衡。四是小规模纳税人过多导致未能真正做到普遍征收。由于小规模纳税人的门槛仍较高以及征管技术和能力仍显薄弱,基于效率考虑的小规模纳税人征管方式甚至导致脱离了增值税设计的本原意义。五是出口退税制度仍需进一步优化,退税手续还需进一步简化。需要考虑在出口退税程序中逐步从审批制转向申报制,强调事后监督以减少征纳双方在提供及审批材料上不必要的辛劳。② 相较而言,台湾的非加值型营业税在实体规定和程序事项上更为明确,加之台湾居民纳税意识和法律观点的相对成熟,加值型营业税制在台湾的实践运行也更为稳定。

(三) 规则上的趋同:课税要素的比较

尽管市场经济发展水平还存在一定的差距,但两岸在具体的税制安

---

① 依据"加值型及非加值型营业税法"第13条的规定,具体指依法取得从事按摩资格之视觉功能障碍者经营且全部由视觉功能障碍者提供按摩劳务之按摩业。

② 参见汤贡亮主编:《中国税收发展报告——"十二五"时期中国税收改革展望》,中国税务出版社2011年版,第113—114页。

排上已经较为趋近。就增值税制而言,由于其原理在于仅就每一流转阶段的增值额部分征税,导致其在普遍征收及公平税负、稳定财政收入、强化征管制度化、促进国际贸易以及区域及国际间经济一体化等方面的优势尤其突出,因而也被两岸在发展市场经济和实现经济转型过程中共同采用和持续优化。大陆的增值税与台湾的加值型营业税相比,虽然在推出时间上要晚得多且处于一个较为长期的持续转型过程中,但是已经对大陆整体经济运行产生了正面的重要结构性影响。基于规则比对的技术视角来看,两岸的增值税(加值型营业税)立法在征税范围、纳税主体、减免税、税额计算、发票管理、申报与缴纳、溢付税额处理、罚则等方面虽然存在一些不同点,但更多的还是体现出高度的相似性和相当的同一性。

1. 征税范围。在台湾,"营业税法"第1条对征税范围作了明确规定:在"境内销售货物或劳务及进口货物,均应依本法规定课征加值型或非加值型之营业税"。第3条对销售货物和劳务作了明确规定:"将货物之所有权移转与他人,以取得代价者,为销售货物。""提供劳务予他人,或提供货物与他人使用、收益,以取得代价者,为销售劳务。""但执行业务者提供其专业性劳务及个人受雇提供劳务,不包括在内。"① 第4条则对在境内销售货物及劳务作了明确规定。② 第5条则对进口货物加以明确。该条规定,货物有下列情形之一,为进口:(1)货物自境外进入台湾境内者。但进入保税区之保税货物,不包括在内;(2)保税货物自保税区进入台湾境内之其他地区者。在大陆,根据《暂行条例》第1条的规定③,增值税的征税范围是,在境内(1)"销售货物"或者(2)"提供加工、修理修配劳务"以及(3)"进口

---

① "营业税法"第3条第4项规定:"有下列情形之一者,视为销售货物:一、营业人以其产制、进口、购买供销售之货物,转供营业人自用;或以其产制、进口、购买之货物,无偿移转他人所有者。二、营业人解散或废止营业时所余存之货物,或将货物抵偿债务、分配与股东或出资人者。三、营业人以自己名义代为购买货物交付与委托人者。四、营业人委托他人代销货物者。五、营业人销售代销货物者。"第5项规定:"前项规定于劳务准用之。"

② "营业税法"第4条规定:"有左列情形之一者,系在中华民国境内销售货物:一、销售货物之交付须移运者,其起运地在中华民国境内。二、销售货物之交付无须移运者,其所在地在中华民国境内。""有左列情形之一者,系在中华民国境内销售劳务:一、销售之劳务系在中华民国境内提供或使用者。二、国际运输事业自中华民国境内载运客、货出境者。三、外国保险业自中华民国境内保险业承保再保险者。"

③ 《暂行条例》第1条规定:"在中华人民共和国境内销售货物或者提供加工、修理修配劳务以及进口货物的单位和个人,为增值税的纳税人,应当依照本条例缴纳增值税。"

第四章 效率与公平:流转环节税制新课题?

货物"。① 根据财税〔2013〕106号文之附件1《营业税改征增值税试点实施办法》第1条的规定,增值税的征税范围,还包括在境内(4)"提供交通运输业、邮政业和部分现代服务业服务"②,而根据《实施办法》第8条的规定,上述应税服务是指陆路运输服务、水路运输服务、航空运输服务、管道运输服务、邮政普遍服务、邮政特殊服务、其他邮政服务、研发和技术服务、信息技术服务、文化创意服务、物流辅助服务、有形动产租赁服务、鉴证咨询服务、广播影视服务。相较而言,台湾的货物和劳务的范围比大陆要广,大陆不包括不动产销售,且劳务中也仅限于加工、修理修配劳务以及"营改增"改革后新增的几种行业。另外,在购买劳务方面,台湾规定了境外单位销售劳务中买受人应予缴纳加值型营业税,而大陆则规定代理人或购买人为扣缴义务人。③ 至于视同销售和兼营行为的规定,两岸税法基本相同,但在具体语词表达方面有些许差异。

2. 纳税人。在台湾,"营业税法"第2条规定,营业税之纳税义务人如下:(1)销售货物或劳务之营业人;(2)进口货物之收货人或持有人;(3)外国之事业、机关、团体、组织,在境内无固定营业场所者,其所销售劳务之买受人。但外国国际运输事业,在境内无固定营业场所而有代理人者,

---

① 《实施细则》第2条规定:"条例第一条所称货物,是指有形动产,包括电力、热力、气体在内。""条例第一条所称加工,是指受托加工货物,即委托方提供原料及主要材料,受托方按照委托方的要求,制造货物并收取加工费的业务。""条例第一条所称修理修配,是指受托对损伤和丧失功能的货物进行修复,使其恢复原状和功能的业务。"第3条规定:"条例第一条所称销售货物,是指有偿转让货物的所有权。""条例第一条所称提供加工、修理修配劳务(以下称应税劳务),是指有偿提供加工、修理修配劳务。单位或者个体工商户聘用的员工为本单位或者雇主提供加工、修理修配劳务,不包括在内。""本细则所称有偿,是指从购买方取得货币、货物或者其他经济利益。"第4条规定:"单位或者个体工商户的下列行为,视同销售货物:(一)将货物交付其他单位或者个人代销;(二)销售代销货物;(三)设有两个以上机构并实行统一核算的纳税人,将货物从一个机构移送其他机构用于销售,但相关机构设在同一县(市)的除外;(四)将自产或者委托加工的货物用于非增值税应税项目;(五)将自产、委托加工的货物用于集体福利或者个人消费;(六)将自产、委托加工或者购进的货物作为投资,提供给其他单位或者个体工商户;(七)将自产、委托加工或者购进的货物分配给股东或者投资者;(八)将自产、委托加工或者购进的货物无偿赠送其他单位或者个人。"

② 《实施办法》第1条规定:"在中华人民共和国境内提供交通运输业、邮政业和部分现代服务业服务的单位和个人,为增值税纳税人。纳税人提供应税服务,应当按照本办法缴纳增值税,不再缴纳营业税。""单位,是指企业、行政单位、事业单位、军事单位、社会团体及其他单位。""个人,是指个体工商户和其他个人。"

③ 《实施条例》第18条规定:"中华人民共和国境外的单位或者个人在境内提供应税劳务,在境内未设有经营机构的,以其境内代理人为扣缴义务人;境内没有代理人的,以购买方为扣缴义务人。"

为其代理人;(4)依规定之农业用油、渔业用油有转让或移作他用而不符免税规定者,为转让或移作他用之人。但转让或移作他用之人不明者,为货物持有人。在大陆,根据《暂行条例》第1条的规定,在境内(1)销售货物或者(2)提供加工、修理修配劳务以及(3)进口货物的单位和个人,为增值税的纳税人。根据《实施办法》第1条的规定,在大陆境内(4)提供交通运输业、邮政业和部分现代服务业服务的单位和个人,不再缴纳营业税而改缴纳增值税。其中,单位是指企业、行政单位、事业单位、军事单位、社会团体及其他单位;个人是指个体工商户和其他个人。相较而言,台湾和大陆关于纳税主体的规定除涉及行业和涉外劳务等方面有所差异外,具体规定相对比较接近。

3. 减免税。台湾"营业税法"第7条规定了零税率之货物或劳务。根据该条规定,外销货物、与外销有关之劳务、免税店销售货物、销售保税区之特定货物或劳务、国际间运输及用之船舶和航空器及有关之货物或劳务、保税区销售特定货物等9种情形的货物或劳务营业税税率为零。① 第7条之1规定了非居民纳税人的退税免税优惠,即外国单位及不满1年的无固定营业场所从事参加展览或临时商务活动的因购买货物或劳务而支付加值型营业税达到一定金额的,得申请退税。② 第8条规定了免征营业税之货物或劳务。对于出售之土地、供应农田灌溉用水、医院诊所疗养院等提供相关业务之住宿及膳食等涉及农业渔业、公共服务、教育、科研、出版、合作社、行会、公家机关相关业务以及内设福利机构、金融业务等情形下32项的货物或劳

---

① "营业税法"第7条规定:下列货物或劳务之营业税税率为零:一、外销货物。二、与外销有关之劳务,或在国内提供而在国外使用之劳务。三、依法设立之免税商店销售与过境或出境旅客之货物。四、销售与保税区营业人供营运之货物或劳务。五、国际间之运输。但外国运输事业在台湾境内经营国际运输业务者,应以各该国对台湾境内国际运输事业予以相等待遇或免征类似税捐者为限。六、国际运输用之船舶、航空器及远洋渔船。七、销售与国际运输用之船舶、航空器及远洋渔船所使用之货物或修缮劳务。八、保税区营业人销售与课税区营业人未输往课税区而直接出口之货物。九、保税区营业人销售与课税区营业人存入自由港区事业或海关管理之保税仓库、物流中心以供外销之货物。

② "营业税法"第7条之1规定:外国之事业、机关、团体、组织,在台湾境内无固定营业场所者,其于一年内在中华民国境内从事参加展览或临时商务活动而购买货物或劳务支付加值型营业税达一定金额,得申请退税。但未取得并保存凭证及第十九条第一项第二款至第五款规定之进项税额,不适用之。……得依前项规定申请退税者,以各该国对台湾之事业、机关、团体、组织予以相等待遇或免征类似税捐者为限。……第一项所定一年期间之计算、展览与临时商务活动之范围、一定金额、凭证之取得、申请退税应检附之文件、期限及其他相关事项之办法,由"财政部"定之。

第四章 效率与公平：流转环节税制新课题？

务,免征营业税。① 第8条之1则规定了标售、义卖及义演免征营业税。②
第8条之3规定了补征营业税及纳税义务人事项。③ 第9条规定了免征营

---

① "营业税法"第8条规定:"下列货物或劳务免征营业税:一、出售之土地。二、供应之农田灌溉用水。三、医院、诊所、疗养院提供之医疗劳务、药品、病房之住宿及膳食。四、依法经主管机关许可设立之社会福利团体、机构及劳工团体,提供之社会福利劳务及政府委托代办之社会福利劳务。五、学校、幼儿园与其他教育文化机构提供之教育劳务及政府委托办之文化劳务。六、出版业发行经主管教育行政机关审定之各级学校所用教科书及经政府依法奖励之重要学术专门著作。七、(删除)八、职业学校不对外营业之实习商店销售之货物或劳务。九、依法登记之报社、杂志社、通讯社、电视台与广播电台销售其本事业之报纸、出版品、通讯稿、广告、节目播映及节目播出。但报社销售之广告及电视台之广告播映不包括在内。十、合作社依法经营销售与社员之货物或劳务及政府委托其代办之业务。十一、农会、渔会、工会、商业会、工业会依法经营销售与会员之货物或劳务及政府委托其代办之业务,或依农产品市场交易法设立且农会、渔会、合作社、政府之投资比例合计占百分之七十以上之农产品批发市场,依同法第二十七条规定收取之管理费。十二、依法组织之慈善救济事业标售或义卖之货物与举办之义演,其收入除支付标售、义卖及义演之必要费用外,全部供作该事业本身之用者。十三、政府机构、公营事业及社会团体,依有关法令组设经营不对外营业之员工福利机构,销售之货物或劳务。十四、监狱工厂及其作业成品售卖所销售之货物或劳务。十五、邮政、电信机关依法经营之业务及政府核定之代办业务。十六、政府专卖事业销售之专卖品及经许可销售专卖品之营业人,依照规定价格销售之专卖品。十七、代销印花税票或邮票之劳务。十八、肩挑负贩沿街叫卖者销售之货物或劳务。十九、饲料及未经加工之生鲜农、林、渔、牧产物、副产物;农、渔民销售其收获、捕获之农、林、渔、牧产物、副产物。二十、渔民销售其捕获之鱼介。二十一、稻米、面粉之销售及碾米加工。二十二、依第四章第二节规定计算税额之营业人,销售其非经常买进、卖出而持有之固定资产。二十三、保险业承办政府推行之军公教人员与其眷属保险、劳工保险、学生保险、农、渔民保险、输出保险及强制汽车第三人责任保险,以及其自费收入中扣除之再保分出保费、人寿保险提供之责任准备金、年金保险提存之责任准备金及健康保险提存之责任准备金。但人寿保险、年金保险、健康保险退保收益及退保收回之责任准备金,不包括在内。二十四、各级政府发行之债券及依法应课征证券交易税之证券。二十五、各级政府机关标售剩余或废弃之物资。二十六、销售与国防单位使用之武器、舰艇、飞机、战车及与作战有关之侦讯、通讯器材。二十七、肥料、农业、畜牧用药、农耕用之机器设备、农地搬运车及其所用油、电。二十八、供沿岸、近海渔业使用之渔船、供渔船使用之机器设备、渔网及其用油。二十九、银行业总、分行往来之利息、信托投资业运用委托人指定用途而盈亏归委托人负担之信托资金收入及典当业销售不超过应收本息之流当品。三十、金条、金块、金片、金币及纯金之金饰或饰金。但加工费不在此限。三十一、经主管机关核准设立之学术、科技研究机构提供之研究劳务。三十二、经营衍生性金融商品、公司债、金融债券、新台币拆款及外币拆款之销售额。但佣金及手续费不包括在内。"
又规定:销售前项免税货物或劳务之营业人,得申请"财政部"核准放弃适用免税规定,依第四章第一节规定计算营业税额。但核准后三年内不得变更。
② "营业税法"第8条之1规定:"受托人因公益信托而标售或义卖之货物与举办之义演,其收入除支付标售、义卖及义演之必要费用外,全部供作该公益事业之用者,免征营业税。""前项标售、义卖及义演之收入,不计入受托人之销售额。"
③ "营业税法"第8条之3规定:"依第八条第一项第二十七款、第二十八款规定免征营业税之农业用油、渔业用油,有转让或移作他用而不符免税规定者,应补缴营业税。"

业税之进口货物事项。① 第9条之1规定了货物营业税之机动调整。② 根据《暂行条例》第15条的规定,下列项目免征增值税:(1)农业生产者销售的自产农产品;(2)避孕药品和用具;(3)古旧图书;(4)直接用于科学研究、科学试验和教学的进口仪器、设备;(5)外国政府、国际组织无偿援助的进口物资和设备;(6)由残疾人的组织直接进口供残疾人专用的物品;(7)销售的自己使用过的物品。除以上规定外,增值税的免税、减税项目由国务院规定。任何地区、部门均不得规定免税、减税项目。第16条还对未分别核算减免税项目的处理方法。③《实施细则》第36条还对放弃免税作了规定。④ 从免税项目上看,台湾的"营业税法"和大陆《暂行条例》都对农产品和教育产业给予诸多免税。但相较而言,大陆还对某些高科技类产品给予免税,而台湾则在更多的项目上给予免税待遇。

4. 税率。台湾营业税税率分为一般税额计算营业人适用税率及特种税额计算营业人适用税率,分别有1%、2%、5%、15%和25%的规定。⑤ "营业税法"第10条规定了税率之上限与下限,"除本法另有规定外,最低不得少于5%,最高不得超过10%;其征收率,由'行政院'定之"。在实施初期,"行政院"核定征收率为5%,迄今未变。第11条规定金融业税率为2%,但保险业之再保险收入税率为1%。⑥ 第12条规定了特种饮食业之税率。根据该条规定,夜总会、有娱乐节目之餐饮店之税率为15%;酒家及有陪侍之茶室、咖啡厅、酒吧等之营业税税率为25%。第13条规定了小规模营业人、

---

① "营业税法"第9条规定:"进口下列货物免征营业税:一、第七条第六款、第八条第一项第二十七款之肥料及第三十款之货物。二、关税法第四十九条规定之货物。但因转让或变更用途依照同法第五十五条规定补缴关税者,应补缴营业税。三、本国之古物。"

② "营业税法"第9条之1规定:为因应经济特殊情况,调节物资供应,对进口小麦、大麦、玉米或黄豆应征之营业税,得由"行政院"机动调整,不受第十条规定限制。前项机动调整之货物种类、调整幅度、实施期间与实际开始及停止日期,由"财政部"会同有关机关拟订,报请"行政院"核定公告之。

③《暂行条例》第16条规定:"纳税人兼营免税、减税项目的,应当分别核算免税、减税项目的销售额;未分别核算销售额的,不得免税、减税。"

④《实施细则》第36条规定:"纳税人销售货物或者应税劳务适用免税规定的,可以放弃免税,依照条例的规定缴纳增值税。放弃免税后,36个月内不得再申请免税。"

⑤ 其中,一般税额计算营业人系指按加值额课征营业税之营业人;二中税额计算营业人系指按营业总额课征营业税的营业人。

⑥ "营业税法"第11条第1项规定:"银行业、保险业、信托投资业、证券业、期货业、票券业及典当业,除经营非专属本业之销售额适用第十条规定之营业税税率外,其营业税税率为百分之二。但保险业之再保费收入之营业税税率为百分之一。"

第四章 效率与公平:流转环节税制新课题?

符合条件规定之视障人士从事至按摩业以及特定范围营业人的税率为1%。① 大陆的增值税税率为17%、13%和零,"营改增"改革后新增11%和6%两档税率。《暂行条例》第2条规定了销售或者进口货物以及提供应税劳务的增值税税率为17%,但粮食及其油品、特定的水汽煤、出版物、农业生产资料及特定货物适用13%的税率,出口货物税率为零。② 第3条则规定了兼营不同的货物或者劳务,应当分别核算销售额,否则从高适用税率。③ 第12条规定了小规模纳税人增值税征收率为3%。④ 根据《实施办法》第12条则规定,交通运输业、邮政业和部分现代服务业的增值税税率如下:(1)提供有形动产租赁服务,税率为17%;(2)提供交通运输业服务、邮政业服务,税率为11%;(3)提供现代服务业服务(有形动产租赁服务除外),税率为6%;(4)财政部和国家税务总局规定的应税服务,税率为零。《实施办法》第13条还规定,增值税征收率为3%。台湾"营业税法"和大陆《暂行条例》关于税率都有5档,但其实去除非加值型营业税因素,台湾的加值型营业税税率实际上只有5%,其余1%、2%、15%和25%的税率都是针对非加值型营业税。基于比较的立场,就基本税率而言,大陆的增值税除零以外的4个不同档次税率(含"营改增"改革后新增2档税率)对于台湾的5%税率而言明显偏高;就低税率而言,大陆对农产品、出版物、农业生产资料和资源类产品等适用低税率,但相比台湾的免税规定仍是有较大差距;就征收率而言,大陆的3%征收率与台湾针对小规模营业人人和特定按摩业的1%

---

① "营业税法"第13条规定:小规模营业人、依法取得从事按摩资格之视觉功能障碍者经营,且全部由视觉功能障碍者提供按摩劳务之按摩业,及其他经"财政部"规定免予申报销售额之营业人,其营业税税率为百分之一。……农产品批发市场之承销人及销售农产品之小规模营业人,其营业税税率为百分之零点一。……前二项小规模营业人,指第十一条、第十二条所列各业以外之规模狭小,平均每月销售额未达"财政部"规定标准而按查定课征营业税之营业人。

② 《暂行条例》第2条规定:"增值税税率:(一)纳税人销售或者进口货物,除本条第(二)项、第(三)项规定外,税率为17%。(二)纳税人销售或者进口下列货物,税率为13%:1. 粮食、食用植物油;2. 自来水、暖气、冷气、热水、煤气、石油液化气、天然气、沼气、居民用煤炭制品;3. 图书、报纸、杂志;4. 饲料、化肥、农药、农机、农膜;5. 国务院规定的其他货物。(三)纳税人出口货物,税率为零;但是,国务院另有规定的除外;(四)纳税人提供加工、修理修配劳务(以下称应税劳务),税率为17%。""税率的调整,由国务院决定。"

③ 《暂行条例》第3条规定:"纳税人兼营不同税率的货物或者应税劳务,应当分别核算不同税率货物或者应税劳务的销售额;未分别核算销售额的,从高适用税率。"

④ 《暂行条例》第11条规定:"小规模纳税人销售货物或者应税劳务,实行按照销售额和征收率计算应纳税额的简易办法,并不得抵扣进项税额。应纳税额计算公式:应纳税额=销售额×征收率""小规模纳税人的标准由国务院财政、税务主管部门规定。"

以及农产品批发承销人及销售农产品之小规模营业人的0.1%相比,也呈现相对较高的情形。从整体面上讲,大陆的增值税税率比台湾的加值型营业税税率高出不少,大陆在未来税制改革中应予以逐渐降低。

5. 起征点。台湾财政部门专门制订了"小规模营业人营业税起征点"(以下简称"起征点"),以对小规模纳税人施行特殊政策。根据"起征点"的规定,(1)买卖业、制造业、手工业、新闻业、出版业、农林业、畜牧业、水产业、矿冶业、包作业、印刷业、公用事业、娱乐业、运输业、照相业及一般饮食业等业别之起征点为每月销售额新台币9万元;(2)装潢业、广告业、修理业、加工业、旅宿业、理发业、沐浴业、劳务承揽业、仓库业、租赁业、代办业、行纪业、技术及设计业及公证业等业别之起征点为每月销售额新台币4万元。《暂行条例》第17条对大陆增值税起征点概念进行了说明,即纳税人销售额未达到国务院财政、税务主管部门规定的增值税起征点的,免征增值税;达到起征点的,全额计算缴纳增值税。根据《实施细则》第37条的规定,增值税起征点的适用范围限于个人。增值税起征点的幅度规定如下:(1)销售货物的,为月销售额5000—20000元;(2)销售应税劳务的,为月销售额5000—20000元;(3)按次纳税的,为每次(日)销售额300—500元。① 各省区市在规定的幅度内,根据实际情况确定本地区适用的起征点。另外,为扶持小微企业发展,自2013年8月1日起,大陆对增值税小规模纳税人中月销售额不超过2万元的企业或非企业性单位,暂免征收增值税。② 相较而言,大陆区分销售货物和提供应税劳务来设置不同起征点,注重起征点的源泉属性,而台湾则更具不同行业来分别设定起征点,强调起征点的行业特征。

6. 税额计算。台湾"营业税法"上的税额计算,区分为一般税额计算和特种税额计算。在一般税额计算部分,第14条规定了销项税额之计算,第

---

① 此处所称销售额,是指《实施细则》第20条第1款所称小规模纳税人的销售额。《实施细则》第30条规定:"小规模纳税人的销售额不包括其应纳税额。""小规模纳税人销售货物或者应税劳务采用销售额和应纳税额合并定价方法的,按下列公式计算销售额:销售额 = 含税销售额 ÷ (1 + 征收率)。"

② 2013年7月29日,财政部、国家税务总局发布《关于暂免征收部分小微企业增值税和营业税的通知》(财税〔2013〕52号)。该文件规定:"为进一步扶持小微企业发展,经国务院批准,自2013年8月1日起,对增值税小规模纳税人中月销售额不超过2万元的企业或非企业性单位,暂免征收增值税;对营业税纳税人中月营业额不超过2万元的企业或非企业性单位,暂免征收营业税。"

15条规定了当期应纳或溢付营业税额之计算①,第15条规定了进项税额之计算,第16条规定了销售额之计算,第17条规定了销售额之认定,第18条规定了国际运输销售额之计算,第19条规定了进项税额不得抵扣之情形②,第20条规定了进口货物营业税额之计算③。在特种税额计算部分,第20条规定了金融保险业税额之计算,第22条规定了特种饮食营业税额之计算,第23条规定了依主管稽征机关查定之销售额依1%税率计算之情形,第24条规定了银行业等营业税额之计算机申报缴纳,第25条规定了查定计算营业税额之扣减,第26条规定了农产品批发市场承销人等之营业税起征点,第27条规定了准用事项。《暂行条例》第4条规定了应纳税额的计算方法④,第5条规定了销项税额的计算,第6条规定了销售额的计算,第7条规定了税务机关核定销售额⑤,第8条规定了进项税额,第9条规定了不合规定的扣税凭证不得抵扣,第10条规定了不得抵扣的销项税额。⑥ 通过比较可以发现,在计税依据、销售额计算、进项税额抵扣上,除了一些在执行上的

---

① "营业税法"第15条规定:"营业人当期销项税额,扣减进项税额后之余额,为当期应纳或溢付营业税额。""营业人因销货退回或折让而退还买受人之营业税额,应于发生销货退回或折让之当期销项税额中扣减之。营业人因进货退出或折让而收回之营业税额,应于发生进货退出或折让之当期进项税额中扣减之。""进项税额,指营业人购买货物或劳务时,依规定支付之营业税额。"

② "营业税法"第19条规定:"营业人下列进项税额,不得扣抵销项税额:一、购进之货物或劳务未依规定取得并保存第三十三条所列之凭证者。二、非供本业及附属业务使用之货物或劳务。但为协助国防建设、慰劳军队及对政府捐献者,不在此限。三、交际应酬用之货物或劳务。四、酬劳员工个人之货物或劳务。五、自用乘人小汽车。""营业人专营第八条第一项免税货物或劳务者,其进项税额不得申请退还。"又规定,营业人因兼营第八条第一项免税货物或劳务,或因本法其他规定而有部分不得抵扣情形者,其进项税额不得抵扣销项税额之比例与计算办法,由"财政部"定之。

③ "营业税法"第20条规定:"进口货物按关税完税价格加计进口税后之数额,依第十条规定之税率计算营业税额。""前项货物如系应征货物税、烟酒税或烟品健康福利捐之货物,按前项数额加计货物税额、烟酒税额或烟品健康福利捐金额后计算营业税额。"

④ 《暂行条例》第4条规定:"除本条例第十一条规定外,纳税人销售货物或者提供应税劳务(以下简称销售货物或者应税劳务),应纳税额为当期销项税额抵扣当期进项税额后的余额。应纳税额计算公式:应纳税额=当期销项税额-当期进项税额""当期销项税额小于当期进项税额不足抵扣时,其不足部分可以结转下期继续抵扣。"

⑤ 《暂行条例》第7条规定:"纳税人销售货物或者应税劳务的价格明显偏低并无正当理由的,由主管税务机关核定其销售额。"

⑥ 《暂行条例》第10条规定:"下列项目的进项税额不得从销项税额中抵扣:(一)用于非增值税应税项目、免征增值税项目、集体福利或者个人消费的购进货物或者应税劳务;(二)非正常损失的购进货物及相关的应税劳务;(三)非正常损失的在产品、产成品所耗用的购进货物或者应税劳务;(四)国务院财政、税务主管部门规定的纳税人自用消费品;(五)本条第(一)项至第(四)项规定的货物的运输费用和销售免税货物的运输费用。"

细微差异,两岸的税法规定大致相同。

7. 发票使用。尽管无论从经济效率还是从管理效率上讲,增值税的征收都应坚持实则课税原则,不能以发票的有无这一形式否定增值课税的实质①,但是两岸税法都将发票作为重要的征收依据和监管手段。台湾"营业税法"第32条规定了营业人销售货物或劳务即时开具发票的义务、特定营业人的免用例外、价税合一及开具规则。②"施行细则"第22条规定,营业人销售货物或劳务,于货物交付前或劳务提供前经开立统一发票者,应以开立统一发票之金额为销售额。此外,台湾财政部门还制订了"统一发票使用办法"、"营业人使用收银机办法"等专门规章来对统一发票进行监督和管理。《暂行条例》第21条规定了增值税专用发票制度。该条规定,纳税人应当向索取增值税专用发票的购买方开具增值税专用发票,并分别注明销售额和销项税额。该条还明确规定了不得开具增值税专用发票的情形包括:(1) 销售对象为消费者个人;(2) 适用免税规定;(3) 小规模纳税人从事销售行为。③ 国家税务总局还印发《增值税专用发票使用规定》(国税发〔1993〕150号,2006年修订)④、《关于印发〈税务机关代开增值税专用发票管理办法(试行)〉的通知》(国税发〔2004〕153号)等相关规范性文件进行规定。另外,《刑法》还对涉及增值税的犯罪行为进行了较重的定罪量刑。⑤

---

① 参见严才明:《增值税的效率分析》,中国财政经济出版社2008年版,第295—299页。
② "营业税法"第32条规定:"营业人销售货物或劳务,应依本法营业人开立销售凭证时限表规定之时限,开立统一发票交付买受人。但营业性质特殊之营业人及小规模营业人,得掣发普通收据,免用统一发票。""营业人对于应税货物或劳务之定价,应内含营业税。""营业人依第十四条规定计算之销项税额,买受人为营业人者,应与销售额于统一发票上分别载明之;买受人为非营业人者,应以定价开立统一发票。""统一发票,由政府印制发售,或核定营业人自行印制;其格式、记载事项与使用办法,由'财政部'定之。""主管稽征机关,得核定营业人使用收款机开立统一发票,或以收款机收据代替逐笔开立统一发票;其办法由'财政部'定之。"
③ 《暂行条例》第21条规定:"纳税人销售货物或者应税劳务,应当向索取增值税专用发票的购买方开具增值税专用发票,并在增值税专用发票上分别注明销售额和销项税额。""属于下列情形之一的,不得开具增值税专用发票:(一) 向消费者个人销售货物或者应税劳务的;(二) 销售货物或者应税劳务适用免税规定的;(三) 小规模纳税人销售货物或者应税劳务的。"
④ 此后,国家税务总局又先后发布《关于修订〈增值税专用发票使用规定〉的通知》(国税发〔2006〕156号)、《关于修订增值税专用发票使用规定的补充通知》(国税发〔2007〕18号)等规范性文件进行修订和补充。
⑤ 虚开增值税专用发票罪,始见于1995年10月30日中国的人大常委会通过的《关于惩治虚开、伪造和非法出售增值税专用发票犯罪的决定》。1997年修订后的刑法第205条吸收了《关于惩治虚开、伪造和非法出售增值税专用发票犯罪的决定》的基本内容,明确规定了"虚开增值税专用发票罪"。现行《刑法》第205条至第209条均为关于涉及增值税的犯罪规定。

第四章 效率与公平：流转环节税制新课题？

综合来看，两岸对发票管理都非常重视并对发票管理进行诸多的规则设定，但相较而言，大陆更加重视"以票控税"的理念，并将普通发票和增值税专用发票特别区分，并在刑法上对增值税发票犯罪施以重刑，但这也体现了大陆增值税征管过程中的税收遵从度不高和征管技术手段相对落后之间的矛盾。随着未来纳税人法律意识的不断增强和科技征管水平的提高特别是"金税工程"①的持续推进，增值税的严峻立法可能会得到一定缓解。

8. 申报与缴纳。"营业税法"第35条规定了营业税的申报办法。依据该条第1款规定，"对营业人除本法另有规定外，不论有无销售额，应以每2月为1期，于次期开始15日内，填具规定格式之申报书，检附退抵税款及其他有关文件，向主管稽征机关申报销售额、应纳或溢付营业税额其有应纳营业税额者，应先向公库缴纳后，检同缴纳收据一并申报。"②第36条、第37条、第38条分别规定了外国之事业机关与团体组织销售劳务之营业税申报、外国技艺表演业营业税之报缴以及在台湾境内设有总机构或固定营业场所者其营业税之申报。第40条规定了缴款通知书之填发。第41条规定了进口货物应缴营业税之代缴。③ 第42条规定了税款滞报金等之缴纳。第42条之1规定了主管稽征机关核定营业税案件之6个月的期限。第43条

---

① 金税工程，是指我国税务机关吸收国际先进经验，运用高科技手段结合我国税收管理实际设计的高科技管理系统。1994年2月1日，时任国务院副总理的朱镕基同志在听取了电子部、航天工业总公司、财政部、国家税务总局等单位的汇报后，指示要尽快实施以加强增值税管理为主要目标的金税工程。为了组织实施这项工程，成立了跨部门的国家税控系统建设协调领导小组，下设金税工程办公室，具体负责组织、协调系统建设工作。1994年3月底，金税工程试点工作正式启动。由一个网络，四个软件系统组成。即覆盖全国国税系统的，区县局、地市局、省局到总局的四级广域网络；四个软件系统分别为：防伪税控开票系统、防伪税控认证系统、计算机稽核系统、发票协查系统。2000年8月31日，国家税务总局向国务院汇报金税工程二期的建设方案并得到批准。2001年7月1日，增值税防伪税控发票开票、认证、交叉稽核、协查四个子系统，在全国全面开通。目前正在推进的金税工程三期是在对金税工程二期四个子系统进行功能整合、技术升级和业务与数据优化的基础上，进一步强化征管功能，扩大业务覆盖面，形成有效的、相互联系的制约和监控考核机制。主体软件CTAIS（中国税务信息管理系统）将建立如下管理、征收、稽查、处罚、执行、救济、监控等7大子系统，共35个模块。金税工程三期将使二期的发票管理功能与整个涉税管理功能紧密结合，融为一体，从而全面覆盖基层国税、地税机关的所有税种、各个环节、各个方面的税收业务处理，同时满足市局、省局和总局各级管理层的监控、分析、查询和辅助决策需求。
② "营业税法"第35条第2项规定："营业人销售货物或劳务，依第7条规定适用零税率者，得申请以每月为1期，于次月15日前依前项规定向主管稽征机关申报销售额、应纳或溢付营业税额。但同一年度内不得变更。"第3项规定："前2项营业人，使用统一发票者，并应检附统一发票明细表。"
③ "营业税法"第41条规定："货物进口时，应征之营业税，由海关代征之。其征收及行政救济程序，准用关税法及海关缉私条例之规定办理。"

规定了径行核定销售额及应纳税额。① 《暂行条例》第7条规定了价格明显偏低且无正当理由时税务机关有权核定销售额。② 第19条规定了增值税纳税义务发生时间为收讫销售款项或者取得索取销售款项凭据的当天或为报关进口的当天。③ 第20条规定了进口货物的增值税由海关代征。④ 第22条规定了增值税纳税地点为机构所在地的税务机关或报关地海关,特殊情形下销售或劳务发生地的税务机关。⑤ 第23条规定了增值税的纳税期限分别为1日、3日、5日、10日、15日、1个月或者1个季度。⑥ 第24条则规定,纳税人进口货物,应当自海关填发海关进口增值税专用缴款书之日起15日内

---

① "营业税法"第43条规定:"营业人有左列情形之一者,主管稽征机关得依照查得之资料,核定其销售额及应纳税额并补征之:一、逾规定申报期限三十日,尚未申报销售额者。二、未设立账簿、账簿逾规定期限未记载且经通知补行记载仍未记载、遗失账簿凭证、拒绝稽征机关调阅账簿凭证或于账簿为虚伪不实之记载者。三、未办妥营业登记,即行开始营业,或已申请歇业仍继续营业,而未依规定申报销售额者。四、短报、漏报销售额者。五、漏开统一发票或统一发票上短开销售额者。六、经核定应使用统一发票而不使用者。""营业人申报之销售额,显不正常者,主管稽征机关得参照同业情形与有关资料,核定其销售额或应纳税额并补征之。"

② 《暂行条例》第7条规定:"纳税人销售货物或者应税劳务的价格明显偏低并无正当理由的,由主管税务机关核定其销售额。"

③ 《暂行条例》第19条规定:"增值税纳税义务发生时间:(一)销售货物或者应税劳务,为收讫销售款项或者取得索取销售款项凭据的当天;先开具发票的,为开具发票的当天。(二)进口货物,为报关进口的当天。""增值税扣缴义务发生时间为纳税人增值税纳税义务发生的当天。"

④ 《暂行条例》第20条规定:"增值税由税务机关征收,进口货物的增值税由海关代征。""个人携带或者邮寄进境自用物品的增值税,连同关税一并计征。具体办法由国务院关税税则委员会会同有关部门制定。"

⑤ 《暂行条例》第22条规定:"增值税纳税地点:(一)固定业户应当向其机构所在地的主管税务机关申报纳税。总机构和分支机构不在同一县(市)的,应当分别向各自所在地的主管税务机关申报纳税;经国务院财政、税务主管部门或者其授权的财政、税务机关批准,可以由总机构汇总向总机构所在地的主管税务机关申报纳税。(二)固定业户到外县(市)销售货物或者应税劳务,应当向其机构所在地的主管税务机关申请开具外出经营活动税收管理证明,并向其机构所在地的主管税务机关申报纳税;未开具证明的,应当向销售地或者劳务发生地的主管税务机关申报纳税;未向销售地或者劳务发生地的主管税务机关申报纳税的,由其机构所在地的主管税务机关补征税款。(三)非固定业户销售货物或者应税劳务,应当向销售地或劳务发生地的主管税务机关申报纳税;未向销售地或者劳务发生地的主管税务机关申报纳税的,由其机构所在地或者居住地的主管税务机关补征税款。(四)进口货物,应当向报关地海关申报纳税。""扣缴义务人应当向其机构所在地或者居住地的主管税务机关申报缴纳其扣缴的税款。"

⑥ 《暂行条例》第23条规定:"增值税的纳税期限分别为1日、3日、5日、10日、15日、1个月或者1个季度。纳税人的具体纳税期限,由主管税务机关根据纳税人应纳税额的大小分别核定;不能按照固定期限纳税的,可以按次纳税。""纳税人以1个月或者1个季度为1个纳税期的,自期满之日起15日内申报纳税;以1日、3日、5日、10日或者15日为1个纳税期的,自期满之日起5日内预缴税款,于次月1日起15日内申报纳税并结清上月应纳税款。""扣缴义务人解缴税款的期限,依照前两款规定执行。"

缴纳税款。相较而言,台湾关于纳税期限额的规定较为简单清晰,一般都为每两个月为 1 期,于次期开始 15 日内申报,而大陆规定则较为复杂,仅纳税期限就有 1 日、数日、1 月、1 季等 7 个不同规定,并对不同的期限又分别规定了 5 日预缴及 15 日申报(结清)。在具体的纳税申报事项中,台湾规定相对较为完备,对外国单位申报、居民纳税人申报、缴款通知书填发、税款滞报金缴纳等规定较为明确和细致。大陆关于税务机关核定应纳税额的规定,主要体现在《税收征收管理法》中。① 另外,台湾还对主管稽征机关核定营业税案件作了 6 个月期限的约束,以保障税额核定的可预期性。

9. 溢付税额之处理。台湾"营业税法"在第 15 条规定了当期应纳或溢付营业税额之计算基础上,在第 39 条规定了溢付税额之退还。根据该条规定,营业人申报之下列溢付税额,应由主管稽征机关查明后退还之:(1) 因销售第 7 条规定适用零税率货物或劳务而溢付之营业税;(2) 因取得固定资产而溢付之营业税;(3) 因合并、转让、解散或废止申请注销登记者,其溢付之营业税。以上情形以外之溢付税额,除因情形特殊者且报经财政部核准退还外,应由营业人留抵应纳营业税。在大陆,《暂行条例》第 25 条仅只对出口退免税作了规定。根据该条规定,纳税人出口货物适用退(免)税规定的,应当向海关办理出口手续,凭出口报关单等有关凭证,在规定的出口退(免)税申报期内按月向主管税务机关申报办理该项出口货物的退(免)税。如果办理退税后发生退货或者退关的,纳税人应当依法补缴已退的税款。相较而言,台湾关于溢付税额的规定较为具体,且直接在"营业税法"中予以明确。两岸关于溢付税额的计算规定以大致相同,但大陆对溢付税额不准直接退税,只能留抵,而台湾则可依据具体情况办理退税或留抵。大陆企业界对税务机关"入库易,退库难"②的感受从此可见一斑,这也同时体现

---

① 《税收征收管理法》第 35 条规定:"纳税人有下列情形之一的,税务机关有权核定其应纳税额:(一) 依照法律、行政法规的规定可以不设置账簿的;(二) 依照法律、行政法规的规定应当设置账簿但未设置的;(三) 擅自销毁账簿或者拒不提供纳税资料的;(四) 虽设置账簿,但账目混乱或者成本资料、收入凭证、费用凭证残缺不全,难以查账的;(五) 发生纳税义务,未按照规定的期限办理纳税申报,经税务机关责令限期申报,逾期仍不申报的;(六) 纳税人申报的计税依据明显偏低,又无正当理由的。""税务机关核定应纳税额的具体程序和方法由国务院税务主管部门规定。"

② "入库易,退库难"主要体现在增值税和所得税等嗣后申请退免税的特定税种中。比如就所得税而言,在"按季度预缴,年度汇算清缴"的征管模式下,虽然预缴多于实际应缴的税款可办理退税,但基于"入库易,退库难"的忧虑,很多大陆企业在税法许可的范围内,都尽量对季度预缴所得税进行均衡性筹划,避免汇算清缴时退税产生不必要的实体困难和程序延迟。

出从立法理念上,大陆更加注重"足额入库"与"应收尽收"①,而台湾则更加重视对纳税人包括实体性和程序性权利的保护立场。

10. 罚则。从针对特定违法行为的罚款数额上看,台湾的罚锾一般为500—5000元(新台币,以下同)(统一发票记载不实)、1000—10000元(未依规定申报营业登记,不用、转用统一发票或拒收营业税款缴纳书以及统一发票记载不实)、1500—15000元(违反应税货物或劳务定价),且对持续性违法行为可以连续处罚;从针对特定违法所涉数额的罚款比例上看,台湾的罚锾为1%—2%(统一发票记载不实)、1—10倍(漏开统一发票),滞报金为1%(逾期申报销售额或统一发票明细表以及逾期缴纳税款)。"营业税法"第45条至第53条规定了罚则部分。第45条规定了未依规定申报营业登记之处罚。第46条规定了限期改正补办及罚锾之情形。第47条规定了不用、转用统一发票或拒收营业税款缴纳书之处罚。第48条规定了统一发票记载不实等之处罚。第48条之1规定了违反应税货物或劳务定价之处罚。第49条规定了逾期申报销售额或统一发票明细表之处罚。第50条规定了逾期缴纳税款等之处罚。② 第51条规定了漏税之处罚,即按所漏税额5倍以下罚锾,并得停止其营业。③ 第52条规定了漏开统一发票之处罚,即就短漏开销售额规定税率计算税额缴纳税款外处1—10倍罚锾,1年内经查获达3次者则停止其营业。第53条规定了停业处分之最高期限。该最高期限为6个月,如仍不履行的,可继续处分,并可由警察机关协助。第53条

---

① 在2013年12月26日召开的全国税务工作会议上,在国家税务总局对2014年税收工作的10项安排中,就有2项涉及依法征税,1项涉及纳税服务,分别是第1项"依法组织税收收入"、第3项"大力推进依法治税"和第4项"切实优化纳税服务",以彰显和强调全国税务系统贯彻依法行政和坚持依法征税的决心和愿景。

② "营业税法"第50条规定:"纳税义务人,逾期缴纳税款或滞报金、怠报金者,应自缴纳期限届满之次日起,每逾二日按滞纳之金额加征百分之一滞纳金;逾三十日仍未缴纳者,除移送法院强制执行外,并得停止其营业。""前项之纳税款或滞报金、怠报金,应自滞纳期限届满之次日起,至纳税义务人自动缴纳或法院强制执行征收缴纳之日止,就其应纳税款、滞报金、怠报金及滞纳金,依当地银行业通行之一年期定期存款利率,按日计算利息,一并征收。"

③ "营业税法"第51条规定:"纳税义务人,有下列情形之一者,除追缴税款外,按所漏税额处五倍以下罚款,并得停止其营业:一、未依规定申请营业登记而营业者。二、逾规定期限三十日未申报销售额或统一发票明细表,亦未按应纳税额缴纳营业税者。三、短报或漏报销售额者。四、申请注销登记后,或经主管稽征机关依本法规定停止其营业后,仍继续营业者。五、虚报进项税额者。六、逾规定期限三十日未依第三十六条第一项规定缴纳营业税者。七、其他有漏税事实者。""纳税义务人有前项第五款情形,如其取得非实际交易对象所开立之凭证,经查明确有进货事实及该项凭证确由实际销货之营利事业所交付,且实际销货之营利事业已依法补税处罚者,免依前项规定处罚。"

之1规定了罚则规定之适用,并特别确定了有利于营业人的回溯适用原则。①《暂行条例》未对罚则作具体的展开性明确,只是在第 26 条概括性规定:"增值税的征收管理,依照《中华人民共和国税收征收管理法》及本条例有关规定执行。"相较而言,台湾在各税种立法中对罚则有相应的具体规定,这也使得罚则在"税捐稽征法"的罚则规定基础上,又能针对具体的税种而具体对待,因而具有高度适应性,但这种交叉规定对纳税人掌握和税务机关执行带来一定的理解难度;大陆将罚则主要集中在《税收征收管理法》的规定虽有利于纳税人理解和税务机关执行,但无法体现各具体税种的具体情形,也有其进一步改进完善的空间。

11. 附则。台湾"营业税法"第 57 条规定了税捐优先权。该条规定:"纳税义务人欠缴本法规定之税款、滞报金、怠报金、滞纳金、利息及合并、转让、解散或废止时依法应征而尚未开征或在纳税期限届满前应纳之税款,均应较普通债权优先受偿。"第 58 条规定了统一发票给奖办法由财政部门制订,且其经费占全年税收收入的 3%。② 大陆关于税收优先权的规定则体现在《税收征收管理法》第 45 条中,该条规定:除法律另有规定外,税收优先于无担保债权;欠缴税款发生在抵押、质押或者被留置之前的,应先于抵押权、质权、留置权执行。③ 2011 年 2 月 1 日起施行的《发票管理办法》(国务院令第 587 号,2010 年修订)④并未对有奖发票作出具体规定,目前大陆施行的有奖发票制度实际并未作为长期性措施并纳入制度性安排,地方税务机关

---

① "营业税法"第 53 条之 1 规定:"营业人违反本法后,法律有变更者,适用裁处时之罚则规定。""但裁处前之法律有利于营业人者,适用有利于营业人之规定。"
② "营业税法"第 58 条规定:"为防止逃漏、控制税源及促进统一发票之推行,'财政部'得订定统一发票给奖办法;其经费由全年营业税收入总额中提出百分之三,以资支应。"
③ 《税收征收管理法》第 45 条规定:"税务机关征收税款,税收优先于无担保债权,法律另有规定的除外;纳税人欠缴的税款发生在纳税人以其财产设定抵押、质押或者纳税人的财产被留置之前的,税收应当先于抵押权、质权、留置权执行。""纳税人欠缴税款,同时又被行政机关决定处以罚款、没收违法所得的,税收优先于罚款、没收违法所得。""税务机关应当对纳税人欠缴税款的情况定期予以公告。"
④ 2010 年 12 月 8 日,国务院第 136 次常务会议通过《国务院关于修改〈中华人民共和国发票管理办法〉的决定》,由总理温家宝在 2010 年 12 月 20 日签署并公布,并自 2011 年 2 月 1 日起施行。

的有奖发票奖励资金需要通过国家税务总局申请或获得地方财政支持。①两岸关于有奖发票的态度并不相同,台湾将统一发票给奖直接纳入"营业税法"并明确了3%的法定保障,而大陆的有奖发票仅是作为国家税务总局许可的地方性尝试,在经费方面没有强制性保障,也影响了纳税人索要发票的积极性,这在很大程度上影响到有奖发票在大陆的覆盖面及其实际效果。

(四) 执行上的差异:征管技术上的不同点

台湾财政部门在"施行细则"基础上,还制订了"小规模营业人营业税起征点"、"营业税特种税额查定办法"、"网路交易课征营业税及所得税规范"、"营业人使用收银机办法"、"稽征机关办理营业人自行印制收银机统一发票注意事项"、"稽征机关办理营业人违反营业税法停止营业处分作业要点"、"兼营营业人营业税额计算办法"、"摊贩销售额查定要点"、"银行业保险业信托投资业证券业期货业票券业及典当业经营非专属本业收入范围认定办法"、"保险业申请国外再保险费收入免征营业税审核办法"、"文化艺术事业减免营业税及娱乐税办法"、"外籍旅客购买特定货物申请退还营业税实施办法"、"统一发票使用办法"、"统一发票给奖办法"、"营业税电子资料申报缴税作业要点"、"营业税特种税额查定费用标准登记表"等法规命令和行政规则,为具体执行"营业税法"提供辅助性文件支持,便于纳税人和基层税务机关执行。大陆财税部门也在《暂行条例》和《实施细则》的基础上,对增值税征收过程中的相关事项也以通知或公告制订或修订发布了《增值税部分货物征税范围注释》(国税发〔1993〕151号)、《增值税若干具体问题的规定》国税发〔1993〕154号、《税务机关代开增值税专用发票管理办法(试行)》(国税发〔2004〕153号)、《增值税专用发票使用规定》(国税发〔2006〕156号)、《营业税改征增值税试点方案》(财税〔2011〕110号)、《出口货物劳务增值税和消费税管理办法》(国家税务总局公告2012年第24

---

① 2008年7月22日,国家税务总局发布《关于进一步加强普通发票管理工作的通知》(国税发〔2008〕80号)。该文件在"五、加快税控机具推广,配套推行有奖发票"一条中规定,"(二)建立有奖发票和举报奖励制度。凡已推广应用税控收款机地区的国家税务局,应按照《通知》的要求,报经税务总局向财政部申请有奖发票资金,适时开展'有奖发票'和'发票举报有奖'活动;地方税务局可参照有奖发票的有关规定,积极申请地方财政支持。要通过开展'有奖发票'和'发票举报有奖'活动,鼓励消费者主动索要发票,积极检举发票违法行为,促使纳税人依法开具、使用发票"。

号)、《营业税改征增值税跨境应税服务增值税免税管理办法(试行)》(国家税务总局公告 2013 年第 52 号)、《适用增值税零税率应税服务退(免)税管理办法(暂行)》(国家税务总局公告 2013 年第 47 号)、《总分机构试点纳税人增值税计算缴纳暂行办法》(财税〔2013〕74 号)等税收规范性文件。①

  以上法规命令、行政规则、部门规章和税收规范性文件,对两岸增值税征收管理和统一执法起到了良好的规范作用,能保障不同的基层税务机关对不同的纳税人就同一事项能作出相同的税务行政。不过,在增值税征收的一些具体问题上,两岸税法的基础性规定虽然大致相同,但仍存在一定的差异性。例如,在销售额及计税依据确定上,就出租出借中押金处理、销售废旧机动车等事项处理,两岸规定略有不同。"施行细则"第 24 条规定了出租财产押金销售额之计算公式,即对出租财产所收取的押金,应按月计算利息后计入销售额,而《实施细则》则对逾期不再退还的押金按所包装货物的适用税率全额计税②;大陆对纳税人销售旧货给予一定优惠政策,即按照简易办法依照 4% 征收率减半征收增值税③,而台湾税法则无相关规定。又如,在进项税额的抵扣上,就小规模纳税人的进项税额能否抵扣,两岸规定也存在差异。台湾为鼓励小规模营业人索取发票,对小规模营业人、农产品批发承销人及特定免于申报的营业人等总额型营业人进项税额的 10% 可予

---

① 在这些规范性文件中,既包括规范特定行业的相关规定,如《黄金交易增值税征收管理办法》(国税发明电〔2002〕47 号)、《关于加强货物运输业税收管理及运输发票增值税抵扣管理的公告》(国税发〔2003〕120 号)、《上海期货交易所黄金期货交易增值税征收管理办法》(国税发〔2008〕46 号)、《油气田企业增值税管理办法》(财税〔2009〕8 号)、《航空运输企业增值税征收管理暂行办法》(国家税务总局公告 2013 年第 68 号),等等;也包括针对税控系统和征管技术的相关规定,如《增值税防伪税控系统管理办法》(国税发〔1999〕221 号)、《国家税务总局关于推行增值税防伪税控系统的通告》(国税发〔2000〕191 号)、《关于停止生产销售非税控加油机和非税控计价器的通告》(国税发〔2000〕198 号)、《关于推行增值税防伪税控一机多票系统的公告》(国税发〔2006〕79 号),等等;还包括一般纳税人管理的相关规定《增值税一般纳税人纳税申报办法》(国税发〔2003〕53 号)、《增值税一般纳税人纳税辅导期管理办法》(国税发〔2010〕40 号),等等。

② 1993 年 12 月 28 日,国家税务总局发布《关于印发〈增值税若干具体问题的规定〉的通知》(国税发〔1993〕154 号)。依据该文件第 2 条(一)的规定,纳税人为销售货物而出租出借包装物收取的押金,单独记账核算的,不并入销售额征税。但对因逾期未收回包装物不再退还的押金,应按所包装货物的适用税率征收增值税。

③ 2009 年 1 月 19 日,财政部、国家税务总局发布《关于部分货物适用增值税低税率和简易办法征收增值税政策的通知》(财税〔2009〕9 号)。根据该文件第 2 条(二)规定,"纳税人销售旧货,按照简易办法依照 4% 征收率减半征收增值税。""所称旧货,是指进入二次流通的具有部分使用价值的货物(含旧汽车、旧摩托车和旧游艇),但不包括自己使用过的物品。"

以抵扣①,但大陆则没有相关规定。再如,在兼营行为的税额计算上,台湾税法规定营业人在兼营免税货物或劳务以及依法有部分不得抵扣、特定外国单位之劳务买受人购进劳务为兼营免税货物或劳务者等情形下,进项税额不得抵扣税额可采用比例抵扣法或直接抵扣法。② 大陆税法则规定了兼营行为时以分别核算为原则,从高适用税率为例外,且在后种情形下该非应税劳务的对应进项税额可予以抵扣。③ 台湾税法还有海关、法院等公家机关拍卖没收、没入或抵押物之报缴加值型营业税及免税的相关规定④,而类似规定在大陆税法都没有涉及。另外,关于个案中出现加值型营业税的课征争议事项,往往通过"大法官解释"予以最终确认。比如,"司法院"释字第661号解释即对行政补贴作为加值型营业税之租税客体作了明确规定⑤,等等。但在大陆,由于税务司法案件相对较少,税务争议之理解研判往往依通过作为行政机关的国家税务总局对一些重要的增值税争议事项以规范性文件的

---

① "营业税法"第25条规定:"依第二十三条规定,查定计算营业税额之营业人,购买营业上使用之货物或劳务,取得载有营业税额之凭证,并依规定申报者,主管稽征机关应按其进项税额百分之十,在查定税额内扣减。但查定税额未达起征点者,不适用之。""前项税额百分之十超过查定税额者,次期得继续扣减。"

② 参见"营业税法"第19条第3项、第36条第1项以及"兼营营业人营业税额计算办法"之规定。

③ 《暂行条例》第3条规定:"纳税人兼营不同税率的货物或者应税劳务,应当分别核算不同税率货物或者应税劳务的销售额;未分别核算销售额的,从高适用税率。"《实施细则》第7条规定:"纳税人兼营非增值税应税项目的,应分别核算货物或者劳务的销售额和非增值税应税项目的营业额;未分别核算的,由主管税务机关核定货物或者劳务的销售额。"第26条规定:"一般纳税人兼营免税项目或者非增值税应税劳务而无法划分不得抵扣的进项税额的,按下列公式计算不得抵扣的进项税额:不得抵扣的进项税额=当月无法划分的全部进项税额×当月免税项目销售额、非增值税应税劳务营业额合计÷当月全部销售额、营业额合计。"

④ "施行细则"第47条规定:"本法第三条第三项第五款所定视为销售货物,包括海关拍卖或变卖扣押物、担保品、逾期不报关、不缴纳关税或不退运货物在内,并不受第十九条之限制。""海关拍卖或变卖应课征营业税之货物,应于拍定或成交后,将营业税款向公库缴纳,并填写拍卖或变卖货物清单交付买受人,作为列账及扣抵凭证。""执行法院或行政执行机关执行拍卖或变卖货物,应于拍定或准许承受五日内,将拍定或承受价额通知当地主管稽征机关查复营业税之税额,并由执行法院、行政执行机关代为扣缴。""前项营业税额,应以执行法院、行政执行机关拍定或承受价额依规定税率计算之。""主管稽征机关应于取得执行法院、行政执行机关扣缴税额后,就该税款填发营业税款书向公库缴纳,并交付买受人或承受人作为列账及扣抵凭证。"

⑤ "司法院"释字第661号解释针对"财政部"释示"企业及船舶客运业所领受政府之补贴(助)收入,核属具有客票收入之性质,应依法报缴营业税",认为与"宪法"第19条规定之意旨(即所谓"租税法律主义")有所不符,应不予使用。不过,有台湾学者对此提出质疑,认为此种情形有课征营业税之必要。参见黄源浩:《行政补贴作为加值型营业税之租税客体——从"司法院"释字第661号解释出发》,载《台北大学法学论丛》第87期,2013年,第1—58页。

方式作出规定。

(五) 大陆税改下一站:不动产纳入抵扣范围?

增值税的最大特征是它特殊的抵扣机制,这种由法国人发明的间接税能够有效地避免交易环节的重复征税。根据大陆现行《暂行条例》和《实施细则》的规定,大陆增值税征税范围中的固定资产主要是机器、机械、运输工具以及其他与生产、经营有关的设备、工具、器具。即便是 2009 年实行增值税转型改革后,税务机关允许抵扣的固定资产仍然是上述范围。房屋、建筑物等不动产甚至是其附着物不能纳入增值税的抵扣范围。这给企业带来了较大的税负压力,因为这意味着购进或自建的不动产及其附着物,即便是用于扩大生产经营,亦不会享受增值税抵扣政策。在学理上,增值税按照其法定扣除标准通常被区分为生产型、收入型和消费型三种类型;与此相对应,实践中选择何种类型增值税其实是与特定经济发展水平和整体税制结构互相关联的。在 2009 年以前,大陆一直实行较为原始和初级的生产型增值税,应该说在筹集财源和稳定税收方面起到了积极作用,但影响到企业扩大规模再投资和技术创新意愿,于是便有了 2009 年对大陆流转税制甚至是整体税制产生重大影响的生产型增值税向消费型增值税的渐进转型。但是,考虑到引导企业积极专注主业生产经营也为了避免因此影响税收收入,彼时的转型改革仅将其他固定资产纳入抵扣范围,并未许可将厂房等不动产纳入抵扣范围。但即便是在当时,财税部门也承认增值税改革的最终目标还是在于实行完全的消费型增值税。

目前大陆推进税制改革的总体方向是"完善税收制度,构建地方税体系"[1],并继续"推进增值税改革,适当简化税率"。[2] 从未来展望的角度,应以"营改增"改革为契机,从调整增值税收入分享体制、加强地方税主体税种建设、适时赋予地方税收立法权和税政管理权等方面完善地方税体系。[3] 从全面深化改革开放视角看,"营改增"既可能催生地方主体税种和地方税体

---

[1] 胡锦涛:《坚定不移沿着中国特色社会主义道路前进为全面建成小康社会而奋斗——在中国共产党第十八次全国代表大会上的报告》,人民出版社 2012 年版,第 21 页。
[2] 《中共中央关于全面深化改革若干重大问题的决定》,人民出版社 2013 年版,第 20 页。
[3] 参见郭月梅:《"营改增"背景下完善地方税体系的探讨》,载《财政研究》2013 年第 6 期。

系的重建，也可能催生直接税体系建设的提速；既可能倒逼分税制财政体制的重构，也可能倒逼新一轮全面改革的启动。[①] 而就作为重中之重的增值税制改革的重点而言，是推进增值税实现完全转型，将增值税推广到全部服务业，把不动产纳入增值税抵扣范围。从 2012 年 1 月 1 日起在上海市针对交通运输业和部分现代服务业实行"营改增"试点开始[②]，到 2013 年 8 月 1 日"营改增"试点在全国范围内铺开并适当扩大部分现代服务业范围，再到 2013 年 12 月将铁路运输和邮政服务业纳入"营改增"改革试点，其进度和效率说明了大陆在推进增值税完全转型方面的决心和信心。通常意义上，看待增值税转型是否完全或者是否符合消费型增值税的特征，主要取决于两个方面：一是是否构成全领域转型，也即是否全部的流通领域都实行了增值税，在服务业全行业并剔除或者说基本剔除了营业税；二是是否抵扣完全，也即用于生产经营的原材料和固定资产等能实现全部抵扣。前者是政策基调，目前的改革措施也正是以渐进稳妥方式在服务领域全面推行；后者是技术配套，若坚持不彻底的抵扣规则亦会导致增值税转型效果大打折扣。台湾的完全抵扣的加值型营业税制以及加值型和非加值型营业税合并立法的模式，值得大陆在后续的增值税制改革和增值税法制订过程中加以比较借鉴和仔细参考。

将不动产纳入增值税抵扣范围，其功能还不仅仅在于税制本身的优化，而且还有助于对实体经济运行的确实推动。将不动产纳入增值税抵扣范围，至少有两个层面的政策利好：一是在宏观上再次释放减税信号，刺激实体经济持续投资和经营。增加增值税抵扣范围，也即意味着减少了增值税实际征收额，有利于调整和改善经济结构。二是在微观上，有利于减少企业的实际税负，促进企业扩大经营规模再投资，同时也能进一步推动当前形势下房地产市场的发展。当然，将不动产纳入增值税抵扣范围，也要注意和消除其可能产生的不利方面。目前包括商业房地产在内的整体房地产市场都存在泡沫经济，新的抵扣政策是否导致房产市场的再次炒热？需要说明的是，中国的房地产问题是一个系统工程，涉及整体性的财税体制、不动产登

---

① 参见高培勇：《"营改增"的功能定位与前行脉络》，载《税务研究》2013 年第 7 期。
② 2012 年 8 月 1 日起，交通运输业和部分现代服务业"营改增"试点范围，由上海市分批扩大至北京、天津、江苏、浙江、安徽、福建、湖北、广东和厦门、深圳 10 个省、直辖市和计划单列市。

记制度甚至是反腐败和廉政建设等方方面面。即便是着重论及作为重要调控工具的房地产税制,增值税抵扣范围扩大也仅只是涉及其中一部分因素,而更重要的是直接面向社会公平的土地增值税、企业所得税等基础性房产税制"组合拳"式联合调控手段的效果本身。① 但毫无疑问的是,旨在推动增值税完全转型的税制改革大方向是坚定明确的,这在大陆当前较为严峻的经济形势下尤为显得珍贵和重要。而且,基于分配正义的角度,继续推动"营改增"扩围与国民收入分配在更深层面上理顺相关各方的利益分配关系,从而达致公平与效率的最大化,促进社会正义价值的实现。② 在遵循税收法定原则推动增值税法律化过程中,大陆就不动产纳入增值税征收范围,需要在明确计税依据、合理设置税率、规范减免税以及加强税收征管等方面作出更为细致的规则安排。

第三节 两岸消费税制比较及启示

消费税,也称货物税,是政府向特定的消费品征收的税项,是目前各国普遍征收的一种税收。③ 消费税针对生产厂商或进口商征收,通常将所纳税款计入商品价格内销售,最后由消费者负担,是比较典型的间接税。在古罗马时代,农业和手工业逐渐有了较大发展,城邦也开始对商品课征诸如盐税、酒税、矿产品税、皮毛税等。此后,消费税课征范围不断扩大,课征数额也日益增加,并曾在各主要发达国家税制结构中占有重要地位。中国古代

---

① "组合拳",通常是指在进攻当中利用各种单一拳法的组合连续攻击,使对手顾此失彼,达到击中对手的目的。但在大陆的经济调控的特定政策语境中,往往会被引申为了达到一定目标,采取一连套的措施或实施一整套的步骤来进行,以达到政策的最优效力。

② 参见张富强:《论营改增试点扩围与国民收入分配正义价值的实现》,载《法学家》2013年第4期。

③ 按照征税对象和概念外延的不同,消费税可以分为狭义消费税法、中义消费税和广义消费税。狭义消费税是以消费税为征税对象向消费者的生产者或者销售者所征收的商品税,作为一种间接税,其税负最终转嫁给消费者负担。中义消费税的范围则非常广,是针对所有货物和劳务征收,其实就是商品税的一种别称。一般而言,中义消费税就包括了狭义消费税、增值税和营业税等商品税税种。广义消费税不仅包括中义消费税,还突破了消费税通常的间接税性质,把直接消费税,即以实际消费支出额为计税依据向消费者课征的消费支出税也包括进来。通常税种意义上的消费税,主要指狭义消费税。参见刘剑文主编:《财税法学》(第二版),高等教育出版社2012年版,第248页。

的消费税思想也源远流长,自唐五代"寓税于价"始,一直延续到清朝,成为封建王朝重要的财政收入。① 1928 年 1 月,南京国民政府颁布《征收卷烟统税条例》,该条例规定,卷烟统税为中央国税,统一缴纳后,即准行销全省,不得重征。② 1931 年,实行裁厘举办棉纱、火柴、水泥统税,以原有之麦粉特税,同时归并统税范围,连同卷烟统税,称为"五种统税"。1946 年 8 月,《货物统税条例》修正为《货物税条例》,课税范围和税率有所调整。1950 年 1 月,政务院发布《全国税政实施要则》统一税制,曾开征特种消费行为税。③ 改革开放以后,大陆也进行了具有消费税特征的税制调整和改革。④ 大陆现行的消费税是 1994 年税制改革在流转税中新设置的一个税种,选定了 11 类需要特殊调节的商品征收消费税,后在 2006 年 4 月 1 日起又调整为 14 个⑤。目前,大陆消费税的最新的主要法规政策依据是 2008 年 11 月 5 日经国务院第 34 次常务会议修订并自 2009 年 1 月 1 日起施行的《消费税暂行条例》(以下简称《暂行条例》),以及同年 12 月 15 日,财政部、国家税务总局发布修订后的《消费税暂行条例实施细则》(财政部 国家税务总局令第

---

① 中国古代的消费税政策,在唐五代以前始终以"寓税于价"为主,体现在政策上往往是政府对重要的消费品实行专卖。从隋唐、五代十国时期开始,"一切通商"的消费税思想开始萌芽,在两宋时期盛行,并在此后的历朝历代不断发展。元朝将专卖与收税并行,明朝则实行开中制度,清朝时期则实行了纲法和票盐法。参见徐信艳:《中国古代流转税思想研究》,上海交通大学出版社 2012 年版,第 16—22 页、第 38—43 页、第 63—66 页、第 81—88 页、第 102—109 页、第 123—125 页、第 138—143 页、第 162—170 页。

② 1928 年 1 月,南京国民政府颁布《征收卷烟统税条例》。1930 年国民政府裁撤厘金,为弥补裁厘后的损失,遂将统税扩大到棉纱、火柴、水泥等项,后又将麦粉特税并入,构成五项统税。自此,统税遂与关盐两税,并称为当时国民政府的三大税收。

③ 特种消费行为税包括娱乐、宴席、冷食和旅馆四个税目,在发生特种消费行为时征收。其中"筵席、冷食、旅馆三种有关食住方面的消费行为,其消费额在一般日常生活水平限度以内者,不算特种消费,不应负税",即规定有起征点。至于娱乐方面的消费,则不是一般日常生活的绝对需要,所以不规定起征点。

④ 1988 年 9 月 22 日,国务院针对社会上存在的不合理消费现象开征了筵席税。1989 年 2 月 1 日,为缓解彩色电视机、小轿车的供求矛盾开征了彩色电视机特别消费税和小轿车特别消费税。此外,我国 1984 年 9 月 18 日颁布开征的产品税和增值税的课税范围涉及大部分消费品,也具有一定的消费税性质。

⑤ 2006 年 3 月 20 日,财政部、国家税务总局发布《关于调整和完善消费税政策的通知》(财税〔2006〕33 号)。该文件出台是大陆财政部门为适应社会经济形势的客观发展需要,进一步完善消费税制,经国务院批准后对消费税税目、税率及相关政策进行调整的结果。

51号,以下简称《实施细则》)。① 2006年4月28日公布并施行的《烟叶税暂行条例》作为特种消费税的单行法规也属于大陆消费税的法律政策依据之一。② 台湾消费税的概念,实际上是由货物税和烟酒税两个税种共同组成的。台湾货物税的开征始于1946年的"货物税条例",此后继续适用,并历经30余次修订。目前,台湾最新的主要法律政策依据是2011年12月28日最新修订发布的"货物税条例"和2010年9月1日最新修订发布的"烟酒税法"。③ 其配套制度则包括"财政部"2009年4月11日最新修订的"货物税稽征规则"和2010年6月17日最新发布的"烟酒税稽征规则"。

(一)特定消费规制:课税的正当性

增值税、营业税和消费税并称为大陆的三大商品税,其中,消费税是税收收入最少的税种,同时与增值税构成税收结构上的重复课税。但消费税的正当性在于,通过设定重复性征税的实现商品税负的纵向公平负担。申言之,消费税的正当性还可以通过其不同的分类方式来得以展开和确认。按照课征对象,消费税可以分为两类:一是普遍课征,即把所有消费品均作为征税对象,普遍课征的功能在于遵从税收公平原则;二是特定课征,即选择部分消费品开征消费税,使之对特定消费课税,从而体现量能负担原则。目前,国际上都普遍采用有选择的消费税,以实现对特定消费的引导和对特定消费的政策调控。两岸消费税法也秉承这一思路都采用了特定课征方式,按照台湾和大陆的不同实际情况,对特定的商品分门别类地按照相应税率课征消费税,体现各自的消费调控政策和财政收入意愿。按照调节功能,消费税在取得财政功能基础上,还可进一步划分为限制性消费税、奢侈品消

---

① 2009年1月1日施行的《暂行条例》和《实施细则》是在此前的《暂行条例》和《实施细则》基础上修订后重新发布的。1993年12月13日,国务院发布《消费税暂行条例》,自1994年1月1日起施行;同年12月25日,财政部发布《消费税暂行条例实施细则》((93)财法字第39号)。

② 2006年4月28日,《烟叶税暂行条例》(国务院令第464号)公布施行。根据该暂行条例,在大陆境内收购烟叶的单位为应当依照规定缴纳烟叶税。条例所称烟叶,是指晾晒烟叶、烤烟叶。烟叶税的应纳税额按照纳税人收购烟叶的收购金额和规定的税率计算。烟叶税实行比例税率,税率为20%。烟叶税属于地方税,由地方税务机关征收。

③ 台湾实施烟酒专卖制度已有五十余年历史,在实施烟酒专卖期间,因专卖利益之征收,而暂时停征或免征关税、营业税及烟酒货物税。随着社会环境变迁、经济自由化和加入世界贸易组织(WTO)之承诺,台湾烟酒专卖制度已于2001年1月1日成为历史。

费税、使用性质的消费税和体现特定经济调节目的的消费税①,并在不同的调节功能中而体现税收的社会政策目标。这四种类型的消费税又往往在一个国家和地区的消费税法中得以综合体现,以大陆消费税为例,对烟、酒、鞭炮和木制品课税则属于限制性消费税,贵重首饰、珠宝玉石、高尔夫球及球具、高档手表和游艇则属于奢侈品消费税,成品油、汽车轮胎等则属于使用性质消费税,小汽车、摩托车等则属于特定经济目的的消费税。按照征税范围,消费税又主要分为有限型、中间型和延伸型三种②,以体现不同的消费调控政策。大陆消费税自1993年税制改革以来,历经2006年的调整到2008年的消费税条例的修订,大陆征税范围正在逐步扩大,正从有限型向中间型靠拢。台湾的消费税税目虽比大陆简化,但其课税面比大陆略广,属于中间型消费税,在取得财政收入的同时相对较好地体现了消费调控政策。

  基于国际比较的立场,各国家和地区对消费税立法采取两种模式。一种是一般消费税制度,对所有征税品目统一制定一部综合的消费税法,然后通过列举税目的方式,明确规定征税具体涉及的消费品或消费行为;另一种特种消费税制度,对各个征税品目分别制定税法,也即对每种应税消费品或消费行为单独设置一个税种,如烟税、酒税、矿物油税、赌博税,等等。大部分国家和地区采取综合立法更多的基于法典化和便于管理的考虑,而少数国家和地区采取分别立法的缘由则更多的是基于其自身的经济特点和资源禀赋。目前,通行的做法是采取综合消费税制度,两岸消费税也都采用此种安排。有所区别的是,台湾是将"货物税条例"和"烟酒税法"③分立,大陆是《暂行条例》和《烟叶税暂行条例》分立。究其原因,台湾烟酒税的单列则更多的是因应2000年加入世贸组织(WTO)的需要,皆因形式技术上的区别,

---

  ① 参见王乔、席卫群:《比较税制》(第三版),复旦大学出版社2013年版,第82—93页。
  ② 就三种消费税而言,(1)有限型消费税是指征税范围仅限于传统的货物项目,包括烟草制品、酒精饮料、石油制品,以及机动车车辆和各种形式的娱乐活动。(2)中间型消费税应税项目为15—30种。除包括传统的消费税项目外,还涉及食品制品如牛奶和谷物制品,有的国家还包括一些被广泛消费的商品,如纺织品、鞋类、药品,以及某些奢侈品,如化妆品、香水等。(3)延伸型消费税的应税项目最广,除了中间型课征范围包括的应税项目外,还包括更多的消费品,如收音机、空调器、电视机、冰箱、音响、摄影器材、电器设备,以及一些生产性消费资料,如钢材、铝制品、塑料、树脂、橡胶制品、木材、电缆、电池等。参见付伯颖:《外国税制教程》,北京大学出版社2010年版,第246—249页。
  ③ 2000年4月19日"总统华总1义字第8900098140号令"公布"烟酒税法",最近一次修订是中华民国2010年9月1日"总统华总1义字第09900224421号令"公布修正第2条条文。

并非是实质立法上的有意区隔;大陆烟叶税的设置则是为了促进地方财政收入,在作为中央税的消费税之外设立归属于地方的烟叶税,以平衡中央和地方的财政利益。另外,论及两岸消费税本身,也需要说明消费税可能存在的缺点或曰可能影响税负公平和正当性的情形。具体有三:一是消费税的累退性。主要表现为随着家庭或个人收入的增加,消费税支出占其总收入的比重却越来越低,相反的,收入水平越低,消费者支付或承担的消费税额占其总收入的比重却越来越高。二是消费税的特定性。消费税只针对部分商品,会导致商品的相对价格偏离市场,违背自由竞争规则。但从另一方面看,此种安排却能有效控制市场机制中的负外部效应。三是消费税的非弹性。消费税针对特定消费课税,课税范围非常固定,没有针对具体情况的相对弹性。对有嗜好的人而言,烟酒照常消费,虽然增加了政府岁入,但并未取得有效调节效果。

(二) 课税要素的视角:发展水平的决定性

从历史发展的角度可以发现,经济社会发展的水平对税制结构和课税要素产生决定性的影响。以中国古代消费税制变迁为例,在整个流转税结构内部,封建社会前期消费税占主导地位,这一方面是基于"普天之下,莫非王土"的皇权思想及所有制观念,另一方面则是因为封建政权统治下的臣民的财产所得甚少且难以计量,在技术上也难以课征。而在封建社会后期则以关税为主,这是由于市场经济的发展使得商品流通加剧,源头上课税在技术上受到国界和边界的影响和干扰,于是简便易行且能据以获得充裕财政收入的关税逐渐取代了消费税作为主体税种的位置。这也充分说明了如下一种理论的正确性:当政权力量在经济社会中的干预能力处于上升时期时,自然倚重"寓价于税"的消费税,但当封建商品经济的发展冲击到作为封建政权基础的自给自足之自然经济时,朝廷当局一方面不得不放弃对商业利润的完全占有,采取一些官商分利的妥协政策,从而降低消费税在流转税中的比重。[①] 以国际上消费税制的发展及地位为例,19世纪中叶以后,随着市场经济的不断发展,以所得税为代表的直接税制体系的发展,使得作为商品

---

① 参见徐信艳:《中国古代流转税思想研究》,上海交通大学出版社2012年版,第183页。

课税主要形式的消费税在税收总收入中的占比有所下降。可以作为一种规律印证的是,西方主要发达国家都完成了以关税、消费税等间接税为主体的税制转变为以现代直接税(包括社会保险税)为主体的税制。① 但消费税以其独特的财政功能和经济调节作用,仍受到包括发达国家和发展中国家在内的几乎所有国家和地区的高度重视,成为一种主要的流转税。

就近年来大陆消费税制发展而言,1994 年税制改革后,大陆正式开征消费税并选择了部分消费品征收消费税,并在 2006 年和 2009 年先后调整了消费税的征税范围和税率结构。历次的消费税制调整都体现出经济社会发展对税制的新要求,也即与增值税等税种相配合,在调节消费结构,抑制超前消费需求,引导消费方向,增加财政收入,缓解社会分配不公和供求矛盾,等等。这两次的消费税制调整有两个指导原则:一是引导纳税人理性消费,即将部分高档消费品纳入消费税征税范围,并将已经成为大众消费品的商品剔出消费税征税范围。如 2006 年新增游艇、高尔夫及球具、高档手表等高档消费品税目,2009 年调整了烟产品的计税价格,提高了消费税税率,还在卷烟批发环节加征了一道从价税。二是促进纳税人节能减排,即将高能耗、高污染消费品纳入消费税征税范围,并提高此类消费品的税率。如 2006 年调高了大排量小汽车的税率,2009 年提高了成品油消费税的单位税额。相较而言,台湾的"货物税法"虽屡经细部修改,但货物税制本身则整体稳定。2000 年,台湾为适应加入 WTO 的需要在原"公卖利益"(相当于大陆的"专卖")的基础上,将烟酒税目货物税中独立出来,自成税种。

1. 征税对象与范围。在台湾根据"货物税条例"第 1 条的规定,本"条例"规定之货物,不论在台湾产制或自境外进口,除"法律"另有规定外,均依本"条例"征收货物税。第 6 条至第 12 条规定了如下货物应当按照相应税率或税额征收货物税:(1) 橡胶轮胎(第 6 条);(2) 水泥(含代水泥,第 7 条);(3) 饮料品(设厂机制之清凉饮料品,第 8 条);(4) 平板玻璃(含玻璃条,第 9 条);(5) 油气类货物(汽油、柴油、煤油、航空燃油、燃料油、溶剂油和液化石油气等,第 10 条);(6) 电器类(电冰箱、彩色电视机、冷暖气机、除

---

① 在此过程中,各主要发达国家也因此形成了两种税制模式。一种是以美国、英国、日本为代表的直接税(主要是个人所得税)主题模式,二是以法国、德国为代表的直接税与间接税并重的双主体模式。

湿机、录影机、电唱机、录音机、音响组合、电烤箱等,第 11 条);(7) 车辆类(小客车、货车、大客车、其他车辆、机车等,第 12 条)。根据"烟酒税法"第 1 条规定,本法规定之烟酒,不论在境内产制或自境外进口,应依本法规定征收烟酒税。① 在大陆,《暂行条例》第 2 条规定:"消费税的税目、税率,依照本条例所附的《消费税税目税率表》执行。""消费税税目、税率的调整,由国务院决定。"《暂行条例》之附件《消费税税目税率表》将消费税分为 14 个税目,即(1) 烟(卷烟、雪茄烟、烟丝等);(2) 酒及酒精(白酒、黄酒、啤酒、其他酒、酒精等);(3) 化妆品、(4) 贵重首饰及珠宝玉石(金银首饰、铂金首饰和钻石及钻石饰品、其他贵重首饰和珠宝玉石等);(5) 鞭炮、焰火;(6) 成品油(汽油、柴油、航空煤油、石脑油、溶剂油、润滑油、燃料油等);(7) 汽车轮胎;(8) 摩托车;(9) 小汽车(乘用车、中轻型商用客车等);(10) 高尔夫球及球具;(11) 高档手表;(12) 游艇;(13) 木制一次性筷子;(14) 实木地板。②《烟叶税暂行条例》第 2 条规定:"本条例所称烟叶,是指晾晒烟叶、烤烟叶。"加上烟酒课税,两岸消费税征税对象中相同的范围还有成品油、车辆、轮胎等,其区别在于:台湾对水泥、饮料品、平板玻璃、电器类等特殊生活消费和涉及高耗能、环境污染等商品课征货物税,特别是对饮料品、电器类等日用品征税较为特殊,大陆则对贵重首饰及珠宝玉石、鞭炮、焰火、高尔夫球及球具、高档手表、游艇、木制一次性筷子、实木地板等奢侈品和高耗能及影响生态环境的商品课征消费税,而这其中部分消费品台湾却并未征税。这种分歧的存在,主要是由两岸处于不同经济社会发展阶段、对特定消费行为的不同政策诉求以及财政收入的特定需求所决定的,但与此同时,两岸都有通过比较借鉴在后续税制变革进一步优化征税范围的空间。

---

① 根据"烟酒税法"第 2 条的规定,烟指全部或部分以烟草或其代用品作为原料,制成可供吸用、嚼用、含用、闻用或以其他方式使用之制成品;酒指含酒精成分以容量计算超过百分之零点五之饮料、其他可供制造或调制上项饮料之未变性酒精及其他制品,但不包括"烟酒管理法"所定不以酒类管理之酒类制剂。

② 大陆消费税的征税对象,大体可以分为 5 类:(1) 过度消费会产生危害的特殊消费品;(2) 奢侈品和非生活必需品;(3) 高能耗的高档消费品;(4) 不可再生的资源类消费品;(5) 具有特定财政意义的消费品。除《暂行条例》和《实施细则》外,涉及消费税征收范围的主要配套性文件还包括:《消费税征收范围注释》(国税发[1993]153 号)、《财政部 国家税务总局关于调整和完善消费税政策的通知》(财税[2006]33 号)以及《财政部 国家税务总局关于提高成品油消费税税率的通知》(财税[2008]167 号),等等。将消费税征收范围划分为 5 类,参见刘剑文:《财税法学》(第二版),高等教育出版社 2012 年版,第 255—259 页。

2. 纳税人。在台湾,根据"货物税条例"第 2 条第 2 项的规定,货物税纳税义务人包括:(1) 国内产制之货物,为产制厂商;(2) 委托代制之货物,为受托之产制厂商,但委托厂商为产制应税货物之厂商者,得向主管稽征机关申请以委托厂商为纳税义务人;(3) 国外进口之货物,为收货人、提货单或货物持有人。根据"烟酒税法"第 4 条规定,烟酒税之纳税义务人包括:(1) 境内产制之烟酒,为产制厂商;(2) 委托代制之烟酒,为受托之产制厂商,其中委托厂商为产制应税烟酒之厂商者,得向主管稽征机关申请以委托厂商为纳税义务人;(3) 境外进口之烟酒,为收货人、提货单或货物持有人;(4) 法院及其他机关拍卖尚未完税之烟酒,为拍定人;(5) 免税烟酒因转让或移作他用而不符免税规定者,为转让或移作他用之人或货物持有人。在大陆,根据《暂行条例》第 1 条规定,消费税纳税义务人为:(1) 在境内生产、委托加工和进口本条例规定的消费品的单位和个人;(2) 国务院确定的销售本条例规定的消费品的其他单位和个人。①《烟叶税暂行条例》第 1 条规定,大陆境内收购烟叶的单位为烟叶税的纳税人。两岸关于纳税义务人的规定基本相同,但在委托代制消费品方面,大陆以委托方为纳税人,受托人为扣缴义务人,而台湾则以受托方为纳税义务人。

3. 应税货物种类、税率或税额。在台湾,"货物税条例"第 6 条至第 12 条分别规定了 7 类货物的税率或税额。②"烟酒税法"在第 7 条和第 8 条明确规定了烟酒的税目和税额。③ 在大陆,《暂行条例》之附件《消费税税目税

---

① 《实施细则》第 2 条规定:"条例第一条所称单位,是指企业、行政单位、事业单位、军事单位、社会团体及其他单位。""条例第一条所称个人,是指个体工商户及其他个人。""条例第一条所称在中华人民共和国境内,是指生产、委托加工和进口属于应当缴纳消费税的消费品的起运地或者所在地在境内。"

② 根据"货物税条例"第 6 条至第 12 条之规定,对货物税相关税率及税额简单归类如下:(1) 橡胶轮胎(10%—15%);(2) 水泥(600、320、280、440 新台币/公吨);(3) 饮料品(8%、15%);(4) 平板玻璃(10%);(5) 油气类(6830、3990、425、600、100、720、690 新台币/公秉);(6) 电器类(13%、20%、15%、10%);(7) 车辆类(25%、30%、35%、15%、17%、30000、4000、25000 新台币/辆)。

③ "烟酒税法"第 7 条规定:"烟之课税项目及应征税额如下:一、纸烟:每千支征收新台币五百九十元。二、烟丝:每公斤征收新台币五百九十元。三、雪茄:每公斤征收新台币五百九十元。四、其他烟品:每公斤征收新台币五百九十元。"第 8 条规定:"酒之课税项目及应征税额如下:一、酿造酒类:(一)啤酒:每公升征收新台币二十六元。(二)其他酿造酒:每公升按酒精成分每度征收新台币七元。二、蒸馏酒类:每公升按酒精成分每度征收新台币二点五元。三、再制酒类:酒精成分以容量计算超过百分之二十者,每公升征收新台币一百八十五元;酒精成分以容量计算在百分之二十以下者,每公升按酒精成分每度征收新台币七元。四、料理酒类:每公升征收新台币九元。五、其他酒类:每公升按酒精成分每度征收新台币七元。六、酒精:每公升征收新台币十五元。"

第四章 效率与公平:流转环节税制新课题?

率表》则规定了14种消费品的税率或税额,其中包括比例税率、定额税率和复合税率。① 根据《烟叶税暂行条例》第4条的规定,烟叶税实行20%的比例税率,其调整由国务院决定。从形式上看,消费税和货物税税率可以区分为比例税率、定额税率和复合税率。就比例税率而言,主要针对供求矛盾突出、价格差异大或计量单位不规范的消费品,两岸对大多数应税消费品都采用比例税率,台湾主要适用于橡胶轮胎、饮料品、平板玻璃、电器类和车辆类等,而大陆则适用于化妆品、护肤护发品、鞭炮烟火、贵重首饰、汽车轮胎、摩托车、小汽车等。就定额税率而言,主要针对供求基本平衡、价格差异不大、计量单位规范的消费品,两岸对油气和烟酒类等价格波动幅度不大的应税消费品均采用定额税率,大陆主要适用于汽油、柴油、黄酒、啤酒等。就复合税率而言,因采取比例税率加定额税率的税率确定方式,其主要针对那些过度消费会给社会带来危害、成本利润率较高的消费品,大陆采用了复合税率的形式,并适用粮食白酒、薯类白酒和卷烟等消费品。② 整体上看,台湾的税率税额相对于大陆较高,特别是像小汽车、成品油等等。

表4-4 大陆消费税税目税率(税额)表

税目	税率/税额
一、烟 1. 卷烟(1)甲类卷烟;(2)乙类卷烟 2. 雪茄烟 3. 烟丝	45% 加 0.003 元/支;30% 加 0.003 元/支 25%;30%
二、酒及酒精 1. 白酒 2. 黄酒 3. 啤酒(1)甲类啤酒;(2)乙类啤酒 4. 其他酒 5. 酒精	20% 加 0.5 元/500 克(或者 500 毫升) 240 元/吨 250 元/吨;220 元/吨 10%;5%

---

① 其中,比例税率大致有:(1)烟(30%、50%、25%);(2)酒及酒精(20%、10%、5%);(3)化妆品(30%)、(4)贵重首饰及珠宝玉石(5%、10%);汽车轮胎(3%);(5)鞭炮、焰火(15%);(6)汽车轮胎(3%);(7)摩托车(3%、10%);(8)乘用车(1%、3%、5%、9%、12%、25%、40%);(9)高尔夫球及球具(10%);(8)高档手表(20%);(9)游艇(10%);(10)木制一次性筷子、实木地板 5%。定额税额大致有(1)烟(甲、乙类卷烟另加 0.003 元/支);(2)酒(白酒另加 0.5 元/500 克或毫升、黄酒 240 元/吨、甲类啤酒 250 元/吨、乙类啤酒 220 元/吨);(3)成品油(含铅汽油 0.28 元/升、无铅汽油 0.20 元/升、柴油 0.10 元/升、航空煤油 0.10 元/升、石脑油 0.20 元/升、溶剂油 0.20 元/升、润滑油 0.20 元/升、燃料油 0.10 元/升)。

② 参见於鼎丞:《两岸税制比较》,中国税务出版社 2009 年版,第139—140页。

（续表）

税目	税率/税额
三、化妆品	30%
四、贵重首饰及珠宝玉石 　1．金银首饰、铂金首饰和钻石及钻石饰品 　2．其他贵重首饰和珠宝玉石	 5% 10%
五、鞭炮、焰火	15%
六、成品油 　1．汽油（1）含铅汽油（2）无铅汽油 　2．柴油　3．航空煤油　4．石脑油 　5．溶剂油　6．润滑油　7．燃料油	 0.28元/升；0.20元/升 0.10元/升；0.10元/升；0.20元/升 0.20元/升；0.20元/升；0.10元/升
七、汽车轮胎	3%
八、摩托车 　1．气缸容量（排气量）在250毫升（含）以下的 　2．气缸容量在250毫升以上的	 3% 10%
九、小汽车 　1．乘用车 　　（1）气缸容量在1.0升（含）以下的 　　（2）气缸容量在1.0升－1.5升（含）的 　　（3）气缸容量在1.5升－2.0升（含）的 　　（4）气缸容量在2.0升－2.5升（含）的 　　（5）气缸容量在2.5升－3.0升（含）的 　　（6）气缸容量在3.0升－4.0升（含）的 　　（7）气缸容量在4.0升以上的 　2．中轻型商用客车	 1% 3% 5% 9% 12% 25% 40% 5%
十、高尔夫球及球具	10%
十一、高档手表	20%
十二、游艇	10%
十三、木制一次性筷子	5%
十四、实木地板	5%

　　注：本表依《消费税暂行条例》（2008年11月5日修订，2009年1月1日起施行）制作。

表 4-5 台湾货物税税目税率(税额)表

税目	税率/税额
一、橡胶轮胎 　1. 橡胶轮胎 　2. 橡胶轮胎(大客车及大货车使用者)	15% 10%
二、水泥 　1. 白水泥或有色水泥　2. 卜特兰一型水泥 　3. 卜特兰高炉水泥 　4. 代水泥及其他水泥	每公吨 600 元;每公吨 320 元; 每公吨 196 元(2000 年 1 月 1 日调降); 每公吨 440 元
三、饮料品 　1. 稀释天然果蔬泥　2. 其他饮料品	8%;15%
四、平板玻璃	10%
五、油气类 　1. 汽油　2. 柴油　3. 煤油　4. 航空燃油 　5. 燃料油　6. 溶剂油　7. 液化石油气	每公秉 6830 元;每公秉 3990 元; 每公秉 4250 元;每公秉 610 元; 每公秉 110 元;每公秉 720 元; 每公秉 690 元
六、电器类 　1. 电冰箱　2. 彩色电视机　3. 冷暖气机 　4. 冷暖气机(中央系统型)　5. 除湿机 　6. 录影机　7. 电唱机　8. 音响组合 　9. 录音机　10. 电烤箱	13%;13%;20%; 15%;15%;13%; 10%;10%;20%;15%
七、车辆类 　1. 小客车(气缸排气量 2000cc 以下者) 　2. 小客车(气缸排气量 2000cc 以上者) 　3. 货车、大客车及其他车辆　4. 机车 　5. 电动车辆	25%; 30%(2007 年 1 月 1 日调降); 15%; 17%

注:① 本表依台湾"货物税条例"(2011 年 12 月 28 日修正发布)制作;
② 水泥及油气类"行政院"得在规定之应征税额 50% 以内予以增减;
③ 2011 年 12 月 28 日起 5 年内购买油气双燃料车并完成登记者,该汽车应征之货物税每辆定额减征新台币 25000 元。

4. 应纳税额计算。在台湾,"货物税条例"第 13 条规定了一般货物之完税价格。该条规定,"应税货物之完税价格应包括该货物之包装从物价格。境内出产货物之完税价格以产制厂商之销售价格减除内含货物税额计算之。""完税价格之计算方法如左:完税价格 = 销售价格/(1 + 税率)"。第

14 条规定了销售价格的定义。① 第 15 条规定了代制货物之完税价格,即按照以委托厂商之销售价格按照一般货物之完税价格计算。第 16 条规定了无销售货物之完税价格计算,即以上月或最近月份、类似货物之完税价格或暂以制造成本加利润作为完税价格,待营销后再以销售价格计算。② 第 17 条规定了销售及完税价格之调整,即在产制厂商申报不实时主管稽征机关对销售及完税价格的调整权。③ 第 18 条规定了进口货物之完税价格,即国外进口应税货物之完税价格,应按关税完税价格加计进口税捐之总额计算之。"烟酒税法"则在第 7 条和第 8 条明确规定了烟酒的税目和税额,计算简单明了。在大陆,《暂行条例》第 3 条规定了兼营不同税率消费品的税额计算,即应当分别核算不同税率消费品的销售额、销售数量;未分别核算或者将不同税率消费品组成成套消费品销售的,从高适用税率。第 5 条规定了消费税计税方式,即消费税实行从价定率、从量定额,或者从价定率和从量定额复合计税(以下简称复合计税)的办法计算应纳税额。④ 第 6 条规定:"销售额为纳税人销售应税消费品向购买方收取的全部价款和价外费用。"第 7 条和第 8 条则规定了自产自用和委托加工消费品的税额计算,即按照同类消费品消费价格计算,若无同类销售品销售价格则按照组成计税

---

① "货物税条例"第 14 条规定:"前条所称销售价格,指产制厂商当月份销售货物予批发商之销售价格;其无中间批发商者,得扣除批发商之毛利;其价格有高低不同者,应以销售数量加权平均计算之。但有左列情形之一者,不得列入加权平均计算:一、以显著偏低之价格销售而无正当理由者。二、自用或出厂时,无销售价格者。""前项批发商之毛利,由'财政部'依实核算订定之。"

② "货物税条例"第 16 条规定:"产制厂商出厂之货物,当月份无销售价格,致无第十三条规定计算之完税价格者,以该应税货物上月或最近月份之完税价格为准;如无上月或最近月份之完税价格者,以类似货物之完税价格计算之;其为新制货物,无类似货物者,得暂以该货物之制造成本加计利润作为完税价格,俟营销后再按其销售价格计算完税价格,调整征收。"

③ "货物税条例"第 17 条规定:"产制厂商申报应税货物之销售价格及完税价格,主管稽征机关于进行调查时,发现有不合第十三条至第十六条之情事,应予调整者,应叙明事实,检附有关资料,送请财政部赋税署货物税评价委员会评定。""前项货物税评价委员会之组织规程及评定规则,由财政之之。"

④ 《暂行条例》第 5 条规定:"消费税实行从价定率、从量定额,或者从价定率和从量定额复合计税(以下简称复合计税)的办法计算应纳税额。""应纳税额计算公式:实行从价定率办法计算的应纳税额 = 销售额 × 比例税率;实行从量定额办法计算的应纳税额 = 销售数量 × 定额税率;实行复合计税办法计算的应纳税额 = 销售额 × 比例税率 + 销售数量 × 定额税率。""纳税人销售的应税消费品,以人民币计算销售额。纳税人以人民币以外的货币结算销售额的,应当折合成人民币计算。"

第四章　效率与公平:流转环节税制新课题?

价格计算纳税。① 第9条规定进口的应税消费品,按照组成计税价格计算纳税。② 第10条则规定纳税人计税价格明显偏低并无正当理由的,由主管税务机关核定其计税价格。根据《烟叶税暂行条例》第3条之规定,烟叶税的应纳税额按照纳税人收购烟叶的收购金额和20%税率计算。③ 综合来看,两岸消费税采取从价计征和从量计征两种方式;但从差异性来看,台湾对烟酒税全部采用定额税率也导致了其税额计算适用从量计征的方式,而大陆则对卷烟、粮食白酒和薯类白酒采取复合计税的方式。

5. 减免税。在台湾,根据"货物税条例"第3条的规定,以下应税货物免征货物税:(1) 用作制造另一应税货物之原料者;(2) 运销境外者;(3) 参加展览,并不出售者;(4) 捐赠劳军者;(5) 经"国防部"核定直接供军用之货物。具体的免税办法,则由"财政部"制订。"烟酒税法"第5条则规定,烟酒有下列情形之一者,免征烟酒税:(1) 用作产制另一应税烟酒者;(2) 运销镜外者;(3) 参加展览,于展览完毕原件复运回厂或出口者;(4) 旅客自境外随身携带之自用烟酒或调岸船员携带自用烟酒,未超过规定之限量者。在大陆,《暂行条例》第11条规定:"对纳税人出口应税消费品,免征消费税;国务院另有规定的除外。出口应税消费品的免税办法,由国务院财政、税务主管部门规定。"《实施细则》第7条第2款则间接规定了部分免税事项。④ 财政部、国家税务总局也经常根据具体政策要求和实际情

---

① 《暂行条例》第7条规定:"纳税人自产自用的应税消费品,按纳税人生产的同类消费品的销售价格计算纳税;没有同类消费品销售价格的,按照组成计税价格计算纳税。""实行从价定率办法计算纳税的组成计税价格计算公式:组成计税价格 =(成本 + 利润)÷(1 - 比例税率)""实行复合计税办法计算纳税的组成计税价格计算公式:组成计税价格 =(成本 + 利润 + 自产自用数量×定额税率)÷(1 - 比例税率)。"《暂行条例》第8条规定:"委托加工的应税消费品,按照受托方的同类消费品的销售价格计算纳税;没有同类消费品销售价格的,按照组成计税价格计算纳税。""实行从价定率办法计算纳税的组成计税价格计算公式:组成计税价格 =(材料成本 + 加工费)÷(1 - 比例税率)。""实行复合计税办法计算纳税的组成计税价格计算公式:组成计税价格 =(材料成本 + 加工费 + 委托加工数量×定额税率)÷(1 - 比例税率)。"

② 《暂行条例》第9条规定:"进口的应税消费品,按照组成计税价格计算纳税。""实行从价定率办法计算纳税的组成计税价格计算公式:组成计税价格 =(关税完税价格 + 关税)÷(1 - 消费税比例税率)。""实行复合计税办法计算纳税的组成计税价格计算公式:组成计税价格 =(关税完税价格 + 关税 + 进口数量×消费税定额税率)÷(1 - 消费税比例税率)。"

③ 应纳税额的计算公式为:应纳税额 = 烟叶收购金额×税率。

④ 《实施细则》第7条第2款规定:"委托加工的应税消费品直接出售的,不再缴纳消费税。"

况,不定期通过发布规范性文件方式来明确相关免税事项。①《烟叶税暂行条例》则未规定免税事项。相较而言,两岸对消费税的减免事项规定均不多,但台湾的免税范围略广且有类型化指导,大陆的免税规定则相对零散且政策性调整较多。

6. 征收程序。在台湾,"货物税条例"第2条第1项规定,"货物税于应税货物出厂或进口时征收之"。第23条规定了应纳税款之申报,即产制厂商应在货物出厂次月15日内向主管稽征机关或海关申报缴纳。② 第24条规定了补征税款及滞报金之缴纳,即由主管稽征机关填发缴款书,通知纳税义务人于缴款书送达之次日起15日内向公库缴纳。第25条规定了逾期申报之处理,即:主管稽征机关应即通知在3日内缴税补办申报,逾期未办理者应即进行调查,核定应纳税额补正;逾期未缴纳者,得停止其货物出厂,至税款缴清为止。第26条规定了补征差额,即主管稽征机关依规定调整完税价格者,应就其差额,计算核定应纳税额补征之。第27条规定了偷漏税之搜查,即稽征机关对逃漏货物税涉有犯罪嫌疑之案件,得经由相应程序向司法机关声请签发搜索票,并应在10日内执行完毕。③"烟酒税法"第3条第1项规定:"烟酒税于烟酒出厂或进口时征收之。"④在大陆,《暂行条例》第4

---

① 比如,《财政部 国家税务总局关于明确废弃动植物油生产纯生物柴油免征消费税适用范围的通知》(财税〔2011〕46号)、《财政部 国家税务总局关于对油(气)田企业生产自用成品油先征后返消费税的通知》(财税〔2011〕7号)、《财政部 国家税务总局关于对利用废弃的动植物油生产纯生物柴油免征消费税的通知》(财税〔2010〕118号)、《国家税务总局关于农用拖拉机 收割机和手扶拖拉机专用轮胎不征收消费税问题的公告》(国家税务总局公告2010年第16号)、《国家税务总局关于绝缘油类产品不征收消费税问题的公告》(国家税务总局公告2010年第12号),等等。

② "货物税条例"第23条规定:"产制厂商当月份出厂货物之应纳税款,应于次月十五日以前自行向公库缴纳,并依照'财政部'规定之格式填具计算税额申报书,检同缴款书收据向主管稽征机关申报;无应纳税额者,仍应向主管稽征机关申报。""进口应税货物,纳税义务人应向海关申报,并由海关于征收关税时代征之。"

③ "货物税条例"第27条规定:"稽征机关对逃漏货物税涉有犯罪嫌疑之案件,得叙明事由,声请司法机关签发搜索票后,会同当地警察或自治人员,进入藏置账簿、文件或证物之处所,实施搜查;搜查时,非上述机关人员不得参与。经搜索获得有关账簿、文件或证物,统由参加搜查人员会同携回该管稽征机关,依法处理。""司法机关接到稽征机关前项声请时,认为有理由,应尽速签发搜索票;稽征机关应于搜索票签发后十日内执行完毕,并将搜索票缴回司法机关。"

④ "烟酒税法"第3条第2项规定:"烟酒有下列情形之一,视为出厂:一、在厂内供消费者。二、在厂内加工为非应税产品者。三、在厂内因依法强制执行或其他原因而移转他人持有者。四、产制厂商申请注销登记时之库存烟酒。五、未税移运至加工、包装场所或存储未税仓库及厂内,有遇火焚毁或落水沉没及其他人力不可抵抗灾害以外之情事,致短少者。"

第四章 效率与公平：流转环节税制新课题？

条规定了不同情形的纳税时间①，即(1)生产消费品、将消费品用于其他用途的消费品，分别于销售、移送使用时纳税，自产自用的消费品不纳税；(2)委托加工的消费品，除受托方为个人外，由受托方交货时代收代缴；若用于连续生产的，所纳税款准予抵扣；(3)进口的消费品，于报关进口时纳税。第12条规了消费税的征收机关，即消费税由税务机关征收，进口的应税消费品的消费税由海关代征。其中，个人携带或者邮寄进境的消费品的消费税，连同关税一并计征。第13条规定了申报税务机关，即纳税人销售及自产自用的消费品，除另有规定外，应当向纳税人机构所在地或者居住地的主管税务机关申报纳税；委托加工的应税消费品，除受托方为个人外，由受托方向机构所在地或者居住地的主管税务机关解缴消费税税款；进口的消费品，应当向报关地海关申报纳税。② 第14条规定了纳税期限，包括1日、3日、5日、10日、15日、1个月或者1个季度，其具体期限由主管税务机关根据应纳税额大小分别核定；不能按照固定期限纳税的，也可按次纳税。③ 第15条则规定了进口应税消费品的纳税期限，即自海关填发进口消费税专用缴款书之日起15日。根据《烟叶税暂行条例》第5条至第8条的规定，烟叶

---

① 《暂行条例》第4条规定："纳税人生产的应税消费品，于纳税人销售时纳税。纳税人自产自用的应税消费品，用于连续生产应税消费品的，不纳税；用于其他方面的，于移送使用时纳税。""委托加工的应税消费品，除受托方为个人外，由受托方在向委托方交货时代收代缴税款。委托加工的应税消费品，委托方用于连续生产应税消费品的，所纳税款准予按规定抵扣。""进口的应税消费品，于报关进口时纳税。"《实施细则》第8条规定："消费税纳税义务发生时间，根据条例第四条的规定，分列如下：(一)纳税人销售应税消费品的，按不同的销售结算方式分别为：1. 采取赊销和分期收款结算方式的，为书面合同约定的收款日期的当天，书面合同没有约定收款日期或者无书面合同的，为发出应税消费品的当天；2. 采取预收货款结算方式的，为发出应税消费品的当天；3. 采取托收承付和委托银行收款方式的，为发出应税消费品并办妥托收手续的当天；4. 采取其他结算方式的，为收讫销售款或者取得索取销售款凭据的当天。(二)纳税人自产自用应税消费品的，为移送使用的当天。(三)纳税人委托加工应税消费品的，为纳税人提货的当天。(四)纳税人进口应税消费品的，为报关进口的当天。"

② 《实施细则》第24条规定："纳税人到外县(市)销售或者委托外县(市)代销自产应税消费品的，于应税消费品销售后，向机构所在地或者居住地主管税务机关申报纳税。""纳税人的总机构与分支机构不在同一县(市)的，应当分别向各自机构所在地的主管税务机关申报纳税；经财政部、国家税务总局或其授权的财政、税务机关批准，可以由总机构汇总向总机构所在地的主管税务机关申报纳税。""委托个人加工的应税消费品，由委托方向其机构所在地或者居住地主管税务机关申报纳税。""进口的应税消费品，由进口人或者其代理人向报关地海关申报纳税。"

③ 《暂行条例》第14条第2项规定：纳税人以1个月或者1个季度为1个纳税期的，自期满之日起15日内申报纳税；以1日、3日、5日、10日或者15日为1个纳税期的，自期满之日起5日内预缴税款，于次月1日起15日内申报纳税并结清上月应纳税款。

税由地方税务机关征收;纳税人收购烟叶,应当向烟叶收购地的主管税务机关申报;其纳税义务发生时间为纳税人收购烟叶的当天;纳税人应自纳税义务发生之日起 30 日内申报纳税。《暂行条例》第 16 条和《烟叶税暂行条例》第 9 条规定,其征收管理,依照《税收征收管理法》及相应条例有关规定执行。基于比较的立场,就纳税义务发生时间而言,台湾确认消费税发生时间一般为收到货物的当日(但烟酒出厂时,烟酒税纳税义务发生时间为出厂当日),而大陆则确认消费税的发生时间一般为发出货物的时间(进口消费品时,为报关进口的当日)。这与两岸对税款征收是定位于"法理优先"还是"入库优先"的观念正相关,即前者是指交易达成为课税时点,后者则以要约发出为课税时点。就纳税期限而言,台湾统一规定为 1 个月并在 15 日为申报期间,相对简练且便于掌握,而大陆则分门别类区分为 1—15 日、1 月或 1 季度等 7 个期限,并相应 5 日或 15 日为申报期间。就纳税地点而言,两岸均规定消费税纳税义务人在机构所在地申报纳税,相关规定基本一致。

7. 退税。在台湾,"货物税条例"第 4 条和"烟酒税法"第 6 条规定了(冲)退税事项,即对外销、为外销之原料、退货或精制同品类货物、受损不能出售、货物灭失等情形,已纳或保税记账货物税之货物,应退还原纳或冲销记账货物税。① 在大陆,《暂行条例》只在第 11 条规定了对纳税人出口应税消费品免征消费税的规定,但并未对退税事项作具体规定。② 关于消费税退税的规定主要散见于国家税务总局的规范性文件中,比如《国家税务总局关

---

① "货物税条例"第 4 条规定:"已纳或保税记账货物税之货物,有左列情形之一者,退还原纳或冲销记账货物税:一、运销国外者。二、用作制造外销物品之原料者。三、滞销退厂整理,或加工精制同品类之应税货物者。四、因故变损,不能出售者。但数量不及计税单位或原完税照已遗失者,不得申请退税。五、在出厂运送或存储中,遇火焚毁或落水沉没及其他人力不可抵抗之灾害,以致物体消灭者。""前项冲退税款办法,由'财政部'定之。""免税货物于进口或出厂后,有第一项第五款规定以外之情事,致灭失或短少者,仍应依本条例规定报缴货物税。""未税货物于出厂移运至加工、包装场所或存储未税仓库中,有第一项第五款规定以外之情事,致灭失或短少者,视为出厂。""烟酒税法"第 6 条规定:"已纳烟酒税之烟酒,有下列情形之一者,退还原纳烟酒税:一、运销国外者。二、用作制造外销物品之原料者。三、滞销退厂整理或加工为应税烟酒者。四、因故变损或质量不合政府规定标准经销毁者。五、产制或进口厂商于运送或存储烟酒之过程中,遇火焚毁或落水沉没及其他人力不可抵抗之灾害,以致物体消灭者。"
② 《实施细则》第 22 条则规定:"出口的应税消费品办理退税后,发生退关,或者国外退货进口时已免税的,报关出口者必须及时向其机构所在地或者居住地主管税务机关申报补缴已退的消费税款。""纳税人直接出口的应税消费品办理免税后,发生退关或者国外退货,进口时已予以免税的,经机构所在地或者居住地主管税务机关批准,可暂不办理补税,待其转为国内销售时,再申报补缴消费税。"

于出口货物劳务增值税和消费税有关问题的公告》(国家税务总局公告2013年第65号)、《国家税务总局关于印发〈出口货物退(免)税管理办法(试行)〉的通知》(国税发〔2005〕51号),等等。两岸关于退税的规定立法方式不尽一样,台湾采取在主体税种中直接规定的方式确保类型化指导和遵循法定原则,大陆则采取零散的税务规范性文件替代以确保税收政策机动性和灵活性。

8. 登记与证照。在台湾,"货物税条例"第19条规定了厂商产品之登记,即产制厂商应于开始产制货物前,向工厂所在地主管稽征机关申请办理货物税厂商登记及产品登记。第20条规定了产制厂商之变更及注销登记,即在登记事项变更、合并、转让、解散或废止时15日内申请变更或注销登记,并缴清应纳税款。第21条规定了货物税证照之领用,即除经"财政部"核准使用其他证照替代者,完税或免税货物均应向主管稽征机关或海关领用货物税证照。第22条规定了账簿凭证之妥善保存。和"货物税条例"规定基本类似,"烟酒税法"在第9条、第10条、第11条、第12条、第13条、第14条和第15条分别规定了申请登记(应取得"烟酒管理法"之许可执照)、变更或注销登记(自行停止产制满1年等情形时可由稽征机关径行注销)①、账簿凭证及会计记录之妥善保存、应纳税款之申报(法院及其他机关拍卖未完税之烟酒应于提领前申报)、补征与加征之程序、未缴纳税税款或未申报案件之处理和逃漏税之处理等事项。在实务中,货物税还涉及三种主要证照:(1)完税照,即为完税货物之凭证,用蓝色印制;(2)免税照,即为核准免税货物之凭证,用橘红色印制;(3)临时运单,即为未税、记账或免税货物移运之凭单,用白色印制。在大陆,《暂行条例》和《烟叶税暂行条例》均未对登记与证照作直接规定,而是另行通过税收规范性文件予以明确。溯其根本,则是对于纯粹技术性事项是否应视为税收程序而应遵循税收法定有关。

8. 罚则。在台湾,"货物税条例"第28条至第33条规定了货物税之罚

---

① "烟酒税法"第10条规定:"产制厂商申请登记之事项有变更,或产制厂商解散或结束烟酒业务时,应于事实发生之日起十五日内,向主管稽征机关申请变更或注销登记,并缴清应纳税款。""产制厂商自行停止产制已满一年、他迁不明或经中央主管机关公告注销或撤销、废止许可者,主管稽征机关得径行注销其登记。""但经查获有未税存货、欠缴烟酒税或违章未结之案件,应俟清理结案后再行注销。"

则。主要涉及违反手续规定之处罚(第28条;9000—30000新台币)、逾期申报之处罚(第29条;未申报,10%滞报金,但限于3000—30000新台币;未补报,20%滞报金,但限于9000—90000新台币)、外销品原料之补征税款(第30条;0.05%滞纳金按日)、逾期纳税之强制执行(第31条;1%滞纳金按2日)、漏税处罚(第32条;1—3倍罚锾)和贩卖漏税货物之处罚(第33条;1—3倍罚锾)。"烟酒税法"则在第16条至第19条规定了烟酒税之罚则。主要涉及未依法办理登记、报告或设置凭证之处罚(第16条;10000—50000新台币)、滞报怠报之处罚(第17条;未申报,1%滞纳金,但限于10000—100000新台币;未补报,2%,限于20000—200000新台币;滞报金5000新台币,怠报金10000元)、逾期缴纳税款或滞报金怠报金之处罚(第18条;0.05%滞纳金按日)和各漏税行为之处罚(第19条;1—3倍罚锾)。在大陆,《暂行条例》第16条和《烟叶税暂行条例》第9条规定,其征收管理,依照《税收征收管理法》及相应条例有关规定执行。台湾采取在具体税种立法中对罚则单行规定与大陆采取税收征收管理法统一规定的做法,各有其不同的考虑要点:台湾希望根据具体情况具体区分,以体现公平性;大陆则希望在具体税收征管中统一执法口径,以体现平等性。

(三) 政策取向:新的改革课题

"物品税之负担,就通常而言,系全部落诸消费者之身。"[1]消费税作为关涉纳税人生活和特定企业组织重大利益的流转税,其改革一直备受社会大众、学术界和实务界的高度关注。需要说明的是,消费税改革首先应明确定位消费税的功能和作用。消费税作为辅助型税种,其基本作用首先是组织财政收入,在此基础上其特殊调节作用应进一步突出其引导理性消费和促进节能减排以及与"营改增"改革配套优化商品税的基本取向。其次,消费税改革还应注意消费税与其他流转税及相关税种的协调关系。最优税制理论(Optimal tax theory)、最优税制论与税制优化论是同一种意思,指的是在保证政府获得一定税收收入的前提下,以资源配置的效率原则和收入分

---

[1] 何廉、李锐:《财政学》,商务印书馆2011年版,第214页。

配的公平原则为指导,对构建经济合理的税制体系进行分析的学说。① 消费税应在取得财政收入和实现最优税制方面与所得税、财产税等进行配套,实现最为优化的流转税结构和宏观税种整体架构。再次,消费税改革还应体现经济社会发展需求并进行政策引导。消费税应体现对高耗能、高污染和奢侈消费的严格约束,并通过课以税负的方式进行杠杆调节。台湾和大陆虽然经济社会发展阶段和税制结构特点存在差异,但关于税目税率的安排以及征收程序等技术性事项的规定,大陆消费税法仍需进一步借鉴台湾货物税法的价值理念和具体规则。而对台湾货物税而言,也需要体感大陆消费税制发展中存在的经验,比如适当调整货物税征税范围、优化税率结构、建立超脱于具体税种体系的统一的罚则框架等,并针对大陆消费税制变革中存在的各种问题进行反思、检讨和比对,以期进一步完善和优化现行台湾货物税制。

就大陆消费税法的改革方向而言②,未来可从以下路径具体展开:一是按照税收法定原则推动《消费税法》的制订,并藉此将与消费税有关的税收程序法律化,共同纳入消费税法中。二是按照有增有减的原则合理调整消费税征税范围。首先,把煤炭制品、铅蓄电池、汞镉电池、化肥、农药、含磷洗衣粉、臭氧损耗物质、熟料袋、一次性餐具等过高能耗、高污染和娱乐性帆船、私人飞机、高档皮具、高档时尚产品等新兴奢侈品纳入消费税征收范围。其次,对高档奢侈的活动场所、高档娱乐活动等高消费行为征收消费税。再次,建议取消酒及酒精、汽车轮胎中部分已经成为大众消费品或生产资料的税目。三是调整税率结构使消费税税率能因应经济社会发展需要以及符合理性消费和节能减排的导向。首先,对应税环境影响不同设置不同税率;其次,对高档娱乐场所及高档消费行为和奢侈品适时调整为较高税率。四是按照国际通行做法,适时将消费税从价内税改为价外税,更好地发挥消费税

---

① 最优税制理论的严格与发展,参见王乔、席卫群:《比较税制》(第三版),复旦大学出版社2013年版,第6—12页。
② 十八届三中全会《决定》在"五、深化财税体制改革"之"(18)完善税收制度"中关于消费税改革的表述为:"调整消费税征税范围、环节、税率。把高耗能、高污染产品及部分高档消费品纳入征收范围。"参见《中共中央关于全面深化改革若干重大问题的决定》,人民出版社2013年版,第20页。

调节功能。① 与此同时,从长期来看,应将现行消费税在生产销售环节征收改在消费环节征收。② 目前,除钻石及饰品、金银首饰外,大陆消费税的课征设置在生产环节,既不符合消费税调节消费的基本取向,又给生产企业提供了避税机会,应在立法中适当予以完善和改进。与此同时,就细节性的规则安排而言,大陆消费税法在后续修订中应突出以下要点:一是征收程序中适度简化申报期间统一调整为1个月;二是适时调整现行纳税义务成立时间,按照"法理优先"原则,采取交易达成的时点来确认纳税义务是否发生;三是参考借鉴台湾货物税专用颜色证照制度,试点设立税务机关和海关统一的蓝、红、白三色完税证照制度。

第四节 两岸关税制度比较及启示

《礼记·王制》:"关,讥而不征。"在春秋以前,"关"的设置就已存在,但其时的目的不是出于经济目的,更不是收税,只是为了稽查行旅以便进行政治上的社会控制。③ 此后,关税在此后的朝代更迭中完成了政治关税(秦汉)、财政关税(魏晋南北朝至明朝)直至保护关税(清朝)的演进变迁④,关税也因此完成了近现代意义上的基本转型。而西方国家的关税则最早起源于雅典时代,由于封建诸侯的盘踞,一般以内地关税为主,其后中央集权运行兴起,逐渐形成统一的国境关税。现代意义上的关税,是指国家或地区对进出国境或关境的货物或商品征收的一种税。关税与其他税种的最大不同点还在于,关税在具有财政经济性特点外,还具有相当的政治和国际关系特性,并且与一国或地区的经济贸易政策和对外开放程度紧密相关。1927年4月,国民政府以关税自主权为国策,设立了关税自主权委员会。1928年7月,国民政府提出通过协商方式,废除旧约,另订新约,逐步实现关税自主,并先后与美国、英国、法国、德国、比利时、意大利、丹麦、葡萄牙、西班牙等国相继签订了新的关税条约,完成了关税自主的法律程序,并以国定关税取代

---

① 参见杨芷晴:《试析"营改增"背景下的消费税改革》,载《税务研究》2013年第7期。
② 参见董其文:《全面推进现代消费税制的改革》,载《税务研究》2011年第11期。
③ 参见臧知非:《秦汉赋役与社会控制》,三秦出版社2012年版,第84—87页。
④ 参见徐信艳:《中国古代流转税思想研究》,上海交通大学出版社2012年版,第30—33页、第54—60页、第73—79页、第97—102页、第118—121页、第131—135页、第151—159页。

了协定关税。此后,国民政府完成了关税税则和出口税则的立法和修订工作。① 在"一个中国"原则下,台湾以"台湾、澎湖、金门及马祖个别关税领域"向 GATT 秘书处提出入会申请,于 2001 年完成各项双边与多边入会经贸咨商。1967 年 8 月 8 日,台湾制定"关税法",后经二十余次修订,最新的"关税法"于 2013 年 5 月 29 日("华总一义字第 10200101271 号令")修正公布。② 2001 年 11 月 12 日,台湾签署入会议定书,并自 2001 年 11 月 22 日生效。2003 年 11 月 23 日,我国国务院总理温家宝签署第 392 号国务院令,发布《进出口关税条例》(以下简称《关税条例》),自 2004 年 1 月 1 日起施行。③

(一) 关税功能:正当保护原则

"关税是一种征收之方式,非特殊之税类也。"④一般而言,关税分为进口关税、出口关税和转口关税。目前,有些国家仅对少部分的出口货物征收关税,大多数国家基本上不再对出口货物的征收。由于转口关税阻碍了转口贸易的发展,大多数国家也已经不再针对转口货物征税。台湾地区也仅针对从台湾以外进口的货物征收关税。按照其课征目的,关税可以分为财政关税和保护关税。前者以取得财政收入为主要目的,后者虽也以财政为目的,但更为注重保护本国产业发展。古代及中世纪的关税,一般以收入为主,至 17 世纪到 18 世纪期间,各国处于促进出口、抑制进口以及取得财政收入的考虑,纷纷提高关税。19 世纪初,由于自由经济思想的推动,为增强本国产业竞争力并优化市场及对外贸易环境,作为工业发达国家的英国率先达成自由贸易构架。此后,若干欧洲国家也继续跟进,大多也采取低关税

---

① 参见黄天华:《中国税收制度史》,中国财政经济出版社 2009 年版,第 441—447 页。
② 配套"关税法施行细则"之最新版本,于 2010 年 8 月 6 日"财政部""台财关字第 09900317960 号令"修正发布施行。
③ 2000 年 7 月 8 日,九届全国人大常委会第 16 次会议通过《全国人民代表大会常务委员会关于修改〈中华人民共和国海关法〉的决定》。同日,主席令第 35 号公布并自 2001 年 1 月 1 日起施行。《海关法》在"第五章关税"中对关税有指导性规定。2003 年 12 月 30 日,海关总署发布《关于为保证〈关税条例〉顺利实施执行中有关问题的公告》(海关总署公告 2003 年第 80 号),作为《关税条例》的配套规定。此外,2001 年 11 月 26 日,国务院第 46 次常务会议通过了《反倾销条例》和《反补贴条例》,对反倾销税和反补贴税征收作了规定。
④ 何廉、李锐:《财政学》,商务印书馆 2011 年版,第 221 页。

政策。但是,经济发展落后于英国的国家也发现,自由贸易不利于其本国产业政策保护原则,同时考虑到财政上需要,故自1870年后又产生了保护关税的潮流。[①] 从历史上看,关税的发展也因此以报酬收入型关税转变为经济政策型关税,与此同时也实现了内地税向国境税的转型。[②] 关税作为一种对自由贸易具有阻却作用的政府措施,其除了财政收入功能之外的正当性主要体现在对本国或本地区特定利益的保护,其理论基础在于国家税收主权优先和国际经济发展整体正义性两个方面。首先,税收主权具有明显的绝对性,世界上不存在对税收主权进行限制的一般国际税法,税收专约不为缔约国创设国际法上的法律义务,也不构成对税收主权的限制[③],所以国家税收主权具有优先性。其次,尽管国际经济法与国内经济法的融合日趋加深,国际法与国内法的界限越来越模糊[④],但国际经济发展不平衡所衍生的国际经济发展秩序整体正义性仍受到各国各地区的高度重视,并作为欠发达或发展中国家和地区特定关税的理论依据。[⑤]

(二) 两岸的差异性:进出口税制规则

由于关税具有高度的专业性和技术性,两岸税法对关税的相关规定基本趋同。但与此同时,因经济社会发展状况和在世界经济体系中的具体定位不同,两岸对关税的相关政策也存在一定的差异。相较而言,就立法规定来看,台湾税法关于关税的规定相对比较简单、纯粹且利于执行,这是由台湾作为出口导向的特定经济体定位所决定的;大陆税法关于关税的规定相对比较复杂、综合且层次较多;就税法执行来看,两岸对关税事项都制订了大量的配套性规则和文件,且关税事项涉及对外贸易和国际事务,两岸税法

---

① 参见何廉、李锐:《财政学》,商务印书馆2011年版,第221—222页。
② 参见吴家声:《财政学》,台湾三民书局1991年版,第439页。
③ 参见刘永伟:《税收主权与税收专约的解释依据》,载《中国社会科学》2013年第6期。
④ 参见沈四宝、盛建明:《经济全球化与国际经济法的新发展》,载《中国法学》2006年第3期。
⑤ 与关税有关的碳关税概念,近年来在环境法学界和税法学界也非常流行。需要说明的是,碳关税虽然名称为关税,但更多的是体现为资源税性质。主要有两种类型,一种是与碳税相对应的关税,另一种是与排放权交易制度相对应的碳关税。目前,大陆学界和实务界主流观点认为碳关税并不是关税,而是边境调节税。但是对碳关税界定为边境调节税的观点也存在相当的争议。参见黄文旭:《论碳关税的基本理论问题》,载陈晖主编:《海关法评论》(第2卷),法律出版社2011年版,第242—256页。

第四章 效率与公平:流转环节税制新课题?

对关税的具体事项都作了较为具体的规定,且在执行上更加高效;就技术规则来看,但由于两岸关税法历史演进和产生的特定背景不同,两岸税法中也难免出现一些分歧的看法,但关税的高度专业性和技术性特征也使得两岸税法在关税具体规则设定上的大致趋同。

1. 课征对象与范围。在台湾,依"关税法"第2条规定,关税指对国外进口货物所课征之进口税。台湾关税仅对通过台湾境内之"货物"才予课征,非"货物"不征关税。台湾关税仅只有进口税一种,其主要缘由是保护台湾产业、抑制进口并减少消费;为鼓励出口、赚取外汇并增加外销厂商之竞争力计,台湾也不征收出口关税;考虑到树立台湾货物转运中心之地位,亦不针对转口货物征收关税。在大陆,依《关税条例》第2条规定,准许进出口的货物、进境物品,除法律、行政法规另有规定外,海关征收进出口关税。通常来讲,货物是指贸易性的进出口商品,物品是指用于个人消费的非贸易性商品。① 相较而言,大陆的关税征收范围更广,不仅涉及"货物"和"物品",而且针对进出口环节都征收关税。

2. 纳税义务人。在台湾,"关税法"第6条规定:"关税纳税义务人为收货人、提货单或货物持有人。"依"关税法施行细则"第6条规定,收货人指提货单或进口舱单记载之收货人;提货单持有人指因向收货人受让提货单所载货物而持有货物提货单,或因受收货人或受让人委托而以自己名义向海关申报进口之人;货物持有人指持有应税未税货物之人。"入境旅客携带行李物品报验税放办法"和"邮包物品进口免税办法"则对行李及邮递物品进口纳税事项作了规定。② 在大陆,《关税条例》第5条规定:"进口货物的收货人、出口货物的发货人、进境物品的所有人,是关税的纳税义务人。"其中,货物的收货人和所有人是指依法取得对外贸易经营权,并进口或者出口货物的法人或者其他组织。《关于入境旅客行李物品和个人邮递物品征收进口税办法》(税委会〔1994〕第4号)第3条第1款规定:"进口税的纳税义

---

① 参见刘剑文主编:《财税法学》(第二版),高等教育出版社2012年版,第435页。
② 纳税义务人及具体征收规定,参见"入境旅客携带行李物品报验税放办法"(财政部2005年6月16日台财关字第09405502680号令修正发布)和"邮包物品进口免税办法"(财政部2009年7月22日台财关字第09805505170号令修正)。

务人是:携有应税个人自用物品的入境旅客及运输工具服务人员,进口邮递物品的收件人,以及以其他方式进口应税个人自用物品的收件人。"综合来看,就货物而言,大陆只允许经过审批的特定企业或组织才可以经营进出口业务并因此成为纳税人,而台湾货物关税纳税人还包括个人;至于个人物品,两岸均对个人携带物品超过一定数量的情形征收关税。

3. 计税依据。按照课税标准,台湾关税分为从价税和从量税两个主要种类。其中,从价税是指关税之课征以进口货品之完税价格为准,按规定之税率课税;从量税是指关税之课征以进口货品量为准,按规定之税额课税。考虑到从价税和从量税存在各自优缺点,1982年7月台湾修正"海关进口税则",还特别整合设计了从高征税之混合税。海关进口税则之货品分类架构,采世界关务组织(WCO)之HS国际商品统一分类制度。但目前海关进口税则之税号计8726号(8位码第1章至第97章),其中绝大部分为从价税。大陆进出口税则也按照HS目录编制,并根据具体情形增加了子目。①在计征方法上,大陆关税除存在从价税和从量税的相关规定外②,还有复合税(录像机等)和滑准税(新闻纸)等相关规定。相较而言,大陆的计税方式灵活丰富,为充分实现关税目的提供多样化手段;台湾的计税方式简单明了,同时还能通过混合税方式强化关税功能。

4. 关税税率。台湾海关进口税则之税率分为3栏。第1栏税率,适用于世界贸易组织(WTO)成员,或与台湾有互惠待遇的国家或地区的进口货物,目前计有189国家或地区。第2栏税率,适用于特定低度开发、开发中国家或地区的特定进口货物、与台湾签署自由贸易协定或经济合作协议之国家或地区的特定进口货物。③ 不适用第1栏和第2栏税率的进口货物,则

---

① 其中,包括为体现国家产业政策的商品、需要政府控制或限制进口的商品、高新技术产品、在进出口贸易中比重较大需要专项统计的商品以及实行许可证管理范围明确同事在技术上能够区分的商品,等等。

② 《关税条例》第36条规定:"进出口货物关税,以从价计征、从量计征或者国家规定的其他方式征收。""从价计征的计算公式为:应纳税额=完税价格×关税税率。""从量计征的计算公式为:应纳税额=货物数量×单位税额。"

③ 适用第1栏之国家或地区,由财政部会商有关机关后报请"行政院"核定,并由"行政院"函请"立法院"查照。适用第2栏之国家或地区,除与台湾签署条约、协定或经济合作协议者外,由"财政部"会同有关机关后报行政院核定后,送请"立法院"审议。

第四章 效率与公平:流转环节税制新课题?

适用第 3 栏税率(按第 3 栏税率通常系较高之税率)。在大陆,国务院设立关税税则委员会,负责《税则》和《进境物品进口税税率表》的税目、税则号列和税率的调整和解释,以及暂行税率事项、关税措施和特殊情形下税率适用等。① 《关税条例》第 9 条规定:"进口关税设置最惠国税率、协定税率、特惠税率、普通税率、关税配额税率等税率。对进口货物在一定期限内可以实行暂定税率。""出口关税设置出口税率。对出口货物在一定期限内可以实行暂定税率。"相较而言,关税税率结构和层次比台湾更为复杂,这也是由大陆特定经济发展阶段及对外贸易的多样性和变动性所决定的。

5. 原产地标准。因为产自不同国家和地区的进口货物适用不同的关税税率,所以原产地确定规则在两岸关税法中非常重要。台湾"关税法"目前主要采用(1)全部产地生产标准;和(2)实质性加工标准两大国际上通用的原产地标准。② 依"关税法"第 28 条规定,海关对进口货物原产地之认定,应依原产地认定标准办理,由海关就申报货物及其有关文件查明认定,并对认定困难者,由纳税义务人提供货品之产地证明文件。③ 在大陆,依《进出口货物原产地条例》第 3 条,原产地规定也采用了"(1)全部产地生产标准;和(2)实质性加工标准"这两大原产地标准。④ 关于原产地标准,两岸的规定基本相同。

6. 减免税。在大陆,依《海关法》第 56 条规定,下列进出口(境)货物、

---

① 《关税条例》第 4 条规定:"国务院设立关税税则委员会,负责《税则》和《进境物品进口税税率表》的税目、税则号列和税率的调整和解释,报国务院批准后执行;决定实行暂定税率的货物、税率和期限;决定关税配额税率;决定征收反倾销税、反补贴税、保障措施关税、报复性关税以及决定实施其他关税措施;决定特殊情况下税率的适用,以及履行国务院规定的其他职责。"

② 2010 年 12 月 24 日最新修订的"进口货物原产地认定标准"第 5 条规定:"非适用海关进口税则第二栏税率之进口货物以下列国家或地区为其原产地:一、进行完全生产货物之国家或地区。二、货物之加工、制造或原材料涉及二个或二个以上国家或地区者,以使该项货物产生最终实质转型之国家或地区。"

③ "关税法"第 28 条规定:"海关对进口货物原产地之认定,应依原产地认定标准办理,必要时,得请纳税义务人提供产地证明文件。在认定过程中如有争议,纳税义务人得请求货物主管机关或专业机构协助认定,其所需费用统由纳税义务人负担。""前项原产地之认定标准,由财政部会同经济部定之。"

④ 2004 年 8 月 18 日,国务院第 61 次常务会议通过《进出口货物原产地条例》。该《条例》在 2004 年 9 月 3 日经由国务院令第 416 号公布,并自 2005 年 1 月 1 日起施行。该《条例》第 3 条规定:"完全在一个国家(地区)获得的货物,以该国(地区)为原产地;两个以上国家(地区)参与生产的货物,以最后完成实质性改变的国家(地区)为原产地。"

物品,减征或者免征关税:(1)无商业价值的广告品和货样;(2)外国政府、国际组织无偿赠送的物资;(3)在海关放行前遭受损坏或者损失的货物;(4)规定数额以内的物品;(5)法律规定减征、免征关税的其他货物、物品;(6)缔结或者参加的国际条约规定减征、免征关税的货物、物品。第57条规定了特定减免税事项及其决定机关。① 第58条规定了临时减免税事项及其决定机关。② 第59条规定了以担保为前提的暂时免税措施。③ 在台湾,"关税法"第49条规定了免税之进口货物。第50条规定了进口货物免征关税情形。④ 第51条规定了赔偿或调换进口货物之免税。第52条、第53条分别规定了原货复运出口、进口之免税。第54条规定了暂准通关证。⑤ 相较而言,在法定减免税部分,两岸税法规定基本一致,均对毁损货物和定期复运进出口的货物免税;在特定减免税部分,两岸税法均对科教公益等机构及特定货物给予政策减免;在临时减免税部分,大陆有国务院可以"一案一批,专文下达"的灵活性规定,而台湾严格遵循税收法定原则,并未有相应规定;在依担保暂免关税部分,除担保方式略有不同外,其原理及规定也基本一致。

  7. 税额计算。税额计算主要涉及关税完税价格的确定。在台湾,"关

---

① 《关税法》第57条规定:"特定地区、特定企业或者有特定用途的进出口货物,可以减征或者免征关税。特定减税或者免税的范围和办法由国务院规定。""依照前款规定减征或者免征关税进口的货物,只能用于特定地区、特定企业或者特定用途,未经海关核准并补缴关税,不得移作他用。"

② 《关税法》第58条规定:"本法第五十六条、第五十七条第一款规定范围以外的临时减征或者免征关税,由国务院决定。"

③ 《关税法》第59条规定:"经海关批准暂时进口或者暂时出口的货物,以及特准进口的保税货物,在货物收发货人向海关缴纳相当于税款的保证金或者提供担保后,准予暂时免纳关税。"

④ "关税法"第50条规定:"进口货物有下列情形之一,免征关税:一、在境外运输途中或起卸时,因损失、变质、损坏致无价值,于进口时,向海关声明者。二、起卸以后,验放以前,因天灾、事变或不可抗力之事由,而遭受损失或损坏致无价值者。三、在海关查验时业已破漏、损坏或腐烂致无价值,非因仓库管理人员或货物关系人保管不慎所致者。四、于海关放行前,纳税义务人申请退运出口经海关核准者。五、于海关验放前,因货物之性质自然短少,其短少部分经海关查明属实者。"

⑤ "关税法"第54条规定:"纳税义务人得以暂准通关证替代进口或出口报单办理货物通关,该货物于暂准通关证有效期限内原货复运出口或复运进口者,免征关税。逾期未复运出口者,其应纳税款由该证载明之保证机构代为缴纳;逾期复运进口者,依法课征关税。""适用暂准通关证办理通关之货物范围、保证机构之保证责任、暂准通关证之签发、管理及其他应遵行事项之办法,由财政部定之。"

第四章 效率与公平:流转环节税制新课题?

税法"第 29 条规定了完税价格之核估。① 第 30 条规定了不得作为计算依据之情形。第 31 条至第 35 条分别规定了海关核定完税价格之同样货物、类似货物、国内销售价格、计算价格、资料等 5 种情形。第 36 条规定了海关完税价格核定方法说明。第 36 条之 1 规定了预先审查之作业程序。第 37 条规定了复运进口货物之完税价格。第 38 条规定了未移转所有权进口货物之完税价格。第 39 条规定了外币价格之折算。第 40 条规定了拆装之机器税则号别。第 41 条规定了拆装之货物税则号别。第 42 条规定了完税价格之查明。② 在大陆,《关税条例》第 18 条规定了进口货物的完税价格的确定。即,由海关以符合规定条件的成交价格以及该货物运抵境内输入地点起卸前的运输及其相关费用、保险费为基础审查确定。③ 第 19 条、第 20 条分别规定了计入、不计入完税价格的费用。第 21 条规定了进口货物的成交

---

① "关税法"第 29 条规定:"从价课征关税之进口货物,其完税价格以该进口货物之交易价格作为计算根据。""进口货物之实付或应付价格,如未计入下列费用者,应将其计入完税价格:一、由买方负担之佣金、手续费、容器及包装费用。二、由买方无偿或减价提供卖方用于生产或销售该货之下列物品及劳务,经合理摊计之金额或减价金额:(一)组成该进口货物之原材料、零组件及其类似品。(二)生产该进口货物所需之工具、铸模、模型及其类似品。(三)生产该进口货物所消耗之材料。(四)生产该进口货物在国外之工程、开发、工艺、设计及其类似劳务。三、依交易条件由买方支付之权利金及报酬。四、买方使用或处分进口货物,实付或应付卖方之金额。五、运至输入口岸之运费、装卸费及搬运费。六、保险费。""依前项规定应计入完税价格者,应根据客观及可计量之资料。无客观及可计量之数据者,视为无法按本条规定核估其完税价格。""海关对纳税义务人提出之交易文件或其内容之真实性或正确性存疑,纳税义务人未提出说明或提出说明后,海关仍有合理怀疑者,视为无法按本条规定核估其完税价格。"

② "关税法"第 42 条规定:"海关为查明进口货物之正确完税价格,得采取下列措施,被调查人不得规避、妨碍或拒绝:一、检查该货物之买、卖双方有关售价之其他文件。二、调查该货物及同样或类似货物之交易价格或国内销售价格,及查阅其以往进口时之完税价格纪录。三、调查其他厂商出售该货物及同样或类似货物之有关账簿及单证。四、调查其他与核定完税价格有关数据。"

③ 《关税条例》第 18 条规定:"进口货物的完税价格由海关以符合本条第三款所列条件的成交价格以及该货物运抵中华人民共和国境内输入地点起卸前的运输及其相关费用、保险费为基础审查确定。""进口货物的成交价格,是指卖方向中华人民共和国境内销售该货物时买方为进口该货物向卖方实付、应付的,并按照本条例第十九条、第二十条规定调整后的价款总额,包括直接支付的价款和间接支付的价款。""进口货物的成交价格应当符合下列条件:(一)对买方处置或者使用该货物不予限制,但法律、行政法规规定实施的限制、对货物转售地域的限制和对货物价格无实质性影响的限制除外;(二)该货物的成交价格没有因搭售或者其他因素的影响而无法确定;(三)卖方不得从买方直接或者间接获得因该货物进口后转售、处置或者使用而产生的任何收益,或者虽有收益但能够按照本条例第十九条、第二十条的规定进行调整;(四)买卖双方没有特殊关系,或者虽有特殊关系但未对成交价格产生影响。"

价格不能确定时完税价格的估定。① 第 23 条至第 25 条规定了租赁方式进口、运往境外加工和运往境外修理的器具工具等货物的完税价格确定。第 26 条规定了出口货物的完税价格确定。② 第 27 条规定了出口货物的成交价格不能确定时完税价格的估定。③ 第 28 条规定了数据引用的客观及可量化要求。总体而言，就完税价格的确定而言，台湾以"交易价格"为基础，大陆以"成交价格"为基础，两岸税法规定基本相同，但在具体计算规则上略有差异。另外，因台湾无出口关税设置，故出口部分亦无完税价格之说法。

8. 保税与出口退税。在台湾，"关税法"在"第三章税款之优待"中专设"第二节保税"和"第三节退税"，以规定关税之保税和退税制度。依"关税法"第 63 条第 1 项规定，外销品进口原料关税，除经"财政部"公告取消退税之项目及原料可退关税占成品出口离岸价格在"财政部"核定之比率或金额以下者，不予退还外，得于成品出口后依各种外销品产制正常情况所需数量之原料核退标准退还。依"关税法"第 28 条至 62 条规定，台湾保税制度有保税仓库(第 58 条)、保税工厂(第 59 条)、物流中心(第 60 条)、免税商店(第 61 条)和保税仓库(第 62 条)等 5 种安排形式。在大陆，《关税条例》并未直接对保税制度作出具体规定，相关规则主要散见于《海关保税港区管

---

① 《关税条例》第 21 条规定："进口货物的成交价格不符合本条例第十八条第三款规定条件的，或者成交价格不能确定的，海关经了解有关情况，并与纳税义务人进行价格磋商后，依次以下列价格估定该货物的完税价格：(一) 与该货物同时或者大约同时向中华人民共和国境内销售的相同货物的成交价格；(二) 与该货物同时或者大约同时向中华人民共和国境内销售的类似货物的成交价格；(三) 与该货物进口的同时或者大约同时，将该进口货物、相同或者类似进口货物在第一级销售环节销售给无特殊关系买方最大销售总量的单位价格，但应当扣除本条例第二十二条规定的项目；(四) 按照下列各项总和计算的价格：生产该货物所使用的料件成本和加工费用，向中华人民共和国境内销售同等级或者同种类货物通常的利润和一般费用，该货物运抵境内输入地点起卸前的运输及其相关费用、保险费；(五) 以合理方法估定的价格。""纳税义务人向海关提供有关资料后，可以提出申请，颠倒前款第(三)项和第(四)项的适用次序。"

② 《关税条例》第 26 条规定："出口货物的完税价格由海关以该货物的成交价格以及该货物运至中华人民共和国境内输出地点装载前的运输及其相关费用、保险费为基础审查确定。""出口货物的成交价格，是指该货物出口时卖方为出口该货物应当向买方直接收取和间接收取的价款总额。""出口关税不计入完税价格。"

③ 《关税条例》第 27 条规定："出口货物的成交价格不能确定的，海关经了解有关情况，并与纳税义务人进行价格磋商后，依次以下列价格估定该货物的完税价格：(一) 与该货物同时或者大约同时向同一国家或者地区出口的相同货物的成交价格；(二) 与该货物同时或者大约同时向同一国家或者地区出口的类似货物的成交价格；(三) 按照下列各项总和计算的价格：境内生产相同或者类似货物的料件成本、加工费用，通常的利润和一般费用，境内发生的运输及其相关费用、保险费；(四) 以合理方法估定的价格。"

第四章　效率与公平：流转环节税制新课题？

理暂行办法》(署令〔2010〕191号)、《海关对保税物流园区的管理办法》(署令〔2010〕190号)①、《海关对免税商店及免税品监管办法》(署令第132号)②等海关部门规章和规范性文件中。《关税条例》第50条则对出口退税的情形及程序作了明确规定。③ 相较而言，两岸税法关于保税和出口退税的规定的没有实质性的区别，只是在具体认定和程序上略有细微差异。

9. 征收程序。在台湾，"关税法"第4条规定了关税征收机关，"关税之征收，由海关为之。""关税法"第9条规定了征收期间，即依法应征之关税、滞纳金及罚锾，自确定之翌日起，除已依法移送强制执行尚未结案者，5年内未经征起者，不再征收。④ 第16条规定了进出口货物之申报，即进口申报自进口之翌日起15日内办理，出口申报自按照规定期限办理。⑤ 第17条第28条则规定了通关、报关及查验程序的相关关务和税务规则。第43条规定了纳税期限，即关税、罚锾和处理货物变卖或销毁货物应缴费用缴纳的纳税期限为相关凭证送达或收到之日起14日内。⑥ 第44条规定了担保情形下

---

① 2010年3月1日，海关总署署务会议审议通过《海关总署关于修改〈中华人民共和国海关对保税物流园区的管理办法〉的决定》和《海关总署关于修改〈中华人民共和国海关保税港区管理暂行办法〉的决定》。2010年3月15日，海关总署以海关总署令第190号和海关总署令第191号形式公布，并自2010年5月1日起施行。

② 2005年9月30日，海关总署署务会议审议通过《中华人民共和国海关对免税商店及免税品监管办法》。2005年11月28日，海关总署以海关总署令第132号公布，自2006年1月1日起施行。

③ 《暂行条例》第50条规定："有下列情形之一的，纳税义务人自缴纳税款之日起1年内，可以申请退还关税，并应当以书面形式向海关说明理由，提供原缴款凭证及相关资料：(一)已征进口关税的货物，因品质或者规格原因，原状退货复运出境的；(二)已征出口关税的货物，因品质或者规划原因，原状退货复运进境，并已重新缴纳因出口而退还的国内环节有关税收的；(三)已征出口关税的货物，因故未装运出口，申报退关的。""海关应当自受理退税申请之日起30日内查实并通知纳税义务人办理退还手续。纳税义务人应当自收到通知之日起3个月内办理有关退税手续。""按照其他有关法律、行政法规规定应当退还关税的，海关应当按照有关法律、行政法规的规定退税。"

④ "关税法"第9条规定："依本法规定应征之关税、滞纳金或罚款，自确定之翌日起，五年内未经征起者，不再征收。但于五年期间届满前，已依法移送强制执行尚未结案者，不在此限。""前项期间之计算，于应征之款项确定后，经准予分期或延缓缴纳者，自各该期间届满之翌日起算。""前二项规定，于依本法规定应征之费用准用之。"

⑤ "关税法"第16条规定："进口货物之申报，由纳税义务人自装载货物之运输工具进口之翌日起十五日内，向海关办理。"出口货物之申报，由货物输出人于载运货物之运输工具结关或开驶前之规定期限内，向海关办理；其报关验放办法，由"财政部"定。前二项货物进出口前，得预先申报；其预行报关处理准则，由"财政部"定。"

⑥ "关税法"第43条规定："关税之缴纳，自税款缴纳证送达之翌日起十四日内为之。""依本法所处罚款之缴纳，应自处分确定，收到海关通知之翌日起十四日内为之。""处理货物变卖或销毁货物应缴之费用，应自通知书送达之翌日起十四日内缴纳。"

的进口货物放行。《关税条例》第 51 条对少征漏征之追征作了规定,即归责于海关之少征漏征的追征期为 1 年,归责于纳税义务人之少征漏征的追征期为 3 年。① 第 29 条规定了进出口货物之申报,即进口申报自进口之日起 14 日内,出库申报自抵达监管区并装货的 24 小时之前,转关运输的按总署规定执行。② 第 30 条至第 35 条则规定了申报要求、商品归类、资料提供、海关审查、限期提供、书面说明等具体征收事项。第 37 条规定了纳税期限,即应当自海关填发税款缴款书之日起 15 日内向指定银行缴纳税款。③ 第 38 条规定了海关征收关税、滞纳金等应当按人民币计征。④ 第 39 条规定可税款延期缴纳须批准且最长不得超过 6 个月。⑤ 第 40 条规定了关税的纳税担保、税收保全及强制措施。⑥ 第 54 条、第 55 条还规定了委托企业和关联企业缴纳税款的连带责任。两岸税法还对因退税、补税事项作了相应的规定。⑦ 两岸关于税收程序的相关规定除纳税期限的起算及具体时间、税款延

---

① 《关税条例》第 51 条规定:"进出口货物放行后,海关发现少征或者漏征税款的,应当自缴纳税款或者货物放行之日起 1 年内,向纳税义务人补征税款。但因纳税义务人违反规定造成少征或者漏征税款的,海关可以自缴纳税款或者货物放行之日起 3 年内追征税款,并从缴纳税款或者货物放行之日起按日加收少征或者漏征税款万分之五的滞纳金。""海关发现海关监管货物因纳税义务人违反规定造成少征或者漏征税款的,应当自纳税义务人应缴纳税款之日起 3 年内追征税款,并从应缴纳税款之日起按日加收少征或者漏征税款万分之五的滞纳金。"

② 《关税条例》第 29 条规定:"进口货物的纳税义务人应当自运输工具申报进境之日起 14 日内,出口货物的纳税义务人除海关特准的外,应当在货物运抵海关监管区后、装货的 24 小时以前,向货物的进出境地海关申报。进出口货物转关运输的,按照海关总署的规定执行。""进口货物到达前,纳税义务人经海关核准可以先行申报。具体办法由海关总署另行规定。"

③ 《关税条例》第 37 条规定:"纳税义务人应当自海关填发税款缴款书之日起 15 日内向指定银行缴纳税款。纳税义务人未按期缴纳税款的,从滞纳税款之日起,按日加收滞纳税款万分之五的滞纳金。""海关可以对纳税义务人欠缴税款的情况予以公告。""海关征收关税、滞纳金等,应当制发缴款凭证,缴款凭证格式由海关总署规定。"

④ 《关税条例》第 38 条规定:"海关征收关税、滞纳金等,应当按人民币计征。""进出口货物的成交价格以及有关费用以外币计价的,以中国人民银行公布的基准汇率折合为人民币计算完税价格;以基准汇率币种以外的外币计价的,按照国家有关规定套算为人民币计算完税价格。适用汇率的日期由海关总署规定。"

⑤ 《关税条例》第 39 条规定:"纳税义务人因不可抗力或者在国家税收政策调整的情形下,不能按期缴纳税款的,经海关总署批准,可以延期缴纳税款,但是最长不得超过 6 个月。"

⑥ 《关税条例》第 40 条规定:"进出口货物的纳税义务人在规定的纳税期限内有明显的转移、藏匿其应税货物以及其他财产迹象的,海关可以责令纳税义务人提供担保;纳税义务人不能提供担保的,海关可以按照《海关法》第六十一条的规定采取税收保全措施。""纳税义务人、担保人自缴纳税款期限届满之日起超过 3 个月仍未缴纳税款的,海关可以按照《海关法》第六十条的规定采取强制措施。"

⑦ 参见"关税法"第 64 条至 66 条以及《关税条例》第 49 条至第 53 条、第 63 条的规定。

第四章 效率与公平：流转环节税制新课题？

期缴纳等部分内容存在细微差异外，相关规定大致相同。

10. 行政救济。在台湾，"关税法"第 45 条规定了审查复查，即纳税义务人不服相关核定者，得在收到税款缴纳证 30 日内按照书面格式向海关申请复查，并在缴纳税款或提供担保后提领货物。① 第 46 条规定了复查案之处理。即，海关应自收到申请翌日起 2 个月内为复查决定并书面通知；若延长应书面通知，延长以 1 次为限且最长不得逾 2 个月。② 第 47 条规定了诉愿及行政诉讼，即纳税义务人不服复查决定着，得提起诉愿及行政诉讼；确定应退还税款者应及时退还，应补缴税款的，应及时补缴。③ 第 64 条对涉税争议处理作了指导性规定："纳税义务人、担保人对海关确定纳税义务人、确定完税价格、商品归类、确定原产地、适用税率或者汇率、减征或者免征税款、补税、退税、征收滞纳金、确定计征方式以及确定纳税地点有异议的，应当缴纳税款，并可以依法向上一级海关申请复议。对复议决定不服的，可以依法向人民法院提起诉讼。"相较而言，台湾关于行政救济的规定更为具体细致，大陆的规定主要是指导性规定，这也与大陆基于实体税法与程序税法各自分工而在具体税种法规中不对程序性事项作更多规定的惯例相关联。

11. 罚则。在台湾，"关税法"第 73 条至第 94 条规定了罚则。其中，第 73 条、第 74 条和第 78 条规定了不依限报关、不依限纳税及视同私运货物进口之处罚。第 73 条规定，进口货物不依规定期限报关者，自报关期限届满之翌日起，按日加征滞报费新台币 200 元。滞报费征满 20 日仍不报关者，由海关将其货物变卖，所得价款，扣除应纳关税及必要之费用外，如有余款，

---

① "关税法"第 45 条规定："纳税义务人如不服海关对其进口货物核定之税则号别、完税价格或应补缴税款或特别关税者，得于收到税款缴纳证之翌日起三十日内，依规定格式，以书面向海关申请复查，并得于缴纳全部税款或提供相当担保后，提领货物。"

② "关税法"第 46 条规定："海关对复查之申请，应于收到申请书之翌日起二个月内为复查决定，并作成决定书，通知纳税义务人；必要时，得予延长，并通知纳税义务人。延长以一次为限，最长不得逾二个月。""复查决定书之正本，应于决定之翌日起十五日内送达纳税义务人。"

③ "关税法"第 47 条规定："纳税义务人不服前条复查决定者，得依法提起诉愿及行政诉讼。""经依复查、诉愿或行政诉讼确定应退还税款者，海关应于确定之翌日起十日内，予以退还；并自纳税义务人缴纳该项税款之翌日起，至填发收入退还书或国库支票日止，按退税额，依缴纳税款之日邮政储金一年期定期储金固定利率，按日加计利息，一并退还。""经依复查、诉愿或行政诉讼确定应补缴税款者，海关应于确定之翌日起十日内，填发补缴税款缴纳通知书，通知纳税义务人缴纳，并自该项补缴税款原应缴纳期间届满之翌日起，至填发补缴税款缴纳通知书之日止，按补缴税额，依原应缴纳税之日邮政储金一年期定期储金固定利率，按日加计利息，一并征收。"

由海关暂代保管;纳税义务人得于 5 年内申请发还,逾期缴归国库。第 74 条规定,不依规定期限纳税者,自缴税期限届满之翌日起,照欠缴税额按日加征滞纳金 0.05%。滞纳金加征满 30 日仍不纳税者,按照第 73 条不依限报关规定之第 2 项同等处理。第 78 条规定,将保税工厂之产品或免征关税之原料出厂者,以私运货物进口论,依海关缉私条例有关规定处罚。在大陆,《关税条例》就罚则的规定仅见诸于第 51 条关于少征漏征之追征的 5% 滞纳金规定。第 66 条则规定了有关罚款事项准用其他法律法规规定[①],与其他税种法规一样未作具体而深入的展开。需要说明的是,两岸关税法的此种差异性在其他税种比较时亦有体现。

(三)共同的技术工具:特殊关税的应用

按照征税目的的不同,关税可以分为财政关税和特殊关税。从理论溯源的角度,保护关税政策的经济学原理始于重商主义,当时欧洲一些国家为保护本国产品而对进口外国货物征收高额关税。此时的关税功能并不特别关注取得财政收入,而是对本国经济和特定产业的特别保护,通过非市场化的关税安排实现对外贸易的有效管制。就世界范围而言,在对于不同经济发展程度的国家和地区而言,对于保护关税的观点及采取的做法并不相同。发达国家和地区注重保护国际竞争力的特定产业行业,而发展中或欠发达国家和地区则重点保护本国幼稚产业行业。两岸都对特殊关税进行了专门规定,大陆还因此制订了单行条例。台湾的特殊关税包括反倾销税和平衡税,大陆的特殊关税则包括反倾销税和反补贴税。其中,台湾的平衡税大体相当于大陆的反补贴税。台湾的"关税法"对平衡税、反补贴税、报复关税[②]、税率之增减以及关税配额作出了具体规定。大陆的《反倾销条例》《反补贴条例》《保障措施条例》对倾销与补贴等相关概念的界定、与损害的关系、调查、反倾销税、反补贴税、保障措施、期限与复审等相关事

---

① 《关税条例》第 66 条规定:"有违反本条例规定行为的,按照《海关法》、《中华人民共和国海关法行政处罚实施条例》和其他有关法律、行政法规的规定处罚。"

② "关税法"第 70 条规定了报复关税。该条规定,输入国家对台湾输出之货物或运输工具所装载之货物,给予差别待遇,使台湾货物或运输工具所装载之货物较其他国家在该国市场处于不利情况者,该国输出之货物或运输工具所装载之货物,运入台湾时,除依海关进口税则征收关税外,"财政部"得决定另征适当之报复关税。

第四章 效率与公平:流转环节税制新课题?

项也作了相应规定。①

1. 平衡税与反补贴税。在台湾,"关税法"第 67 条规定了平衡税课征要件。该条规定,进口货物在输出或产制国家之制造、生产、销售、运输过程,直接或间接领受财务补助或其他形式之补贴,致损害台湾产业者,除依海关进口税则征收关税外,得另征适当之平衡税。第 69 条第 1 项则明确了损害台湾产业之定义。所谓损害台湾产业,是指对台湾产业造成实质损害或有实质损害之虞,或实质推迟境内该项产业之建立。第 2 项规定,"平衡税之课征,不得超过进口货物领受之补贴金额"。②《反补贴条例》第 2 条规定了反补贴措施要件,即"进口产品存在补贴,并对已经建立的国内产业造成实质损害或者产生实质损害威胁,或者对建立国内产业造成实质阻碍"。第 29 条规定了临时反补贴税。③ 第 38 条规定了反补贴税课征要件。④ 第 31 条规定了临时反补贴措施的期限。⑤ 第 43 条规定了反补贴税的限额。⑥ 第 46 条规定了终裁决定对临时反补贴税的影响。⑦ 相较而言,两岸关于平衡税和反补贴税的规定原理类似,相关规定也非常接近。从表现形式上看,台湾的平衡税规定较为简略,大陆则更为具体。从实质内容上看,台湾平衡税相关事项都需要经过"财政部"会同有关机关拟订并报请"行政院"核定,而大陆则直接经过商务部即可实施,这在某种程度上也说明了税收法定原

---

① 2004 年 3 月 31 日,总理温家宝签署国务院令第 401 号、第 402 号和第 403 号,分别公布《国务院关于修改〈中华人民共和国反倾销条例〉的决定》、《国务院关于修改〈中华人民共和国反补贴条例〉的决定》、《国务院关于修改〈中华人民共和国保证措施条例〉的决定》,并均自 2004 年 6 月 1 日起施行。

② "关税法"第 69 条第 3 项规定,平衡税及反倾销税之课征范围、对象、税率、开征或停征日期,应由"财政部"会商有关机关后公告实施。第 4 项规定,有关申请课征平衡税及反倾销税之案件,其申请人资格、条件、调查、认定、意见陈述、案件处理程序及其他应遵行事项之实施办法,由"财政部"会同有关机关拟订,报请"行政院"核定。

③ 《反补贴条例》第 29 条规定:"初裁决定确定补贴成立,并由此对国内产业造成损害的,可以采取临时反补贴措施。""临时反补贴措施采取以保证金或者保函作为担保的征收临时反补贴税的形式。"

④ 《反补贴条例》第 38 条规定:"在为完成磋商的努力没有取得效果的情况下,终裁决定确定补贴成立,并由此对国内产业造成损害的,可以征收反补贴税。征收反补贴税应当符合公共利益。"

⑤ 《反补贴条例》第 31 条规定:"临时反补贴措施实施的期限,自临时反补贴措施决定公告规定实施之日起,不超过 4 个月。""自反补贴立案调查决定公告之日起 60 天内,不得采取临时反补贴措施。"

⑥ 《反倾销条例》第 43 条规定:"反补贴税税额不得超过终裁决定确定的补贴金额。"

⑦ 《反倾销条例》第 46 条规定:"终裁决定确定不征收反补贴税的,或者终裁决定未确定追溯征收反补贴税的,对实施临时反补贴措施期间已收取的保证金应当予以退还,保函应予以解除。"

则在两岸的执行差异。

2. 反倾销税。在台湾,"关税法"第68条规定了反倾销税课征要件。进口货物以低于同类货物之正常价格输入,致损害台湾产业者,除依海关进口税则征收关税外,得另征适当之反倾销税。其中,正常价格是指在通常贸易过程中,在输出国或产制国国内可资比较之销售价格,无此项可资比较之国内销售价格,得以其输往适当之第三国可资比较之销售价格或以其在原产制国之生产成本加合理之管理、销售与其他费用及正常利润之推定价格,作为比较之基准。第69条第2项规定,"反倾销税之课征,不得超过进口货物之倾销差额"。在大陆,《反倾销条例》第2条规定了反倾销措施要件,即进口产品以倾销方式进入大陆市场,并对已经建立的国内产业造成实质损害或者产生实质损害威胁,或者对建立国内产业造成实质阻碍。第28条规定了临时反倾销税。①第30条规定了临时反倾销措施的期限。② 第45条规定了终裁决定对临时反倾销税的影响。③ 相较而言,两岸关于反倾销税的规定原理类似,相关规定也非常接近。从表现形式上看,"关税法"的反倾销税规定较为简略,《反倾销条例》则更为具体。从实质内容上看,台湾反倾销税相关事项都需要经过"财政部"会同有关机关拟订并报请"行政院"核定,而大陆则直接经过商务部即可实施,这在某种程度上也说明了税收法定原则在两岸执行的差异。

3. 保障措施。在台湾"关税法"第71条规定了税率之增减。该条规定,为应付国内或国际经济之特殊情况,并调节物资供应及产业合理经营,对进口货物应征之关税或适用之关税配额,得在海关进口税则规定之税率或数量50%以内予以增减。但大宗物资价格大幅波动时,得在100%以内

---

① 《反倾销条例》第28条规定:"初裁决定确定倾销成立,并由此对国内产业造成损害的,可以采取下列临时反倾销措施:(一)征收临时反倾销税;(二)要求提供保证金、保函或者其他形式的担保。""临时反倾销税税额或者提供的保证金、保函或者其他形式担保的金额,应当不超过初裁决定确定的倾销幅度。"

② 《反倾销条例》第30条规定:"临时反倾销措施实施的期限,自临时反倾销措施决定公告规定实施之日起,不超过4个月;在特殊情形下,可以延长至9个月。""自反倾销立案调查决定公告之日起60天内,不得采取临时反倾销措施。"

③ 《反倾销条例》第45条规定:"终裁决定确定不征收反倾销税的,或者终裁决定未确定追溯征收反倾销税的,已征收的临时反倾销税、已收取的保证金应当予以退还,保函或者其他形式的担保应当予以解除。"

第四章 效率与公平：流转环节税制新课题?

予以增减。增减税率或数量之期间，以 1 年为限。① "关税法"第 5 条规定了关税配额之实施。② "关税法"第 72 条则特别规定了特殊关税配额之实施。③ 在大陆，《保障措施条例》第 2 条规定保障措施要件，即"进口产品数量增加，并对生产同类产品或者直接竞争产品的国内产业造成严重损害或者严重损害威胁"。第 16 条规定了临时保障措施。④ 第 25 条规定了终裁决定对临时关税的影响。⑤ 第 26 条规定了保障措施的实施期限及其延长。⑥ 相较而言，两岸关于保障措施的规定原理类似，相关规定也非常接近。从表现形式上看，"关税法"的保障措施包括报复关税和关税配额，《保障措施条例》则概括指称为提高关税。从实质内容上看，台湾的税率增减和关税税额都需要经过"财政部"会同有关机关拟订并报请"行政院"核定，而大陆则直接经过商务部即可实施，这在某种程度上也说明了税收法定原则在两岸的执行差异。

---

① 增减税率或数量之货物种类、实际增减之幅度及开始与停止日期，由"财政部"会商有关机关拟订，报请行政院核定。

② "关税法"第 5 条规定：海关进口税则得针对特定进口货物，就不同数量订定其应适用之关税税率，实施关税配额。前项关税配额之分配方式、参与分配资格、应收取之权利金、保证金、费用及其处理方式之实施办法，由"财政部"会同有关机关拟订，报请"行政院"核定之。

③ "关税法"第 72 条规定：依贸易法采取进口救济或依国际协议采取特别防卫措施者，得分别对特定进口货物提高关税、设定关税配额或征收额外关税。前项额外关税于该货物之累积进口量超过基准数量时，应以海关就该批进口货物核定之应征税额为计算基础；于该进口货物之进口价格低于基准价格时，应以海关依本法核定之完税价格与基准价格之差额为计算基础。其额外关税之课征，以该二项基准所计算税额较高者为之。第一项关税之提高、关税配额之设定或额外关税之征收，其课征之范围、税率、额度及期间，由"财政部"会同有关机关拟订，报请"行政院"核定；关税配额之实施，依第五条第二项关税配额之实施办法办理。

④《保障措施条例》第 16 条规定："有明确证据表明进口产品数量增加，在不采取临时保障措施将对国内产业造成难以补救的损害的紧急情况下，可以作出初裁决定，并采取临时保障措施。""临时保障措施采取提高关税的形式。"

⑤《保障措施条例》第 25 条规定："终裁决定确定不采取保障措施的，已征收的临时关税应当予以退还。"

⑥《保障措施条例》第 26 条规定："保障措施的实施期限不超过 4 年。""符合下列条件的，保障措施的实施期限可以适当延长：(一) 按照本条例规定的程序确定保障措施对于防止或者补救严重损害仍然有必要；(二) 有证据表明相关国内产业正在进行调整；(三) 已经履行有关对外通知、磋商的义务；(四) 延长后的措施不严于延长前的措施。""一项保障措施的实施期限及其延长期限，最长不超过 10 年。"

第五章　税收正义：地方税秩序的重建
——两岸财产和行为税的理论与实践

财产税是以纳税人所有或属其支配的某些财产为课税物件的一类税收。财产税是一个古老的税种,早在古希腊、古罗马时代,一般财产税就已经出现了。通常认为,现代国家开征的一般财产税始于1892年的荷兰。1893年德国开征的普鲁士税也属于财产税,并于1922年改名为财富税。中国奴隶社会对土地课征的"贡"、"助"、"彻",是中国历史上财产税的雏形。春秋时期的鲁国,为了增加财政收入和抑制开垦私田,于鲁宣公十五年(公元前594年)开始对井田以外的私田征税,称为"初税亩",此时对土地征收的财产税也就从雏形阶段走向成熟。① 以后汉代课征的"车船税"②,唐代课征的"间架税",都属于财产税。财产税历史悠久,虽在各国税收结构中并不占据主体地位,但由于能起到商品税和所得税无法实现的调节作用,因为被大多数国家普遍采用。行为税亦称特定目的税,是指政府为实现一定目的,对纳税人的某些特定行为征收的税收。欧洲早在中世纪就有行为税,部分国家对铸造金银货币的行为课征铸造税。印花税于1624年创始于荷兰,由于征收数额小而征税范围广,各国相继仿效。③ 中国对特定的行为征税历史悠久,早在战国时期,楚国等就对牲畜交易行为征税。此后历代对行为征税的税种,散见于工商税收和各类杂税中。④ 中国曾在一段时间内征收过固定

---

① "初税亩"首次以法律形式承认了土地的私有权和地主经济的合法化,实行"初税亩"后,土地所有者除了纳税,全部收入归自己支配,土地可以自由买卖和出租。土地再不具有"王室所有"的性质,而真正成为私人的财产。

② 西汉时期,中国就对车船征税。明、清时期,朝廷也曾向在内河航行的商船征税。

③ 到20世纪80年代,继续征收印花税的有荷兰、英国、日本、伊朗等国。此外,荷兰、法国、日本有登记税或登记许可税,联邦德国、瑞典等国有彩票税,日本有纸牌税,美国有赌博税,其他国家还有狩猎税、养狗税,等等。

④ 比如,三国两晋南北朝时期,对交易行为征收的"估税",唐代的"除陌钱",宋代商税中的"住税"、"印契税",清朝的"落地税"等。

第五章 税收正义:地方税秩序的重建

资产投资方向税、筵席税和屠宰税,均属此类。① 总体上看,财产税和行为税都属于辅助性税种,通常都属于地方政府的财政收入。目前两岸现行的财产税和行为税,主要涉及房产税、资源税、土地税、车船税、契税和印花税。

第一节 两岸房产税制度的功能与实效

房产税也称为房屋税,是以房屋和附着于房屋的附属物为课税对象,以房屋的数量和价值作为课税标准的一种税收。中国古籍《周礼》上所称"廛布",即为世界上最初的房产税。欧洲中世纪时封建君主开征的"窗户税"、"灶税"、"烟囱税",也具有房产税的性质。台湾房屋税是对房屋所有人拥有的房屋的价值征收的一种税,是一种典型的财产税。从法律属性角度看,"不动产税原则上并不以不动产本体,而以与不动产有关之经济财为税捐客体"。② 1943 年台湾公布"房屋税条例",1950 年更名为"房捐条例",1955 年修正该条例。1960 年台湾开始拟定新的"房屋税条例",1967 年 4 月 11 日发布,1968 年 1 月 1 日施行,正式改"捐"为"税"。③ 其后经历多次修正,现行"房屋税条例"已经先后修订 16 次,最新的法律案于 2007 年 3 月 21 日修正发布。另外,台北和高雄两市还先后制定了"台北市房屋税征收自治条例"和"高雄市房屋税征收自治条例",就具体税率确定及相关程序事项作了相应的配套性规定。2011 年 4 月 15 日,台湾完成"特种货物及劳务税条例"三读及发布程序,并自 2011 年 6 月 1 日施行。④ 大陆在 1950 年政务院

---

① 固定资产投资方向调节税于 2000 年停征,而筵席税和屠宰税也在 1994 年下放到地方管理并逐渐停征。

② 黄茂荣:《不动产税及其对不动产产业的经济引导》,载黄茂荣:《税法总论:税捐法律关系》(第三册),台湾植根法学论丛编辑室 2008 年版,第 469 页。

③ 按台湾现行税制,以不动产之持有为税捐客体,在土地为地价税和田赋,在房屋为房屋税。以不动产之交易为税捐客体者为契税和营业税。不过,营业税为一般销售税,并不专门针对不动产交易,也针对其他销售对象和行为。以交易所得为税捐客体者,在土地为土地增值税,在房屋为财产交易所得税。

④ 该条例对不动产短期买卖非供自住不动产课征特种货物及劳务税,也即台湾业界通常所称的奢侈税。依据该条例第 2 条第 1 项第 1 款之规定,所有权人在销售持有期间 2 年以内(含 2 年)坐落在台湾境内之房屋及其基地或依法得核发建筑执照之都市土地,皆应依法缴纳特种货物及劳务税。该条例第 5 条还规定,对于具有合理性、常态化及非自愿性移转不动产,不在特种货物及劳务税课税项目之内。

《全国税政实施要则》中就将房产税和地产税列为统一征收的税种。1986年9月15日,国务院发布《房地产税暂行条例》,并自1987年1月1日起施行,对房地产市场进行因应性税制调整。① 此后,部分省市区根据自身情况制定了配套的实施细则。2008年12月31日,国务院公布了第546号令,自2009年1月1日起废止《城市房地产税暂行条例》,外商投资企业、外国企业和组织以及外籍个人,依照《中华人民共和国房产税暂行条例》和内资企业一样缴纳房产税。②

(一) 功能与定位:稳定财源措施 & 宏观调控工具

近些年来,两岸房地产市场均呈现快速发展的趋势。一方面,对于政府而言,房地产行业可以作为重要支柱产业,促进和拉动相关行业产业的发展;另一方面,对于机构和个人投资者而言,城市土地的紧缺性也使得房地产资产投资成为保值增值的优选工具。但与此同时,两岸房地产的发展过程中,也存在很多具有同构型的具体实际问题,比如房价相比居民实际收入较高、房产成为投机性商品、房屋空置率较高,等等。当市场不能圆满解决经济问题或满足政策上的需要时,政府可以使用各种工具和方法进行介入。介入的方法,有直接施以价格及非价格管制者,也有间接利用税捐之课征的加重或减轻加以引导。其具体措施可以有:土地开发之外部成本的内部化、租金的管制或课税、房地产交易所得的课税、不动产集中交易市场、房地产环境影响评估,等等。③ 是故,两岸政府部门都将房地产调控作为整体经济

---

① 2011年1月8日,国务院总理温家宝签署国务院令第588号,公布2010年12月29日由国务院第138次常务会议通过的《国务院关于废止和修改部分行政法规的决定》,并自公布之日起施行。该《决定》附件2《国务院决定修改的行政法规》中在"六、对下列行政法规中引用法律、行政法规名称或者条文不对应的规定作出修改"之"(一)对下列行政法规中引用法律、行政法规名称作出修改"的第76项中明确,将《房产税暂行条例》第八条中的"《税收征收管理暂行条例》"修改为"《税收征收管理法》"。

② 中共十八届三中全会《决定》在"五、深化财税体制"之"(18)完善税收制度"中特别提出,要"加快房地产税立法并适时推进改革"。这给大陆后续房产税改革提供了政策指引和弹性空间。

③ 参见黄茂荣:"不动产税及其对不动产产业的经济引导",载黄茂荣:《税法总论:税捐法律关系》(第三册),台湾植根法学论丛编辑室2008年版,第519—527页。

调控的重要组成,而在其中,房地产税制又是极为重要的调控工具之一。①通常而言,房产税制与土地税制是紧密联系在一起的。在台湾,针对土地房产取得、交易和保有各环节分别开征地价税、土地增值税和房屋税等主要税种,而在大陆,相对应的主体税种分别为土地使用税、土地增值税和房产税等。就房产保有环节的税制而言,台湾的房屋税和大陆的房产税针对的是房屋的所有人或法定使用人征税。需要说明的是,台湾实行土地私有,房屋税主要针对房屋所有人征收,而大陆实行土地公有,房产税实际上针对房屋的使用权人进行征收。政府通过房产税制的调整,一方面可以增加投资人持有房产的成本,打击房产投机和抑制不正当的房产投资行为,另一方面,又可以藉由机构和个人投资者的资金偏好性,诱导和调控实体经济和宏观经济适当降温和软着陆。

房产税在所有税种中,是一种非常特殊的财产税,且至少具有三重特殊性。房产税的第一重特殊性在于其法律属性。其一,房产税是对物税,也即对符合规定条件的特定房产课征财产税,但与此同时房产是与房产所有人或使用人等特定人紧密相关的,因此房产税又具有了对人税的隐性特征;其二,房产税是直接税,房产所有人或使用人是税收的实际负担人,但与此同时因为房产价格通过交易不断升值而最终保有人因此而成为税负承接人,因而房产税在某种意义上也具有了间接税特征。房产税的第二重特殊性在于其复合功能。一方面,因为房产税为直接税,按照税法学理其必然应拘束于量能负担原则,对财富分配正义和税负公平负担具有重要衡平功能;另一方面,当下的房产税又能对房地产市场产生相对重要的影响,其变革能对房地产行业产生前瞻性的指导,也即能部分承担经济调控功能。房产税的第三重特殊性在于其立法层次。无论是发展中国家还是发达国家和地区,房产相关的课税都涉及收入归属权的划分。目前来看,国外房产税基本上都属于地方税种。② 一方面,房产税既按照税收法定原则由国家法律明确规

---

① 房产税与房地产税并不完全等同。房地产税作为综合性的概念,是指与房地产经济活动与过程相关的税种集合。其中包括房地产业营业税、企业所得税、个人所得税、房产税、城镇土地使用税、城市房地产税、印花税、土地增值税、投资方向调节税、契税、耕地占用税等。关于房地产税制整体的评估与分析,参见国家税务总局课题组:《房地产税制的国际比较与借鉴》,载石坚、陈文东主编:《房地产税制的国际比较》,中国财政经济出版社 2011 年版,第 1—38 页。

② 参见黄璟俐:《国外房产税的征收经验及对我国的启示》,载《财政研究》2013 年第 2 期。

定,但另一方面,其在具体运行过程中往往地方在法律授权范围内又存在较大的立法空间。两岸房产税制作为地方税的组成部分,与土地税制紧密联系在一起,共同涉及地方预算以平衡地方建设和公共服务支出,而这又与各自财税体制和转移支付制度紧密相关。但目前两岸所称的房产税制改革,更需要联系土地税制在较为宏观的层面进行分析和探讨。而这其中,首先需要明确的问题是,房产税的定位到底是稳定地方财源的积极措施,还是政府整体宏观调控的应对工具? 其实,这个问题可以从两个方面来回答。一是从本质上看,税制结构本身只是一种技术规则,并不天然具备某种功能属性,房产税最初始的功能在于获取财源;二是从效果上看,税制变革其实是在社会经济发展中具体呈现和应变的,其功能亦经历不断的自我调适,于是房产税在持续的政府宏观调控中有了其重要定位。[1]

(二) 分配正义:课税要素的近似性与差异性

没有钱的政府是不可能充分保护公民的权力的[2],征税权对包括政府自己在内的所有人和事均有好处。从功能定位上看,房产税最原初的目的在于获得稳定的财源,这也是房产税的技术特点所决定的。从外在特性上看,房产税计算简单明确,征管便捷高效且成本较低,而随着房产和税务信息化的普及和推广,客观上逃漏税可能性也较小。与此同时,随着社会经济发展和城市化进程的加快,商业用房和住宅的持续兴建,各主要国家和地区的房产税税源更加趋于稳定,甚至成为地方政府最主要的财政收入之一。根据台湾房产税征管实践,大量的营业用房屋和住宅纳入房产税征税范围以内,这些房屋每年固定缴纳的为数众多的房产税为地方提供了极为稳定的财源。但与此同时,如何有效调控房地产市场,稳定房价,促进民生的稳定,也称为两岸税制改革重点考虑的议题之一。大陆开征的房产税因囿于《房产

---

[1] 中共十八届三中全会《决定》提出:要"加快房地产税立法并适时推进改革"。这句政策性表述包含两层意思:一是加快房地产税立法,即房地产有关的税收要尽快采取法律的方式制定;二是适时推动改革,即改革应秉承渐进、妥适和有序的基本原则。《决定》采取了房地产税的说法而未直接使用房产税的概念,这也正说明下一步的改革将会是一个综合、全面和系统的税制调整。参见:《中共中央关于全面深化改革若干重大问题的决定》,人民出版社2013年版,第20页。

[2] 参见〔美〕史蒂芬·霍尔姆斯、凯斯·R.桑斯坦:《权利的成本——为什么自由依赖于税》,毕竞悦译,北京大学出版社2004年版,第19—39页。

税暂行条例》第 5 条的规定,一直只针对商用房屋征收,但未直接涉及个人自住的非营业用房屋。但考虑到房地产市场的迅速发展和房价的不断飙涨,经国务院同意,上海、重庆两地在 2011 年 1 月进行了房产税改革试点,才将房产税正式覆盖到个人所有非营业用的部分房产。① 而台湾在现有"房屋税条例"基础上,于 2011 年推动出台"特种货物及劳务税条例",也毫无疑问存在类似的政策考量。②

1. 征税范围和纳税人。两岸税法在对房产税的征税对象进行规定的技术方法并不一致。台湾税法规定较为具体和明确,注重法律概念的定义,而大陆税法则采取回避式表述,忽略了基础事项的界定。台湾"房屋税条例"第 2 条对"房屋"作了定义,"系指固定于土地上之建筑物,供营业、工作或住宅用者"。"房屋税条例"第 3 条对房屋税课征对象作出明确规定,"以附着于土地之各种房屋,及有关增加该房屋使用价值之建筑物"为征税对象。在大陆,《房产税暂行条例》只是在第 1 条中笼统规定,"房产税在城市、县城、建制镇和工矿区征收",而回避了"房产"的定义问题。就纳税人而言,两岸税法关于纳税人的规定基本一致,但台湾规定更讲求具体性和精细化。台湾"房屋税条例"第 4 条规定了房屋税向房屋所有人征收。与此同时,按照相关法律规定,典权人、共有人、管理人、现住人、承租人、起造人、受

---

① 2011 年 1 月 27 日,上海市人民政府印发《上海市开展对部分个人住房征收房产税试点的暂行办法》,办法规定从 2011 年 1 月 28 日起对上海市居民家庭在本市新购且属于该居民家庭第二套以上的住房和非本市居民家庭在本市新购的住房征收房产税,税率因房价高低分别暂定为 0.6% 和 0.4%。同日,重庆市人民政府发布了《重庆市人民政府关于进行对部分个人住房征收房产税改革试点的暂行办法》和《重庆市个人住房房产税征收管理实施细则》,重庆市主城九区内个人拥有的独栋商品住宅、个人新购的高档住房、在重庆市同时无户籍、无企业、无工作的个人新购的第二套(含第二套)以上的普通住房被首批纳入房产税征收对象,税率为 0.5%—1.2%。

② 2014 年 3 月 10 日,台湾"立法院"财政委员会并案审查行政院函请审议"特种货物及劳务税条例"第 2 条、第 5 条、第 26 条修正草案及委员拟具同条例相关条文修正草案,审查结果除部分条文依委员临时提案建议作文字修正外,大致照"行政院"版本通过,修正内容如下:(1) 将依法得核发建造执照之非都市土地之工业区土地纳入课税范围,以落实抑制短期投机交易之政策目的;(2) 修正自住换屋免征特销税之要件,除符合办竣户籍登记之条件外,尚须有自住事实;并增订授权财政部对于确属非短期投机核定免征之概括规定及追溯适用未核课确定案件,以营造公平合理租税环境。参见台湾"财政部"网站,http://www.dot.gov.tw/dot/home.jsp? mserno=200912140005&serno=200912140018&menudata=DotMenu&contlink=ap/news_view.jsp&dataserno=201403100000,2014 年 10 月 31 日访问。

托人等亦可成为义务人或代缴人。① 第22条还对典权人纳税作了补充规定,在欠税未缴清前,不得办理移转登记或设定典权登记。② 大陆的《房产税暂行条例》第2条规定,房产税由产权所有人缴纳。产权属于全民所有的,由经营管理的单位缴纳。产权出典的,由承典人缴纳。产权所有人、承典人不在房产所在地的,或者产权未确定及租典纠纷未解决的,由房产代管人或者使用人缴纳。产权所有人、经营管理单位、承典人、房产代管人或者使用人,统称为纳税义务人。

2. 计税依据与税率。两岸税法关于计税依据的规定有较大的差距。台湾"房屋税条例"第5条规定房屋税按照房屋现值征收。第10条规定了不动产核价及异议,由主管稽征机关依据不动产评价委员会之标准,核计房屋现值,但纳税义务人可在30日内提出异议,检附证件,并申请重新核计。第11条规定了不动产价格评定及公告,由不动产评价委员会评定房屋标准价格并由各地方政府公告。③ 大陆在计税依据上则采取了二元模式,不仅按照技术处理后的房产余值来征收,而且可将房产租金作为计税依据。《房产税暂行条例》第3条规定,"房产税依照房产原值一次减除10%至30%后的余值计算缴纳。具体减除幅度,由省、自治区、直辖市人民政府规定。没有房产原值作为依据的,由房产所在地税务机关参考同类房产核定。房产出租,以房产租金收入为房产税的计税依据。"与此同时,两岸税法对于税率的规定也存在一定差异。台湾税法规定要区分不同房产属性适用不同的税

---

① "房屋税条例"第4条规定:"房屋税向房屋所有人征收之。其设有典权者,向典权人征收之。共有房屋向共有人征收之,由共有人推定一人缴纳,其不为推定者,由现住人或使用人代缴。""前项代缴之房屋税,在其应负担部分以外之税款,对于其他共有人有求偿权。""第一项所有权人或典权人住址不明,或非居住房屋所在地者,应由管理人或现住人缴纳。如属出租,应由承租人负责代缴,抵扣房租。""未办建物所有权第一次登记且所有人不明之房屋,其房屋税向使用执照所载起造人征收之;无使用执照者,向建造执照所载起造人征收之;无建造执照者,向现住人或管理人征收之。""房屋为信托财产者,于信托关系存续中,以受托人为房屋税之纳税义务人。受托人为二人以上者,准用第一项有关共有房屋之规定。"
② "房屋税条例"第22条规定:"欠缴房屋税之房屋,在欠税未缴清前,不得办理移转登记或设定典权登记。""前项所欠税款,房屋承受人得申请代缴,其代缴税额得向纳税义务人求偿,或在买价、典价内照数扣除。"
③ "房屋税条例"第11条规定:房屋标准价格,由不动产评价委员会依据下列事项分别评定,并由"直辖市"、县(市)政府公告之:一、按各种建造材料所建房屋,区分种类及等级。二、各类房屋之耐用年数及折旧标准。三、按房屋所处街道村里之商业交通情形及房屋之供求概况,并比较各该不同地段之房屋买卖价格减除地价部分,订定标准。前项房屋标准价格,每三年重行评定一次,并应依其耐用年数予以折旧,按年递减其价格。

第五章 税收正义：地方税秩序的重建

率,比较合理细致,而大陆税法规定则较为固定,没有灵活性。台湾"房屋税条例"第 5 条和第 6 条分别规定了税率和税率拟定程序。第 5 条规定,家用房屋为 1.2% 和 2% 之间;营业用 3%—5%;私人医院等非营业用 1.5—2.5%;同时作住家和非住家用,按照实际面积分别适用税率,但最少不少于 1/6。① 第 6 条规定,各县市在经当地民意机关审议通过后在"房屋税条例"第 5 条的范围内规定相应税率,并报台湾财政主管部门备案。大陆的《房产税暂行条例》第 4 条则规定,房产税的税率,依照房产余值计算缴纳的,税率为 1.2%;依照房产租金收入计算缴纳的,税率为 12%。

3. 征收期与减免税。两岸税法的规定比较概括,原则上都是由各地自行规定,并按年征收。台湾"房屋税条例"第 12 条规定,房屋税每年征收一次,其开征日期由政府具体规定。新建、增建或改建房屋,与当期建造完成者,均须按月比例计课,未满 1 个月者不计。大陆的《房产税暂行条例》第 7 条规定,房产税按年征收、分期缴纳。纳税期限由省、自治区、直辖市人民政府规定。考虑到人性尊严和社会政策,房产又属于居民体面生活的必备品,两岸房地产税制都将一定面积的家庭自住用房纳入免税的范围或适用较低的税率。与此同时,将公用房产、教科文卫单位房产、特定社会功能的房产等纳入减税和免税的范围。台湾"房屋税条例"第 14 条规定了特定用途公有房屋免征房屋税②,第 15 条规定对私人学校及学术研究机构、慈善救济事业、教堂及寺庙、无偿供政府公用或军用之房屋、不以营利为目的并核准用

---

① "房屋税条例"第 5 条规定:"房屋税依房屋现值,按左列税率课征之:一、住家用房屋最低不得少于其房屋现值百分之一点二,最高不得超过百分之二。但自住房屋为其房屋现值百分之一点二。二、非住家用房屋,其为营业用者,最低不得少于其房屋现值百分之三,最高不得超过百分之五。其为私人医院、诊所、自由职业事务所及人民团体等非营业用者,最低不得少于其房屋现值百分之一点五,最高不得超过百分之二点五。三、房屋同时作住家及非住家用者,应以实际使用面积,分别按住家用或非住家用税率,课征房屋税。但非住家用者,课税面积最低不得少于全部面积六分之一。"

② "房屋税条例"第 14 条规定:"公有房屋供左列各款使用者,免征房屋税:一、各级政府机关及地方自治机关之办公房屋及其员工宿舍。二、军事机关部队之办公房屋及其官兵宿舍。三、监狱、看守所及其办公房屋暨员工宿舍。四、公立学校、医院、社会教育学术研究机构及救济机构之校舍、院舍、办公房屋及其员工宿舍。五、工矿、农林、水利、渔牧事业机关之研究或试验所所用之房屋。六、粮政机关之粮仓、盐务机关之盐仓、公卖事业及政府经营之自来水厂(场)所使用之厂房及办公房屋。七、邮政、电信、铁路、公路、航空、气象、港务事业,供本身业务所使用之房屋及其员工宿舍。八、名胜古迹及纪念先贤先烈之祠庙。九、政府配供贫民居住之房屋。十、政府机关为辅导退除役官兵就业所举办事业使用之房屋。"

于公益社团办公之房屋、农业用符合规定之房屋、重大灾害毁损一半以上之房屋、司法保护事业所有之房屋、新台币10万以下之低值房屋、农会仓库、公益信托办公之房屋等特定私有房屋事项免征,对符合规定的平价平民住宅、工厂自用房屋、农会仓库及检验场和重大灾害毁损30%—50%的房屋实行减半征收,并规定了自减免原因或事实发生之日起30日内申报的减免程序。大陆的《房产税暂行条例》第5条规定,机关团体和军队自用房产、拨款事业单位自用房产、寺庙公园和名胜古迹自用房产、个人非营业用房产、财政部批准免税的其他房产,免纳房产税。[①] 第6条规定,纳税人纳税确有困难的,可由省、自治区、直辖市人民政府确定,定期减征或者免征房产税。

4. 征收程序。相较而言,大陆税法在征收管理的精细程度和技术规则上的先进性上远不及台湾税法。关于税收征管,《房产税暂行条例》只是在第8条抽象规定,房产税的征收管理,依照《税收征收管理法》的规定办理。而台湾"房屋税条例"则针对申报现值、停止课税、评价、核价与异议、评定与公告、补税与罚款等若干事项上作了较为具体的规定。其中,"房屋税条例"第7条和第8条规定了申报现值和停止课税事项。第7条规定,纳税义务人应于房屋建造完成之日起30日内检附有关文件,向当地稽征机关申报相关事项;有增建、改建、变更使用或移转、承典时,亦同。第8条规定,房屋如有焚毁、坍塌、拆除至不堪居住程度者,应由纳税义务人申报当地稽征机关查实后,在未重建完成期内,停止课税。与此同时,"房屋税条例"第9条、第10条、第11条还分别规定房屋评价、核价与异议和评定与公告相关事项。"房屋税条例"第9条规定,各县市选派有关主管人员和建筑技术专门人员组成不动产评价委员会,且民意代表和人民团体代表不少于2/5。第10条规定,稽征机关应依据不动产评价委员会评定标准核计房屋现值并通知纳税义务人,纳税义务人如有异议可在接到通知书起30日内检附证件申请重行核计。第11条规定,不动产评价委员会依据相关标准进行评定,并每3年重行评定一次并相应折旧减价。

---

① 《房产税暂行条例》第5条规定:"下列房产免纳房产税:一、国家机关、人民团体、军队自用的房产;二、由国家财政部门拨付事业经费的单位自用的房产;三、宗教寺庙、公园、名胜古迹自用的房产;四、个人所有非营业用的房产;五、经财政部批准免税的其他房产。"

（三）运行与实效：在理想与现实之间

两岸的房产税制度，在筹集地方稳定财源、加强政府宏观调控、调节财富公平分配、提高房屋居住率等方面都有明显的促进和引导作用，这也证实了房产税在现代经济社会生活中极为不可或缺的重要性。① 但与此同时，两岸的房产税制度在具体实施过程中，也出现了一些问题和弊端。有些问题和弊端，两岸的相关实践具有趋同性和一致性；也有些问题和弊端，肇源于两岸各自不同经济社会特点，亦具有相当的差异性。近些年来，台湾的"都市更新计划"快速推进，各县市政府都加快了城市化进程，房屋也开始持续升值。但现行"房屋税条例"中的房屋税课税现值评定没有随之改变，其中按房屋构造、用途以及总层数等数据的核定已经不能适应现代房屋建筑总层数的选择，造成都市土地无法发挥最大效用，客观上也影响到房屋税制的实际效果。在大陆，房产税除了作为稳定的财政收入来源外，还同时作为税收杠杆工具，通常被用来加强对房产的管理并提高房产使用效率，并控制固定资产投资规模和国家宏观调控，也取得了积极的成效。但长期以来，大陆的房产税制度也存在如下问题：一是未能实现税收法定，房产税立法长期以暂行条例而非法律形式制订；二是存在重复课税情形，现行《房产税暂行条例》对房产租金既征房产税又征营业税，造成事实上的重复课税；三是计税依据不尽合理，房产值以原值减除10%—30%后的余值作为计税依据，与房产现值存在较大差距，形成事实上的税基萎缩，等等。

在大陆，由于《房产税暂行条例》规定个人非营业用房免税，致使个人投资者在房产市场中反复交易套利，而不用考虑持有环节的房产税负，这使得近几年来的房地产市场泡沫加剧，影响宏观经济稳定发展。即便是政府屡次调控，也仅只涉及营业税和所得税等交易环节的税负政策变化。也正是基于这一点，国务院开始在2011年进行房产税改革试点，对个人住房持有环节进行税制变革。2011年1月27日，上海和重庆两地分别发布对部分个人住房征收房产税试点的《暂行办法》，并自2011年1月28日施行，就此拉开了对个人住房的房地产试点之路。其中，上海《暂行办法》主要针对增

---

① 房产税改革是当前我国财税体制改革中的焦点、重点和难点，其正当性建构必须得到重视。参见刘剑文：《房产税改革正当性的五维建构》，载《法学研究》2014年第2期。

量即新规则施行日起本地居民新购的二套及以上住房或非本地居民的新购房,计税依据暂按按交易价格的70%,税率0.6%和0.4%(低于上年度均价2倍),并按人均面积对税收减免作了相应规定。重庆《暂行办法》规定则主要针对包含存量在内高档住房和不在本地工作生活的非本地居民的二套及以上住房,并规定了0.5%—1.2%的阶梯税率,并对免税面积作了说明。①但从近两年半的施行效果来看,通过房产税有效遏制房价和取得财政收入作用呈现的并不明显,且原先社会大众预计的推动更多城市参与房地产税试点和扩围的情况并未出现。② 出现这种局面,一方面与上述两个《暂行办法》温和规制的出发点以及近两年来宏观调控大环境有关,因房地产捆绑经济的关联性太大,地方政府并非有深入推动房产税的内在动力;另一方面也和现行不动产登记制度不完善而造成征管技术障碍也密不可分,查找和确定房产信息方面的不便利性也使得税务机关在房产税征收上产生客观难题

---

① 大陆房产税改革主要历程如下:2011年1月,上海开展对部分个人住房征收房产税试点,适用税率暂定为0.6%。征收对象为本市居民二套房及非本市居民新购房。2011年1月,重庆启动房产税改革试点,征收对象为个人拥有的独栋商品住宅,个人新购的高档住房,以及在重庆市同时无户籍、无企业、无工作的个人新购的二套房。2012年11月,时任财政部部长谢旭人提出,房产税改革试点经验将在全国范围内推开,同时将积极推进单位房产的房产税改革。2012年底,住建部部长姜伟新表示,正在研究房产税试点,2013年将继续推进城镇个人住房信息系统建设、编制实施好住房发展和建设规划。2013年2月,时任国务院总理温家宝主持国务院常务会议,会议确定,严格执行商品住房限购措施,扩大个人住房房产税改革试点范围。2013年5月,国务院批转的国家发改委《关于2013年深化经济体制改革重点工作的意见》明确提出,将扩大房产税改革试点范围。2013年5月,国土资源部副部长胡存智表示,预计2014年6月底前出台不动产登记条例。专家认为,条例出台后,全面开征房产税技术条件基本具备。2013年7月,国家税务总局下发通知明确,研究扩大个人住房房产税改革试点范围。2013年8月,财政部向全国人大常委会预算工委通报时表示,将扩大个人住房房产税改革试点范围,为全面推进房地产税改革进一步积累经验。2013年11月,中共十八届三中全会通过的《中共中央关于全面深化改革若干重大问题的决定》提出,加快房地产税立法并适时推进改革。2013年12月,国家发改委法规司行政复议处处长韦大乐表示,发改委明年将推进包括《期货法》、《房产税法》和《环境保护法》等三部法律的立法工作。2014年1月,国土资源部副部长徐德明在2014年全国国土资源工作会上表示,国土部将尽快协调有关部门建立部际联席会议制度,加快组建不动产登记局。以上信息,根据国务院相关部委网站和主要财经媒体报道整理。

② 大部分大陆学者认为,房产税具有取得财政收入、调节收入分配和调控房地产市场等三个功能,但在房产税改革中应突出强调其取得财政收入的功能,其他两项功能只能是重要的附随性功能,且进一步完善房产税制应与调控房价无必然的联系。参见李升:《房产税的功能定位》,载《税务研究》2012年第3期;陈小安:《房产税的功能、作用与制度设计框架》,载《税务研究》2011年第4期;徐阳光:《房地产税制改革的立法考量》,载《税务研究》2011年第4期;等等。更有学者论证,进一步完善房产税制应与调控房价无必然的联系。参见张德勇:《进一步完善房产税的几个问题》,载《税务研究》2011年第4期。

和怠惰情绪。①

如果说在台湾,房屋税和地价税分开稽征是其强烈的"平均地权"政策使命使然,房产税制的政策效果还有待和土地税制合并检讨的话,那么在大陆,"房""地"合并征收的房产税制更没有发挥其应当发挥的主体性功能和作用,从而一直沦落为"小税种"和"辅助财源"地位。其实,房地产税本是地方政府的重要财源之一,是后"土地财政"时代地方政府最主要的财政支柱。就个人住房的房产税而言,为何地方政府会排斥或推后房地产税在本地的试点而非积极迎接呢? 回答这个问题也并不困难。主要有三个方面的原因:一是担心影响当地经济发展水平。毋庸讳言,房地产行业在地方诸多相关产业起到领头羊作用,开征房地产税会抑制投资者的住宅投资意愿,进而影响到房地产行业和当地经济发展。二是担心破坏社会稳定大局。目前大陆财富分配差距较大,部分人持有大量房产,推动施行较为严厉的房产税会导致其中部分人抛售房产,撼动房地产市场正常价格预期,进而影响社会稳定。三是会对征管水平提出较高要求。房产税征收并不复杂,但其前提条件是完善的房产信息联网平台,便于识别和确定减免条件及税率适用,而目前全国房产信息尚未联网在技术上也难以执行。与此同时,"腐败丛生"及官员财产不能公示、不动产登记制度尚未有效建立、房产信息全国联网还存在技术障碍等问题亦会影响到大陆房产税制改革和税法发展本身,但这些都仅只是呈现为辅助性地位的间接原因。无论如何,随着国务院稳步推进个人住房房产税改革试点和加快推动不动产登记立法,以个人住房房产税为突破口的房地产税制改革目前只是时间问题。

(四) 两岸改革路径:不仅仅只是房产税制度

房地产具有非流动性的特点,以其作为征税对象的财产税也被称作"存量税",其计税依据通常为评估价值,税源基础不仅现实可靠,而且稳定持久。就台湾而言,2011 年 3 月 10 日,"行政院"通过"特种货物及劳务税条例";此后的 2011 年 4 月 15 日,"立法院"完成该条例三读审议程序,并经发

---

① 但毫无疑问的是,政府更愿意选择土地收入作为稳定财源而并非有着天生合理基因的房产税,这其实更像是一种囚徒困境。地方政府似乎更为担心的是,强化房产税会导致市场预期下降致使"土地财政"分崩离析,尽管地方政府亦会在长期观念上排斥现有的地方财政收入既定格局。

布后自 2011 年 6 月 1 日施行。① 该条例对不动产短期买卖非供自住不动产课征特种货物及劳务税。依据该条例第 2 条第 1 项第 1 款之规定,所有权人在销售持有期间 2 年以内(含 2 年)坐落在台湾境内之房屋及其基地或依法得核发建筑执照之都市土地,皆应依法缴纳特种货物及劳务税。该条例第 5 条还规定,对于具有合理性、常态化及非自愿性移转不动产,不在特种货物及劳务税课税项目之内。② 由于奢侈税的开征的主要目的在于控制房价,强调调控功能甚于财政功能,这也导致了奢侈税无法满足正常租税之财政目的、量能课税等基本特征,因而也导致了奢侈税的正当性更多地置放在实现特定社会政策目的之上。虽从长期来看,房价不可能无止境的增长,房地产行业亦会有特定周期,在某种程度上,"奢侈税政策是过渡性的法律,绝非最佳方案"。③ 基于纳税人保护的立场,奢侈税之立法,在税收负担上有违公平原则,故自须有重大公益要求,且不得超过法律界限。其法律界限不得侵犯量能平等负担之核心领域,即不得有"寓禁于征"之奢侈税;同时,课税所增进之社会目的应符合比例原则,且该社会目的应明示于法律条文,以示立法者已斟酌量能平等原则之牺牲而作出权衡,符合"指明条款"要求。④

通过比较两岸的房产税制,不难发现,相对台湾房产税制改革只是需要进行技术改进特别是房屋估价核价规则更新以及针对特定社会目的而

---

① 依"行政院"所提草案之总说明指出,其立法目的在于:"近期部分地区房价不合理飙涨,且近期房屋及土地短期交易之移转税负偏低或无税负,又高额消费带动物价上涨引发民众负面感受,为促进租税公平,健全房屋市场及营造优质租税环境,也符合社会期待,故参考美国、新加坡、南韩及香港之立法例,对不动产短期交易、高额消费货物及劳务,课征特种货物及劳务税。"

② "特种货物及劳务税条例"第 5 条规定:"有下列情形之一,非属本条例规定之特种货物:一、所有权人与其配偶及未成年直系亲属仅有一户房屋及其坐落基地,办竣户籍登记且持有期间无供营业使用或出租者。二、符合前款规定之所有权人或其配偶购买房屋及其坐落基地,致共持有二户房屋,自完成新房地移转登记之日起算一年内出售原房地,或因调职、非自愿离职、或其他非自愿性因素出售新房地,且出售后仍符合前款规定者。三、销售与各级政府或各级政府销售者。四、经核准不课征土地增值税者。五、依都市计划法指定之公共设施保留地尚未被征收前移转者。六、销售因继承或受遗赠取得者。七、营业人兴建房屋完成后第一次移转者。八、依强制执行法、行政执行法或其他法律规定强制拍卖者。九、依'银行法'第七十六条或其他法律规定处分,或依目的事业主管机关命令处分者。十、所有权人以其自住房地拆除改建或与营业人合建分屋销售者。十一、销售依都市更新条例以权利变换方式实施都市更新分配取得更新后之房屋及其坐落基地者。"

③ 裴文、李震寰、林秀铭:《台湾奢侈税之施行对不动产市场的影响》,载《东北财经大学学报》2013 年第 4 期。

④ 参见葛克昌:《房地产奢侈税立法及其宪法界限》,载葛克昌:《行政程序与纳税人基本权》(第三版),台湾翰芦图书出版有限公司 2012 年版,第 343 页。

新设奢侈税而言,大陆的房产税制度改革面临更多的外生性体制问题。从长远来看,以房产保有环节征税也即房产税为主的财产税制设计应是大陆最为上选的税法安排。未来大陆房产税立法的最优规划是,在合理规划和调整中央和地方财权事权关系基础上,以"加强房产税立法"为"用"而以"完善地方税制度"为"体",地方政府的财源保障也必定会从"开发型"的"土地财政"转向"永续性"的"稳定财政"。论及房产税法改革,必然首先谈及房产税立法贯彻法定主义的立场,也即尽快使得房产税的法律位阶和正当性得到有效确认。其次,房产税法改革涉及两个层面的问题,一是具体方案设计;二是技术规则优化。就具体方案设计而言,在近期宜继续推进以增量征税为主的改革试点,同时将进入二级市场交易的存量房屋纳入;在中长期则宜渐进推动存量和增量房屋统一征收房产税,即按照台湾的现行做法向"存量计征"的最终社会公平目标迈进。就技术规则优化而言,围绕房产税立法还需要循序进行五项改革措施:一是完善不动产登记制度,在隐私保护基础上,建立全国统一的房产信息登记制度;二是建立房产估价核价制度,选取专业人员和社会人士组成具有独立性的房产评价委员会,并由税务机关核计房屋现值[①];三是实行按房产现值统一从价计征,通过修法改变目前房产税计税依据为技术处理后之房产现值的不适当局面;四是进行房产税与个人所得税配套改革,进一步完善个人所得税税前扣除标准;五是优化财政转移支付制度,改善目前"土地财政"现状,开拓和稳固地方政府财政收入。

第二节 两岸土地税制比较及启示

最早的土地税,应属于公元前2000年中国夏朝的"贡"。周朝时期针对土地征税,并称之为"彻",规定"民耕百亩者,彻取十亩为赋。"此后,土地税在中国长期存续并稳定发展。土地税按照税基不同,可以分为两类:一类是财产性质的土地税,主要以土地的数量或价值作为课税依据,另一类是所得

[①] 即便是站在国际比较的立场,世界各国各地区的房地产税基评估都主要是由政府或准政府的评估公司或机构,对不动产的当前价值或市场价值进行评估并以此作为财产税征税依据。参见蔡红英、范信葵:《房地产税国际比较研究》,中国财政经济出版社2011年版,第165—181页。

税性质的土地税,主要以土地转让或增值过程产生的所得作为课税依据。前者在台湾是指地价税,在大陆指土地使用税①;后者在两岸都称为土地增值税,但税法安排略有不同。就大陆而言,"地大物博"并不能掩盖其"人多地少"的基本矛盾,政府对"耕地红线"②的严格限制即可见一斑。近些年来,随着经济高速发展和城市化的持续推进,大陆城镇土地供应与实际需求之间的根本矛盾没有得到根本缓解,特别是2002年"招拍挂"制度施行以来③,土地取得成本一路上扬,房价也因此一直居高不下,此种情形下土地税制作为调控手段就更显得更加重要。大陆现行土地税主要包括城镇土地使用税(以下简称"土地使用税")和土地增值税。④ 前者的主要法律政策是2006年12月30日修订并于2007年1月1日实施的《城镇土地使用税暂行条例》(国务院令第483号),后者的主要法律政策是1993年12月13日通过并于1994年1月1日起施行的《土地增值税暂行条例》(国务院令第138号)。就台湾而言,1954年8月26日,台湾为改革土地制度制定了全文47条的"实施都市平均地权条例",明确了"平均地权"的基本指导原则。⑤ 从地理上讲,台湾地貌大部分为林地和山坡,耕地及都市土地面积都极少,而真正投入都市开发的土地更少。此种地理情势加之城市化建设的推进,导致"人多地少"之局面更加明显且土地价格不断飙升。1977年7月14日,台湾制定并发布全文共59条的"土地税法",明确规定"土地税分为地价

---

① 土地使用税包括城镇土地使用税和耕地占用税。其中,耕地占用税是指占用耕地建房或者从事非农业建设的单位或者个人需缴纳耕地占用税,耕地占用税由地方税务局征收。耕地占用税的相关法律政策,主要是2007年12月1日发布,并于2008年1月1日起施行的《耕地占用税暂行条例》(国务院令第511号)。该条例同时废止了1987年4月1日国务院发布的《耕地占用税暂行条例》。

② 耕地红线,是指经常进行耕种的土地面积的最低值。它是一个具有低限含义的数字,有国家耕地红线和地方耕地红线。现行中国耕地红线是18亿亩,并一直是官方的土地政策基本线。2013年12月23日至24日,在北京召开中央农村工作会议,仍持此观点。

③ "招拍挂"制度,是指对于经营性用地必须通过招标、拍卖或挂牌等方式向社会公开出让国有土地。2002年5月9日,国土资源部发布《招标拍卖挂牌出让国有土地使用权规定》(国土资源部令第11号),该《规定》规定了"招拍挂"的基本流程和主要规则,自2002年7月1日起施行。

④ 大陆土地税按照性质可以分为如下几类:一是持有土地的税,主要是城镇土地使用税;二是开发土地的税,主要是营业税和城市维护建设税;三是转让土地的税,主要是契税、印花税、土地增值税、耕地占用税;四是所得税,主要是个人所得税和企业所得税。

⑤ "实施都市平均地权条例"的最近一次修订是2011年12月30日,目前全文87条。

税、田赋及土地增值税",建立了通过税法来规制土地管理和增值的基本框架。① "土地税法"在此后经历十余次更新,最近的一次修正是 2010 年 11 月 24 日。② 台湾地价税和土地增值税的施行,不仅使台湾能够通过税收杠杆实施土地增值管理,而且还能获得稳定充裕的财政收入。

(一) 土地使用税:地价税与使用税

对土地所有和使用课税,是基于其资源稀缺性、愈用愈少及其潜在永续升值的特性,通过让持有者承担税负以用作公共利益用途,具有正当性。地价税或使用税的理论依据,大致可以分为四种:一是有伦理价值说,即控制"不劳而获之增加"(Unearned Inerment);二是经济调节说,即因土地供给缺乏而进行税收控制;三是社会政策说,即通过税负设置推动社会福利均等,四是财政目的说,即以增加财政收入为要旨。③ 经简单归纳,地价税或使用税主要有两大功能,一是社会目的或调控目的,即对土地规划和使用进行引导和约束;二是财政目的或经济目的,即通过对土地所有或使用课税来获得更为稳定的财政收入。对两岸关于土地持有课税的理解,应从其历史沿革和课税要素两个方面来把握。就大陆而言,其土地使用税建立在改革开放后因土地流转而产生土地价值功用的基础上,其税法安排采取相对笼统但便于征收的方式,以利迅速推进税法规则的有效实施,并高度尊重各地方的因地制宜;就台湾而言,其地价税开征则立基于围绕"平均地权"的社会政策而推动,其税法规则通过较为复杂的税率结构和阶梯性减免税技术来实现,但由于地价的区域性差别各县市仍有一定自主性,在程序事项上稽征机关负责有相当的告知义务。总体来看,两岸关于土地持有课税的税法理念基本相同,但在技术规则上仍有一定的差异。

---

① 具体而言,地价税是对已规定地价的土地征收的财产税,以其所有地价的总额为征收对象征收的一种税收;田赋是对未规定地价或已规定地价但仍作为农业用地的土地征收的财产税,一般以稻谷、小麦等实物形态征收,目前已经停征;土地增值税是对已规定地价的土地,在所有权转移时发生的增值收益所征收的税收,以土地涨价的总额为征收对象。

② "土地税法"最近一次修正是 2010 年 11 月 24 日依"总统华总一义字第 09900317111 号令"修正公布第 54 条条文;与之配套的"土地税法施行细则",最近一次修正则在 2005 年 12 月 16 日,以"行政院院台财字第 0940048630 号令"修正发布第 17—19、21、22、24—26、45、51、57、58、61 条条文及第 53 条条文之附件五;并增订第 57-1 条条文。

③ 参见何廉、李锐:《财政学》,商务印书馆 2011 年版,第 325—326 页。

1. 历史沿革。1949年,台湾开始推动土地改革,在对农村耕地减租的同时,对城市土地也进行管控,规定城市地价并推动地价税。1954年8月26日,台湾公布实施"实施都市平均地权条例",明确提出了"规定地价"、"涨价归公"等基本原则,并按照地价课征地价税,同时规定该条例未规定者,仍适用当时"土地法"及其他有关法律规定,该条例还于1957年进行了修订。1977年政府为抑制都市外土地之投机垄断,全面实施平均地权,并于同年2月2日修订公布施行,条例名称修正为"平均地权条例"。① 1977年7月14日修订的"土地税法"则更进一步明确了地价税的法定性。2010年11月24日,台湾第16次修订了"土地税法",并成为地价税课征的最新法规政策依据。1984年,大陆实行工商税制改革并决定对国内企业、单位和个人开征城镇土地使用税。1988年9月27日,国务院发布《城镇土地使用税暂行条例》(国务院令第17号)并于同年11月1日起施行。但该条例只适用于城镇的企业和个人,对农村的非农业用地不适用,对外资企业则另行按照有关办法计收土地使用费。② 1994年,大陆进行新一轮税制改革,将征税范围进一步扩大到大陆所有的非农业用地。2006年12月30日,国务院修订发布了《土地增值税暂行条例》(第483号)(以下简称《土地使用税暂行条例》),将纳税义务人扩展到包括外商投资企业和外国企业的所有单位和个人③,并自2007年1月1日起施行。④

2. 课税要素。(1)课税对象和纳税义务人。"土地税法"第14条规

---

① 参见严庆章:《租税法》,台湾月旦出版社股份有限公司1995年版,第505—506页。
② 参见《财政部关于对外商投资企业和外国企业在华机构的用地不征收土地使用税的通知》((1988)财税字第260号)。该文件目前已被2008年1月31日财政部发布的《关于公布废止和失效的财政规章和规范性文件目录(第十批)的决定》(财政部令第48号)全文废止。
③ 此次修订中,将第2条增加1款,作为第2款:"前款所称单位,包括国有企业、集体企业、私营企业、股份制企业、外商投资企业、外国企业以及其他企业和事业单位、社会团体、国家机关、军队以及其他单位;所称个人,包括个体工商户以及其他个人。"本次修订还包括税额的修改。
④ 2011年1月8日,国务院总理温家宝签署国务院令第588号,公布2010年12月29日由国务院第138次常务会议通过的《国务院关于废止和修改部分行政法规的决定》,并自公布之日起施行。该《决定》附件2《国务院决定修改的行政法规》中"二、对下列行政法规中关于'征用'的规定作出修改"之"(二)将下列行政法规中的'征用'修改为'征收'"。第14项中明确,《城镇土地使用税暂行条例》第9条作相应修改。

定:"已规定地价之土地,除依第二十二条规定课征田赋者外,应课征地价税。"①依"土地税法"第3条规定,地价税之纳税义务人包括:(1)土地所有权人或典权人;(2)土地为公有或公同共有者为管理机关或管理人,分别共有者为各共有人;(3)纳税义务人行踪不明或土地权属不明或无人管理者,由土地使用人代缴;(4)信托土地为受托人。②依《土地使用税暂行条例》第2条规定,在城市、县城、建制镇、工矿区范围内使用土地的单位和个人③,为城镇土地使用税的纳税人。④就课税对象而言,台湾将课征田赋之外的所有已规定地价之土地包含在内,大陆则将农业用地排除在外,两岸课税对象具有高度的相似性;就纳税义务人而言,台湾按照土地私有原则规定为土地所有权人或典权人,大陆则按照土地公有原则规定为土地使用人,这是由于两岸土地制度不同所造成的,但此种差异性并不影响由实际支配的权利人

---

① "土地税法"第22条规定:"非都市土地依法编定之农业用地或未规定地价者,征收田赋。""但都市土地合于左列规定者亦同:一、依都市计划编为农业区及保护区,限作农业用地使用者。二、公共设施尚未完竣前,仍作农业用地使用者。三、依法限制建筑,仍作农业用地使用者。四、依法不能建筑,仍作农业用地使用者。五、依都市计划编为公共设施保留地,仍作农业用地使用者。""前项第二款及第三款,以自耕农地及依耕地三七五减租条例出租之耕地为限。""农民团体与合作农场所有直接供农业使用之仓库、冷冻(藏)库、农机中心、蚕种制造(繁殖)场、集货场、检验场、水稻育苗机、储水池、农用温室、农产品批发市场等用地,仍征收田赋。""公有土地供公共使用及都市计划公共设施保留地在保留期间未作任何使用并与使用中之土地隔离者,免征田赋。"

② "土地税法"第3条规定:"地价税或田赋之纳税义务人如左:一、土地所有权人。二、设有典权土地,为典权人。三、承领土地,为承领人。四、承垦土地,为耕作权人。""前项第一款土地所有权属于公有或公同共有者,以管理机关或管理人为纳税义务人;其为分别共有者,地价税以共有人各按其应有部分为纳税义务人;田赋以共有人所推举之代表人为纳税义务人,未推举代表人者,以共有人各按其应有部分为纳税义务人。"第4条规定:"土地有左列情形之一者,主管稽征机关得指定土地使用人负责代缴其使用部分之地价税或田赋:一、纳税义务人行踪不明者。二、权属不明者。三、无人管理者。四、土地所有权人申请由占有人代缴者。""土地所有权人在同一直辖市、县(市)内有两笔以上土地,为不同之使用人所使用时,如土地所有权人之地价税系按累进税率计算,各土地使用人应就所使用土地之地价比例负代缴地价税之义务。""第一项第一款至第三款代缴义务人代缴之地价税或田赋,得抵付使用期间应付之地租或向纳税义务人求偿。"

③ 城镇土地使用税在城市、县城、建制镇和工矿区征收。城市,是指经国务院批准设立的市。城市的征税范围为市区和郊区。县城,是指县人民政府所在地。县城的征税范围为县人民政府所在地的城镇。建制镇,是指经省、自治区、直辖市人民政府批准设立的建制镇。建制镇的征税范围为镇人民政府所在地。工矿区,是指工商业比较发达、人口比较集中,符合国务院规定的建制镇标准,但尚未设立建制镇的大中型工矿企业所在地。开征城镇土地使用税的工矿区须经省、自治区、直辖市人民政府批准。城市、县城、建制镇、工矿区的具体征税范围,由各省、自治区、直辖市人民政府规定。

④ 《城镇土地使用税暂行条例》第2条第2款规定:"单位,包括国有企业、集体企业、私营企业、股份制企业、外商投资企业、外国企业以及其他企业和事业单位、社会团体、国家机关、军队以及其他单位;所称个人,包括个体工商户以及其他个人。"

承担纳税义务。

(2) 计税依据。因地价税之税捐客体原则上位土地产生之孳息,而须以法定的时间区段为周期而具有技术上的可课征性,是故,地价税为一种周期税,亦有计税依据和税率上基准日的形式规定。① 在台湾,依"土地税法"第 15 条规定,地价税按每一土地所有权人在每一直辖市或县(市)辖区内之地价总额计征之。地价总额指每一土地所有权人依法定程序办理规定地价或重新规定地价,经核列归户册之地价总额。在大陆,依《土地使用税暂行条例》第 3 条规定,土地使用税以纳税人实际占用的土地面积为计税依据。土地占用面积的组织测量工作,由省、自治区、直辖市人民政府根据实际情况确定。相较而言,台湾地价税按照核定之地价课税,优点是按照地价课税符合税收公平原则,缺点是地价总是处于相对变化中且存在评估误差,大陆土地使用税按照面积课税能保障计税依据的相对准确性,但缺点是未能按照具体土地的实际情况加以区分而有效贯彻税收公平原则。

(3) 税率。在台湾,依"土地税法"规定,地价税税率分为基本税率、累进税率和特定比例税率。就基本税率适用而言,基本税率为10‰,土地所有权人的地价总额未超过土地所在地"直辖市"或县(市)累进地价起点时,其地价税按基本税率课征。就累计税率而言,土地所有权人的地价总额超过累进起点地价时,依照具体超过幅度,按照15‰、25‰、35‰、45‰和55‰5档的累进税率课征,但不包括工厂用地、矿业用地、农业用地及免税土地在内。就特定比例税率而言,符合规定面积的都市和非都市土地以及符合规定的自用住宅等按照2‰,工业、矿业、私立公园、动物园、体育场、寺庙等按照10‰,都市计划公共设施保留地仍为建筑使用的非自用住宅按照6‰,非公共使用之公有土地按照10‰,凡经"直辖市"或县(市)政府核定应征空地税的土地按照应纳地价税基本税额加征 2—5 倍的空地税也即 20‰—50‰的税率。② 在大陆,依《土地使用税暂行条例》第 4 条规定,"土地使用税每平方米年税额如下:大城市 1.5 元至 30 元;中等城市 1.2 元至 24 元;小城市 0.9 元至 18 元;县城、建制镇、工矿区 0.6 元至 12 元。"第 5 条规定了各

---

① 参见黄茂荣:《论地价税》,载黄茂荣:《税法各论》(增订二版),台湾植根法学丛书编辑室 2007 年版,第 810—814 页。

② 参见"土地税法"第 16 条至第 21 条之规定。

地方政府根据本条例的规定依照级次确定适用税额幅度。① 第 30 条规定了地方在征收土地使用税时可采取因地制宜的原则。该条规定,"本条例的实施办法由省、自治区、直辖市人民政府制定。"相较而言,在税率结构上,台湾地价税税率结构较为复杂,其优点是财政收入弹性较大,符合量能负担原则,缺点是计算起来繁杂且易变;大陆土地使用税的税额规定相对简单,其优点是计算方便且便于统一执行,缺点是没有考虑到不同地方的实际情况,税额太过于刚性并进而影响财政收入。

表 5-1 台湾地价税税率表②

税率性质	适用范围	税率
基本税率	土地所有权人的地价总额未超过土地所在地"直辖市"或县(市)累进地价起点	10‰
累计税率	土地所有权人的地价总额超过累进起点地价时	15‰、25‰、35‰、45‰ 和 55‰ 等 5 档累进
特定比例税率	符合规定面积的都市和非都市土地以及符合规定的自用住宅	2‰
	工业、矿业、私立公园、动物园、体育场、寺庙等	10‰
	都市计划公共设施保留地仍为建筑使用的非自用住宅	6‰
	非公共使用之公有土地	10‰
(加征税率)	凡经"直辖市"或县(市)政府核定应征空地税的土地	20‰—50‰(加征 2—5 倍的空地税)

注:本表依台湾"土地税法"(2010 年 11 月 24 日修正发布)第 16—21 条制作。

---

① 《城镇土地使用税暂行条例》第 5 条规定:"省、自治区、直辖市人民政府,应当在本条例第四条规定的税额幅度内,根据市政建设状况、经济繁荣程度等条件,确定所辖地区的适用税额幅度。""市、县人民政府应当根据实际情况,将本地区土地划分为若干等级,在省、自治区、直辖市人民政府确定的税额幅度内,制定相应的适用税额标准,报省、自治区、直辖市人民政府批准执行。""经省、自治区、直辖市人民政府批准,经济落后地区土地使用税的适用税额标准可以适当降低,但降低额不得超过本条例第四条规定最低税额的 30%。经济发达地区土地使用税的适用税额标准可以适当提高,但须报经财政部批准。"

② 地价税之计算公式、地价税累进起点地价之计算公式、分单缴纳地价税之计算公式,参见"土地税法施行细则"附件一、附件二和附件三。

表 5-2 大陆城镇土地使用税税额表

土地所在区域	每平方米税额
大城市	1.5 元至 30 元
中小城市	1.2 元至 24 元
小城市	0.9 元至 18 元
县城、建制镇、工矿区	0.6 元至 12 元

注:本表依大陆《城镇土地使用税暂行条例》(2011 年 1 月 8 日修订公布,2011 年 1 月 8 日施行)第 4 条制作。

(4)减免税。在台湾,地价税的减免主要规定在"土地税减免规则"(2010 年 5 月 7 日"行政院"最新修正,以下简称"减免规则")中。依"减免规则",地价税减免范围包括:(1)特定之共有土地;(2)特定之私有土地;(3)无偿供公众通行之道路土地;(4)无建筑改良物之供公共通行之骑楼走廊;(5)都市计划公共设施保留地未作任何使用且与使用土地隔离者;(6)特定水源水质水量保护区;(7)依法划定为古迹保存区或编订为估计保存用地之土地;(8)特定之飞航管制区;(9)特定之都市计划区;(10)特定地质特征之土地;(11)森林及业经栽植竹木之用地;等等。[①] 在大陆,《土地使用税暂行条例》第 6 条规定,下列土地免缴土地使用税:(1)国家机关、人民团体、军队自用的土地;(2)由国家财政部门拨付事业经费的单位自用的土地;(3)宗教寺庙、公园、名胜古迹自用的土地;(4)市政街道、广场、绿化地带等公共用地;(5)直接用于农、林、牧、渔业的生产用地;(6)经批准开山填海整治的土地和改造的废弃土地,从使用的月份起免缴土地使用税 5 年至 10 年;(7)由财政部另行规定免税的能源、交通、水利设施用地和其他用地。第 7 条规定,"除本条例第六条规定外,纳税人缴纳土地使用税确有困难需要定期减免的,由省、自治区、直辖市税务机关审核后,报国家税务局批准。"相较而言,台湾地价税减免规定较为具体细致,对减免的具体情形及幅度有较为细致的规定,严格区分减税和免税情形,大陆土地使用税减免规定则较为简单,且以免税为主,涉及减税的部分相当少。

(5)征收程序。在台湾,"土地税法"第 40 条规定了基本稽征程序。依该条及"土地税法施行细则"第 20 条规定:地价税由"直辖市"或县(市)主

---

① 参见"土地税减免规则"第 7 条至第 18 条。

管稽征机关按照地政机关编送之地价归户册及地籍异动通知资料核定,每年征收一次,以8月31日为纳税义务基准日,必要时得分二期征收,分别以2月28日(闰年为29日)和8月31日为纳税义务基准日①;其开征日期,由省(市)政府定之。第41条规定了适用特别税率的纳税人应提前40日申请。②第42条和第43条规定了主管稽征机关的公告义务,即应于每年(期)地价税开征60日前,将适用特别税率课征地价税之有关规定及其申请手续公告周知;关于查定纳税义务人每期应纳地价税额后,应填发地价税税单,分送纳税义务人或代缴义务人,并将缴纳期限、罚则、收款公库名称地点、税额计算方法等公告周知。第44条规定了纳税义务人或代缴义务人向指定公库的纳税期限为30日。第51条第1项规定了欠缴土地税之土地,不得办理移转登记或设定典权。在大陆,《土地使用税暂行条例》第8条规定:"土地使用税按年计算、分期缴纳。缴纳期限由省、自治区、直辖市人民政府确定。"第9条规定了新征收土地的纳税时间,征收的耕地从批准征用之日起满1年时缴纳,征收的非耕地自批准次月起缴纳。第10条规定了土地使用税由地方税务机关征收及土地管理机关有提供土地使用权属资料的配合义务。第11条规定了土地使用税的征收管理按照《税收征收管理法》和本条例规定执行。第13条规定各省、自治区、直辖市人民政府可以因地制宜制定具体实施办法。相较而言,关于纳税期间,两岸都规定为按年征收,但征收日期则根据具体情况各自规定;关于开征日期,台湾规定纳税期限为30日(以台北、高雄两市为例,为11月1日至11月30日),大陆则对新征用的土地按照征用前是否为耕地进行区别对待;关于其他程序事项,基于其税率复杂性,台湾对申请适用特别税率有特定期间要求,且对主管稽征机关有公告义务要求。

(6)罚则。在台湾,"土地税法"在第53条第1项和第54条规定了地

---

① "土地税法施行细则"第20条第1项和第2项规定:"地价税依本法第四十条之规定,每年一次征收者,以八月三十一日为纳税义务基准日;每年分二期征收者,上期以二月二十八日(闰年为二月二十九日),下期以八月三十一日为纳税义务基准日。""各年(期)地价税以纳税义务基准日土地登记簿所载之所有权人或典权人为纳税义务人。"第3项规定,前项规定自2001年1月1日施行。

② "土地税法"第41条规定:"依第十七条及第十八条规定,得适用特别税率之用地,土地所有权人应于每年(期)地价税开征四十日前提出申请,逾期申请者,自申请之次年期开始适用。""前已核定而用途未变更者,以后免再申请。""适用特别税率之原因、事实消灭时,应即向主管稽征机关申报。"

价税的罚则。其中,第 53 条第 1 项规定了滞纳金(每逾 2 日加征 1%,逾 30 日移送法院强制执行),第 54 条规定了罚锾(短匿税额 3 倍以下,应在通知 1 个月内缴纳,否则移送强制执行;追补之税款及罚锾 1 个月内未缴纳的,移送强制执行)。在大陆,《土地使用税暂行条例》第 11 条规定了土地使用税的征收管理按照《税收征收管理法》和本条例规定执行。此种关于罚则的形式化区别,仍然是两岸关于罚则的不同立法理念和技术规范所决定的。

(二)土地增值税:两岸的不同实践

19 世纪末,英国经济学家约翰·斯图亚特·穆勒(John Stuart Mill)提出土地增值税理论以来,德国、英国等国家和地区都采用了此一理论并付诸实践。就目前而言,征收土地增值税的国家和地区并不多,但两岸都征收此一税种。土地收益主要来源于土地的增值收益,包括自然增值和投资增值。通过征收土地增值税,对转让房地产的过高增值收益进行分配,一方面维护了国家税收权益,保护了房地产正当开发者的合法权益;另一方面也使得投机者不能获取暴利,抑制炒买炒卖房地产的现象。① 从整体来看,两岸税法关于土地增值税的相同点都在于对土地增值部分课税,以体现量能负担和税收公平原则;不过,两岸土地增值税法的核心差异点似乎并不主要在于技术规则,而在于各自税法制度的实践运行。土地增值税在台湾是纯粹的技术性税种,承担取得稳定财政收入和调控土地市场的简单双重功能,且该税种之课征一贯遵循税收法定原则且实践运行状态良好,学界和实务界也并无对稽征机关税务行政和房地产企业避税安排的强烈质疑;但在大陆,土地增值税除具有上述两重功能外,地方政府还需考量房地产企业的承受能力以顾及房地产市场稳定、对房地产企业定向招商引资的偏好、作为"潜规则"的特定"藏税""养税"安排等特定因素,而大陆的房地产企业似乎也更善于在模糊不清的土地增值税制中"长袖善舞",进而寻求更大的且不违反强行法规定的避税空间。与此同时,大陆增值税制度的技术缺失也使得税收法定原则在此税种中难以有效落实,并进一步推进了上述不确定性的扩张。

---

① 参见刘剑文、熊伟:《财政税收法》(第五版),法律出版社 2009 年版,第 317 页。

第五章 税收正义:地方税秩序的重建

1. 历史沿革。1949年以后,大陆一直实行土地公有制,并采用无偿指令性划拨和无限期土地使用制度,彼时的房屋和土地均为国家和集体统筹安排,没有土地流转和交易的概念。1987年,大陆对土地使用制度进行改革,房地产行业发展迅速,并带动相关行业繁荣。但房地产市场也开始呈现开发无序的状态,基于通过财税杠杆机制来进行市场调控的考虑,大陆决定实行土地增值税制度。1993年12月13日,国务院发布《土地增值税暂行条例》(国务院令第138号),自1994年1月1日起施行。① 1995年1月27日,财政部发布《土地增值税暂行条例实施细则》(财法〔1995〕6号,以下简称"实施细则")。此后,为明确土地增值税征收相关事项,国家税务总局先后发布十余个税收规范性文件。② 1954年8月15日,台湾公布实施"实施都市平均地权条例",明确提出了"规定地价"、"涨价归公"等基本原则,并按照地价课征地价税。1977年7月14日的"土地税法"则更进一步明确了地价税的法定性。2010年11月24日,台湾第16次修订了"土地税法";而在此前的2005年12月16日,台湾"行政院"修正发布"土地税法施行细则"(以下简称"施行细则"),"土地税法"和"施行细则"并成为地价税课征的最新法规政策依据。

---

① 2011年1月8日,国务院总理温家宝签署国务院令第588号,公布2010年12月29日由国务院第138次常务会议通过的《国务院关于废止和修改部分行政法规的决定》,并自公布之日起施行。该《决定》附件2《国务院决定修改的行政法规》在"二、对下列行政法规中关于'征用'的规定作出修改"之"(二)将下列行政法规中的'征用'修改为'征收'"。第15项中明确,《土地增值税暂行条例》第8条作相应修改。

② 主要包括:《国家税务总局关于进一步做好土地增值税征管工作的通知》(税总发〔2013〕67号);《国家税务总局关于加强土地增值税征管工作的通知》(国税发〔2010〕53号);《国家税务总局关于土地增值税清算有关问题的通知》(国税函〔2010〕220号);《国家税务总局关于印发〈土地增值税清算管理规程〉的通知》(国税发〔2009〕91号);《国家税务总局关于未办理土地使用权证转让土地有关税收问题的批复》(国税函〔2007〕645号);《国家税务总局关于房地产开发企业土地增值税清算管理有关问题的通知》(国税发〔2006〕187号);《国家税务总局关于加强房地产税收分析工作的通知》(国税发〔2005〕151号);《国家税务总局关于加强土地增值税管理工作的通知》(国税函〔2004〕938号);《国家税务总局关于认真做好土地增值税征收管理工作的通知》(国税函〔2002〕615号);《国家税务总局关于以转让股权名义转让房地产行为征收土地增值税问题的批复》(国税函〔2000〕687号);《国家税务总局关于广西土地增值税计算问题请示的批复》(国税函〔1999〕112号);《国家税务总局关于印发〈土地增值税宣传提纲〉的通知》(国税函〔1995〕110号);《国家税务总局关于印发适用涉外税收征管需要的增值税、消费税、营业税等税申报表式样的通知》(国税发〔1994〕2号);等等。

(1) 征税范围和课征对象。在台湾,依"土地税法"第 28 条规定:"已规定地价之土地,于土地所有权移转时,应按其土地涨价总数额征收土地增值税。但因继承而移转之土地,各级政府出售或依法赠与之公有土地,及受赠之私有土地,免征土地增值税。"在大陆,依《土地增值税暂行条例》第 2 条规定,土地增值税课征对象是转让国有土地使用权、地上的建筑物及其附着物并取得的收入。① 相较而言,台湾土地增值税的征税范围和课征对象限定于土地自然涨价(设置典权时为拟制的土地自然涨价)和涨价总金额,而大陆增值税的征税范围和课征对象主要是国有土地(地上建筑物及其附着物)及因转让使用权等而取得收入的部分。此种差异性在于:一是制度前提上,两岸土地制度分别采私有和公有原则,使用权在大陆也能成为征税范围;二是在技术规则上,台湾以"涨价总数额"作为课征对象,比较直接客观且简单明了,大陆则采取"取得收入"的方式进行归类,注重课税来源并体现量能原则。

(2) 纳税人。在台湾,依"土地税法"第 5 条规定,土地增值税之纳税义务人包括:① 土地为有偿移转者,为原所有权人;② 土地为无偿移转者,为取得所有权之人;③ 土地设定典权者,为出典人。其中,有偿移转指买卖、交换、政府照价收买或征收等方式之移转;是指无偿移转,指遗赠及赠与等方式之移转。第 5 条之 1 规定了取得所有权之人或权利人之代缴义务。② 第 5 条之 2 规定了信托关系中受托人或归属权利人为纳税义务人。③ 在大陆,《土地增值税暂行条例》第 2 条规定,"转让国有土地使用权、地上的建筑物及其附着物并取得收入的单位和个人,为土地增值税的

---

① 依《实施细则》第 2 条至第 5 条规定,转让国有土地使用权、地上的建筑物及其附着物并取得收入,是指以出售或者其他方式有偿转让房地产的行为,不包括以继承、赠与方式无偿转让房地产的行为;国有土地,是指按国家法律规定属于国家所有的土地;地上的建筑物,是指建于土地上的一切建筑物,包括地上地下的各种附属设施;附着物,是指附着于土地上的不能移动,一经移动即遭损坏的物品;收入包括转让房地产的全部价款及有关的经济收益。

② 第 5 条之 1 规定:"土地所有权移转,其应纳之土地增值税,纳税义务人未于规定期限内缴纳者,得由取得所有权之人代为缴纳。""依平均地权条例第四十七条规定由权利人单独申报土地移转现值者,其应纳之土地增值税,应由权利人代为缴纳。"

③ 第 5 条之 2 规定:"受托人就受托土地,于信托关系存续中,有偿移转所有权、设定典权或依信托法第三十五条第一项规定转为其自有土地时,以受托人为纳税义务人,课征土地增值税。""以土地为信托财产,受托人依信托本旨移转信托土地与委托人以外之归属权利人时,以该归属权利人为纳税义务人,课征土地增值税。"

第五章 税收正义：地方税秩序的重建

纳税义务人"。① 相较而言，台湾关于纳税义务人的规定更为充分具体，并直接体现在"土地税法"中，大陆关于认定和视同纳税人及代缴义务人的规定还要参照国家税务总局的其他规范性文件规定。不过，总体来看，两岸关于土地增值税纳税人的原则性规定，仍然具有一致性，即承受权利之人。

（3）税率。台湾土地增值税税率分为累进税率（第 33 条）和特别税率（第 34 条）。依"土地税法"第 33 条规定，土地增值税税率按照涨价倍数而累进课征。该条第 1 项规定，土地增值税之税率如下：① 土地涨价总数额超过原规定地价或前次移转时核计土地增值税之现值数额未达 100% 者，就其涨价总数额征收增值税 20%；② 土地涨价总数额超过原规定地价或前次移转时核计土地增值税之现值数额在 100% 以上未达 200% 者，除按前款规定办理外，其超过部分征收增值税 30%；③ 土地涨价总数额超过原规定地价或前次移转时核计土地增值税之现值数额在 200% 以上者，除按前二款规定分别办理外，其超过部分征收增值税 40%。同时依"土地税法"第 33 条第 7 项至第 9 项规定，④ 持有土地年限超过 20 年以上者，就其土地增值税超过第 1 项最低税率部分减征 20%；⑤ 持有土地年限超过 30 年以上者，就其土地增值税超过第 1 项最低税率部分减征 30%；⑥ 持有土地年限超过 40 年以上者，就其土地增值税超过第 1 项最低税率部分减征 40%。② 第 34 条规定了自用住宅的优惠税率为 10%。③ 在大陆，《土地增值税暂行条例》第

---

① 《实施细则》第 6 条规定："条例第二条所称的单位，是指各类企业单位、事业单位、国家机关和社会团体及其他组织。条例第二条所称个人，包括个体经营者。"

② 土地涨价总数额之计算公式、土地增值税应征税额之计算公式，参见"土地税法施行细则"之附件四、附件五。

③ "土地税法"第 34 条规定："土地所有权人出售其自用住宅用地者，都市土地面积未超过三公亩部分或非都市土地面积未超过七公亩部分，其土地增值税统就该部分之土地涨价总数额按百分之十征收之；超过三公亩或七公亩者，其超过部分之土地涨价总数额，依前条规定之税率征收之。""前项土地于出售前一年内，曾供营业使用或出租者，不适用前项规定。""第一项规定于自用住宅之评定现值不及所占基地公告土地现值百分之十者，不适用之。但自用住宅建筑工程完成满一年以上者不在此限。""土地所有权人，依第一项规定税率缴纳土地增值税者，以一次为限。""土地所有权人适用前项规定后，再出售其自用住宅用地，符合下列各款规定者，不受前项一次之限制：一、出售都市土地面积未超过一·五公亩部分或非都市土地面积未超过三·五公亩部分。二、出售时土地所有权人与其配偶及未成年子女，无该自用住宅以外之房屋。三、出售前持有该土地六年以上。四、土地所有权人或其配偶、未成年子女于土地出售前，在该地设有户籍且持有该自用住宅连续满六年。五、出售前五年内，无供营业使用或出租。"因增订前项规定造成"直辖市"政府及县（市）政府税收之实质损失，于财政收支划分法修正扩大"中央"统筹分配税款规模之规定施行前，由"中央政府"补足之，并不受预算法第二十三条有关公债收入不得充经常支出之用之限制。前项实质损失之计算，由"中央主管机关"与"直辖市"政府及县（市）政府协商之。

7条规定:"土地增值税实行四级超率累进税率:增值额未超过扣除项目金额50%的部分,税率为30%。""增值额超过扣除项目金额50%、未超过扣除项目金额100%的部分,税率为40%。""增值额超过扣除项目金额100%、未超过扣除项目金额200%的部分,税率为50%。""增值额超过扣除项目金额200%的部分,税率为60%。"①相较而言,两岸的税率结构都采用超率累进方式,增值率高的,税负相应更高,累进法则也基本相同,只是大陆的税率级次比台湾要多1级。另外,台湾基于鼓励对土地的长期持有而对持有一定年限的土地有相应减征比例的规定,大陆则没有类似规定。

表 5-3　台湾土地增值税税率表

	类别	土地涨价比	税率			
累进税率	第1级	100%以下	20%			
	第2级	100%以上,未达200%	超过部分,再征30%	持有时间	不超过20年 超过20年以上 超过30年以上 超过40年年以上	不减征 减征20% 减征30% 减征40%
	第3级	200%以上	超过部分,再征40%	持有时间	不超过20年 超过20年以上 超过30年以上 超过40年年以上	不减征 减征20% 减征30% 减征40%
特别税率			10%			

注:①"减征"是指就其土地增值税超过第1项最低税率部分减征;

② 所称"超过部分,再征30%或40%",是指累进使用前款比例后再累加征收30%或40%;

③ 自用住宅用地适用特别税率,也需满足一定条件,详见"土地税法"第34条;

④ 具体税额计算,可以使用速算法之计算公式,本税率表仅供了解"土地税法"(2010年11月24日修正发布)之土地增值税税率使用。

---

① 《实施细则》第10条规定:"条例第七条所列四级超率累进税率,每级'增值额未超过扣除项目金额'的比例,均包括本比例数。""计算土地增值税税额,可按增值额乘以适用的税率减去扣除项目金额乘以速算扣除系数的简便方法计算,具体公式如下:(一)增值额未超过扣除项目金额50%土地增值税税额=增值额×30%;(二)增值额超过扣除项目金额50%、未超过100%的土地增值税税额=增值额×40% - 扣除项目金额×5%;(三)增值额超过扣除项目金额100%、未超过200%土地增值税税额=增值额×50% - 扣除项目金额×15%;(四)增值额超过扣除项目金额200%土地增值税税额=增值额×60% - 扣除项目金额×35%公式中的5%、15%、35%为速算扣除系数。"

第五章 税收正义：地方税秩序的重建

表5-4 大陆土地增值税税率表

级数	增值额占扣除项目比例	税率
第1级	不超过50%	30%
第2级	超过50%不超过100%	40%
第3级	超过100%不超过200%	50%
第4级	超过200%	60%

注：具体税额计算，可以使用速算法之计算公式，本税率表仅供了解《土地增值税暂行条例》(2011年1月8日修订公布，2011年1月8日施行)之土地增值税税率使用。

（4）减免税。在台湾，依"土地税法"第28条规定，"但因继承而移转之土地，各级政府出售或依法赠与之公有土地，及受赠之私有土地，免征土地增值税"。第28条之1规定了私人捐赠供兴办社会福利事业额或依法设立私立学校使用之土地免征增值税①，第28条之2规定了配偶相互赠与土地可申请不课征税②；第28条之3规定了符合规定的信托财产之土地不课征土地增值税之情形。③ 第39条规定了被征收土地、依都市计划法指定之公共设施保留地尚未征用前移转、依法得征收之土地资源按照公告土地现值售与需地机关等情形时免征土地增值税以及重划之土地首次移转时减征40%。第39条之1、之2和之3分别规定了区段征收之减免、农业用地作农业使用之移转与自然人免征和申请免征30日之申请程序。在大陆，依《土地增值税暂行条例》第8条规定，有下列情形之一的，免征土地增值税：

---

① "土地税法"第28条之1规定："私人捐赠供兴办社会福利事业或依法设立私立学校使用之土地，免征土地增值税。但以符合左列各款规定者为限：一、受赠人为财团法人。二、法人章程载明法人解散时，其剩余财产归属当地地方政府所有。三、捐赠人未以任何方式取得所捐赠土地之利益。"

② "土地税法"第28条之2规定："配偶相互赠与之土地，得申请不课征土地增值税。""但于再移转第三人时，以该土地第一次赠与前之原规定地价或前次移转现值为原地价，计算涨价总数额，课征土地增值税。""前项受赠土地，于再移转计课土地增值税时，赠与人或受赠人于其具有土地所有权之期间内，有支付第三十一条第一项第二款改良土地之改良费用或同条第三项增缴之地价税者，准用该条之减除或抵缴规定；其于经重划之土地，准用第三十九条第四项之减征规定。""该项再移转土地，于申请适用第三十四条规定税率课征土地增值税时，其出售前一年内未曾供营业使用或出租之期间，应合并计算。"

③ "土地税法"第28条之3规定："土地为信托财产者，于左列各款信托关系人间移转所有权，不课征土地增值税：一、因信托行为成立，委托人与受托人间。二、信托关系存续中受托人变更时，原受托人与新受托人间。三、信托契约明定信托财产之受益人为委托人者，信托关系消灭时，受托人与受益人间。四、因遗嘱成立之信托，于信托关系消灭时，受托人与受益人间。五、因信托行为不成立、无效、解除或撤销，委托人与受托人间。"

(1) 纳税人建造普通标准住宅出售，增值额未超过扣除项目金额 20% 的；(2) 因国家建设需要依法征用、收回的房地产。① 另，《实施细则》还对个人转让自用住房满 3 年和 5 年等情形给予减免税待遇。② 相较而言，两岸税法均对与公共设施、社会福利和土地征收等相关土地转让免征土地增值税，不过，两岸相关规定仍有以下区别：一是对因配偶、信托等法律关系而生土地转让，台湾予以免税，大陆则没有相关规定；二是对特定情形下土地转让的减免对象和具体幅度并不完全一致。这样是由于两岸不同的土地征用体制、城市开发制度以及长期以来的土地税制实践差异性所决定的。

(5) 重购土地退税。在台湾，依"土地税法"第 35 条规定，土地所有权人于出售土地或土地被征收后，自完成移转登记或领取补偿地价之日起，2 年内重购土地且符合规定的，其新购土地地价超过原出售土地地价或补偿地价，扣除缴纳土地增值税后之余额者，得向主管稽征机关申请就其已纳土地增值税额内，退还其不足支付新购土地地价之数额。第 36 条规定了原出售土地地价和新购土地地价的确定方法为"以该次为准"。第 37 条规定了重构之土地自完成移转登记 5 年内再行移转时，应追缴原退还税款。大陆税法对于土地增值税没有类似退税规定。③

(6) 征收程序。在台湾，"土地税法"第 49 条规定了增值税之核定。该

---

① 《实施细则》第 11 条规定："条例第八条（一）项所称的普通标准住宅，是指按所在地一般民用住宅标准建造的居住用住宅。高级公寓、别墅、度假村等不属于普通标准住宅。普通标准住宅与其他住宅的具体划分界限由各省、自治区、直辖市人民政府规定。""纳税人建造普通标准住宅出售，增值额未超过本细则第七条（一）、（二）、（三）、（五）、（六）项扣除项目金额之和 20% 的，免征土地增值税；增值额超过扣除项目金额之和 20% 的，应就其全部增值额按规定计税。""条例第八条（二）项所称的因国家建设需要依法征用、收回的房地产，是指因城市实施规划、国家建设的需要而被政府批准征用的房产或收回的土地使用权。因城市实施规划、国家建设的需要而搬迁，由纳税人自行转让原房地产的，比照本规定免征土地增值税。符合上述免税规定的单位和个人，须向房地产所在地税务机关提出免税申请，经税务机关审核后，免于征收土地增值税。"

② 《实施细则》第 12 条规定："个人因工作调动或改善居住条件而转让原自用住房，经向税务机关申报核准，凡居住满 5 年或 5 年以上的，免予征收土地增值税；居住满 3 年未满 5 年的，减半征收土地增值税。居住未满 3 年，按规定计征土地增值税。"

③ 《财政部 国家税务总局 建设部关于个人出售住房所得征收个人所得税有关问题的通知》（财税字〔1999〕278 号）曾有关于个人转让住房后 1 年内重新购房相应免征个人所得税的类似规定。该文件第 3 条规定："为鼓励个人换购住房，对出售自有住房并拟在现住房出售后 1 年内按市场价重新购房的纳税人，其出售现住房所应缴纳的个人所得税，视其重新购房的价值可全部或部分予以免税。"后该条被《财政部 国家税务总局 住房和城乡建设部关于调整房地产交易环节契税、个人所得税优惠政策的通知》（财税〔2010〕94 号）规定废止。

条第 1 项规定,已规定地价之土地所有权移转或设定典权时,权利人及义务人应于订立契约之日起 30 日内,共同向主管稽征机关申报土地移转现值;但规定得由权利人单独申请登记者,权利人得单独申报其移转现值;主管稽征机关应在 7 日内核定应纳土地增值税额并填发送达,但申请按自用住宅用地税率课征者期间得延长至 20 日;主管地政机关对错误事项应及时告知主管稽征机关。第 50 条规定了增值税缴纳期限,即纳税义务人在收到缴纳通知书后 30 日内向公库缴纳。第 51 条规定了缴清欠税的约束机制。① 第 52 条规定了经征收或收买之土地的代扣税款事项。在大陆,《土地增值税暂行条例》第 10 条规定:"纳税人应当自转让房地产合同签订之日起 7 日内向房地产所在地主管税务机关办理纳税申报,并在税务机关核定的期限内缴纳土地增值税。"② 第 11 条规定了土地增值税由税务机关征收,且土地和房产管理部门应当向税务机关提供有关资料并协助其依法征收土地增值税。第 12 条规定了纳税人未缴纳土地增值税的,土地及房产管理部门不得办理权属变更手续。第 13 条规定了土地增值税的征收管理依据《税收征收管理法》及本条例有关规定执行。两岸税法在征收程序上的共同点在于,都明确规定了土地增值税纳税义务人的纳税期限以及地政房地部门的协助义务;差异点在于,台湾税法规定的纳税义务人的申报期间和稽征机关的核定期间分别为 30 日和 7 日,而大陆税法对申报期间的规定为 7 日,但对稽征机关的核定期间则没有明确规定。

(7) 罚则。在台湾,"土地税法"在第 53 条第 1 项、第 54 条和第 55 条之 1 规定了土地增值税的罚则。其中,第 53 条第 1 项规定了滞纳金(每逾 2 日加征 1%,逾 30 日移送法院强制执行),第 54 条规定了罚锾(土地买卖未办理权利移转登记再行出售者,处 2% 罚锾),第 55 条之 1 规定了已享受免

---

① "土地税法"第 51 条规定:"欠缴土地税之土地,在欠税未缴清前,不得办理移转登记或设定典权。""经法院拍卖之土地,依第三十条第一项第五款但书规定审定之移转现值核定其土地增值税者,如拍定价额不足扣缴土地增值税时,拍卖法院应俟拍定人代为缴清差额后,再行发给权利移转证书。""第一项所欠税款,土地承受人得申请代缴或在买卖、典价内照数扣留完纳;其属代缴者,得向缴税义务人求偿。"

② 《实施细则》第 17 条规定:"条例第十条所称的房地产所在地,是指房地产的坐落地。纳税人转让房地产坐落在两个或两个以上地区的,应按房地产所在地分别申报纳税。"

征待遇情形不具备时的补征及罚锾（2倍）。① 在大陆,《土地增值税暂行条例》第 13 条规定了土地增值税的征收管理依据《税收征收管理法》及本条例有关规定执行。此种关于罚则的形式化区别,仍然是两岸关于罚则的不同立法理念和技术规范所决定的。

3. 征收实践。尽管土地增值税的最大缺失,在于用以计征的土地价格实际交易价格远高于土地公告现值。而且,土地增值税系以土地涨价总数额超过原规定地价或前次移转时核计土地增值税之现值税额适用税率,亦即以涨价倍数适用税率。如此,还导致了前次核计土地增值税之现值为公告现值时而此次以实价计算之课税不公平情形。② 但是,就台湾土地增值税的征收实践来看,因其征收时间较长,法律规定和执行程序也比较成熟和规范,稽征机关在征收土地增值税能够严格遵循税法的相对具体细致的规定,加之土地增值税计算方式相对简便明了,土地增值税的征收实践整体表现稳定。由于法律政策上的不完备和配套制度的不细致,大陆土地增值税在征收实践中往往带来诸多相关问题,在"贯彻税收法定原则"的当下,大陆学界和实务界甚至是社会大众对土地增值税理论讨论和个案争议持续升温,并进而引发了诸如税务机关是否依法征收、房地产企业是否存在偷税漏税以及地方政府是否藉此作为招商引资筹码等议题的强烈质疑。③

（1）税额计算。在台湾,"土地税法"第 31 条规定了涨价总数额之计算。④ 该条第 1 项规定,土地涨价总数额之计算,应自该土地所有权移转或设定典权时,经核定之申报移转现值中减除下列各款后之余额,为涨价总数

---

① "土地税法"第 55 条之 1 规定:"依第二十八条之一受赠土地之财团法人,有左列情形之一者,除追补应纳之土地增值税外,并处纳土地增值税额二倍之罚款:一、未按捐赠目的使用土地者。二、违反各该事业设立宗旨者。三、土地收益未全部用于各该事业者。四、经稽征机关查获或经人举发查明捐赠人有以任何方式取得所捐赠土地之利益者。"

② 参见葛克昌:《房产税奢侈税立法及其宪法界限》,载葛克昌:《行政程序与纳税人基本权》（第三版）,台湾翰芦图书出版公司 2012 年版,第 331—332 页。

③ 媒体相关报道,参见陈妍妍:《"任大炮"舌战央视 土地增值税争议或加快房产税改革》,载《证券日报》2013 年 11 月 30 日 B03 版,等等;业界相关态度,参见张凤玲:《中房协"土地增值税"紧急会议攻防录》,载《中国房地产报》2013 年 12 月 2 日 A02 版,等等;官方相关反应,参见严丽梅、张佳:《官方回应:将加强土地增值税征管》,载《企业家日报》2013 年 12 月 2 日第 9 版,等等;学者相关评论,参见杨志勇:《应取消不好征管的土地增值税》,载《东方早报》2013 年 12 月 3 日第 12 版,等等。

④ "施行细则"第 46 条、第 47 条和第 48 条分别规定了不同情形下土地涨价总数额的确定基准。第 49 条规定了物价变动时土地转让现值之调整。第 50 条规定了土地涨价总数额之计算公式。第 51 条则进一步明确了减除费用。

额:① 规定地价后,未经过移转之土地,其原规定地价。规定地价后,曾经移转之土地,其前次移转现值;② 土地所有权人为改良土地已支付之全部费用,包括已缴纳之工程受益费、土地重划费用及因土地使用变更而无偿捐赠一定比率土地作为公共设施用地者,其捐赠时捐赠土地之公告现值总额。① 第32条规定了物价变动之调整,即物价指数调整时,原规定地价及前次移转时核计土地增值税之现值相应调整,再计算土地涨价总数额。在大陆,《土地增值税暂行条例》第6条规定了计算增值额的扣除项目包括:① 取得土地使用权所支付的金额;② 开发土地的成本、费用;③ 新建房及配套设施的成本、费用,或者旧房及建筑物的评估价格;④ 与转让房地产有关的税金;⑤ 财政部规定的其他扣除项目。② 依第9条规定,纳税人有下列

---

① "土地税法"第31条第2项至第4项分别规定:"前项第一款所称之原规定地价,依平均地权条例之规定;所称前次移转时核计土地增值税之现值,于因继承取得之土地再行移转者,系指继承开始时该土地之公告现值。但继承前依第三十条之一第三款规定领回区段征收抵价地之地价,高于继承开始时该土地之公告现值者,应从高认定。""土地所有权人办理土地移转缴纳土地增值税时,在其持有土地期间内,因重新规定地价缴纳之地价税,就其移转土地部分,准予抵缴其应纳之土地增值税。但准予抵缴之总额,以不超过土地移转时应缴增值税总额百分之五为限。"前项增缴之地价税抵缴办法,由"行政院"定之。

② 《实施细则》第7条规定:"条例第六条所列的计算增值额的扣除项目,具体为:(一) 取得土地使用权所支付的金额,是指纳税人为取得土地使用权所支付的地价款和按国家统一规定缴纳的有关费用。(二) 开发土地和新建房及配套设施(以下简称房地产开发)的成本,是指纳税人房地产开发项目实际发生的成本(以下简称房地产开发成本),包括土地征用及拆迁补偿费、前期工程费、建筑安装工程费、基础设施费、公共配套设施费、开发间接费用。土地征用及拆迁补偿费,包括土地征用费、耕地占用税、劳动力安置费及有关地上、地下附着物拆迁补偿的净支出、安置动迁用房支出等。前期工程费,包括规划、设计、项目可行性研究和水文、地质、勘察、测绘、'三通一平'等支出。建筑安装工程费,是指以出包方式支付给承包单位的建筑安装工程费,以自营方式发生的建筑安装工程费。基础设施费,包括开发小区内道路、供水、供电、供气、排污、排洪、通讯、照明、环卫、绿化等工程发生的支出。公共配套设施费,包括不能有偿转让的开发小区内公共配套设施发生的支出。开发间接费用,是指直接组织、管理开发项目发生的费用,包括工资、职工福利费、折旧费、修理费、办公费、水电费、劳动保护费、周转房摊销等。(三) 开发土地和新建房及配套设施的费用(以下简称房地产开发费用),是指与房地产开发项目有关的销售费用、管理费用、财务费用。财务费用中的利息支出,凡能够按转让房地产项目计算分摊并提供金融机构证明的,允许据实扣除,但最高不能超过按商业银行同类同期贷款利率计算的金额,其他房地产开发费用,按本条(一)、(二)项规定计算的金额之和的5%以内计算扣除。凡不能按转让房地产项目计算分摊利息支出或不能提供金融机构证明的,房地产开发费用按本条(一)、(二)项规定计算的金额之和的10%以内计算扣除。上述计算扣除的具体比例,由各省、自治区、直辖市人民政府规定。(四) 旧房及建筑物的评估价格,是指在转让已使用的房屋及建筑物时,由政府批准设立的房地产评估机构评定的重置成本价乘以成新度折扣率后的价格。评估价格须经当地税务机关确认。(五) 与转让房地产有关的税金,是指在转让房地产时缴纳的营业税、城市维护建设税、印花税。因转让房地产交纳的教育费附加,也可视同税金予以扣除。(六) 根据条例第六条(五)项规定,对从事房地产开发的纳税人可按本条(一),(二)项规定计算的金额之和,加计20%的扣除。"

情形之一的,按照房地产评估价格计算征收:① 隐瞒、虚报房地产成交价格的;② 提供扣除项目金额不实的;③ 转让房地产的成交价格低于房地产评估价格,又无正当理由的。相较而言,两岸关于土地增值税额计算的原理基本一致,都对增值额部分进行课税,但大陆的可扣除范围更广。台湾核计"涨价总数额",其扣除项主要为原规定地价(或其前次移转现值)以及改良土地所支付费用,此种安排给土地增值税的适用带来了极大的简便性①;大陆核计"增值额",其扣除项除包括取得土地使用权所支付的金额和开发土地的成本费用外,还包括房产建设成本(或旧房产评估价格)、转让相关税金以及财政部规定的其他项目,这些有待未来时间方能确定的扣除项也导致了大陆土地增值税适用中的诸多问题。

(2)预征制度。在台湾,"土地税法"和"施行细则"都没有规定土地增值税的预征制度。在大陆,《土地增值税暂行条例》第 10 条对土地增值税征收作了指导性规定,《实施细则》第 15 条和第 16 条则明确规定了预征制度。依《实施细则》第 15 条规定,纳税人应在转让房地产合同签订后的 7 日内办理纳税申报并提交有关资料;纳税人因经常发生房地产转让而难以在每次转让后申报的,经税务机关审核同意后,可以定期进行纳税申报,具体期限由税务机关根据情况确定;纳税人依照税务机关核定的税额及法规的期限缴纳土地增值税。第 16 条则明确规定了土地增值税的预征制度。该条规定:"纳税人在项目全部竣工结算前转让房地产取得的收入,由于涉及成本确定或其他原因,而无法据以计算土地增值税的,可以预征土地增值税,待该项目全部竣工、办理结算后再进行清算,多退少补。具体办法由各省、自治区、直辖市地方税务局根据当地情况制定。"客观来讲,大陆土地增值税的预征制度的设计初衷是考虑到部分扣除项的最终确定需要一定的时间,但同时为避免税款缴纳过于延迟而作出的相对稳妥的安排。不过,现行预征制度在预征率的合理确定、纳税义务发生时间与税款预征的关系、预征的正

---

① "大法官释字 190 号解释",系针对"平均地权条例"第 48 条第 2 款土地所有权移转时,未依限申请土地变更登记并申报土地现值,经通知补报,"主管机关应通知当事人以公告土地现值为土地移转现值,征收土地增值税"之规定,是否抵触"宪法"第 15 条。该 190 号解释与"大法官释字 180 号解释"相同,均不认为土地增值税有违反财产权之处,二者皆认为土地增值税捐客体之归属,"应向获得该项利益者征收"。参见葛克昌:《纳税人财产权保障》,载葛克昌:《行政程序与纳税人基本权》(第三版),台湾翰芦图书出版有限公司 2012 年版,第 445—446 页。

第五章 税收正义:地方税秩序的重建

当性及其规则约束等方面存在仍需进一步讨论的问题。台湾之所以没有设置预征制度,是与其扣除项的简单化直接关联的;而大陆的预征制度安排存在争议,其根源在于其部分扣除项无法现时确定不得不为之,而在政府对房地产市场进行严厉调控的当下,预征时点的提前或延后却又成为房地产企业的重要避税手段。

(3)清算制度。在台湾,"土地税法"和"施行细则"也没有规定土地增值税的清算制度。在大陆,《实施细则》第 16 条按照《土地增值税暂行条例》第 10 条的指导原则规定了"先预征,后清算,多退少补"的征收制度。目前,关于土地增值税清算的主要规范性文件为《国家税务总局关于印发〈土地增值税清算管理规程〉的通知》(国税发〔2009〕91 号,以下简称 91 号文)和《国家税务总局关于房地产开发企业土地增值税清算管理有关问题的通知》(国税发〔2006〕187 号,以下简称 187 号文)。按照上述两个文件规定,土地增值税清算条件分两类:一是应进行清算的情形,包括① 房地产开发项目全部竣工、完成销售的;② 整体转让未竣工决算房地产开发项目的;③ 直接转让土地使用权的。① 二是税务机关可要求清算的情形,包括① 已竣工项目转让面积超过 85% 或虽未超过 85% 但剩余面积已出租或自用的;② 取得预售许可证满 3 年仍未销售完毕的;③ 纳税人注销登记的(在办理注销登记前进行清算);④ 省级税务机关规定的其他情形。② 依《土地增值税清算管理规程》(以下简称《管理规程》)第 11 条规定,对于应进行清算的项目,纳税人应当在满足条件之日起 90 日内到税务机关办理清算手续;对于税务机关可要求纳税人进行清算的项目,由税务机关确定是否进行清算;对于确定需要进行清算的项目,由税务机关下达清算通知,纳税人应当在收到清算通知之日起 90 日内办理清算手续。纳税人在项目达到清算条件后进行土地增值税清算,得出房地产项目实际应缴的税款,与预征的税款比较后,多退少补。不过,由于房地产行业经营情况复杂,土地增值税清算需要审核大量跨若干年度收入、成本和费用情况,税收征管难度较大。相较而言,台湾土地增值税扣除项和计算方式都相对简单,不会产生复杂的清算事宜。大陆的清算制度与预征制度是相互关联的,清算的难易程度及其实际

---

① 参见《土地增值税清算管理规程》第 9 条和 187 号文第 2 条之规定。
② 参见《土地增值税清算管理规程》第 10 条和 187 号文第 2 条之规定。

效果实际上也是对预征制度本身的实效检验。① 《管理规程》第 10 条规定的税务机关"可要求纳税人进行土地增值税清算"中"可以"语词的高度不确定性,此种表述使得税务机关在自由裁量时具有极大的弹性空间,也给税务机关调配完成年度税收任务带来空间,但同时此种规定却也使得税收法定原则大打折扣,并使得土地增值税的申报和征收过程过于冗长和复杂。

(三) 土地税制的走向:平衡视角的社会正义

当市场不能圆满解决经济问题或满足政策上的需要时,政府可以使用各种工具和方法进行介入。介入的方法,有直接施以价格及非价格管制者,也有间接利用税捐之课征的加重或减轻加以引导。其具体措施可以有:土地开发之外部成本的内部化、租金的管制或课税、房地产交易所得的课税、不动产集中交易市场、房地产环境影响评估,等等。② 就两岸土地税制演进而言,无论是地价税、土地使用税,还是土地增值税,都有三个层面上的功能:一是社会功能。孙中山的"涨价归公"思想对两岸土地税制变革都产生了重大影响,并在税制实践中得到充分发展。③ 二是财政功能。作为稀缺资源的土地在工业化和城镇化过程中的地位更为突出,两岸土地税税源稳定且充盈持续,具有很强的财政支撑能力。三是调控功能。政府通过土地税制的设计来矫正市场本身缺陷并有效调控土地市场,从而达成特定的政策目标。以上三个层面上的功能,其关系是依次发生且渐次递进的。台湾开征地价税是基于"平均地权"的政策目的,大陆开征土地使用税则更多考虑土地的"有偿使用",而两岸土地增值税的税制安排则更多地是立足于调控和引导日益重要的房地产市场。站在更为宏观的立场,两岸土地税制的未来走向,将会更加聚焦平衡视角下的社会正义。也即,土地税的最终意义不

---

① 有大陆学者认为,土地增值税的预征政策在早期的确在引导资本进入房地产市场、降低开发商税负、促进房地产业发展方面起到了积极作用,但现阶段房价存在一定泡沫,开发企业利润相对过高,造成产业结构发展相对不均衡,为稳定房地产市场,促进实体经济发展,地方政府需要加大土地增值税清算力度。参见刘红梅:《中国土地增值税清算政策影响探析》,载《税务研究》2013 年第 2 期。

② 参见黄茂荣:《不动产税及其对不动产产业的经济引导》,载黄茂荣:《税法总论:税捐法律关系》(第三册),台湾植根法学论丛编辑室 2008 年版,第 519—527 页。

③ 参见王昉、熊金武:《从"涨价归公"思想到土地增值税制度——兼论近代社会转型时期经济思想与经济制度的关系》,载《财经研究》2010 年第 1 期。

第五章 税收正义：地方税秩序的重建

仅在于获得稳定持续的财政收入和进行有效妥适的政策调控，而在于社会整体福祉的提升，在于不同纳税人之间、纳税人与政府之间、民众购房者与开发商之间以及相互之间的基于土地使用的利益平衡，而最终实现在此基础上的社会正义。未来台湾土地税制的改革宜围绕土地流转民生主义的立场、合理调整土地价格定价机制和加强土地税稽征便利性、公平性展开。

通过借鉴台湾土地税制的先进经验，可以对大陆现行土地税法的改革提出若干建议。就宏观层面的土地税法而言，一是落实税收法定原则，进一步加快土地税制的法律化过程，推动土地使用税和增值税的立法，条件合适时推动制订土地税法；二是推动房地产税的整合，适当统一和合并现行税种，初步可以考虑将城镇土地使用税和耕地占用税合并；三是梳理减免税规定，对现行减免税规定进行类型化，并适当控制土地税相关税收优惠政策；四是因应特定法律关系的存在和发展，对典权、亲属、信托等法律关系的土地税制度进行专门规定；五是对部分税种的课税要素和程序规定进行适当简化，以有效提高土地税征收效率。就大陆土地使用税改革而言，一是对现行计税依据采用土地面积的方式行调整，应借鉴台湾地价税采取土地价值作为技术依据；二是进一步扩大土地使用税征税范围，以符合税收公平原则，对于农村土地可以考虑免税的方式进行变通处理①；三是对于纳税人规定作出进一步优化，将实际管理人规定为纳税人或代缴义务人；四是改善纳税时间和纳税地点的规定，按照实际交付和物权变更公示原则来具体确认；②。就大陆土地增值税改革而言③，一是适当调整增值额的计算方式，对扣除项作出适当的调整，在保障税负不增的情形下减少核计工作量；二是继续完善土地价格评估制度，对土地市场价格作出合理的研判并作为土地现值重要参考；三是适当增加公平性考量因素，将土地持有时间、物价变动等作为土地增值税税率或土地现值系数；四是积极改进现行预征和清算制度，按照税负不增原则，通过优化扣除项或拟制计算公式等技术性税法变革的

---

① 参见刘剑文主编：《财税法学》（第二版），高等教育出版社2012年版，第409—410页。
② 参见许建国：《城镇土地使用税征收中存在的问题及其改进设想》，载《税务研究》2009年第4期。
③ 大陆学界还曾有过土地增值税必要性的相关探讨，建议缓行的观点，参见李力、周充：《土地增值税的征收应缓行》，载《财经科学》2007年第4期；等等；建议保留的观点，参见黄朝晓：《土地增值税去留问题之我见》，载《税务研究》2008年第4期；等等。

方式来实现增值额的尽早确定,以避免此后清算流程的复杂拖沓。当然,从长期看,大陆土地增值税改革应围绕课征土地增值税的原初要义,逐渐回归到对土地增值部分进行调节的基础目标上来。①

第三节 台湾遗产及赠与税制度及其借鉴

"遗产与遗赠之事实,为私产制度之一种象征,由来已久。"②遗产税是一个古老的税种,早在古埃及、古希腊和古罗马帝国时代就曾开征过遗产税。早在1598年,荷兰就开征了近代意义上遗产税。目前世界上一半以上的国家和地区开征遗产税,美国从1916年开征至今③,英国从1694年开征至今,法国、奥地利、意大利、日本和德国、美国分别从1703年、1759年、1862年、1905年、1906年和1916开征至今。遗产税是对被继承人死亡时所遗留的财产课征的一种税④,在英国曾被称为"死亡税"(Death Tax)。与遗产税相关的税种是赠与税。赠与税是对财产所有者生前赠予他人的财产课征的税收。遗产税与赠与税的相同点在于于都是在财产所有权发生转移时课税,但差异点在于前者是在财产所有者死亡后转移的财产课税,而前者则是对财产所有者生前转移的财产课税。通常而言,赠与税是作为遗产税的补充税种而存在的。一般而言,租税的课征目的除取得财政收入外,公平性和效率性亦常为租税政策所考虑的因素,虽然公平性与效率性有时存在某种替代关系,难以同时兼顾,但遗产及赠与税在目前租税结构中,属于较能兼顾二者的难得税制。⑤ 当下,基于预防避税和优化税制的考虑,世界上大部分国家都同时开征了遗产税和赠与税。⑥ 一个值得注意的现象是,近年来,

---

① 参见王桦宇:《台湾土地增值税的启示与借鉴》,载《东方早报·上海经济评论》2014年1月28日,B09版。
② 何廉、李锐:《财政学》,商务印书馆2011年版,第370页。
③ 1916年,美国国会通过了《税收法案》,在完善了美国个人收入所得税征收体系的同时,首次将遗产税的征收永久化和制度化。
④ 关于遗产税,又有遗产税(Estate Tax)和继承税(Inheritance Tax)的不同理解。前者指对死亡者所遗留之财产课税,又称为死亡税(Death Tax);后者指在遗产分配后对各继承人所继承之财产课税,称为继承税(Inheritance Tax)。目前,实施遗产税的国家和地区中,主要是美国和台湾地区实施死亡税,其余为继承税。
⑤ 参见吴家声:《财政学》,台湾三民书局1991年版,第487页。
⑥ 目前,只有英国和冰岛两个国家只设遗产税,不设赠与税;新西兰取消遗产税,只保留赠与税。

第五章 税收正义：地方税秩序的重建

某些开征了遗产税的国家和地区又停征了或在酝酿取消遗产税[①]；而与此同时，包括中国在内的一些尚未开征遗产税的国家和地区却正在讨论开征遗产税问题。目前，台湾制定了"遗产及赠与税法"，开征了遗产税；大陆尚未开征遗产税，但遗产税的必要性及其启动却一直是税制改革的热点问题。

（一）立法歧见：同一法律文化的路径差异

遗产及赠与税具体区分为遗产税和赠与税，也即对遗产和赠与两项行为及其涉及的财产权进行征税。其中，遗产是指动产、不动产及其他一切有财产价值的权利，赠与则是指财产所有人以自己的财产无偿给予他人并经他人接受而生效力的行为。遗产税和赠与税是针对遗产和无偿赠与他人财产征收的税收，尽管通常占政府财政收入的比例不大，但其开征的意义仍有重要两点：一是弥补个人所得税制的不足[②]；二是缩小贫富差距和促进社会公平。至于征收遗产税合理正当性问题，在税法学理上有给付国家近邻说、国家居于准亲属地位说、社会政策工具说以及租税能力负担说等各种观点。[③] 两岸学界对遗产税在法理上的正当性均不持异议。通常认为，大陆开征遗产税有四个方面的意义：一是完善税制结构、强化税收调节功能的必要措施；二是有利于推动慈善事业发展；三是具有相当的财政意义；四是有利于维护国家税收权益。[④] 另外，从包括台湾在内的各地区和国家的遗产税占税收总额的比例来看，遗产税的财政功能是非常有限的，其主要功能还是调节贫富差距和促进公平分配，而这种税制需求与当下大陆收入差距的具体情况紧密对应。近年来，大陆一直持续推动收入分配改革，遗产税亦是大陆

---

① 比如，近些年来，香港、新加坡、美国等国家和地区在保留和停征遗产税上的态度反复，等等。
② 有日本学者认为，作为对人税的资产税，无论是纯资产税还是继承税，就其地位而言都是所得税的补充。参见〔日〕神野直彦：《财政学——财政现象的实体化分析》，南京大学出版社 2012 年版，第 170—171 页。
③ 遗产税的税法学理，参见葛克昌：《遗产税规划与法治国理念》，载葛克昌：《税法基本问题（财政宪法篇）》，北京大学出版社 2004 年版，第 138—142 页。也有财政学者归纳为五种理论依据，一是没收无固定遗嘱之财产说（Doctrine of Inteststee Escheat）；二是规费说（Cost of Service Theory）；三是追税说（Back-tax Theory）；四是均富说（Diffusion of wealth）；五是能力说。参见何廉、李锐：《财政学》，商务印书馆 2011 年版，第 371—375 页。
④ 参见刘荣、刘植才：《开征遗产税——我国经济社会发展的历史选择》，载《税务研究》2013 年第 3 期。

收入分配改革的重要组成部分之一。① 综合来看,台湾的问题在于掌握遗产税的妥适边界,而大陆则是何时及如何开征遗产税。

1. 台湾税制演进。民国初年,铎尔孟的说帖和章宗元所拟的《遗产税条例(草案)》,相继被呈报给国民政府,成为中国遗产税制度的滥觞,但彼时未制定税法。1915 年,北洋政府总统府财政讨论会就制定了《遗产税条例》,其主要内容专对无子嗣者之遗产课征遗产税,采分遗产税制之比例税率,课征标的限于不动产,规定了遗产税的起征点、税率、应扣除项目等而缺乏申报程序和独立的税收体系的支持,因此强制性较差而最终没有实行。南京国民政府成立后,财政部曾一度试图征收遗产税,于 1927 年 8 月向中央政治会议提出《遗产税暂行条例意见书》。1928 年 7 月,国民政府制定公布《遗产税征收条例》及其施行条例,决议施行遗产税,但最终未能实行。1936 年,财政部体察我国社会现状及欧美先例,重新拟定《遗产税暂行条例》,但由于战争的爆发而搁置。1938 年秋,财政部拟订了《遗产税暂行条例》,并在同年 10 月由国民政府公布,并配套制定了施行条例,并自 1940 年 7 月 1 日正式开征。该条例规定遗产税的课税标准和范围采用属人原则和属地原则相结合的方式,遗产税按遗产总额计算征收的总遗产税制。遗产税的减免项目包括军人的抚恤金、慈善捐赠、被继承人的著作权等共六大项;扣除项目和减税部分也做了明确规定;税率采取比例和累进的混合制度;纳税程序和漏税的处罚也很详细。1946 年,国民政府在《遗产税暂行条例》的基础上,公布了《遗产税法》并于同年施行,对遗产税的起征点、减除额、减免税、税率等作了明确规定。台湾现行的遗产及赠与税在 1973 年 2 月 6 日施行,目前已经经过了 10 次增删与修正,最近一次修订是 2009 年 1 月 21 日。② 与之配套的"遗产与赠与税法施行细则"在 1973 年 9 月 5 日发布,至今经过 6 次增删和修改,最新一次的修订是在 2013 年 11 月

---

① 国务院批转的《关于深化收入分批制度改革的若干意见》中"四、加快健全再分配调节机制"之"15. 改革完善房地产税等"一段中,最后一句即提到,"研究在适当时期开征遗产税问题"。参见《关于深化收入分配制度改革的若干意见》,人民出版社 2013 年版,第 16 页。

② 2009 年 1 月 21 日,"总统华总 1 义字第 09800015721 号令"修正公布增订第 17 条之 1 及第 58 条之 1 条文;并修正第 7 条、第 10 条、第 13 条、第 18 条、第 19 条、第 22 条、第 30 条、第 44 条及第 45 条条文。

25 日。①

2. 大陆立法进展。1950 年，政务院通过的《全国税政实施要则》中规定要开征 14 个税种，其中就包括遗产税。但限于当时的条件，后来此税种并没有正式开征，一直处于搁置状态。改革开放以后，遗产税才重新进入社会大众视野。1987 年底，大陆正式开始对遗产税的可行性进行调查和论证。② 1993 年 12 月 11 日，国务院发布《国务院批转国家税务总局工商税制改革实施方案的通知》（国发〔1993〕第 90 号）中涉及的《工商税制改革实施方案》中，提到了"开征遗产税"；1993 年 12 月 15 日，国务院发布《关于实行分税制财政管理体制的决定》（国发〔1993〕第 85 号），又将遗产税列为国家可能开征的税种之一，并将其划为地方财政的固定收入。③ 1996 年，八届全国人大第四次会议批准了《国民经济和社会发展"九五"计划和 2010 年远景目标纲要》。《纲要》在"三、宏观调控目标和政策"之"（四）财政收支"中提出："逐步开征遗产和赠与税、利息所得税和社会保障税。" 1997 年，中共十五大报告提出："调节过高收入，逐步完善个人所得税制度，调整消费税，开征遗产税等税种。" 2001 年 3 月 15 日，九届全国人大第四次会议批准了《国民经济和社会发展第十个五年计划纲要》，其中提出"适时开征社会保障税和遗产税，完善地方税税制"。 2004 年 9 月 21 日，国务院有关部门制定了《遗产税暂行条例（草案）》并上报了国务院。2010 年，《遗产税暂行条例（草案）》又推出新的草案文本。此后若干年，遗产及赠与税成为历届全国人大和全国政协热议的焦点，也是社会大众非常关心的议题，但主管部门一直没有明确表态是否有具体的时间表。

3. 基本面分析。两岸学界和实务界对遗产税的态度应该说没有太多异议，但在实践中大陆却一直未能进入立法程序。个中缘由，可以从以下几个方面来解读。其一，经济因素。改革开放三十多年来，部分民众先富起

---

① 2013 年 11 月 25 日，"财政部""台财税字第 10204683900 号令"修正发布第 4 条、第 17 条、第 49 条及第 51 条条文。

② 20 世纪 80 年代，全国人大常委会秘书长法制工作委员会主任王汉斌在《关于〈中华人民共和国继承法〉（草案）的说明》中也曾提到遗产税，指出："过去遗产一般不多，没有征收遗产税。现在有些遗产数额较大，而且有增长的趋势，征收遗产税问题需要研究，如果征收遗产税，可以另行制定有关税法。"

③ 大陆在 1993 年即制订了《遗产税暂行条例（草案）》，却一直未能付诸实施，与社会各界对开征遗产税问题存在种种疑虑不无关系。

来,积累了大量社会财富,这些财富拥有者不希望遗产税使得财富缩水,而政府也担心遗产税会影响投资者的创业积极性,并影响到高度依赖于投资的大陆经济持续发展。其二,社会因素。随着大陆经济高速持续发展,社会分配制度并未有效跟进,社会分化和社会分层日益明显,"仇富"心理日益郁结,开征遗产税会引导和推动此种心态的蔓延,并进而引发一系列社会问题。其三,政治因素。目前,大陆社会经济发展面临诸多新环境,政府对转型时期的政治稳定和社会安全更趋向于管控,需要照顾和平衡不同利益群体,若开征遗产税会导致财富持有者藉由避税考虑加快移民步伐,可能导致人才和资金外流,进而引发社会政治稳定问题。其四,文化因素。相较其他国家和民族而言,包括大陆在内的中国人对家庭继承的观念根深蒂固,如果国家课征遗产税会对家庭财产继承观念造成较大冲击,部分民众难以接受。其五,技术原因。中国人素来有"财不外露"的理财习惯,除了不动产、银行存款及金融资产等有据可查外,现金、古董、重金属等财产税务机关无法准确掌握,开征遗产税若不能就遗产进行全面准确厘定,会导致对其他可查财产的纳税人课税上的不公平。另外,从近年来国际实践来看,香港、新加坡和美国等国家和地区先后取消了遗产税[1],这也导致反对和暂缓遗产税出台的观念较为浓厚[2],即便是学界和实务界仍在持续呼吁及时开征遗产税,但遗产税方案的顶层设计具体开征日期仍是未知数。

(二) 台湾税制:遗产及赠与税评介

一般认为,台湾遗产税制度的理论起源于孙中山先生遗教中之"民生主义"。国民党政府迁台后,"遗产税法"仍随着经济社会发展而呈现出一定的弊端。具体包括:实施后恰逢台湾经济快速成长,物价有相当幅度变动,但减免额固定,造成各项减免额实际价值偏低;又因物价大涨,遗产净额提

---

[1] 2006年2月11日,香港基于巩固其国际避税港及国际金融中心地位的考虑,取消了遗产税。美国也在2010年暂停征收遗产税,但此次暂停有着复杂的经济社会背景。作为应对金融危机的举措之一,奥巴马政府决定暂停征收联邦遗产税。在此情况下,美国联邦政府决定从2011年起恢复征收遗产税。其实,按照遗产税征收对象占比和遗产税税额占比来看,即使美国真的取消了遗产税,对大陆是否开征遗产税也并无太大的参考意义。

[2] 近年来,德国、日本等国家先后提高了遗产税、继承税的税收负担。当前,即使在发达国家,放弃遗产税也并非税制改革的趋势。

第五章 税收正义:地方税秩序的重建

高,低级距累进税率偏高,税负负担加重,致使逃漏税捐风气盛行;另一方面,更严重的是没有制订赠与税法为遗产税法的辅助税法,导致高资产者透过生前有计划地将财产赠与子女或以虚构债务及财产买卖方式将财产移转,等到死亡后,继承人已经取得巨额财产,政府却无法课到遗产税。总之,由于遗产税在施行上,渐与现实脱节,而失去合理性,产生诸多问题。基于此考虑,1958年起,"财政部"即与"台湾省政府"联合设立赋税研究小组,对于税法实施情形进行检讨,历经十年多次会议讨论后,研修完成"遗产及赠与税法草案",于1960年呈报"行政院"核议,经过2年半后才于1972年5月23日送"立法院"审议。① 1973年2月6日,台湾公布"遗产及赠与税法",同时废止"遗产税法"。同年9月5日,财政部发布"遗产及赠与税法施行细则"。从此,遗产及赠与税双管齐下并同时开征,对死亡者所遗留之财产课征税赋,使台湾遗产税迈入新的纪元。此后,"遗产及赠与税法"又历经多次修改。② 特别是在1981年6月19日和2009年1月21日,"遗产及赠与税法"进行过两次较大的修改③,目前最新的版本为2009年版本。④

1. 立法模式及税制安排。关于遗产税与赠与税的关系及其立法模式,国际上有三种通行作法。一种是不单独设立赠与税,而是将生前一段时间(3—5年)赠与财产并入遗产总额中征收遗产税,税制本身相对简单;一种是分设遗产和赠与税,并行征收,生前赠与按年征收赠与税,遗赠征收遗产税,相对公平且管理方便;还有一种是分设遗产税和赠与税,两税交叉合并征收,两税交叉合并征收,能有效控制避税。⑤ 根据国际经验和自身特点,台湾采第二种方式,即在统一立法制订"遗产及赠与税法"的基础上,分设遗产

---

① "遗产及赠与法草案"经过两年半后才提出,主要是避免行政部门与立法机关对于草案内容之争议,透过党政协调,邀集行政立法部门举行协调会,以寻求意见之沟通。

② 台湾课征遗产赠与税之现状分析,参见李常先:《中国大陆应否课征遗产赠与税之探讨——根据台湾经验》,暨南大学2009年博士学位论文,第73—86页。

③ 遗产税改革中的人权保障观念,参见葛克昌:《遗产税改革之宪法界限》,载葛克昌:《行政程序与纳税人基本权》(第三版),台湾翰芦图书出版有限公司2012年版,第287—326页。

④ 1981年6月19日修正公布第12条、第13条、第16条至第20条、第22条、第30条、第44条至第46条、第51条至第53条及第56条;并删除第27条、第31条、第32条、第34条至第36条、第38条、第49条、第54条及第57条条文暨第4章第2节节名;2009年1月21日修正公布增订第17条之1及第58条之1条文;并修正第7条、第10条、第13条、第18条、第19条、第22条、第30条、第44条及第45条条文。

⑤ 采取不单独设立赠与税的代表国家和地区包括英国、新加坡、文莱等;采取分设遗产和赠与税的代表地区是台湾,分设遗产税和赠与税的代表国家和地区是美国,其联邦遗产和赠与税最为典型。

和赠与税,分别管理,分别征收。在台湾,遗产及赠与税属于"国税"。课征遗产税的方法或曰遗产税制的分类大致两种:一是总遗产税制(Estate Tax),即就死亡人之遗产总额课征,而不论继承人人数之多寡及与死亡者之亲属关系。总遗产税制的主要特点是"先税后分",先可以税负,后分割继承。二是分遗产税制(Succession Tax or Inheritance Tax),也称继承税制,即按继承人所分得之遗产的一部分而课征,就每位继承人对于死亡者的关系而有差别。分遗产税制的主要特点是"先分后税",即先分割继承,后课以税负。三是混合遗产税制。也即以上两种税制的混合体,"先税后分再税",但是有重复课税施加过重税负之质疑。① 基于稽征效率的考虑,同时结合具体课征实践,台湾采取了总遗产税制。

2. 课税对象及范围。"遗产及赠与税法"之课税对象及范围采属地兼属人原则。依"遗产及赠与税法"第1条,遗产税课征对象及范围为:(1)经常居住台湾境内之台湾人死亡时遗有财产者,应就其在境内境外全部遗产课征遗产税;(2)经常居住台湾境外之台湾人及非台湾人,死亡时在台湾境内遗有财产者,应就其在境内之遗产课征遗产税。依第3条规定,赠与税课征对象及范围为:(1)经常居住台湾境内之台湾人,就其在境内或境外之财产为赠与者课征赠与税;(2)经常居住台湾境外之台湾人及非台湾人,就其在境内之财产为赠与者课征赠与税。② 第3条之1则基于反避税考虑,针对移民事项规定了2年期间的回溯征收,即死亡事实或赠与行为发生前2年内,被继承人或赠与人自愿丧失台湾籍者,仍应课征遗产税或赠与税。③

3. 纳税义务人。依"遗产及赠与税法"第6条规定,遗产税之纳税义务

---

① 目前,美国、英国、丹麦、韩国、新加坡、台湾等国家和地区采用总遗产税制;法国、德国、荷兰、奥地利、俄罗斯、日本、西班牙、土耳其等国家采取分遗产税制;意大利曾采用混合遗产税制后停征,伊朗则仍采用混合遗产税制。

② "遗产及赠与税法"第4条第1、2、3项对财产、赠与、经常居住境内和经常居住境外等名词作了具体界定。依其规定,财产,指动产、不动产及其他一切有财产价值之权利;赠与,指财产所有人以自己之财产无偿给予他人,经他人允受而生效力之行为;"经常居住境内",系指被继承人或赠与人有下列情形之一:(1)死亡事实或赠与行为发生前两年内,在境内有住所者;(2)境内无住所而有居所,且在死亡事实或赠与行为发生前2年内,在境内居留时间合计逾365天者。但受台湾政府聘请从事工作,在境内有特定居留期限者,不在此限;经常居住境外,系指不合前项经常居住境内规定者而言。

③ "遗产及赠与税法"第2条还规定了无人承认继承之遗产的处理,即依法归属"国库";其应缴之遗产税,由"国库"依"财政收支划分法"之规定分配之。

第五章 税收正义:地方税秩序的重建

人如下:(1)有遗嘱执行人者,为遗嘱执行人;(2)无遗嘱执行人者,为继承人及受遗赠人;(3)无遗嘱执行人及继承人者,为依法选定之遗产管理人。其应选定遗产管理人,于死亡发生之日起6个月内未经选定呈报法院者,或因特定原因不能选定者,稽征机关得依"非讼事件法"之规定,申请法院指定遗产管理人。第5条规定了视同赠与的情形。① 第5条之1和第5条之2分别规定了信托契约中赠与税之课征与不课征情形。第7条规定了赠与税之纳税义务人为赠与人。但赠与人有下列情形之一者,以受赠人为纳税义务人:(1)行踪不明;(2)逾本法规定缴纳期限尚未缴纳,且在中华民国境内无财产可供执行;(3)死亡时赠与税尚未核课。受赠人有2人以上者,应按受赠财产之价值比例,计算应纳税额并负纳税义务。

4. 减免及扣除。"遗产及赠与税法"第14条规定了遗产总额范围。该条规定,遗产总额应包括被继承人死亡时依第1条规定之全部财产,及依第10条规定计算之价值;但第16条规定不计入遗产总额之财产,不包括在内。第15条规定了视同遗产,即被继承人死亡前2年内赠与下列个人之财产,应在其死亡时视为遗产,并入其遗产总额课征:(1)被继承人之配偶;(2)被继承人依"民法"规定之各顺序继承人;(3)上述各顺序继承人之配偶。第16条和第16条之1规定了不计入遗产总额的财产,主要涉及与教育、文化、公益、慈善、宗教等相关之捐赠或机构设立、高度个人化的无形财产、生活必需品、保险金与互助金、无偿供应通行之土地、坏账以及与公益信托事宜相关之财产。第17条和第17条之1规定了遗产税的扣除额,这些扣除额多与被继承人亲属关系及个人债务、丧葬费、农作物、继承时间、执行遗嘱和管理遗产之必要费用有关。第18条规定了遗产税的免税额,以1200万新台币为基准,军警公教人员应执行职务死亡者则加倍计算。在赠与税部分,第20条和第20条之1规定了不计入赠与总额之财产,主要涉及与教育、文化、公

---

① "遗产及赠与税法"第5条规定了视同赠与的情形。该条规定:"财产之移动,具有左列各款情形之一者,以赠与论,依本法规定,课征赠与税:一、在请求权时效内无偿免除或承担债务者,其免除或承担之债务。二、以显著不相当之代价,让与财产、免除或承担债务者,其差额部分。三、以自己之资金,无偿为他人购置财产者,其资金。但该财产为不动产者,其不动产。四、因显著不相当之代价,出资为他人购置财产者,其出资与代价之差额部分。五、限制行为能力人或无行为能力人所购置之财产,视为法定代理人或监护人之赠与。但能证明支付之款项属于购买人所有者,不在此限。六、二亲等以内亲属间财产之买卖。但能提出已支付价款之确实证明,且该支付之价款非由出卖人贷与或提供担保向他人借得者,不在此限。"

益、慈善、宗教等相关之捐赠、农作物、配偶间赠与、嫁娶时父母赠与及与公益信托事宜相关之财产等。第21条规定了赠与税的扣除额,即赠与附有负担者,由受赠人负担部分应自赠与额中扣除。第22条规定了赠与税的免税额,即赠与税纳税义务人每年得自赠与总额中减除免税额220万新台币。

  5. 估价、税率与计算。"遗产及赠与税法"第10条规定了遗产及赠与税的估价原则。① 第11条规定了境外财产遗产及赠与税之抵扣。第12条规定了遗产及赠与税的金额单位为新台币。第12条之1规定了金额项目之调整与公告。就税率而言,遗产税之税率,基本上均为累进税率。其采用之依据,一是能力说与牺牲说,因遗产数额多者,其纳积能力亦大,故应可以较高之累进税率;二是抵补间接税之不平均说,意在通过负担之均衡而补偿间接税对于穷民累进之失;三是限制遗产说,防止财产集中于少数人之手影响社会公平。② "遗产及赠与税法"一直采累进税率,但自2009年起,修正后的"遗产及赠与税法"对遗产税和赠与税均规定了10%的统一比例税率。第13条规定了遗产税的税额计算,即按被继承人死亡时,依本法规定计算之遗产总额,减除第17条、第17条之1规定之各项扣除额及第18条规定之免税额后之课税遗产净额,课征10%。第19条规定了赠与税的税额计算,即按赠与人每年赠与总额,减除第21条规定之扣除额及第22条规定之免税额后之课税赠与净额,课征10%。1年内有2次以上赠与者,应合并计算其赠与额,依前项规定计算税额,减除其已缴之赠与税额后,为当次之赠与税额。

  6. 申报与缴纳。"遗产与赠与税法"第23条规定了遗产税之申报。依该条规定,纳税义务人应在被继承人死亡之日起6个月内向户籍所在地主管稽征机关办理遗产税申报;如属稽征机关申请法院制定遗产管理人者,则自法院指定遗产管理人之日起算。③ 第24条规定了遗产税之申报。依该条

---

① "遗产及赠与税法"第10条第1项规定:"遗产及赠与财产价值之计算,以被继承人死亡时或赠与人赠与时之时价为准;被继承人如系受死亡之宣告者,以法院宣告死亡判决内所确定死亡日之时价为准。"第2项规定,本法在1995年1月15日修正生效前发生死亡事实或赠与行为而尚未核课或尚未核课确定之案件,其估价适用修正后之前项规定办理。第3项规定:"第1项所称时价,土地以公告土地现值或评定标准价格为准;房屋以评定标准价格为准;其他财产时价之估定,本法未规定者,由'财政部'定之。"除此之外,第10条之1和第10条之2还规定了遗产税价值计算和赠与税的价值计算。

② 参见何廉、李锐:《财政学》,商务印书馆2011年版,第375—376页。

③ "遗产及赠与税法"第23条第2项规定,被继承人为经常居住在境外之台湾人或非台湾人死亡时,在境内遗有财产者,应向台北市主管稽征机关办理遗产税申报。

规定,赠与人在 1 年内赠与他人之财产总值超过赠与税免税额时,应于超过免税额之赠与行为发生或 30 日内,向主管稽征机关办理赠与税申报。① 第 24 条之 1 规定了订立、变更信托契约日为赠与行为发生日。第 25 条规定了多次赠与时的合并申报,即同一赠与人在同一年有两次以上之应税赠与行为者,应于办理后一次赠与税申报时将同一年以前各次之赠与事实及纳税情形合并申报。第 26 条规定了延长申报期间,并明确延长期限通常以 3 个月为限。第 28 条规定了通知申报,即稽征机关应于被继承人后 1 个月内填发申报通知书,检附遗产税申报书表并送达纳税义务人,但未发书面通知并不免除申报义务。第 29 条规定了调查估价,即稽征机关应于接到申报书表之日起 2 个月内办理调查及估价并缮发纳税通知书,有特殊情形者应及时呈准上级主管机关核准延期。第 30 条规定了延期或分期缴纳,即延期一般以 2 个月为限,必要时可经核准延期 2 个月;对于应纳税额在 30 万新台币以上的,可以申请分期缴纳。第 33 条规定了对未申报者之调查核定。

7. 资料调查与通报。"遗产与赠与税法"第 37 条就死亡通报作了规定:"户籍机关受理死亡登记后,应即将死亡登记事项副本抄送稽征机关。"第 38 条规定了搜索扣押事项,即稽征机关对故意以欺诈或不正当方法逃漏税款时,得向司法机关申请实施搜索、扣押或其他强制处分。第 40 条规定了对租有保管箱或有存款情形时之会同点验登记。第 41 条和第 41 条之 1 规定了证明书之核发及同意移转证明书事项。根据该条规定,主管稽征机关在纳税义务人缴清税款、经核定无应纳税款等情形时应发给证明书,纳税义务人因特殊原因应先缴税后移转产权时可依规定申请核发同意移转证明书。② 第

---

① "遗产及赠与税法"第 24 条第 2 项规定,赠与人为经常居住境内之台湾人,向户籍所在地主管稽征机关申报;被继承人为经常居住境外之台湾人或非台湾人,就其在境内之财产为赠与者,向台北市主管稽征机关申报。

② "遗产及赠与税法"第 41 条规定:"遗产税或赠与税纳税义务人缴清应纳税款、罚款及加征之滞纳金、利息后,主管稽征机关应发给税款缴清证明书;其经核定无应纳税款者,应发给核定免税证明书;其有特殊原因必须于缴清税款前办理产权移转者,得提出确切纳税保证,申请该管主管稽征机关核发同意移转证明书。""依第十六条规定,不计入遗产总额之财产,或依第二十条规定不计入赠与总额之财产,经纳税义务人之申请,稽征机关应发给不计入遗产总额证明书,或不计入赠与总额证明书。"第 41 条之 1 规定:"继承人为二人以上时,经部分继承人按其法定应继分缴纳部分遗产税款、罚款及加征之滞纳金、利息后,为办理不动产之公同共有继承登记,得申请主管稽征机关核发同意移转证明书;该登记为公同共有之不动产,在全部应纳税款未缴清前,不得办理遗产分割登记或就公同共有之不动产权利为处分、变更及设定负担登记。"

42条规定了移转登记时应通知当事人检附证明书。

8. 奖惩。"遗产与赠与税法"第43条规定了举报奖金。① 第44条规定了未依限申报之处罚,即按核定应纳税额加处2倍以下罚锾。第45条规定了短漏报之处罚,即按所漏税额处以2倍以下罚锾。第46条规定了故意诈欺逃税之处罚,除补征外,并应处所漏税额1—3倍罚锾。第47条规定了罚锾之限制,即罚锾连同应征之税款,最多不得超过遗产总额或赠与总额。第48条规定了稽征户籍人员违法之处罚。第50条规定了税前分割遗产等情形之刑事责任。② 第51条规定了逾期缴纳之处罚,即每逾2日加征1%滞纳金,逾期30日仍未缴纳者,应移送法院强制执行。第52条规定了政府机关及事业单位未验证而受理之处罚。③

总体来看,台湾遗产税具有财产税的本质属性,且纳税义务人在依法纳税之后完全不能将税负进行转嫁,是典型的直接税,有利于促进社会财富的再分配,能够较好地贯彻社会公平正义及量能课税之税法原则;而就同样作为直接税的赠与税而言,其在台湾立法原意上即有防杜规避遗产税的功效,属于遗产税之辅助税种,较好地优化和补充了遗产税之不足。与此同时,从立法技术上看,"遗产与赠与税法"就遗产与赠与税的基本要素、课税对象及范围、纳税义务人、减免及扣除、税率及税额计算、申报与缴纳、资料调查与通报、奖惩等事项作了较为明确的规定。一方面,将遗产税和赠与税比较妥适地整合规定在一部立法中,将征税对象、应税财产认定、纳税保全、稽征程序相关的共通性进行了合理的抽象和提炼,并在视同赠与、减免税、扣除项、税额计算等具体规则与制度设计中进行了有效区分;另一方面,基于遗产税和赠与税的征管难度所在,还就若干程序性事项作了比较完善的规定,相较

---

① "遗产及赠与税法"第43条规定:"告发或检举纳税义务人及其他关系人有短报、漏报、匿报或故意以虚伪不实及其他不正当行为之逃税,或帮助他人逃税情事,经查明属实者,主管稽征机关应以罚款提成奖给举发人,并为举发人保守秘密。"

② "遗产及赠与税法"第50条规定:"纳税义务人违反第八条之规定,于遗产税未缴清前,分割遗产、交付遗赠或办理移转登记,或赠与税未缴清前,办理赠与移转登记者,处一年以下有期徒刑。"

③ "遗产及赠与税法"第52条规定:"违反第四十二条之规定,于办理有关遗产或赠与财产之产权移转登记时,未通知当事人缴验遗产税或赠与税缴清证明书,或核定免税证明书,或不计入遗产总额证明书,或不计入赠与总额证明书,或同意移转证明书等之副本,即予受理者,其属民营事业,处一万五千元以下之罚款;其属政府机关及公有公营事业,由主管机关对主办及直接主管人员从严议处。"

第五章 税收正义：地方税秩序的重建

其他税种立法而言，创新性规定了估价原则、单一比例税率、公益信托免税、依亲属亲疏关系之减免、举报奖金、税前分割之刑事责任、特定机关未验证而受理之处罚，其立法技术具有很强的前瞻性、代表性和示范性。尽管台湾遗产及赠与税法在免征额合理性、税率的妥适性、稽征实效等方面仍有待进一步完善之处，但其立法技术和实践执行而言，仍尤其值得大陆遗产及赠与税立法参考和借鉴。

（三）大陆展望：时间表与路线图？

"遗产的动机是一种利他主义的动机。"[1]遗产作为生前财富所有者随自然规律逝去后的遗留物，其权利归属及其正当移转问题历来是一个重要的法律问题。就大陆而言，《宪法》第13条第2款规定："国家依照法律规定保护公民的私有财产权和继承权。"[2]《民法通则》第76条规定："公民依法享有财产继承权。"《继承法》对公民的遗产继承的财产范围进行了详细规定[3]，同时对涉外遗产处理的法律适用按照属人兼属地原则作了相应规定。[4] 在很大程度上，遗产税的开征弥补个人所得税的不足，提高税收对收入分配的调节力度。遗产税的在财产所有人死亡时征收，对作为纳税人的继承人不会产生不利影响，且会增进继承人之能力。[5] 而且，单纯以基于效率考虑的遗产税负面效应作为是否开征遗产税的依据是不可取的，应该将将遗产税对于公平所产生的效应也引入考虑的范围之内，遗产税不会对经

---

[1] 〔美〕理查德·A.波斯纳：《法律的经济分析》，蒋兆康译，中国大百科全书出版社1997年版，第660页。
[2] 《宪法》第13条分为3款，其完整表述是："公民的合法的私有财产不受侵犯。""国家依照法律规定保护公民的私有财产权和继承权。""国家为了公共利益的需要，可以依照法律规定对公民的私有财产实行征收或者征用并给予补偿。"
[3] 《继承法》第3条规定："遗产是公民死亡时遗留的个人合法财产，包括：（一）公民的收入；（二）公民的房屋、储蓄和生活用品；（三）公民的林木、牲畜和家禽；（四）公民的文物、图书资料；（五）法律允许公民所有的生产资料；（六）公民的著作权、专利权中的财产权利；（七）公民的其他合法财产。"
[4] 《继承法》第36条规定："中国公民继承在中华人民共和国境外的遗产或者继承在中华人民共和国境内的外国人的遗产，动产适用被继承人住所地法律，不动产适用不动产所在地法律。""外国人继承在中华人民共和国境内的遗产或者继承在中华人民共和国境外的中国公民的遗产，动产适用被继承人住所地法律，不动产适用不动产所在地法律。""中华人民共和国与外国订有条约、协定的，按照条约、协定办理。"
[5] 关于对攻击课征遗产税者的反驳，参见马寅初：《财政学与中国财政——理论与现实（下册）》，商务印书馆2001年版，第447—449页。

济发展产生负面效应。① 当前,对大陆开征遗产税的必要性,无论是理论界和实务界,都不持异议。② 但截至目前,官方对遗产税的时间表和路线图尚无具体明确的规划。③ 但可以预估的时间表和路线图大致框架是,大陆的遗产税开征需要适应经济社会发展和普遍共识的基础上,并在短期(3—5 年)若干前置性制度初步具备的前提下,在中期(5—10 年)形成较为科学完善的税制模式和征收规则,在远期(10—15 年)按照国际接轨、本土语境和循序渐进相结合的立法原则进行完善和优化。大陆在选择遗产税征税模式时,应考虑到相关配套制度和基础措施尚有待完善等问题,宜偏重税种开征的引导性、基层征收的实效性和财政收入的稳定性。作为辅助性税种,大部分征收遗产税的国家和地区都开征了赠与税,大陆亦可借鉴台湾模式采遗产税与赠与税合并立法。

1. 前置性制度条件。一个科学合理和平稳运行的遗产及赠与税制至少需要以下基础性前提:一是死亡报告制度。税务机关应能及时藉由死亡报告制度获得被继承人的死亡信息以确实掌握被继承人的遗产总额,并确保于缴清遗产税前不被分割继承或转移;与此同时,完善的死亡报告制度还能有效甄别对遗产征收时效的甄别。④ 二是身份信息制度。税务机关应能

---

① 参见单顺安:《我国开征遗产税的意义及制度安排》,载《税务研究》2013 年第 3 期。

② 关于中国开征遗产税的必要性分析,参见禹奎:《中国遗产税研究:效应分析和政策选择》,经济科学出版社 2009 年版,第 144—184 页。

③ 2013 年 3 月 5 日,时任国家税务总局局长肖捷在接受记者采访时表示,关于遗产税,最重要是解决三个问题。一是统一认识,全社会对开征遗产税要形成一个共识。二是在调查研究、听取意见的基础上,要有一个科学的方案设计。提出遗产税的时间很短,所以还没有"时间表"。三是要解决税收征管可能会遇到的难题。遗产税是世界各国普遍认为征收难度很大的税种之一。要对遗产征税,首先要能够了解个人有多少遗产,遗产在哪里,是不是属于应税的遗产等。参见孙小静:《国家税务总局局长:遗产税还没有时间表》,载人民网,http://legal.people.com.cn/GB/n/2013/0306/c42510-20690776.html,2014 年 10 月 31 日访问。

④ 1951 年 7 月 16 日,公安部经政务院批准发布《城市户口管理暂行条例》。1958 年 1 月 9 日,一届全国人大常委会第九十一次会议通过《户口登记条例》,同日国家主席签署主席令公布并自该日施行。2004 年 9 月 3 日,公安部发布《关于废止部分部门规章的决定》(公安部令第 76 号),该《暂行条例》位列其中。但 1951 年的《条例》仍为有效行政法规。根据现行户籍管理制度,正常死亡的需要凭医疗卫生部门出具的"死亡医学证明书",到户口所在地户口登记机关办理注销户口手续。非正常死亡的,凭公安部门出具的死亡证明到户口所在地户口登记机关办理注销户口手续,办理注销户口手续,应交回死亡者本人的居民身份证。但实际上,不及时注销户口和不注销户口的情况还存在,且存在信息滞后和不准确情形。被继承人死亡后,其亲属或继承人可以凭死者的证件进行银行存款的提取、转存、股票、债券之出售及其他流动资产之转移活动。按照现行规定,金融机构对此亦不负任何法律责任。另外,随着城镇化进程以及人力资源市场跨省流动常态化,户口地和居住地长期分离的情况大量存在。

通过身份信息制度清楚获知被继承人和被继承人的身份信息和亲属关系信息，以准确有效地核定和征收税款。① 三是财产登记制度。对于被继承人的重要动产和不动产，需要统一的登记制度予以确认，税务机关也能藉此掌握被继承人的财产信息。2000年4月1日，对在金融机构开立个人存款账户的个人实行储蓄实名制，也属于财产登记制度之一种形式。② 其功能在于，一方面保护被继承人生前的财产权，另一方面也有利于遗产及赠与税的征收，预防不当避税之可能。③ 四是财产评估制度。财产评估制度能够对被继承人不同形态的遗产定性化和定量化，以确保遗产及赠与税额计算的统一性和准确性，避免针对不同课税主体出现课税不公的情形。④ 五是配套法律制度。目前宪法、民法通则、物权、继承、土地、房产、公证等相关法律制度已基本建立，只是就相关权属及流转事项在具体规则上仍有持续调整和优化之必要。⑤ 总体来看，上述遗产及赠与税开征的前置性制度条件已基本成熟，尽管如财产统一登记制度等部分制度还有待进一步完善空间，但也基本

---

① 2003年6月28日，十届全国人大常委会第三次会议通过《居民身份证法》，同日国家主席签署主席令第4号公布，并自2004年1月1日起施行。《居民身份证法》最居民身份证申领和发放、使用和查验、法律责任等作了较为详细的规定，为此后进一步完善居民身份信息管理提供了制度保障。

② 2000年3月20日，时任总理朱镕基签署国务院令第285号，发布《个人存款账户实名制规定》，自2000年4月1日起施行。

③ 目前，大陆对房屋、土地等不动产以及各种机动车辆、船舶都有成型的登记和管理法律制度。但这些制度之间缺乏统一协调性，存在房地登记机关不统一、登记程序不统一、登记效力不统一、登记权属证书不统一等客观状况。十八大三中全会《决定》在"十二、推进社会事业改革创新"之"形成合理有序的收入分配格局"中特别提到，"建立个人收入和财产信息系统"。目前，国务院正在推动整合不动产登记职责、建立不动产统一登记制度。

④ 1995年5月10日，人事部、国家国有资产管理局发布《关于印发〈注册资产评估师执业资格制度暂行规定〉及〈注册资产评估师执业资格考试实施办法〉的通知》（人职发〔1995〕54号），开始实施资产评估师执业资格制度。其后，为规范资产评估师执业行为，财政部和中国资产评估协会又陆续发布准则类文件和规范性文件。但目前，大陆注册资产评估师的执业范围涉及个人财产评估的部分还有待补充和完善。与此同时，大陆仍需建立权威性的财产评估机构。可借鉴国际上通行做法，由税务部门或相关机构组建个人财产评估机构，配备专业估价员及核税员，同时根据各类财产特点结合有关部门和专业技术人员来完成估价工作。同时，建立完善的财产评估制度，包括确定具有资质的财产评估机构、评估程序、评估方法等，尤其是以强调市场价值为原则来确定评估方法。

⑤ 大陆目前的相关法律制度中，《宪法》《民法通则》《物权法》《继承法》《婚姻法》《土地管理法》《城市房地产管理法》《农村土地承包法》等对公民个人财产权的归属、继承、分割和转移作了比价明确的规定。在具体的配套制度方面，业已形成存款实名、身份信息、不动产统一登记、财产公证、财产评估等相关制度已经初步建立。

上只是时间问题。在某种程度上,大陆开征遗产与赠与税的考虑因素,更多的是在保障和稳定有序的民间投资基础上,平衡社会不同利益群体的心理期待,掌握最佳的推出时机。

2. 立法目标与税制模式。就大陆遗产及赠与税立法而言,其指导目标仍应以收入调节功能为主,以财政功能为辅,体现促进收入公平分配的社会政策。与此同时,在借鉴台湾和其他发达地区和国家经验基础上,遗产及赠与税的立法原则应贯彻"促进公平、简化税制、照顾国情、方便管理"的基本思路。遗产税的税制模式分为总遗产税制和分遗产税制,且两种模式各有利弊。总遗产税虽可以使得税率单纯化及行政简易化,且征收效率较高,但未能顾及遗产分割后的亲属实际所得,更忽略了遗产继承之亲属亲疏关系;分遗产税虽在税务行政上存在诸多复杂问题与程序,但在理论上较为公允,也符合实质意义上的量能负担。① 考虑到当下及未来一段时间的征管技术和征收效率,大陆遗产税的税制模式,可以参照台湾作法采取总遗产税制,按照"先税后分"②,即被继承人的遗产被分割前应先缴清遗产税后,再按照继承法的相关规定进行分割。就赠与税而言,赠与税制与遗产税制一样也分为总赠与税制和分赠与税制,分别以财产赠与人和受赠人为征税对象,且与遗产税制采取哪种税制模式正相关,即采取总遗产税制的国家和地区会选择总赠与税制,而采取分遗产税制的国家和地区则会选择分赠与税制。大陆的赠与税部分,亦可采总赠与税制,与遗产税均衡协调,也即采总遗产及赠与税制模式,以有效防止避税行为的发生。③

3. 课税要素。(1) 课税对象及范围。遗产税和赠与税的课税对象是财产,是对财产的转移课税,属动态财产税。大陆遗产及赠与税立法时宜明确规定,课税财产包括动产和不动产,有形财产和无形财产。具体课税范围宜包括:① 私人住宅、土地使用权;② 厂房、营业用房、机器设备;③ 汽车、高级摩托车、飞机、船舶等交通工具;④ 现金、银行存款、有价证券和票据、金银珠宝、贷款债权;⑤ 人寿保险权益和其他保险权益;⑥ 著作权、专利权

---

① 参见何廉、李锐:《财政学》,商务印书馆 2011 年版,第 375—376 页。
② 总遗产税采取"先税后分"的征管模式,与"先分后税"的分遗产税相比,行政效率更高;在采用相同超额累进税率时,其公平分配作用更强,但对遗产继承者的影响较大。参见高凤勤、许可:《遗产税制度效应分析与我国的遗产税开征》,载《税务研究》2013 年第 3 期。
③ 其中也有例外。韩国实行总遗产税制,但其赠与税的纳税人却是受赠人。

等具有财产价值的权利;⑦ 其他财产。① 同时,大陆立法宜参照《继承法》第36条规定的基础上,并参照台湾"遗产及赠与税法"第1条规定,对遗产税之征收采属人兼属地原则作进一步明确。② (2)纳税人。具体立法时宜可参考台湾"遗产及赠与税法"第6条和第7条规定,规定遗嘱执行人、继承人及受赠人、遗产管理人按次序为遗产税的纳税义务人,赠与人或特定情形下的受赠人为赠与税的纳税人。(3)减免及扣除。在立法中宜将与教育、文化、公益、慈善等相关之捐赠③,高度个人化的无形财产、生活必需品、保险金等相关财产纳入免税范围,并将个人债务、丧葬费、执行遗嘱和管理遗产之必要费用、与亲属亲疏关系关联的特定比例等作为扣除范围。至于遗产及赠与税的免征额,则应根据经济社会发展情况和社会可接受程度,规定在合理的范围内。④ (4)估价、税率与计算。立法宜在财产评估制度基础上对估价原则作进一步规定,按照市场价格进行公正、合理的评估。对税率的设计及税额计算,主要应考虑三个方面:一是遗产数额大小本身,二是亲属远近亲疏关系,三是社会可接受程度及可预估的实际效果。按照量能课税原则,似应规定累进税率较为公平,但从征管时效和预防避税的角度,参照台湾税法规定的10%之比例税率可能更具有操作性。

4. 征收管理。(1)申报与缴纳。大陆遗产及赠与税立法在申报与缴纳部分,可参照台湾"遗产及赠与税法"第23条的规定将遗产税的申报期间规定为6个月。至于赠与税的申报期间规定,台湾"遗产及赠与税法"第24条规定应税之赠与行为发生后30日内,考虑大陆纳税人纳税意识和征管实

---

① 参见蒋晓蕙、张京萍:《我国应及时开征遗产税和赠与税》,载《税务研究》2005年第5期。
② 关于遗产重复课税问题,不同国家和地区的处理并不一致。有的注重遗产所得地,如法国、意大利及西班牙等;有的注重死亡者之永久住址地,如荷兰、丹麦及比利时等;有的兼采所在地及住址地,如德国、奥地利及瑞典等;有的兼采死亡者之财产所在地及其住址国籍,如英国等。参见何廉、李锐:《财政学》,商务印书馆2011年版,第378—382页。
③ 另外,从美国实践来看,征收遗产税和赠与税是美国社会慈善事业兴旺发达的重要原因之一。由于遗产税赠与税有对捐赠的扣除,促使人们关心社会公益事业,这不但对利无损而且对名有益。美国联邦税法规定,无偿捐赠给医院、学校、展览馆、研究所、教堂等机构的钱,都可以"两税"中扣除。
④ 目前开征遗产税的国家和地区中,遗产税免征额一般为人均GDP的15—20倍。根据大陆所处的经济社会发展阶段,考虑到纳税人的接受程度,有大陆学者建议大陆遗产税的免征额设定在一个更高的水平上,如在30—50倍。参见朱军:《我国开征遗产税的可行性和现实路径》,载《税务研究》2013年第3期。

情,大陆可以适当放宽为3个月。同时,还宜按照"遗产及赠与税法"第26条规定,可据正当事由申请延长3个月。(2)资料调查与通报。大陆立法宜借鉴"遗产及赠与税法"中第41条的规定,对于已经缴清税款或提供纳税担保之财产移转作成证明书,相关财产登记机关也应以证明书作为财产的正常移转的前置性要件。(3)管理体制。遗产及赠与税到底应归属于国税还是共享税,目前台湾的做法是归类于"国税",并按"财政收支划分法"在"中央"和"直辖市"、县(市)和乡(镇、市)中作合理分配。[①] 大陆遗产及赠与税宜参照所得税制安排,将遗产及赠与税归中央与地方共享税,由国税局征收较为合理和妥当。[②] (4)法律责任。台湾"遗产及赠与税法"第43条规定了举报奖金制度,大陆目前类似规定并未制度化且未达成相当共识,故遗产及赠与税立法中可能仍宜参照其他单行税种立法规定引用性条款,参照《税收征收管理法》中有关法律责任的规定处理。至于"遗产及赠与税法"第52条规定之相关单位未验证相关税款缴清证明书而受理的处罚规则,大陆遗产及赠与税立法宜予以相应借鉴和参考,以确实预防和控制在实际操作中有关登记机关存在疏忽或徇私舞弊情节导致税款流失之可能。

5. 特定事项规定。(1)遗产信托。台湾"遗产及赠与税法"第3条之2和第5条之1等条文对信托关系存续中的遗产税和赠与税规定了课征规

[①] 台湾"财政收支划分法"第8条规定:下列各税为"国税":一、所得税。二、遗产及赠与税。三、关税。四、营业税。五、货物税。六、烟酒税。七、证券交易税。八、期货交易税。九、矿区税。前项第一款之所得税总收入百分之十、第四款之营业税总收入减除依法提拨之统一发票给奖奖金后之百分之四十及第五款之货物税总收入百分之十,应由"中央"统筹分配"直辖市"、县(市)及乡(镇、市)。第一项第二款之遗产及赠与税,应以在"直辖市"征起之收入百分之五十给该"直辖市";在市征起之收入百分之八十给该市;在乡(镇、市)征起之收入百分之八十给该乡(镇、市)。第一项第六款之烟酒税,应以其总收入百分之十八按人口比例分配直辖市及台湾省各县(市);百分之二按人口比例分配福建省金门及连江二县。

[②] 目前大陆学界对遗产税等的归属问题,存在不同意见。有主张应归属于地方税的,参见王乔、席卫群主编:《比较税制》(第三版),复旦大学出版社,第222页;苏建华:《西方国家遗产税理论与实践——兼论我国开征遗产税的合理性》,载《涉外税务》2003年第4期;蒋晓蕙、张京萍:《我国应及时开征遗产和赠与税》,载《税务研究》2005年第5期;等等;有主张应属于国税的,参见参见禹奎:《中国遗产税研究:效应分析和政策选择》,经济科学出版社2009年版,第210—211页;单顺安:《我国开征遗产税的意义及制度安排》,载《税务研究》2013年第3期;等等;有主张将遗产税定位为地方税,但中央统一税权,参见朱军:《我国开征遗产税的可行性和现实路径》,载《税务研究》2013年第3期;等等。

则,以预防和控制利用利害关系人通过信托机制来实施避税。① 目前,大陆的民事信托立法并不完善,从适度宽容市场交易方式多元化和预防控制不正当避税的双重角度出发,大陆遗产及赠与税立法对信托关系存续所涉及的遗产税和赠与税规则宜有所必要的规定,对于通过信托关系规避遗产税及赠与税课征的,应按照实质课税原则进行适度管控,对刻意规避遗产税及赠与税之信托利益课税。(2)亲属关系。台湾"遗产及赠与税法"第15条(视同财产)、第17条(扣除额)、第17条之1(程序事项)、第20条(不进入赠与总额)等条文对夫妻赠与、配偶扣除额等作出了相应规定,以符合亲属法之相关原理及规定。大陆遗产及赠与税立法也宜予以适度借鉴,按照《婚姻法》《继承法》的相关原则和规定,对涉及亲属关系的遗产税及赠与税作特别规定。其中,就遗产税而言,对被继承人死亡前赠与继承人之个人财产,应视为被继承人遗产;而被继承人遗有配偶、子女、父母等直系亲属或其他有扶养关系之近亲属者,宜在遗产中予以特定数额的扣除;配偶相互赠与的财产宜不计入赠与总额;父母在子女婚嫁时赠与财物产,宜予以特定数额的扣除;等等。

第四节 两岸印花税制度比较及启示

印花税起源很早,最初采用的国家为荷兰,始于1624年。当时荷兰政府财政困难,执政者摩里斯(Maurs)悬奖以求新税之计,因此遂有印花税之制,应奖而出。此后,各主要国家均采用之。② 据称,印花税的设计者观察到在日常社会经济生活中人们使用交易契约、借贷凭证之类的单据很多,若得以课税则必会拥有充裕稳定的税源,且民众也希望通过政府盖章的方式对

---

① 也有大陆学者认为,信托具有特殊的财产权利结构,在避税方面有着天然的功能和优势,因此通过设立信托规避遗产税可能较为普遍。对于这种规避行为,不能简单地给予否定评价。从信托的固有品格、"目的违法"认定的可操作性、国外的主流立场、大陆目前民事信托不发达的现实、避税与逃税在本质上的差异等综合考虑,应对设立信托规避遗产税的行为宽容对待。参见徐卫:《规避遗产税的信托行为:否定抑或宽容——写在未来遗产税开征之前》,载《上海财经大学学报》2013年第4期。

② 印花税之采用,丹麦自1660年,法国自1665年,美国自1671年,普鲁斯自1682年,奥地利自1686年,英国自1694年,俄罗斯自1699年。参见何廉、李锐:《财政学》,商务印书馆2011年版,第277页。

交易本身起到公证的效果,其开征不会导致太大的争议或反对。① 印花税被资产阶级经济学家誉为税负轻微、税源畅旺、手续简便、成本低廉的"良税"。英国的哥尔柏(Kolebe)说过:"税收这种技术,就是拔最多的鹅毛,听最少的鹅叫。"印花税就是这种具有"听最少鹅叫"特点的税种。而先购买贴用税票,后加盖印花,以为完税,则始于 1854 年的奥地利。印花税的课征方法,通常有三种:一种是定额课税法(Fixed Stamp Tax)。凡课税物件又不能估计其价值者,每张应贴印花若干,均酌定一固定之数,以为课取之准;一种是分类课税法(Class Stamp Tax)。此法依据课税物件之价值,予以评估而分为种类,按照种类确定税率。第三种是分级课税法(Graduation Stamp Tax)。此法按照凭证上的金额大小而差别其税率,通常分为比例与累进两种。印花税在西欧采行之初,课征时多用定额与分类两法。从价原则之采用,始于 1797 年,其时关于财产凭证,尚在例外,至 1815 年后,此项原则适用范围渐广。就通常而言,关于财产凭证者,恒用分级印花税;而属于人事凭证者,则多用定额及分类印花税。② 尽管印花税有着税源丰富、稽征手续简便、负担相对较少、交易贴花可视为国家证明之象征的优点等优点,但其不合量能负担原则、随着交易次数愈多而税负愈多、不同交易行为的税率设定难以体现公平性等缺点也明显存在。③

(一)古老的税种:印花税的两岸实践

中国印花税理论,最早起源于清末印花税拟办与试办过程中的讨论和争议。④ 印花税在清末两次试办⑤,民国时期北洋政府和南京政府都延续开征印花税。北洋政府时期,由于时局动荡,印花税并没有得到很好的实施。

---

① 参见饶立新:《荷兰印花税创始之谜团》,载《涉外税务》2013 年第 2 期。
② 参见何廉、李锐:《财政学》,商务印书馆 2011 年版,第 278—279 页。
③ 参见李厚高:《财政学》,台湾三民书局 1991 年版,第 280 页。
④ 清朝重臣中,第一个提出印花税的是李鸿章。当时印花税的开征原则、税制设计理念与推行方法及其开征利弊分析,参见饶立新:《中国印花税研究》,中国税务出版社 2009 年版,第 26—38 页。
⑤ 印花税是晚清仿行西方税制的第一个税种。清政府基于敛财筹款的需要,先后进行了印花税的两次试行。总税务司赫德出于本国利益,积极参与了印花税的筹议到试行的全过程,他所参与制定的印花税章程,当时虽未能实施,但为中国后来的印花税法提供了范本。参见纪宗安、陈勇:《赫德与晚清印花税》,载《学术研究》2004 年第 6 期。

第五章　税收正义：地方税秩序的重建

1927年国民政府也曾颁布了《国民政府财政部印花税暂行条例》，并在当年11月21日颁行各省。此后国民政府又以化妆品日益泛滥为由，制颁了《化妆品印花特税暂行章程》，但由于西方列强反对和各地化妆品同业公会请求，财政部于1929年7月明令各省印花税局停征。对货物课征印花税使得彼时中国印花税为财产税而非行为税，为厘清行为印花和货物印花的界限，国民政府于1934年12月8日公布了新的《印花税法》，明确规定，除依法免征的官署自用簿据、个人所用账簿、文化慈善机关账簿和各种车票等11种凭证不用完纳印花税外，所有国内外凭证均须完税，应完税之凭证包括发货票、账单、保险单、学校毕业证书、护照等35种。[①] 抗战胜利后，国民政府于1946年4月公布了新修订的《印花税法》，本次修订将印花税目从39目合并为35目。同时根据物价上涨的情况，调整了印花税税率，适当地降低了比例税率并提高了定额税率。1947年2月，国民政府根据《经济紧急措施方案》的精神，再次修订了《印花税法》，并于同年6月公布施行，这次修订主要是提高了税率，将原有比例税率采用分级定额税率的办法。印花税是对经济活动中书立、领受的凭证征收的一种税收。台湾现行"印花税法"承袭1934年12月8日国民政府时期《印花税法》，并历经16次修正，最近一次修正是2002年5月15日。[②] 依"印花税法"第1条规定，在台湾境内书立规定之各种凭证者，均应缴纳印花税。

在大陆，1950年1月30日，政务院公布《全国税政实施要则》，同年12月公布《印花税暂行条例》，1951年1月公布《印花税暂行条例施行细则》，从此在大陆范围内统一了印花税法。在此期间，分别于1949年11月发行"旗球图"印花税票，于1952年7月发行"机器图"、"鸽球图"印花税票，并一直沿用。1950年《印花税暂行条例》经1953年和1956年两次修订后，缩小了征收范围。1958年，全国施行税改，取消了印花税并将其并入工商统一税。1988年8月6日，国务院发布《印花税暂行条例》（国务院令第11号，

[①] 参见张生：《南京国民政府时期的印花税述评（1927—1937年）》，载《苏州大学学报（哲学社会科学版）》1998年第2期。

[②] 最近一次修订是2002年5月15日，以"总统令"修正公布第8条条文。

以下简称《暂行条例》),自 1988 年 10 月 1 日起施行。① 1988 年 9 月 29 日,财政部发布《印花税暂行条例施行细则》((1988)财税字第 255 号,以下简称《施行细则》),自 1988 年 10 月 1 日起施行。是年,国家税务总局监制发行第 3 套印花税票,图案表现了宇航、钻井、海陆空交通、炼钢、收割机、大学等,该套印花税票被称为"建设图"。② 最近一次的印花税票改版是在 2013 年 11 月 27 日,印花税票版式为《闽构华章》。③ 按照《暂行条例》规定,印花税是对在经济活动中书立、领受法律规定的特定凭证而征收的一种税。目前,大陆对合同或者具有合同性质的凭证、产权转移书据、营业账簿、权利许可证照、经财政部确定征税的其他凭证等 5 大类 13 个税目纳入征税范围。大陆开征印花税,有利于开拓财源,加强征收管理,并在对外经济交往中维护国家权益,同时还有利于提高纳税人的自觉纳税意识。④

(二)技术规则趋同:课税要素的比较

两岸印花税具有相应的法理文化传承,且印花税贯彻国际通行的特定缴纳机制,故两岸印花税的立法设计和技术规则也高度相似。总体而言,两

---

① 2011 年 1 月 8 日,国务院总理温家宝签署国务院令第 588 号,公布 2010 年 12 月 29 日由国务院第 138 次常务会议通过的《国务院关于废止和修改部分行政法规的决定》,并自公布之日起施行。该《决定》附件 2《国务院决定修改的行政法规》在"六、对下列行政法规中引用法律、行政法规名称或者条文不对应的规定作出修改"之"(一)对下列行政法规中引用法律、行政法规名称作出修改"的第 82 项中明确,将《印花税暂行条例》第十四条中的"《税收征收管理暂行条例》"修改为"《税收征收管理法》"。

② 2001 年,印制发行了"社会主义现代化建设图"1 套 9 枚的印花税票,还印制小型张 1 枚。2003 年,又印制发行了恢复印花税收后的第 3 套印花税票"中国世界文化遗产图"1 套 9 枚,同时印制小型张 1 枚,6 连张 1 枚,小全张 1 枚,小本票 1 种,并制作了纪念册。此后,大陆定期改版印制印花税票。

③ 根据《国家税务总局关于发行 2013 年印花税票的公告》(国家税务总局公告 2013 年第 69 号),2013 年印花税票版式为《闽构华章》,以福建传统建筑为题材,选取了不同年代建造的福建传统建筑典型,体现了闽南文化、客家文化、妈祖文化等丰富多彩内涵的福建文化特色。《闽构华章》印花税票一套 9 枚,各面值(图名)分别是:1 角(闽构华章·上杭蛟洋文昌阁)、2 角(闽构华章·福州三坊七巷)、5 角(闽构华章·莆田湄洲妈祖庙)、1 元(闽构华章·泉州东西塔)、2 元(闽构华章·南靖田螺坑土楼群)、5 元(闽构华章·屏南万安桥)、10 元(闽构华章·永安安贞堡)、50 元(闽构华章·南靖塔下张氏祠)、100 元(闽构华章·南安蔡氏古民居)。而在此之前 2012 年和 2011 年,印花税票版式则分别为《徽州古村落》和《陕西民间工艺美术》。

④ 参见刘剑文:《财税法——原理、案例与材料》,北京大学出版社 2013 年版,第 279 页。

第五章　税收正义：地方税秩序的重建

岸印花税具有如下明显的共同特点：其一，兼有凭证税和行为税性质。印花税既是单位和个人书立、领受的应税凭证征收的一种税，具有凭证税性质，同时对凭证征税，实质上是对其所依托的经济行为的课税。其二，征税范围广。两岸税法将市场经济中主要的经营活动和交易行为所涉及的相关凭证都纳入印花税的征税范围。其三，税负相对较轻。大陆印花税税率最高为1‰（财产租赁合同和仓储保管合同），最低为0.3‰（财产保险合同），按定额税率征收的每件5元；台湾印花税税率最高为4‰，最低为1‰，按定额税率征收的每件新台币4元。其四，缴纳方式简便且特殊。纳税人在书立和领受相关凭证时，符合税法相关规定的，应按照凭据种类和对应税率计算应纳税额，并自行购买印花税票，一次足额粘贴在应税凭证上，最后由纳税人按照规定对已粘贴的印花税票自行注销或画销。① 但需要指出的是，由于经济社会发展和法制演进状况仍有一定差异，两岸税法关于印花税的具体规定仍有若干不同之处。

1. 课征范围。在台湾，"印花税法"第4条规定了应税凭证的范围。依该条规定，印花税的课征范围包括：(1) 银钱收据，指收到银钱所立之单据、簿、折，凡收受或代收银钱收据、收款回执、解款条、取租簿、取租折及付款簿等属之；(2) 买卖动产契据，指买卖动产所立之契据；(3) 承揽契据，指一方为他方完成一定工作之契据，如承包各种工程契约、承印印刷品契约及代理加工契据等属之；(4) 典卖、让受及分割不动产契据，指设定典权及买卖、交换、赠与、分割不动产所立向主管机关申请物权登记之契据。② 在大陆，《暂行条例》第2条规定的课征范围则包括：(1) 购销、加工承揽、建设工程承包、财产租赁、货物运输、仓储保管、借款、财产保险、技术合同或者具有合同

---

① 参见於鼎丞主编：《两岸税制比较》，中国税务出版社2009年版，第395页。
② "印花税法"第5条规定："印花税以左列凭证为课征范围：一、（删除）二、银钱收据：指收到银钱所立之单据、簿、折。凡收受或代收银钱收据、收款回执、解款条、取租簿、取租折及付款簿等属之。但兼具营业发票性质之银钱收据及兼具银钱收据性质之营业发票，不包括在内。三、买卖动产契据：指买卖动产所立之契据。四、承揽契据：指一方为他方完成一定工作之契据；如承包各种工程契约、承印印刷品契约及代理加工契据等属之。五、典卖、让受及分割不动产契据：指设定典权及买卖、交换、赠与、分割不动产所立向主管机关申请物权登记之契据。"

性质的凭证①;(2)产权转移书据②;(3)营业账簿③;(4)权利、许可证照;(5)经财政部确定征税的其他凭证。相较而言,两岸课税范围也各具特色,大陆将营业账簿和权利、许可证照纳入征税范围,而台湾则对银钱收据课税。这种差异性,一方面可从两岸原初的立法条文之历史沿革来寻求答案,另一方面作为约定俗成的课税范围,两岸纳税人按照现行税法对经济生活中相关应税凭据业已广泛接受。

2. 纳税义务人。在台湾,"印花税法"第 7 条规定,印花税之纳税义务人如下:(1)银钱收据,由立据人贴印花税票;(2)招标人收受押标金收据,由立据人贴印花税票;(3)承揽契据,由立约或立据人贴印花税票;(4)典卖、让受及分割不动产契据,由立约或立据人贴印花税票;(5)买卖动产契据,由立约或立据人贴印花税票。在大陆,《暂行条例》第 1 条规定,在境内书立、领受本条例所列举 5 大类 13 个税目凭证的单位和个人④,是印花税的纳税义务人。分述如下:(1)各类合同的纳税人是立合同人;(2)产权转移数据的纳税人是立据人;(3)营业账簿的纳税人是立账簿人;(4)权利、许可证照的纳税人是领受人。另外,在境外书立、领受应税凭证的,在境内使用时纳税人是使用人。⑤ 相较而言,台湾的纳税义务人规定比较单一,限定为"书立应税凭证的人",其优点在于便于清楚确定纳税义务人且便于稽征,缺点则在于其税负未能根据体现公平负担原则;大陆将印花税纳税人规定为"书立人、使用人和领受人",这一方面既与其课征对象包括账簿、证照等凭证之多样性有关,另一方面也在某种程度上实现了税负的合理负担。

3. 税率和税额。在台湾,"印花税法"第 7 条规定,印花税之税率或税额如下:(1)银钱收据:每件按金额4‰;(2)招标人收受押标金收据,每件

---

① 《实施细则》第 4 条第 2 款规定:"具有合同性质的凭证,是指具有合同效力的协议、契约、合约、单据、确认书及其他各种名称的凭证。"

② 《实施细则》第 5 条规定:"条例第二条所说的产权转移书据,是指单位和个人产权的买卖、继承、赠与、交换、分割等所立的书据。"

③ 《实施细则》第 6 条规定:"条例第二条所说的营业账簿,是指单位或者个人记载生产经营活动的财务会计核算账簿。"

④ 这 13 个税目凭证分别为:(1)购销合同;(2)加工承揽合同;(3)建设工程勘察设计合同;(4)建筑安装工程承包合同;(5)财产租赁合同;(6)货物运输合同;(7)仓储保管合同;(8)借款合同;(9)财产保险合同;(10)技术合同;(11)产权转移书据;(12)营业账簿;(13)权利许可证照。

⑤ 《实施细则》第 14 条规定:"条例第七条所说的书立或者领受时贴花,是指在合同的签订时、书据的立据时、账簿的启用时和证照的领受时贴花。""如果合同在国外签订的,应在国内使用时贴花。"

按金额1‰;(3)承揽契据,每件按金额1‰;(4)典卖、让受及分割不动产契据,每件按金额1‰;(5)买卖动产契据,每件税额新台币4元。第9条规定了印花税的最小缴纳单位为新台币1元,不足1元之税额尾数,均免予缴纳。在大陆,《暂行条例》第3条规定,纳税人根据应纳税凭证的性质,分别按比例税率或者按件定额计算应纳税额;具体税率、税额的确定,依照本条例所附《印花税税目税率表》之1‰—0.3‰之区间执行;应纳税额不足1角的,免纳印花税;应纳税额在1角以上的,其税额尾数按"4舍5入"规则处理。相较而言,两岸税法在印花税税率设置上都采取了低税率原则,但在具体税率和税额方面仍有细微区别。就比例税率而言,台湾税法设置比较简单,只有1‰和4‰两档税率,而大陆则根据不同税目存在0.3‰、0.5‰、3‰、5‰、1‰等五档税率;就定额税率而言,台湾税法规定买卖动产契据按件税额为新台币4元,而大陆税法规定非资金账簿和权利许可证照等按件5元贴花。

表5-5 大陆印花税税目税率表

税目	范围	税率	纳税义务人	说明
1. 购销合同	包括供应、预购、采购、购销结合及协作、调剂、补偿、易货等合同	按购销金额3‰贴花	立合同人	
2. 加工承揽合同	包括加工、定作、修缮、修理、印刷、广告、测绘、测试等合同	按加工或承揽收入5‰贴花	立合同人	
3. 建设工程勘察设计合同	包括勘察、设计合同	按收取费用5‰贴花	立合同人	
4. 建筑安装工程承包合同	包括建筑、安装工程承包合同	按承包金额3‰贴花	立合同人	
5. 财产租赁合同	包括租赁房屋、船舶、飞机、机动车辆、机械、器具、设备等	按租赁金额1‰贴花;税额不足1元的按1元贴花	立合同人	
6. 货物运输合同	包括民用航空、铁路运输、海上运输、内河运输、公路运输和联运合同	按运输费用5‰贴花	立合同人	单据作为合同使用的,按合同贴花

(续表)

税目	范围	税率	纳税义务人	说明
7. 仓储保管合同	包括仓储、保管合同	按仓储保管费用1‰贴花	立合同人	仓单或栈单作为合同使用的,按合同贴花
8. 借款合同	银行及其他金融组织和借款人(不包括银行同业拆借)所签订的借款合同	按借款金额0.5‰贴花	立合同人	单据作为合同使用的,按合同贴花
9. 财产保险合同	包括财产、责任、保证、信用等保险合同	按投保金额0.3‰贴花	立合同人	单据作为合同使用的,按合同贴花
10. 技术合同	包括技术开发、转让、咨询、服务等合同	按所载金额3‰贴花	立合同人	
11. 产权转移书据	包括财产所有权和版权、商标专用权、专利权、专有技术使用权等转移书据	按所载金额5‰贴花	立据人	
12. 营业账簿	生产经营用账册	记载资金的账簿,按固定资产原值与自有流动资金总额5‰贴花;其他账簿按件5元贴花	立账簿人	
13. 权利许可证照	包括政府部门发给的房屋产权证、工商营业执照、商标注册证、专利证、土地使用证	按件5元贴花	领受人	

注:① 本表依《印花税暂行条例》(2011年1月8日修订发布,2011年1月8日施行)之附件《印花税税目税率表》制作。

②《实施细则》(1988年9月29日颁布,1988年10月1日施行)第7条规定,税目税率表中的记载资金的账簿,是指载有固定资产原值和自有流动资金的总分类账簿,或者专门设置的记载固定资产原值和自有流动资金的账簿。其他账簿,是指除上述账簿以外的账簿,包括日记账簿和各明细分类账簿。第8条规定,记载资金的账簿按固定资产原值和自有流动资金总额贴花后,以后年度资金总额比已贴花资金总额增加的,增加部分应按规定贴花。

第五章　税收正义:地方税秩序的重建

表 5-6　台湾印花税税目税率表

税目	范围	税率	纳税义务人	说明
1. 银钱收据	指收到银钱所立之单据、簿、折;凡收受或代收银钱收据、收款回执、解款条、取租簿、取租折及付款簿等属之	每件按金额4‰;招标人收受押标金收据,每件按金额1‰	立据人	兼具营业发票性质之银钱收据及兼具银钱收据性质之营业发票,不包括在内
2. 买卖动产契据	指买卖动产所立之契据	每件税额新台币4元	立约或立据人	
3. 承揽契据	指一方为他方完成一定工作之契据;如承包各种工程契约、承印印刷品契约及代理加工契据等属之	每件按金额1‰	立约或立据人	
4. 典卖、让受及分割不动产契据	指设定典权及买卖、交换、赠与、分割不动产所立向主管机关申请物权登记之契据	每件按金额1‰	立约或立据人	

注:本表依台湾"印花税法"(2002 年 5 月 15 日最新修正颁布)第 5 条、第 7 条制作。

4. 免税范围。在台湾,"印花税法"第 6 条规定,机关凭证、学校公款凭证、单位内部单据、催索欠款等账单、凭证副本、农产品相关收据或销货凭证、工薪及养老金等收据、代收及退税等收据、特定受赠收据、水利费及国际船舶等契约,得免纳印花税。① 在大陆,《暂行条例》第 4 条规定,下列凭证

---

① "印花税法"第 6 条规定:"左列各种凭证免纳印花税:一、各级政府机关及乡(镇、市、区)公所所立或使用在一般应负纳税义务之各种凭证。二、公私立学校处理公款所发之凭证。三、公私营事业组织内部,所用不生对外权利义务关系之单据,包括总组织与分组织间互用而不生对外作用之单据。四、催索欠款或核对数目所用之账单。五、各种凭证之正本已贴用印花税票者,其副本或抄本。六、车票、船票、航空机票及其他往来客票、行李票。七、农民(农、林、渔、牧)出售本身生产之农产品所具之收据。农产品第一次批发交易,由农产品批发市场代农民(农、林、渔、牧)或农民团体出具之销货凭证。农民(农、林、渔、牧)或农民团体办理共同供销、运销,直接供应工厂或出口外销出具之销货凭证。八、薪给、工资收据。九、领受赈金、恤金、养老金收据。十、义务代收税捐或其他捐献政府款项者,于代收时所具之收据。十一、义务代发政府款项者,于向政府领款时所具之收据。十二、领受退还税款之收据。十三、销售印花税票收款收据。十四、财团或社团法人组织之教育、文化、公益或慈善团体领受捐赠之收据。十五、农田水利会收取会员水利费收据。十六、建造或检修航行于国际航线船舶所订之契约。"

免纳印花税:(1) 已缴纳印花税的凭证的副本或者抄本;(2) 财产所有人将财产赠给政府、社会福利单位、学校所立的书据;(3) 经财政部批准免税的其他凭证。① 相较而言,两岸印花税免税规定大体类似,主要涉及公益、福利、农业、薪资等特定凭证事项,台湾税法规定则更为细致具体,且范围略广。另外,由于台湾税法规定对银钱收据课征印花税,而银钱收据在日常社会经济生活中具有普遍性,考虑到公平性原则,也需要相应作更多涉及银钱收据的合理必要之免税规定。

5. 纳税方法。在台湾,"印花税法"第 8 条规定了印花税缴纳方法:印花税以贴花的方法缴纳,对于数额巨大的可向稽征机关申请开给缴款书缴纳之,符合规定条件的还可汇总缴纳。② 第 10 条规定了印花税注销方法:贴用印花税票,应于每枚税票与原件纸面骑缝处,加盖图章或签名画押注销之,但税票连缀者可以税票之连缀处为骑缝注销之。第 11 条规定了印花税票经贴用注销后不得揭下重用。③ 第 12 条至第 18 条规定了不同情形下印花税之缴纳规则。第 20 条规定了支取银钱之簿摺之贴用税票及开具临时收据时的处理办法。④ 在大陆,《暂行条例》第 5 条规定了纳税办法,"印花

---

① 《实施细则》第 13 条规定:"根据条例第四条第(3)款规定,对下列凭证免纳印花税:1. 国家指定的收购部门与村民委员会、农民个人书立的农副产品收购合同;2. 无息、贴息贷款合同;3. 外国政府或者国际金融组织向我国政府及国家金融机构提供优惠贷款所书立的合同。"

② "印花税法"第 8 条规定:"应纳印花税之凭证,于书立后交付或使用时,应贴足印花税票;其税额巨大不便贴用印花税票者,得请由稽征机关开给缴款书缴纳之。"公私营事业组织所用各种凭证应纳之印花税,于报经所在地主管稽征机关核准后,得汇总缴纳,其办法由"财政部"定之。

③ 其中,第 12 条规定了同一凭证两方以上各执一份的,应当各自贴花,且副本或抄本视同正本使用的也应贴花。第 13 条规定了同一凭证具有两种以上性质或者以低税额凭证代替高税额凭证的,除税率相同外,应按税率较高者贴花;若以非纳税凭证替代的,则按照其实际所属性质归类贴花。第 14 条规定了同一行为产生两种以上凭证的,除另有规定外,应当按照性质类别分别贴花。第 15 条规定了续用已失时效之凭证应另行贴花。第 16 条规定了改用凭证继续使用时应就变更部分增加贴花。第 17 条规定了应税凭证所载为外币时应按政府规定或认可之兑换率折算为新台币计贴。第 18 条规定了对未载明金额之凭证按照当地时价计贴。

④ "印花税法"第 20 条规定:"支取银钱之簿、折,应按收取数额逐笔贴用印花税票。凭以付款之付款簿,由收款人在账簿内签名或盖章,以代收据者亦同,由付款人扣款代贴。""一宗交易先开立临时收据再开立正式收据,或分次收款先开立分次收据再开立总收据者,临时收据或分次收款收据应先行分别贴足印花税票,俟开立正式收据或总收据时,将临时收据或分次收款收据收回贴附背面;其金额相等者,正式收据或总收据免再贴用印花税票;其不相等者,应于正式收据或总收据上补足差额。""开立正式收据或总收据时,未依规定将临时收据或分次收款收据收回贴附背面者,应照所载全部金额贴用印花税票。"

第五章 税收正义:地方税秩序的重建

税实行由纳税人根据规定自行计算应纳税额,购买并一次贴足印花税票的缴纳办法;为简化贴花手续,应纳税额较大或者贴花次数频繁的,纳税人可向税务机关提出申请,采取以缴款书代替贴花或者按期汇总缴纳的办法。"第 6 条规定了印花税票的粘贴方法,即应当粘贴在应纳税凭证上,并在每枚税票的骑缝处盖戳注销或者画销,且已贴用的印花税票不得重用。第 7 条规定了纳税贴花时间,即应纳税凭证应当于书立或者领受时贴花。第 8 条规定了同一凭证由两方以上当事人各执一份之处理,即应当各自全额贴花。第 9 条规定了已贴花的凭证金额变更之处理,即修改后所载金额增加的,其增加部分应当补贴印花税票。① 《实施细则》则对《暂行条例》的部分规定作了进一步补充。② 两岸的印花税规定都较为具体清晰,对纳税贴花、汇总缴纳、注销方法、凭证正副本贴花、同一凭证两种以上性质、同一行为两种以上凭证、应税凭证记载为外币等具体情形作了相同或相似的规定,但台湾税法规定则更为细致,比如,对兼用代用凭证时的计税贴花规定尽可能穷尽了凭证处理的各种情形。

5. 征收管理。在台湾,"印花税法"第 4 条规定了纳税凭证之保存期限。该条规定,应纳印花税之凭证,于权利义务消灭后应保存 2 年,但公营或公私合营之事业,应依照会计法及其他有关法令之规定办理。第 21 条规定了印花税之检查机关为财政部主管印花税机关。第 22 条规定了违法举发,即对于违法之凭证,任何人得向主管征收机关举发。在大陆,《暂行条例》第 10 条规定:"印花税由税务机关负责征收管理。"第 14 条则规定,印花税的征收管理,除本条例规定者外,依照《税收征收管理法》的有关规定执行。《实施细则》第 25 条规定了纳税凭证的保存期限,除另有规定外,为 1 年。第 31 条规定了印花税票可以委托单位或者个人代售,并支付其代售金额 5% 的手续费。支付来源从实征印花税款中提取。第 43 条规定

---

① 《实施细则》第 24 条规定:"凡多贴印花税票者,不得申请退税或者抵用。"
② 《实施细则》第 11 条规定了抄本视同正本时应计税贴花。第 17 条规定了同一行为两种以上性质的情形作了从高适用税率的规定。第 18 条规定了应税凭证未载明金额时按照国家牌价或市价计税贴花。第 19 条则规定了应税凭证所载金额为外币时,应按凭证书立当日政府公布的外汇牌价折合人民币计贴。

了任何单位和个人都有权检举揭发。① 相较而言,两岸税法对税务机关负责征收、纳税凭证之保存期限、检举揭发等均有相同或相似规定,但大陆税法关于印花税票可以委托代售的制度设计仍具有特色,盖因交易行为频繁且应税凭证纷杂,基于便利纳税人立场而为之特定安排。但此种由财政部制订之《实施细则》是否能规定委托代售,以及委托代售是否具有税法上之正当性,也即代售印花税票行为是否涉入了征税权本身,仍有待进一步探讨和研究。

6. 罚则。在台湾,"印花税法"第23条规定了违反贴用税票规定之处罚,即除了补贴印花税票外,按漏贴税额处5—10倍罚锾;以总缴方式完税的,逾期未缴纳者按"税捐稽征法"现第20条规定处②;逾30日仍未缴纳者,除可依法声请法院强制执行外,还可依情节轻重按滞纳之税额处1—5倍罚锾;违反第4条(未依法保存纳税凭证)者,应按情节轻重处新台币1000元以下罚锾。第24条规定了违反注销规定的处罚,即违反第10条规定之注销规则按情节轻重处违法之印花税票数额5—10倍罚锾;违反第11条规定按所揭下重用之印花税票数额处20—30倍罚锾。第26条规定了违反两种法定情事以上者应合并处罚。第28条规定了违法行为之补正,以使纳税行为合乎税法要求。③ 在大陆与其他税种立法不同,《暂行条例》第13条和《实施细则》第39条至第41条专门就缴纳印花税之违法行为规定了相应处罚。④ 但是,2001年《税收征收管理法》和《税收征收管理法实施细则》重新修订颁布后,以上条款已不适用。涉及印花

---

① 《实施细则》第43条规定:"纳税人不按规定贴花,逃避纳税的,任何单位和个人都有权检举揭发,经税务机关查实处理后,可按规定奖励检举揭发人,并为其保密。"

② "税捐稽征法"第20条规定:"依税法规定逾期缴纳税捐应加征滞纳金者,每逾二日按滞纳数额加百分之一滞纳金;逾三十日仍未缴纳者,移送法院强制执行。"

③ "印花税法"第29条规定:"凡违反本法之凭证,于处罚后,其属漏税或揭下重用者,仍应由负责贴印花税票人,按应纳税额补足印花税票。""未经注销或注销不合规定者,仍应由负责贴印花税票人,依法补行注销。""其负责人所在不明者,应由凭证使用人或持有人补办之。"

④ 其中,《暂行条例》第13条规定:"纳税人有下列行为之一的,由税务机关根据情节轻重,予以处罚:(一)在应纳税凭证上未贴或者少贴印花税票的,税务机关除责令其补贴印花税票外,可处以应补贴印花税票金额20倍以下的罚款;(二)违反本条例第六条第一款规定的,税务机关可处以未注销或者画销印花税票金额10倍以下的罚款;(三)违反本条例第六条第二款规定的,税务机关可处以重用印花税票金额30倍以下的罚款。""伪造印花税票的,由税务机关提请司法机关依法追究刑事责任。"

税缴纳之违法行为,相应适用《税收征收管理法》和《税收征收管理法实施细则》的相关规定。① 由于印花税的税率较低,两岸都对相关涉及印花税的违法行为规定了参照比例相比其他税种更高的处罚。不过,大陆税法在推动单行税种统一适用《税收征收管理法》关于处罚的相关规定后,印花税的处罚严格程度有所降低。当然,税务处罚程度应遵循比例原则以保护违法纳税义务人之基本权利,仍应是两岸税收立法和实践共同贯彻的应然理念。

(三)检讨与反思:稳定财源的正当性?

政府课征税收之主要目的,在于获得稳定财源,而印花税因其具有课征范围广、单个税负低以及征收简单方便的特点而成为政府的"良税"。不过,印花税虽有上述之重要优点,但就税收公平和分配正义方面来看,其弊端有三:其一,不能体现量能负担原则,也无法体现税负公平,即便是对于绝无能力者,也往往强其负担;其二,经济交易次数愈多,其税负亦愈重。课税对象如属于必需品之买卖,较多于奢侈品,故税负有重于贫民之嫌;其三,课税之税率没有确切之标准,而按照定额课税法课征,其不公平性尤为明显。即便是按照从价课税原则,借贷票据相较于其他非负债标准而言,也显失负担之公平。② 与此同时,在大陆,印花税还经常被作为一种调控工具而被广泛采用。比如,为调控证券交易市场③,多次采取调整证券交易

---

① 2004年1月29日,国家税务总局发布《国家税务总局关于印花税违章处罚有关问题的通知》(国税发〔2004〕15号),对《税收征收管理法》修订后印花税有关违章行为处罚作出了相应规定。该《通知》指出,《税收征收管理法》《税收征收管理法实施细则》重新修订颁布后,《印花税暂行条例》第13条及《印花税暂行条例施行细则》第39条、第40条、第41条的部分内容已不适用。该《通知》对印花税的违章处罚如何适用《税收征收管理法》和《税收征收管理法实施细则》相关条款作了明确规定。

② 参见何廉、李锐:《财政学》,商务印书馆2011年版,第282—283页。

③ 有大陆学者通过比较发现,印花税调整较佣金调整更灵活且利益更集中,研究印花税调整对大陆证券市场的波动性影响具有重要意义。参见范南、王礼平:《我国印花税变动对证券市场波动性影响实证研究》,载《金融研究》2003年第6期。

印花税税率的方式①,并引发学界对其行为合法性的质疑,认为不仅调整机关没有充分法定权源,而且证券交易实际上也不属于印花税课征范围之"产权转移书据"情形②,还不如单行开征证券交易税。③ 另外,为支持小微企业的发展,还对符合规定要求的小微企业借款合同免征印花税,以减轻小微企业的税收负担。④ 如此看来,大陆印花税不仅具有良好的财政收入功能,而且在调控特定市场亦有积极作用。尽管印花税作为小税种往往未获历次财税体制改革之重点关照,但印花税作为"听最少鹅叫"之"温水煮青蛙"税种,亦紧密关涉纳税人的基本权利,需要认真检讨与反思。是故,无论是考察印花税的财政功能,还是探讨其特定社会政策属性,印花税征收之检讨和反思尤其应引起两岸税法学界之高度重视,不能因其高质的财政收入功能而忽略对其妥适性及税制结构之改进,而且印花税的改进方向不仅仅只是涉及技术规则和稽征方法的优化与改良,更为重要的是,从远期看,应对印花税作为一个税种进行整体正当性评估。

---

① 在大陆,最早于1990年7月在深圳证券交易所开征股票交易印花税,其税率规定为对买卖双方各征6‰,此后不久又因市场的变化调整为3‰。上海证券交易所也于1991年开征了股票交易印花税,税率定为3‰。此后大陆历次有针对性的调整有:1991年10月,深圳市将印花税税率调整到3‰。上海也开始对股票买卖实行双向征收,税率为3‰;1992年6月,国家税务总局和国家体改委联合发文,明确规定股票交易双方按3‰。缴纳印花税;1997年5月10日起,股票交易印花税税率由3‰上调至5‰;1998年6月,12日,为活跃市场交易,又将印花税由5‰下调为4‰;1999年6月1日,为拯救低迷的B股市场,国家又将B股印花税税率由4‰下降为3‰;2001年11月16日,财政部调整证券(股票)交易印花税税率。对买卖、继承、赠与所书立的A股、B股股权转让书据,由立据双方当事人分别按2‰的税率缴纳证券交易印花税;2005年1月,财政部又将证券交易印花税税率由2‰下调为1‰;2007年5月30日起,财政部将证券交易印花税税率由1‰调整为3‰;2008年4月24日起,财政部将证券交易印花税税率由3‰调整为1‰;2008年9月19日起,证券交易印花税调整为单边征收,这也是自1991年以来中国股市首次单边征收证券交易印花税。

② 参见袁明圣:《疯狂股市、印花税与政府法治——证券交易印花税调整的法理思考》,载《法学》2008年第8期。

③ 参见张海星:《规范我国证券交易印花税制的思考》,载《税务研究》2008年第12期。

④ 2011年10月17日,财政部、国家税务总局联合发布《关于金融机构与小型微型企业签订借款合同免征印花税的通知》(财税〔2011〕105号),该《通知》明确,经国务院批准,为鼓励金融机构对小型、微型企业提供金融支持,促进小型、微型企业发展,自2011年11月1日起至2014年10月31日止,对金融机构与小型、微型企业签订的借款合同免征印花税。上述小型、微型企业的认定,按照《工业和信息化部 国家统计局 国家发展和改革委员会 财政部关于印发中小企业划型标准规定的通知》(工信部联企业〔2011〕300号)的有关规定执行。

第五章　税收正义：地方税秩序的重建

第五节　两岸车船税制度比较及启示

早在公元前 129 年（汉武帝元光 6 年），中国就开征了"算商车"。① 明清时期，朝廷曾对内河商船征收船钞。1945 年 6 月 11 日，国民政府颁布了《使用牌照税法》，在全国统一开征车船使用牌照税。1949 年以后，台湾继续沿用此法并随着经济社会发展而持续修正。目前台湾的使用牌照税，是针对台湾境内在公共水陆道路供公用、私用或军用的交通工具征收的一种税。"使用牌照税法"历经 20 次修改，其最新修正日是 2014 年 6 月 18 日，并自 2015 年 1 月 1 日起施行。② 大陆税法中涉及车船的税种有车辆购置税和车船使用税。其中，车辆购置税是对在大陆境内购置汽车、摩托车、电车、挂车和农用运输车等征收的一种税。现行车辆购置税的征收依据是 2000 年 10 月 22 日颁布，并自 2001 年 1 月 1 日起施行的《车辆购置税暂行条例》（国务院令第 294 号）。该《暂行条例》对车辆购置税的纳税人、税额计算、税收优惠、征收管理等作了较为具体的规定。③ 车船税则是指对大陆境内拥有和管理车船的单位和个人征收的一种税。车船税的前身是 1951 年开征的车船使用牌照税和 1986 年开征的车船使用税。1951 年，颁布《车船使用牌照税暂行条例》，对车船征收车船使用牌照税。④ 1986 年，国务院颁布《车船使用税暂行条例》，并自同年 10 月 1 日起施行，但采取"内外有别"政策，

---

① "算"为征税基本单位，一算为 120 钱，这时的征收对象还只局限于载货的商船和商车。元狩四年（公元前 119 年），开始把非商业性的车船也列入征税范围。当时法令规定，非商业用车每辆征税一算，商业用车征税加倍；舟船五丈以上征税一算，"三老"（掌管教化的乡官）和"骑士"（由各郡训练的骑兵）免征车船税。同时规定，对隐瞒不报或呈报不实的人给以处罚，对告发的人进行奖励。元封元年（公元前 110 年），车船税停止征收。

② 2014 年 6 月 18 日，"总统华总一义字第 10300092701 号令"修正公布第 4 条、第 7 条、第 28 条及第 38 条条文。本次公布修正之"使用牌照税法"部分条文，兼顾保障身障者行的需求并避免租税减免浮滥，应有助于维护租税公平及避免地方财源流失。

③ 大陆车辆购置税源于 1985 年由国务院批准的车辆购置附加费。为了适应"费改税"的需要，更好地调控车辆购置行为，加强对财政性资金的管理，国务院于是颁布《车辆购置税暂行条例》。按照现行《车辆购置税暂行条例》第 4 条和第 5 条的规定，车辆购置税实行从价定率的办法计算应纳税额，具体计算公式为：应纳税额 = 计税价格 × 税率，车辆购置税的税率为 10%。

④ 1973 年，按照简化税制、合并税种的要求，将国营企业和集体企业征收的车船使用牌照税并入工商税，但公民、华侨和外资企业仍按原规定缴纳车船使用税。1977 年后，一些省、自治区和直辖市曾对个人停征车船使用牌照税。

对外商投资企业、外国企业和外籍个人所有或管理的车船仍适用《车船使用牌照税暂行条例》。① 2006 年 12 月 27 日,公布了修订后《车船税暂行条例》(国务院第 482 号),统一适用于内资企业及个人、外资企业及外资个人,自 2007 年 1 月 1 日起施行。2011 年 2 月 25 日,十一届全国人大常委会第十九次会议通过了《车船税法》,并于同日由国家主席签署主席令第 43 号发布,并自 2012 年 1 月 1 日起施行。② 2011 年 12 月 5 日,国务院发布《车船税法实施条例》(国务院令第 611 号,以下简称《实施条例》),并自 2012 年 1 月 1 日起施行。

(一) 对重要动产课税:财产税 & 行为税?

在税法学理上,由于其课税原理的相似性,财产税和行为税的功能和特点往往也高度关联。具体而言,财产税是以纳税人所拥有或支配的某些财产为征税对象的一类税,行为税亦称特定目的税,是政府为实现一定目的而对某些特定行为所征收的税收,两个税种分别从财产权属和使用行为的角度实现国家征税权对社会经济生活的干预。在世界大多数国家和地区,财产税都是非常普遍的税种,征收的对象一般为土地、房产、矿产资源等不动产和汽车、船舶等重要动产征收。车船税作为一种财产税,具有征收面广、税源零星分散、纳税人多为自然人的特点,是对车船的所有人在保有环节征收的一种税。不过,基于课税目的之视角,车船税所涵摄的课税要义除针对纳税人对车船的所有事实外,还包括对车船的使用本身,因而也具有行为税

---

① 随着市场经济体制的建立和完善,尤其是加入 WTO 后,《车船使用牌照税暂行条例》和《车船税使用暂行条例》在实施中遇到一些问题:一是内外两个税种,不符合税政统一、简化税制的要求;二是缺乏必要的税源监控手段,不利于征收管理;三是车船使用牌照税 55 年没有调整,车船使用税额也已 20 年没有调整,随着经济社会的发展,两个税种的税额标准已明显偏低。故有进一步修订的必要。参见刘剑文:《财税法——原理、案例与材料》,北京大学出版社 2013 年版,第 273 页。

② 与《车船税暂行条例》相比,《车船税法》主要在以下 5 个方面进行了调整:一是扩大征税范围,除对依法应当在车船登记管理部门登记的车船继续征税外,将在机场、港口以及其他企业内部场所行驶或者作业且依法不需在车船登记管理部门登记的车船也纳入征收范围;二是改革乘用车计税依据,采用与车辆在价值上存在着正相关关系的"排气量"作为计税依据;三是调整税负结构和税率,包括对乘用车税负,按发动机排气量大小分别作了降低、不变和提高的结构性调整;四是完善税收优惠,在除了保留对公共交通车船给予定期减免税优惠外,还增加了部分可以减征或者免征车船税等税收优惠;五是强化部门配合,公安、交通运输、农业、渔业等车船登记管理部门、船舶检验机构和车船税扣缴义务人的行业主管部门应当在提供车船有关信息、办理车辆相关登记和定期检验手续等方面,协助税务机关加强车船税的征收管理。

的性质。在通常意义上看,财产税一般按照财产的价值进行课征。而两岸税法都规定车船税按照车船的吨位或排量来课征,以体现公平和效率的平衡,这也在某种意义上证成车船税对这些特殊动产使用特性的高度关注。有学者认为,以评估价值作为乘用车车船税的计税依据虽更具合理性,但可行性不如以排气量为计税依据,还会增加征管及立法成本并破坏法的稳定性。① 总体而言,一方面,车船税作为一种财产税,具有对特定财产征税的显著特点,另一方面,车船税对财产本身的使用产生税法上的效用,本身也符合行为税的相关要件。从两岸车船税的名称上来看,大陆车船税的前身即是车船使用税,而台湾的车船税则直接被称为使用牌照税,均强调其对使用课税的行为税特质。另外,就大陆税法而言,涉及车辆的税收还包括车辆购置税,而车辆购置税则是典型的行为税。

(二) 两岸的差异性:车船税 & 牌照税?

无论是大陆的车船税,还是台湾的使用牌照税,都是属于对特定车船课征的税种,且都属于直接税和地方税。总体而言,两岸车船税都具有三大功能:一是财政功能。车船税通过对为数众多的车船所有人或使用人课税,为地方政府取得较为稳定的地方财源。二是配置功能。通过对车船保有人课以税负有利于车船管理与合理配置,促使纳税人加强对自己拥有的车船管理和核算改善资源配置合理使用车船。三是分配功能。车船税通过对个人拥有的财产或财富(如轿车、游艇等)课税,进行调节缓解财富分配不公。不过,在具体的车船税规则设计中,两岸税法除了具有高度的相似性外,仍存在一些微小的细节性差异。

1. 课征对象。在大陆,依《实施条例》第 2 条规定,应税车船涵盖全部的机动车辆和船舶,具体包括:(1) 依法应当在车船登记管理部门登记的机动车辆和船舶;(2) 依法不需要在车船登记管理部门登记的在单位内部场所行驶或者作业的机动车辆和船舶。② 这些车辆和船舶,无论是否到公安、交通、农业、渔业、军事等管理部门办理登记,也无论是行驶于公共道路、河

---

① 参见易有禄:《关于我国车船税立法目的的思考》,载《税务研究》2011 年第 1 期。
② 《实施条例》第 26 条具体规定了《车船税法》所附《车船税税目税额表》中车辆、船舶的含义。

流、湖泊和领海还是单位内部,都应按照税法规定缴纳车船税。在台湾,使用牌照税以实用公共水陆道路之交通工具为课税对象。依"使用牌照税法"第 5 条规定,使用牌照税,按交通工具种类分别课征。所谓交通工具,依第 5 条第 2 款规定,指机动车辆和船舶。两岸税法关于车船税课征对象的规定基本一致。

2. 纳税义务人。在台湾,"使用牌照税法"第 3 条第 1 项规定:"使用公共水陆道路之交通工具,无论公用、私用或军用,除依照其他有关法律,领用证照,并缴纳规费外,交通工具所有人或使用人应向所在地主管稽征机关请领使用牌照,缴纳使用牌照税。"也即,交通工具所有人或使用人是使用牌照税的纳税人。但在特定地区,可以通知交通工具的管理人或关系人缴纳使用牌照税。在大陆,依《车船税法》第 1 条规定,属于该法所附《车船税税目税额表》规定的车辆、船舶的所有人或者管理人,为车船税的纳税人。其中,管理人是指对车船具有管理使用权,不具有所有权的单位。两岸税法关于车船税纳税义务人的规定也基本一致。

3. 计税依据和税额。在台湾,依"使用牌照税法"第 5 条规定,使用牌照税按交通工具种类分别课征,除机动车辆应就其种类按汽缸总排气量或其他动力划分等级依第 6 条附表计征外,其他交通工具之征收率,由"直辖市"及县(市)政府依程序制订。依第 6 条规定,使用牌照税额按下列规定课征:(1) 机动车辆:分小客车、大客车、货车、机器脚踏车 4 类车辆,依分类税额表之规定课征之;(2) 船舶:总吨位在 5 吨以上者,营业用每艘全年新台币 16380 元,非营业用每艘全年新台币 40320 元;未满 5 吨者,营业用每艘全年新台币 9900 元,非营业用每艘全年新台币 17550 元。在大陆,《车船税法》第 2 条规定:"车船的适用税额依照本法所附《车船税税目税额表》执行。""车辆的具体适用税额由省、自治区、直辖市人民政府依照本法所附《车船税税目税额表》规定的税额幅度和国务院的规定确定。""船舶的具体适用税额由国务院在本法所附《车船税税目税额表》

规定的税额幅度内确定。"①依《实施条例》第 3 条规定,省(区、市)人民政府具体适用税额,应当遵循以下原则:(1) 乘用车依排气量从小到大递增税额;(2) 客车按照核定载客人数 20 人以下和 20 人(含)以上两档划分,递增税额。② 相较而言,台湾使用牌照税,对机动车辆按照气缸总排气量课征,对船舶按照总吨位计征。而大陆的车船税,乘用车按辆及排气量计征,商用车等车辆按辆计征,货车等车辆按整备质量每吨,船舶按净吨位每吨计征,游艇按照艇身长度每米计征。另外,大陆的车船税税率由地方政府按照当地具体情况,在法定幅度内具体确定。

表 5-7　大陆车船税税目税额表

税目		计税单位	年基准税额	备注
乘用车〔按发动机汽缸容量(排气量)分档〕	1.0 升(含)以下的	每辆	60 元至 360 元	核定载客人数 9 人(含)以下
	1.0 升以上至 1.6 升(含)的		300 元至 540 元	
	1.6 升以上至 2.0 升(含)的		360 元至 660 元	
	2.0 升以上至 2.5 升(含)的		660 元至 1200 元	
	2.5 升以上至 3.0 升(含)的		1200 元至 2400 元	
	3.0 升以上至 4.0 升(含)的		2400 元至 3600 元	
	4.0 升以上的		3600 元至 5400 元	
商用车	客车	每辆	480 元至 1440 元	核定载客人数 9 人以上,包括电车
	货车	整备质量每吨	16 至 120 元	包括半挂牵引车、三轮汽车和低速载货汽车等

---

① 《实施条例》第 4 条规定:"机动船舶具体适用税额为:(一) 净吨位不超过 200 吨的,每吨 3 元;(二) 净吨位超过 200 吨但不超过 2000 吨的,每吨 4 元;(三) 净吨位超过 2000 吨但不超过 10000 吨的,每吨 5 元;(四) 净吨位超过 10000 吨的,每吨 6 元。""拖船按照发动机功率每 1 千瓦折合净吨位 0.67 吨计算征收车船税。"第 5 条规定:"游艇具体适用税额为:(一) 艇身长度不超过 10 米的,每米 600 元;(二) 艇身长度超过 10 米但不超过 18 米的,每米 900 元;(三) 艇身长度超过 18 米但不超过 30 米的,每米 1300 元;(四) 艇身长度超过 30 米的,每米 2000 元;(五) 辅助动力帆艇,每米 600 元。"
② 依《车船税税目税额表》的规定,计税依据和税额确定方式如下:(1) 乘用车按发动机汽缸容量(排气量)分档按辆计征;(2) 商用车中,客车按辆计征,货车按整备质量每吨计征;(3) 挂车按整备质量每吨计征;(4) 其他车辆中,专用作业车和轮式专用机械车按整备质量每吨计征;(5) 摩托车按辆计征;(6) 船舶中,机动船舶按净吨位每吨计征,游艇按艇身长度每米计征。

(续表)

税目		计税单位	年基准税额	备注
挂车		整备质量每吨	按照货车税额的50%计算	
其他车辆	专用作业车	整备质量每吨	16元至120元	不包括拖拉机
	轮式专用机械车		16元至120元	
摩托车		每辆	36元至180元	
船舶	机动船舶	净吨位每吨	3元至6元	拖船、非机动驳船分别按照机动船舶税额的50%计算
	游艇	艇身长度每米	600元至2000元	

注：本表依大陆《车船税法》(2011年2月25日修订发布,2012年1月1日施行)之附件《车船税税目税额表》制作。

表 5-8　台湾小客车使用牌照税税额表

汽缸总排气量（立方公分）	车辆种类及税额（新台币/元）	小客车(每车乘人座位九人以下者)	
		自用	营业
500 以下		1620	900
501—600		2160	1260
601—1200		4320	2160
1201—1800		7120	3060
1801—2400		11230	6480
2401—3000		15210	9900
3001—4200		28220	16380
4201—5400		46170	24300
5401—6600		69690	33660
6601—7800		117000	44460
7801 以上		151200	56700

注：① 本表依台湾"使用牌照税法"(2014年6月18日最新修正颁布)第6条附表一制作。
② 小客货两用车之税额按自用小客车之税额课缴。

第五章 税收正义：地方税秩序的重建

表 5-9　台湾大客车及货车使用牌照税税额表

汽缸总排气量 （立方公分）	车辆种类及税额 （新台币/元） 大客车（每车乘人座位在十人以上者）	货车
500 以下	—	900
501—600	1080	1080
601—1200	1800	1800
1201—1800	2700	2700
1801—2400	3600	3600
2401—3000	4500	4500
3001—3600	5400	5400
3601—4200	6300	6300
4201—4800	7200	7200
4801—5400	8100	8100
5401—6000	9000	9000
6001—6600	9900	9900
6601—7200	10800	10800
7201—7800	11700	11700
7801—8400	12600	12600
8401—9000	13500	13500
9001—9600	14400	14400
9601—10200	15300	15300
10201 以上	16200	16200

注：① 本表依台湾"使用牌照税法"（2014 年 6 月 18 日最新修正颁布）第 6 条附表二制作。

② 曳引车之税额按货车税额加征 30%。

表 5-10　台湾机器脚踏车使用牌照税税额表

汽缸总排气量 （立方公分）	车辆种类及税额 （新台币/元） 机器脚踏车
150（含 150 以下）	0
151—250	800
251—500	1620
501—600	2160
601—1200	4320
1201—1800	7120
1801 以上	11230

注：根据台湾"使用牌照税法"（2014 年 6 月 18 日最新修正颁布）第 6 条附表三制作。

表 5-11　台湾完全以电能为动力之电动小客车使用牌照税税额表

马达最大马力	车辆种类及税 （新台币/元）	完全以电能为动力之电动小客车 （每车乘人座位九人以下者）	
英制马力(HP)	公制马力(PS)	自用	营业
38 以下	38.6 以下	1620	900
38.1—56	38.7—56.8	2160	1260
56.1—83	56.9—84.2	4320	2160
83.1—182	84.3—184.7	7120	3060
182.1—262	184.8—265.9	11230	6480
262.1—322	266.0—326.8	15210	9900
322.1—414	326.9—420.2	28220	16380
414.1—469	420.3—476.0	46170	24300
469.1—509	476.1—516.6	69690	33660
509.1 以上	516.7 以上	117000	44460

注：本表依台湾"使用牌照税法"（2014年6月18日最新修正颁布）第6条附表四制作。

表 5-12　台湾完全以电能为动力之电动机器脚踏车使用牌照税税额表

马达最大马力	车辆种类及税 （新台币/元）	完全以电能为动力之 电动机器脚踏车
英制马力(HP)	公制马力(PS)	—
12 以下	12.2 以下	0
12.1—20	12.3—20.3	800
20.1—45	20.4—45.7	1620

注：根据台湾"使用牌照税法"（2014年6月18日最新修正颁布）第6条附表五制作。

4. 减免税。在台湾，"使用牌照税法"第4条规定了"直辖市"及县（市）政府可视实际状况对船舶核定免征使用牌照税。第5条第2项规定，"直辖市"及县（市）政府可自2012年1月4日起3年内，得对完全以电能为动力之电动汽车免征使用牌照税。[①] 第7条规定了使用牌照税的减免税。

[①] 第5条第2项为"使用牌照税"在2012年1月4日最新修正时新增。该项规定："'直辖市'及县（市）政府于本项规定生效日起三年内，得对完全以电能为动力之电动汽车免征使用牌照税，并报财政部备查。"

第五章 税收正义:地方税秩序的重建

依据该条规定,对军用交通工具、海关已征助航服务费之船舶、专供公共安全使用之符合规定交通工具、医用及公共卫生车辆、享有外交待遇之车辆、电信车辆、专供教育文化之宣传车辆、身心障碍人士车辆、专供社会福利社团机构使用之部分交通工具、专供大众运输之公共汽车、离岛建设条例适用地区之交通工具等,免征使用牌照税。① 在大陆,依《车船税法》第 3 条规定,下列车船免征车船税:(1) 捕捞、养殖渔船;(2) 军队、武装警察部队专用的车船;(3) 警用车船;(4) 依照法律规定应当予以免税的外国驻华使领馆、国际组织驻华代表机构及其有关人员的车船。《车船税法》第 4 条规定了符合两种情形的,可以减征或者免征车船税:(1) 对节约能源、使用新能源的车船;(2) 对受严重自然灾害影响纳税困难以及有其他特殊原因确需减税、免税的。第 5 条规定了地方政府对公交车船和在农村使用的部分车辆减免税。② 相较而言,台湾税法规定的使用牌照税免税范围更加针对促进公益福利事业及增益弱势群体,大陆税法对车船税的免税规定则更为注重对车船的使用对象和范围、促进环保及公共交通。另外,两岸税法均规定,

---

① "使用牌照税"第 7 条规定:左列交通工具,免征使用牌照税:一、属于军队装备编制内之交通工具。二、在设有海关地方行驶,已经海关征收助航服务费之轮船。三、专供公共安全使用,而有固定特殊设备及特殊标帜之交通工具:如警备车、侦查勘验用车、追捕提解人犯车、消防车、工程救险车及海难救险船等。四、卫生机关及公共团体设立之医院,专供卫生使用而有固定特殊设备及特殊标帜之交通工具:如救护车、诊疗车、洒水车、水肥车、垃圾车等。五、凡享有外交待遇机构及人员之交通工具,经"外交部"核定并由交通管理机关发给专用牌照者。六、专供运送电信邮件使用,有固定特殊设备或特殊标帜之交通工具。七、专供教育文化之宣传巡回使用之交通工具,而有固定特殊设备及特殊标帜者。八、供持有身心障碍手册或证明,并领有驾驶执照者使用,且为该身心障碍者所有之车辆,每人以一辆为限;因身心障碍情况,致无驾驶执照者,其本人、配偶或同一户籍二亲等以内亲属所有,供该身心障碍者使用之车辆,每一身心障碍者以一辆为限。但汽缸总排气量超过二千四百立方公分、完全以电能为动力之马达最大马力超过二百六十二英制马力(HP)或二百六十五点九公制马力(PS)者,其免征金额以二千四百立方公分、二百六十二英制马力(HP)或二百六十五点九公制马力(PS)车辆之税额为限,超过部分,不予免征。九、专供已立案之社会福利团体和机构使用,并经各地社政机关证明者,每一团体和机构以三辆为限。十、经交通管理机关核准之公路汽车客运业及市区汽车客运业,专供大众运输使用之公共汽车。十一、离岛建设条例适用地区之交通工具在该地区领照使用者。但小客车汽缸总排气量超过二千四百立方公分、完全以电能为动力之马达最大马力超过二百六十二英制马力(HP)或二百六十五点九公制马力(PS)者,不在此限。但小客车引擎总排气量超过二四○○CC 者,不在此限。前项各款免征使用牌照税之交通工具,应于使用前办理免征使用牌照税手续,非经交通管理 机关核准,不得转让、改装、改装或变更使用性质。

② 《车船税法》第 5 条规定:"省、自治区、直辖市人民政府根据当地实际情况,可以对公共交通车船,农村居民拥有并主要在农村地区使用的摩托车、三轮汽车和低速载货汽车定期减征或者免征车船税。"

各地方政府可以视实际情况,对公共交通或船舶核定免征使用牌照税。①

5. 征收管理。在台湾,"使用牌照税法"第3条第3项规定了使用牌照税之稽征可委托当地交通管理机关代征税款及统一发照。② 第9条规定了使用牌照税的征收方式,即按年征收一次,但营业车辆分两期征收。第10条规定了征收期间,即4月1日起1个月内一次征收,营业车辆则区分4月1日和10月1日两期加收。第11条规定了临时或试车牌照的征收期间,为按日计算。第12条规定了领取号牌之手续。第13条规定了停止或恢复使用牌照之申报。第14条规定了变更手续。第15条规定了转移手续。第16条规定了新用或已税交通工具之税额计算。第20条至第24条则规定了使用牌照税的查缉程序。在大陆,《实施条例》第6条规定了车船税的扣缴义务人,即从事机动车第三者责任强制保险之保险机构。③ 第7条规定了纳税地点,即车船的登记地或者扣缴义务人所在地,依法不需要办理登记的车船,纳税地点为车船的所有人或者管理人所在地。第8条规定了纳税义务发生时间,为取得车船所有权或者管理权的当月。第9条规定了车船税按年申报缴纳,具体期限由省(区、市)政府规定。第10条规定了相关主管部门协助税务机关征收管理的义务及核实纳税或免税证明后办理相关手续的义务。④ 第11条规定了征收管理依照本法和《税收征收管理法》的规定执行。相较而言,两岸关于纳税地点、纳税义务发生时间等程序性规定基本一致,但大陆在纳税地点上区分了应税车船是否应登记情形。就纳税期限而言,两岸税法都规定按年征收,但台湾税法对于营业车辆每年分2次征收。

---

① 依据"台北市使用牌照税征收自治条例"第4条和"高雄市使用牌照税征收自治条例"第6条规定,两市船舶均免征使用牌照税。
② "使用牌照税"第3条规定:"使用公共水陆道路之交通工具,无论公用、私用或军用,除依照其他有关法律,领用证照,并缴纳规费外,交通工具所有人或使用人应向所在地主管稽征机关请领使用牌照,缴纳使用牌照税。""前项使用牌照得以交通管理机关核发之号牌替代,不再核发使用牌照。""使用牌照之稽征,由直辖市及县(市)主管稽征机关办理;必要时,得由直辖市及县(市)政府核定,委托当地交通管理机关,代征税款及统一发照。"
③ 《车船税法》第6条规定:"从事机动车第三者责任强制保险业务的保险机构为机动车车船税的扣缴义务人,应当在收取保险费时依法代收车船税,并出具代收税款凭证。"
④ 第10条规定:"公安、交通运输、农业、渔业等车船登记管理部门、船舶检验机构和车船税扣缴义务人的行业主管部门应当在提供车船有关信息等方面,协助税务机关加强车船税的征收管理。""车辆所有人或者管理人在申请办理车辆相关登记、定期检验手续时,应当向公安机关交通管理部门提交依法纳税或者免税证明。公安机关交通管理部门核查后办理相关手续。"

就征收机关而言,大陆税法规定从事机动车交通事故责任强制保险业务的保险机构为车船税扣缴义务人①,而台湾的使用牌照税为地方税,由各县市税捐稽征处负责征收,必要时可委托交通管理机构代收。另外,台湾税法还专门就使用牌照税的查缉程序作了专章规定。

6. 罚则。在台湾,"使用牌照税法"第25条规定了逾期未缴税之处罚,即每逾期2日按滞纳数额加征1%滞纳金,逾20日仍未缴纳者移送法院强制执行。第28条规定了使用逾期未完税或报停、缴销或注销牌照之交通工具之处罚,即除补税外,处应纳税额1倍或2倍以下之罚锾。② 第29条规定了违反临时或试车牌照规定之处罚,即责令补税领照外,处应纳税额1倍之罚锾。第30条规定了使用新购未领牌交通工具之处罚,即除责令补税外,处应纳税额1倍之罚锾。第31条规定了转卖移用牌照之处罚,即处应纳税额2倍之罚锾,但最高不超过新台币15万元。第32条规定了利用非交通工具作交通工具之处罚,即由交通管理机关依道路交通管理处罚条例之规定办理。在大陆,《车船税法》对罚则没有专门规定,只是在第11条规定了征收管理依照本法和《税收征收管理法》的规定执行。相较而言,台湾的单行税法都对罚则有特别规定,大陆的单行税法通常对罚则没有专门规定,而仅是规定按照《税收征收管理法》执行。个中缘由,仍是基于大陆考虑税收征收管理和法律责任安排的统一性和集中性。

(三) 税收法定进程:为什么选择车船税法?

从理论角度看,通过征税的方式对车船使用和保有形成的"拥堵成本"和环境污染等外部成本进行弥补有其必要性,但是,在大陆目前的税收体系中,这些职能被分散在不同的税种中,车船税只发挥着辅助性作用。③ 不过,

---

① 相关规范性文件包括:《国家税务总局 交通运输部关于发布〈船舶车船税委托代征管理办法〉的公告》(国家税务总局 交通运输部公告2013年第1号);《国家税务总局 交通运输部关于进一步做好船舶车船税征收管理工作的通知》(国税发〔2012〕8号);《财政部 国家税务总局 中国人民银行关于进一步加强代扣代收代征税款手续费管理的通知》(财行〔2005〕365号);等等。

② "使用牌照税"第3条规定:"逾期未完税之交通工具,在滞纳期满后使用公共水陆道路经查获者,除责令补税外,处以应纳税额一倍以下之罚款,免再依第二十五条规定加征滞纳金。报停、缴销或注销牌照之交通工具使用公共水陆道路经查获者,除责令补税外,处以应纳税 额二倍以下之罚款。"

③ 参见吴凡:《车船税的功能定位与要素设计》,载《中国财政》2011年第3期。

车船税作为近年来大陆将单行税种的立法位阶从行政法规上升为法律的为数不多的税种,车船税制度法律化却具有标志性意义。尽管车船税仍可被归类入小税种范畴,尽管大陆提升车船税立法有"挑软柿子捏"的质疑[①],但《车船税法》的出台确使车船税必然在大陆财税立法史具有重要的指标性意义。也正是在这个意义上,《车船税法》的通过是大陆财税立法贯彻税收法定原则的重要里程碑,彰显大陆在财税法治化进程中又迈出了坚实一步。与增值税、企业所得税相比,车船税在大陆目前开征的19个税种当中虽然只是一个小税种,但是此次车船税立法的过程和成果却具有特别的意义。首先,车船税法的立法过程弘扬了民主立法和科学立法的理念。在车船税法的立法过程中,充分反映出纳税人对自身权益的关心,不同利益群体通过积极参与立法达到利益平衡,同时也证明了改革开放三十多年税收立法逐渐走向纳税人权利保护立场的妥适性和正当性。其次,车船税法是继《预算法》《税收征收管理法》《个人所得税法》《企业所得税法》《企业国有资产法》之后我国财税领域中第6部法律。车船税法是第一个由国务院条例上升为全国人大法律的税种,代表着大陆财税制度"法律化"进程正式启动。同时,《车船税法》是第一部地方税法律。从这个层面上说,车船税法的通过作为一项立法成果具有重要意义。[②] 可以预估的是,在未来的一段时间,大陆各单行税种将会紧跟《车船税法》的步伐而渐进法律化,以最终实现税收法定主义的税收法治愿景。

第六节 两岸契税制度比较及启示

中国的契税起源于东晋时期。[③] 宋代规定,凡典卖房产、田地和牛畜,订立契约者,要向官府纳税,称为"印契钱"。元、明、清各代都曾征收契税,国

[①] 随着大陆税法学界致力于宣导税收法定原则,推动各单行税种法律化,大陆财税立法开始从被动走向主动,积极探索条件成熟的单行税种法律化,而车船税牵涉利益群体相对较少且历来征收稳定,故被作为单行税种法律化的排头兵。

[②] 参见刘剑文:《车船税立法启动财税"法律化"进程》,载《法制日报》2011年2月28日,头版。

[③] 当时对进行奴婢、牛马、田宅等交易并书立契约者,按交易额的4%征税。其中,3%由卖方缴纳,1%由买方缴纳,成为"输估"。此后,各朝代多有效仿,并不断改进。

民政府时期沿袭清代的契税制度。契税是以所有权发生转移变动的不动产为征税对象而向产权承受人征收的一种财产税。1940年12月18日,国民政府公布施行《契税条例》。1949年后,台湾继续沿用该条例。1953年,台湾为实施平均地权政策课征土地增值税,规定不动产买卖、承典、交换、赠与、分割或因占有而取得所有权者,均应申报缴纳契税,但在开征土地增值税的区域,免征契税。台湾现行契税是指不动产转移时就公定契纸所载价格,向权利人所课征的租税。"契税条例"已历经14次修正,最近一次修正是2010年5月5日。① 在大陆,1950年3月3日,政务院公布了《契税暂行条例》,规定对土地和房产因买卖、典当、赠与或交换,发生产权转移时,课征契税。1954年6月,财政部对《契税暂行条例》进行了修订。② 1978年以后,随着改革开放的持续深入,城乡土地房屋移转得以恢复并进一步发展。1981年,财政部发布了《关于改进和加强契税征收管理工作的通知》,要求各地加强契税征收管理,并对契税政策进行了补充和调整。1997年7月7日,国务院颁布经1997年4月23日国务院第55次常务会议通过的《契税暂行条例》(国务院令第224号,以下简称《暂行条例》),并自1997年10月1日起施行。同年10月28日,财政部发布《契税暂行条例细则》(财法字〔1997〕52号,以下简称《细则》),并自1997年10月1日起施行。由于大陆实行土地公有也即土地所有权归国家或集体所有的制度,契税所称土地产权移转,通常指土地使用权移转。③

(一)对房地契约课税:一种东方文化?

契税是中国独特的税收制度,历史悠久且税源充裕,经过一千六百多年的发展,契税制度也得到不断地发展完善,并显示其对中国本土经济社会的

---

① 2010年5月5日,"总统华总一义字第09900110341号令"修正公布第4、5、13条条文。
② 此次修改的主要内容是:对公有制单位的买卖、典当、承受赠与和交换土地、房屋的行为,免征契税。社会主义三大改造完成后,大陆禁止土地买卖和转让,征收土地契税自然停止。契税的征收范围仅限于非公有制单位的房屋产权行为。有的省市甚至停征了契税。
③ 《土地管理法》第2条规定:"中华人民共和国实行土地的社会主义公有制,即全民所有制和劳动群众集体所有制。""全民所有,即国家所有土地的所有权由国务院代表国家行使。""任何单位和个人不得侵占、买卖或者以其他形式非法转让土地。土地使用权可以依法转让。""国家为了公共利益的需要,可以依法对土地实行征收或者征用并给予补偿。""国家依法实行国有土地有偿使用制度。但是,国家在法律规定的范围内划拨国有土地使用权的除外。"

高度适应性。中国古代契税制度按其历史沿革,大约可分为四个阶段。第一阶段是自东晋至五代,为契税制度草创期。东晋"输估"至后唐"税契钱"等税收,已经具备了契税"依契收税"的基本特征。第二阶段是宋代,为契税制度确立期。开宝二年(969年),宋太祖"令民典卖田宅,输钱印契,税契限两月",违者按匿税条法断罪。自此之后,"始收民印契钱",发行格式化的"契券",正式开创了我国的契税制度。① 第三阶段是元、明两代,为契税制度继承期。元代明确将交易税与契税分离,使契税成为一项独立税种,且官府统一印制发行"契本"。明代继续使用契本,征收契税。第四阶段是清代,为契税制度完备期。该时期契税制度发生很大变革,将征税范围缩小为仅对田宅、奴婢等重大买卖行为征收,创立了粘于手写契纸之后的"契尾"制度,同时还对契税稽查、纳税责任、旗人特权等方面作出了细致规定。中国古代契税制度目的,除取得稳定充裕的财政收入外,还有通过政府监督方式减少民间交易纠纷以"省词讼"及符合封建礼法要求之意图。不过,在中国历朝历代的实践中,契税制度也会受到官员贪污腐败、社会不公等客观因素影响而在具体实施中大打折扣。② 这种近似情形甚至一度衍生传承至国民政府时期。有学者对安徽徽州土地卖契的正税税率和实际税率进行比较,阐述了民国徽州歙县等县级政府通过实行土地房屋评价制度以扩大增加土地卖契契税额的社会实态,即为彼时之代表。但是,传统契税制度在中国社会发展和财税经济史上的重要地位,及其对中国现代税制改革的样本性意义,仍是不可抹杀的。③

两岸契税制度传承于同宗起源的赋税文化和制度架构,其在后续的发展演进中,既有高度的近似性,也有实践中的差异。台湾的契税制度演进较为温和,作为地方税的契税征收也较为稳定。反观大陆的契税制度,虽也同样在整体税制结构中处于小税种地位,但其在制定宏观税收政策、调控家庭住房和产业经济等方面却有着的独特功能。在宏观政策方面,近年来大陆实施的一系列结构性减税,货劳税和所得税都在减收,基于税源平衡的考

---

① 宋朝政府为了保证契税征收,防止偷税漏税,还首次对房地产买卖契约的格式、内容作出统一规定,发行由官府统一印制的格式化契券,纠正了唐朝在土地契约形式与内容靠民间习惯调节的不足。
② 参见金亮、杨大春:《中国古代契税制度探析》,载《江西社会科学》2004年第11期。
③ 参见汪柏树:《民国徽州土地卖契的契税》,载《中国经济史研究》2011年第1期。

第五章　税收正义:地方税秩序的重建

虑,财产税因此成为维持整体税收水平的主要对象。契税是大陆财产税体系中的重要税种,近年来一直作为地方财政收入的最为重要的支柱,是地方税体系中的主体税种。① 在家庭住房方面,从 2011 年婚姻法司法解释引发的"加名税"②,到 2013 年财政部、国家税务总局联合发文明确夫妻之间房屋土地权属变更免征契税。③ 契税对社会经济生活也造成重要影响。④ 2005 年,国家税务总局提出以契税管理为把手,实施房地产税收一体化管理的思路。⑤ 在企业重组方面,财政部、国家税务总局在企业公司改制、企业股权重组及国有企业改革等方面规定了诸多契税政策,推动企业改革改制和并购重组。⑥ 总体来看,现代的两岸契税制度继承和发扬了中国传统契税

---

① 根据财政部的最新数据,2013 年大陆契税收入 3844 亿元,排在同样作为地方税的土地增值税 3294 亿元、耕地占用税 1808 亿元、城镇土地使用税 1719 亿元之最前列。参见财政部网站,http://gks.mof.gov.cn/zhengfuxinxi/tongjishuju/201401/t20140123_1038541.html,2014 年 10 月 31 日访问。

② 2011 年 8 月 23 日,南京市地税局通知契税征缴部门,要求对婚前房屋产权证加名行为征收契税,具体办法是按照房屋权属添加人的实际占有比例,折合成合理市场价,按照赠与类别征收 3% 的契税,婚后共同房产加名不需缴纳契税。此举引发社会热议。

③ 2013 年 12 月 31 日,财政部、国家税务总局联合发布《关于夫妻之间房屋土地权属变更有关契税政策的通知》(财税〔2014〕4 号)。该文件废止了《财政部 国家税务总局关于房屋 土地权属由夫妻一方所有变更为夫妻双方共有契税政策的通知》(财税〔2011〕82 号),并明确了以下政策:"在婚姻关系存续期间,房屋、土地权属原归夫妻一方所有,变更为夫妻双方共有或另一方所有的,或者房屋、土地权属原归夫妻双方共有,变更为其中一方所有的,或者房屋、土地权属原归夫妻双方共有,双方约定、变更共有份额的,免征契税。"

④ 又比如,大陆推行首套住房契税优惠政策,在不同的时间点又有不同的政策调整。涉及的相关政策具体有:《财政部 国家税务总局关于调整房地产交易环节税收政策的通知》(财税〔2008〕137 号)、《财政部 国家税务总局关于首次购买普通住房有关契税政策的通知》(财税〔2010〕13 号),等等。

⑤ 根据《国家税务总局关于进一步加强房地产税收管理的通知》(国税发〔2005〕82 号)的政策表述,房地产税收一体化管理的总体目标和要求是:"以契税管理先交纳税款,后办理产权证书(简称'先税后证')为把手,以信息共享、数据比对为依托,以优化服务、方便纳税人为宗旨,通过部门配合、环节控制、实现房地产业诸税种间的有机衔接,不断提高征管质量和效率。"

⑥ 在这些政策,普遍适用的政策主要有:《财政部 国家税务总局关于企业事业单位改制重组契税政策的通知》(财税〔2012〕4 号)、《财政部 国家税务总局关于企业事业单位改制重组契税政策的通知》(财税〔2012〕4 号)、《财政部 国家税务总局关于企业改制过程中以国家作价出资(入股)方式转移国有土地使用权有关契税问题的通知》(财税〔2008〕129 号),等等;适用于特定国有企业的政策主要有:《财政部 国家税务总局关于中国信达资产管理股份有限公司改制过程中有关契税和印花税问题的通知》(财税〔2011〕2 号)、《财政部 国家税务总局关于明确中国邮政集团公司邮政速递物流业务重组改制过程中有关契税和印花税政策的通知》(财税〔2010〕92 号)、《财政部 国家税务总局关于中国联合网络通信集团有限公司重组过程中有关契税政策的通知》(财税〔2010〕87 号),等等。

制度中取得稳定充裕财政收入和公家机关见证交易事实以"定分止争"的基本要旨,与此同时,还进一步在课税范围、计税依据、减免税和征收管理方面发展和完善了传统契税制度,使得两岸契税不仅成为地方财源的重要组成部分,又使得契税制度成为规范不动产交易和调控房地产市场极为重要税收制度和法律制度,其中后者功能在大陆税法实践中尤为明显。

(二)税制设计的严整性:课税要素比较

作为中国独特的传统税种,契税有其经由历史传承和法统沿革而带来的约定俗成的基本规则。尽管经济社会发展且时代持续进步,传统交易形态和市场环境发生了重大变化,但两岸契税仍将土地、房屋权属转移契约作为征收范围,而不肆意扩大或作扩大性解释,这也使得经过几十年各自发展的两岸契税制度仍有高度的相似性。不过,由于两岸土地政策的差异性以及特定交易方式的差异性之存在,两岸现行的契税制度仍有细微的不同之处。

1. 课税范围。在台湾,"契税条例"第1条规定:"不动产之买卖、承典、交换、赠与、分割或因占有而取得所有权者,均应申报缴纳契税。但在开征土地增值税区域之土地,免征契税。"①在大陆,依《暂行条例》第1条规定,在境内转移土地、房屋权属,应当依照税法规定缴纳契税。第2条对"转移土地、房屋权属"作了具体界定,系指下列行为:(1)国有土地使用权出让;(2)土地使用权转让,包括出售、赠与和交换;(3)房屋买卖;(4)房屋赠与;(5)房屋交换。土地使用权转让,不包括农村集体土地承包经营权的转移。② 相较而言,两岸的课税范围大致相同,但大陆基于特定的土地政策将土地使用权的出让和转让也纳入征收范围,而台湾则未对此作出相应规定。

---

① 关于不动产之买卖契税、交换契税、赠与契税等,在学理上究竟系就有关债权行为或就有关物权行为课征之,仍有讨论空间。关于对财产移转行为之课税,就涉及之契税、土地增值税、营业税、赠与税、印花税等,到底系属债权行为课税抑或物权行为课税之相关研究,参见陈敏:《财产移转行为之课税——债权行为课税或物权行为课税》,载台湾《政大法学评论》第69期,2002年3月,第127—166页。

② 《细则》第8条规定:"土地、房屋权属以下列方式转移的,视同土地使用权转让、房屋买卖或者房屋赠与征税:(一)以土地、房屋权属作价投资、入股;(二)以土地、房屋权属抵债;(三)以获奖方式承受土地、房屋权属;(四)以预购方式或者预付集资建房款方式承受土地、房屋权属。"

2. 纳税义务人。在台湾,依"契税条例"第 4 条至第 11 条规定,各种契约之纳税义务人如下:(1) 买卖契约,由买受人申报纳税;(2) 典权契约,由典权人申报纳税;(3) 交换契约,由交换人估价立契,各就承受部分申报纳税,其差额价款应依买卖契税税率课征;(4) 赠与契约,由受赠人估价立契并申报纳税①;(5) 分割契约,由分割人估价立契并申报纳税;(6) 占有契税,由占有不动产依法取得所有权之人估价立契并申报纳税;(7) 典权契约,先典后卖者,以原纳典权契税额抵缴买卖契税,但以典权人与买主同属一人者为限。第 11 条规定了领买或标购之契税。该条规定,依法领买或标购公产及向法院标购拍卖之不动产者,仍应申报缴纳契税。第 12 条规定了以变相方式取得所有权或使用权之契税申报人。② 在大陆,依《暂行条例》第 1 条规定,在境内转移土地、房屋权属,承受的单位和个人为契税的纳税人。③ 两岸关于纳税人义务人规定基本相同,只是台湾税法规定区分了不同的契约形态,更为细致,而大陆税法规定只是概括限定为"承受权利之人",相对笼统。

3. 计税依据。在台湾,"契税条例"第 13 条规定了取得不动产之评价标准及领买或标购价格未达基准价值之处理。该条规定,契价以当地不动产评价委员会评定之标准价格为准。但依第 11 条(领买或标购不动产)取得不动产之移转价格低于评定标准价格者,从其移转价格。在大陆,《暂行条例》第 4 条规定了契税的计税依据,即(1) 国有土地使用权出让、土地使用权出售、房屋买卖,为成交价格④;(2) 土地使用权赠与、房屋赠与,由征收

---

① "契税条例"第 7 条之 1 规定:"以不动产为信托财产,受托人依信托本旨移转信托财产与委托人以外之归属权利人时,应由归属权利人估价立契,依第十六条规定之期限申报缴纳赠与契税。"

② "契税条例"第 12 条规定:"凡以迁移、补偿等变相方式支付产价,取得不动产所有权者,应照买卖契税申报纳税;其以抵押、借贷等变相方式代替设典,取得使用权者,应照典权契税申报纳税。""建筑物于建造完成前,因买卖、交换、赠与,以承受人为建造执照原始起造人或中途变更起造人名义,并取得使用执照者,应由使用执照所载起造人申报纳税。"

③ 《细则》第 3 条规定:"条例所称承受,是指以受让、购买、受赠、交换等方式取得土地、房屋权属的行为。"

④ 《细则》第 5 条规定:"条例所称国有土地使用权出让,是指土地使用者向国家交付土地使用权出让费用,国家将国有土地使用权在一定年限内让予土地使用者的行为。"

机关参照土地使用权出售、房屋买卖的市场价格核定①;(3) 土地使用权交换、房屋交换,为所交换的土地使用权、房屋的价格的差额。成交价格明显低于市场价格并且无正当理由的,或者差额明显不合理并且无正当理由的,由征收机关参照市场价格核定。两岸契税的计税依据大致相同,台湾税法称为契价,并以不动产评价委员会评定之标准价格为基准,大陆税法则规定为市场价格,且两岸税法都规定了存在价格偏差时的处理。唯一不同之处在于,在房屋交换情形下,大陆以所交换房屋的价格差额作为计税依据,而台湾则是交换双方按各自承受部分分别申报纳税,其差额部分,再依买卖契约另行申报纳税。

4. 税率及税额计算。在台湾,依"契税条例"第 3 条规定,契税税率如下:(1) 买卖契税为其契价 6%;(2) 典权契税为其契价 4%;(3) 交换契税为其契价 2%;(4) 赠与契税为其契价 6%;(5) 分割契税为其契价 2%;(6) 占有契税为其契价 6%。在大陆,《暂行条例》第 3 条规定:"契税税率为 3%—5%。""契税的适用税率,由省、自治区、直辖市人民政府在前款规定的幅度内按照本地区的实际情况确定,并报财政部和国家税务总局备案。"第 5 条规定了契税应纳税额的具体计算。② 台湾税法规定的契税税率是差别比例税率,按照取得不动产的形态分别为 2%、4% 和 6%。大陆税法则规定契税实行 3%—5% 的幅度税率,并由省、自治区和直辖市政府按照本地区的实际情况决定。这种制度安排主要考虑到大陆经济发展不平衡,各地经济差距较大的实际情况。相对而言,台湾的税率较为统一,但总体上比大陆略高。

5. 减免税。在台湾,"契税条例"第 14 条规定了免征情形。依该条规定,非营业之公家机关取得动产、邮政事业因业务使用取得不动产、政府因

---

① 《细则》第 6 条规定:"条例所称土地使用权转让,是指土地使用者以出售、赠与、交换或者其他方式将土地使用权转移给其他单位和个人的行为。""条例所称土地使用权出售,是指土地使用者以土地使用权作为交易条件,取得货币、实物、无形资产或者其他经济利益的行为。""条例所称土地使用权赠与,是指土地使用者将其土地使用权无偿转让给受赠者的行为。""条例所称土地使用权交换,是指土地使用者之间相互交换土地使用权的行为。"

② 《暂行条例》第 5 条规定:"契税应纳税额,依照本条例第三条规定的税率和第四条规定的计税依据计算征收。应纳税额计算公式:应纳税额 = 计税依据 × 税率""应纳税额以人民币计算。转移土地、房屋权属以外汇结算的,按照纳税义务发生之日中国人民银行公布的人民币市场汇率中间价折合成人民币计算。"

公务需要以公有不动产或土地重划而交换取得不动产、建筑物建造完成前变更起造人名义者及续建工程而取得使用执照者,免征契税。① 第14条之1规定对信托财产之关系人间移转所有权之特定情形免征契税。② 第15条规定了免税申请程序,即"应填具契税免税申请书,并检附契约及有关证件,向主管稽征机关声请发给契税免税证明书,以凭办理权利变更登记"。在大陆,《暂行条例》第6条规定了减征免征事项,有下列情形之一的,减征或者免征契税:(1)国家机关、事业单位、社会团体、军事单位承受土地、房屋用于办公、教学、医疗、科研和军事设施的,免征;(2)城镇职工按规定第一次购买公有住房的,免征③;(3)因不可抗力灭失住房而重新购买住房的,酌情准予减征或者免征;(4)财政部规定的其他减征、免征契税的项目。④ 第7条规定了土地房屋用途变更之税款补缴,即经批准减征、免征契税的纳税人改变有关土地、房屋的用途,不再属于法定减免范围的,应当补缴相应税款。⑤ 就契税的减免税事项,两岸税法作了专门规定。在这些规定中,对于公家单位用于办公和教学等特定用途的不动产,两岸规定基本一致,至于其他一些方面,则仍存在一些差异之处。同时,大陆税法还规定了诸多

---

① "契税条例"第14条规定:"有下列情形之一者,免征契税:一、各级政府机关、地方自治团体、公立学校因公使用而取得之不动产。但供营业用者,不适用之。二、政府经营之邮政事业,因业务使用而取得之不动产。三、政府因公务需要,以公有不动产交换,或因土地重划而交换不动产取得所有权者。四、建筑物于建造完成前,变更起造人名义者。但依第十二条第二项规定应申报纳税者,不适用之。五、建筑物于建造完成前,其兴建中之建筑工程让与他人继续建造未完工部分,因而变更起造人名义为受让人,并以该受让人为起造人名义取得使用执照者。"

② "契税条例"第14条之1规定:"不动产为信托财产者,于左列各款信托关系人间移转所有权,不课征契税:一、因信托行为成立,委托人与受托人间。二、信托关系存续中受托人变更时,原受托人与新受托人间。三、信托契约明定信托财产之受益人为委托人者,信托关系消灭时,受托人与受益人间。四、因遗嘱成立之信托,于信托关系消灭时,受托人与受益人间。五、因信托行为不成立、无效、解除或撤销,委托人与受托人间。"

③ 《细则》第13条规定:"条例所称城镇职工按规定第一次购买公有住房的,是指经县以上人民政府批准,在国家规定标准面积以内购买的公有住房。城镇职工享受免征契税,仅限于第一次购买的公有住房。超过国家规定标准面积的部分,仍应按照规定缴纳契税。"

④ 《细则》第15条规定:"根据条例第六条的规定,下列项目减征、免征契税:(一)土地、房屋被县级以上人民政府征用、占用后,重新承受土地、房屋权属的,是否减征或者免征契税,由省、自治区、直辖市人民政府确定。(二)纳税人承受荒山、荒沟、荒丘、荒滩土地使用权,用于农、林、牧、渔业生产的,免征契税。(三)依照我国有关法律规定以及我国缔结或参加的双边和多边条约或协定的规定应当予以免税的外国驻华使馆、领事馆、联合国驻华机构及其外交代表、领事官员和其他外交人员承受土地、房屋权属的,经外交部确认,可以免征契税。"

⑤ 《细则》第17条规定:"纳税人因改变土地、房屋用途应当补缴已经减征、免征契税的,其纳税义务发生时间为改变有关土地、房屋用途的当天。"

减税事项。

　　6. 征收管理。在台湾,"契税条例"第 16 条规定了申报契税程序。具体如下:(1)自不动产移转契约成立之日起或因占有而依法申请为所有人之日起 30 日内,填具检附相关报表文件,而为申报;(2)不动产移转发生纠纷时,其申报起算日为法院判决确定日;(3)向政府机关标购或领买公产,自核发产权移转证明书之日起算;(4)向法院标购之不动产,自发给权利移转证明书之日起算;(5)建筑物于建成前移转,以承受人为建造执照原始或中途变更起造人名义并取得使用执照者,自核发使用执照之日起满 30 日起算。第 17 条规定了稽征机关应开具收件清单。第 18 条规定了稽征机关 15 日的查定期限及 7 日的通知补正期限。第 19 条规定了纳税义务人的缴纳期限为 30 日。第 23 条规定了地政机关应凭缴纳契税依据等手续办理权利变更登记。① 在大陆,《暂行条例》第 8 条规定了契税的纳税义务发生时间,为纳税人签订权属转移合同的当天,或者纳税人取得其他具有权属转移合同性质凭证的当天。第 9 条规定了申报期间,纳税人应当自纳税义务发生之日起 10 日内,向土地、房屋所在地的契税征收机关办理纳税申报,并在核定的期限内缴纳税款。第 10 条规定了契税征收机关应开具契税完税凭证。第 11 条规定了"先税后证"原则,也即纳税人应当持契税完税凭证和其他规定的文件材料,依法向房地管理部门办理有关土地、房屋的权属变更登记手续;未出具契税完税凭证的,房地管理部门不予办理有关权属变更登记手续。第 12 条第 1 款规定了契税征收机关,为土地、房屋所在地的财政机关或者地方税务机关。具体征收机关由省(区、市)政府确定。第 12 条第 2 款规定了相关登记机关的协力义务,房地管理部门应当向契税征收机关提供有关资料,并协助契税征收机关依法征收契税。第 13 条规定,契税的征收管理依照本条例和有关法律、行政法规的规定执行。《细则》第 20 条规定,征收机关可以视需要委托有关单位代征契税,具体代征单位由省(区、市)政府确定。相较而言,两岸税法关于契税征收程序仍有细节性的差异。在申报期间方面,大陆规定为 10 日,而台湾规定为 30 日;在缴纳期间方面,大陆规定为由征收机关核定期限,而台湾则规定了评税环节,且纳税人须在收到

---

① "契税条例"第 23 条规定:"凡因不动产之买卖、承典、交换、赠与、分割及占有而办理所有权登记者,地政机关应凭缴纳契税收据、免税证明书或同意移转证明书,办理权利变更登记。"

第五章　税收正义：地方税秩序的重建

核定税款通知书后 30 日内缴纳；在征收机关方面，大陆规定由土地、房屋所在地税务机关或有关单位代征，台湾规定除由"直辖市"、县（市）税捐稽征处征收外，乡（镇、市、区）公所可代征；在权属登记方面，大陆税法规定了相关登记机关的协力义务，且作了未缴纳税款前不予办理变更登记的反向规定，台湾税法也有类似规定，但采取正向表述方式，即地政机关凭相关收据文书办理变更登记。

7. 罚则。在台湾，"契税条例"第 24 条规定了怠报金，申报每逾 3 日加征应纳税额 1%，最高以应纳税额为限，且不得超过新台币 15000 元。第 25 条规定了滞纳金，缴纳每逾 2 日加征应纳税额 1%，逾期 30 日仍不缴纳税款、怠报金和滞纳金者，移送法院强制执行。第 26 条规定了补税和罚锾，对匿报或短报，除补缴税额外，并加处应纳税额 1—3 倍之罚锾。第 29 条规定了征收机关，为"直辖市"及县（市）税捐稽征处或乡、镇、市、区公所代征之。第 30 条规定了免缴怠报滞纳金之不可抗力情形，但应在该事项消灭后 10 内申明事由并经查实。第 32 条规定了检举奖金。① 在大陆，《暂行条例》第 13 条规定，契税的征收管理依照本条例和有关法律、行政法规的规定执行。相较而言，台湾的单行税法都对罚则有特别规定，大陆的单行税法通常对罚则没有专门规定，一般仅只是规定按照《税收征收管理法》执行。这其中主要的原因，仍是基于大陆考虑税收征收管理和法律责任安排的统一性和集中性。

（三）契税改革路向：更加名副其实？

就台湾契税及其税务行政改革而言，主要在于两点：一是契价定价应更加及时准确。效率也即应税之不动产价格的评定应及时并相对准确，以符合公平性原则。且房屋出售者的财产交易所得税系以契价的一定比例作为财产交易所得并计入个人综合所得税课征，故应检讨改进。二是适应房地分开课税模式适当调整。目前台湾房地产税制中房地分开课税虽能有效区别不同课税类别，但也使得契税征收只覆盖于不动产本身而非土地及其

---

① "契税条例"第 32 条规定："告发或检举纳税义务人逃漏、匿报、短报或以其他不正当之行为逃税者，稽征机关得以罚款百分之二十奖给举发人，并为举发人绝对保守秘密。""前项告发或检举奖金，稽征机关应于收到罚款后三日内，通知原检举人，限期领取。""公务员为举发人时，不适用本条奖金之规定。"

定作物。于是有将不动产契税正名为不动产取得税的呼吁,并建议改按土地及房屋合并的实际交易价格课税,调降税率,以不增加整体纳税人负担为原则。① 就大陆契税制度而言,也亟待进一步改革。一方面,契税改革如何与其他税种的协调配合,以优化现行财产税体系并构建稳定的地方税体系是必须深入研究的问题②;另一方面,面对现行契税制度的缺陷和不足,如何因地制宜地改进和完善也非常重要。大陆在个人住房缴纳契税环节,"做低合同总价"甚至成为业界常态③,如何有效规制即为契税制度改革的切入点之一。在未来一段时间,大陆契税制度宜在如下方面作出检讨和改进:一是推动契税法律化进程,提升《契税条例》的效力位阶,以切实贯彻税收法定主义,为全面税收法治奠定税种立法基础;二是改进现行宽泛性税率制度,对目前税率范围作出进一步指导性细化,并制定较为合适、相对统一的税率标准;三是适时对契税征收范围进行调整,以适应新兴交易形态和方式对土地、房屋产权移转的影响,防范和控制不当避税行为;四是优化现行契税优惠制度,提炼出契税优惠秉承的原则和要点,并进行具体规定,避免契税减免税政策泛化和滥用;五是完善契税价格评定规则,结合现行市场评估制度,对不同交易形态下的土地、房产价格评估制定更为合理且具体的评估办法④;六是对契税征收程序作进一步改进,综合考虑契税纳税期间及现行房地权属登记实际脱节等情形;七是注重在契税制度改革过程中与其他税种制度改革的平衡协力,特别是与房地产税制相关的特定税种的协调配合。

---

① 参见吴德丰、陈惠铃:《台湾地区不动产移转课税法制的探讨》,载《中国法学会财税法学研究会 2011 年年会暨第十五届海峡两岸财税法学术研讨会论文集》,辽宁沈阳,2011 年 9 月,第 185—186 页。

② 参见吴笑晗:《契税在我国财产税体系建设中的作用及改革前瞻》,载《财政研究》2013 年第 10 期。

③ 随着房地产市场的升温和个人住房价格飙涨,在个人住房交易中,部分纳税人往往会采取"两套合同"(一套合同为正常价格当事人持有,另一套合同报给税务机关)、"分割合同"(将交易合同价格拆分为所谓住房本身价格和所谓住房内装修和家具材料价格,将所谓住房本身价格作成合同报给税务机关)等所谓"避税"方式,而目前大陆税务机关的应对措施则是对于价格明显偏低的,采取交由评估机构评估后税务机关核定房屋价格以确定应纳税额。

④ 2009 年,财政部和国家税务总局联合下发了《关于开展应用房地产评税技术核定交易环节计税价格工作的通知》(财税〔2009〕100 号),对开展计税价格核定工作进行了部署,并确定了在部分城市进行试点。此前,江苏南京市、浙江杭州市、辽宁丹东市已作了先期的探索和实践,取得了初步成效。应用评税技术核定计税价格,有利于加强征收管理,堵塞漏洞,增加收入,促进房地产市场健康发展。

第六章　纳税人权利保护:救济的视角
——两岸税收程序与司法现状评介

"在现代民主法治国家中,纳税之'程序'须由民意代表以民主程序来形成纳税之制度设计,始符民主国原则之宪法意旨,亦让纳税制度取得正当性之基础。"①税收法治的意涵,不仅包括实体上的税收法定主义和纳税人权利保护,而且包括程序上税务机关和纳税义务人的平等均衡和稽征程序的公平正义。②学界通识认为,没有程序法治的正当性基础,实体法治也无法得以实现。有大陆学者在研究和辨析程序本位主义和程序工具主义的基础上,认为税收程序法的核心原则在于比例原则,基本原则则包括公开原则、参与原则和尊重纳税人原则。③比例原则的基本要求即是评估和界定税收行政行为的必要限度,藉此规范税务机关的税收稽征行为,以保护纳税人的正当权益。税收事项关乎纳税人的核心权利,涉及政府财政权与纳税人财产权之间的博弈和平衡,税收程序事项是决定实体税收权益的重要前提,需要遵循正当程序原则。正当程序原则的基本含义,是指行政机关作出影响行政相对人权益的行政行为,必须遵循正当法律程序,包括事先告知相对人,向相对人说明行为的根据和理由,听取相对人的陈述和申辩,事后为相对人提供相应的救济途径等。④税法上的正当程序原则,还具有区别于其他行政行为的特殊性,即其所涉及的对象为纳税人的金钱给付义务。⑤而当税

---

① 黄俊杰:《税捐正义之维护者》,载《台大法学论丛》第32卷第6期,2003年11月,第5页。
② "行政程序法"与"税捐稽征法"之适用关系,参见林石猛、邱基峻:《行政程序法在税务争讼之运用》(2版),台湾元照出版有限公司2011年版,第19—28页。
③ 参见施正文:《税收程序法论——监控征税权运行的法理与立法研究》,北京大学出版社2003年版,第52—125页。
④ 参见姜明安主编:《行政法与行政诉讼法》(第五版),北京大学出版社2011年版,第75—77页。
⑤ 有关正当法律程序原则应用于租税法之探讨,参见张进德:《从行政程序法论依法课税》,台湾元照出版有限公司2013年版,第75—98页。

收程序不能通过行政救济的方式得以妥善的情形下,税收司法作为最后定纷止争的处理机制而对税收实体及程序事项作出最终的具有法律拘束力的判决和结论。① 税收司法的意义在于由独立的第三方国家机构——法院来介入,依据实体规范和程序规则来对征税的事实进行公平审理,并作出权威性的认定和裁判。同时,税收司法的意义还在于当事人应以同等机会和权利接受司法,纳税人也可以成为被告。②

第一节 台湾"税捐稽征法"检讨与借鉴

法律的实质正义需要程序正义来保障和实现,因此程序法在现代法律体系中发挥着越来越重要的作用。税法作为综合性法律体系,不仅包括税收实体法,而且包括税收程序法。税收程序法包括税务管理、税款征收、税务稽查、税务复议等行政程序。除因关税的特殊性而将其程序规则置于海关和关税实体法律规范外,两岸目前都制定有专门的统一的税收征管程序性法律规范。台湾过去各项税捐的稽征采分税立法,即分别规范于各税目税法中,以致各税目的稽征程序有不尽相同之处。为求统一各税目有关稽征程序的共同规定,台湾当局在 1976 年 10 月 22 日制定公布了"税捐稽征法",就各税重要的及共同的税捐稽征程序作统一的规定,以利于税捐的稽征及征纳双方所遵行。"税捐稽征法"自公布日至今进行了 22 次修订,最新两次修订分别是 2014 年 6 月 18 日和 2013 年 5 月 29 日。前者修正公布第 48 条(重大不法、逃偷税之租税优惠停止及其限度)条文③;后者修正公布第

---

① 纳税人通过税捐权利救济机制而经由公平审判程序而获得权利保障,实为现代法治国之要求。参见葛克昌:《税捐权利救济之法治国要求》,载葛克昌:《行政程序与纳税人基本权》(第三版),台湾翰芦图书出版有限公司 2012 年版,第 765—784 页。
② 西方学者认为,程序公正主要包含如下两层意思:一是法官不能审理与自己利益有关系的案件,法官应该是公正无私的;二是应该平等地通知当事人各方,让他们准备陈述或答辩,允许被告为自己辩护,给当事人以同等机会和权利接受司法。参见龚祥瑞等:《西方国家的司法制度》,北京大学出版社 1980 年版,第 115 页。
③ 2014 年 6 月 18 日,"总统华总一义字第 10300092711 号令"修正公布第 48 条条文。新修正的第 48 条规定为:"纳税义务人逃漏税捐情节重大者,除依有关税法规定处理外,财政部应停止并追回其违章行为所属年度享受租税优惠之待遇。""纳税义务人违反环境保护、劳工、食品安全卫生相关法律且情节重大,租税优惠法律之中央主管机关应通知财政部停止并追回其违章行为所属年度享受租税优惠之待遇。"

12条之1(租税规避及纳税调整之界定等)、第25条之1(小额税款免予处理)及第39条(强制执行)条文。① 目前,台湾关于税收征收管理的主要法律规范是"税捐稽征法"及"税捐稽征法实施细则"、"税务违章案件减免罚标准"、"税务违章案件裁罚金额或倍数参考表"等配套规定,以及"诉愿法"和"行政诉讼法"中关于税务诉愿及争讼处理的相关规定。就大陆而言,1986年4月21日,国务院颁布《税收征收管理暂行条例》,实现了税收实体法和程序法的相对分离,但该条例区分内资企业和个人税收管理,有悖税收公平原则。1992年9月4日,《税收征收管理法》经七届全国人大常委会第二十七次会议审议通过,并于1993年1月1日施行。1995年2月28日,《税收征收管理法》个别条款被修改。2001年4月8日,九届全国人大常委会第二十一次会议审议通过了新修订的《税收征收管理法》,并自同年5月1日起施行。此次修订涉及条文达九十多处,并使得该法总条文数达到6章94条,具体涉及税款征收管理、纳税人权利保护和法律责任等方面。2002年9月7日,国务院公布《税收征收管理法实施细则》(以下简称《实施细则》),并自2002年10月15日起施行。目前正在进行《税收征收管理法》的修订工作。② 除了这两部法律法规及《海关法》关于关税征管的相关规定外,《行政复议法》《行政诉讼法》《行政强制法》等法律法规中也有税收征管的相关程序性规定,他们共同构成了大陆税收征收管理的法律规范体系。

(一) 税法原则的异相性:实质课税原则与纳税人权利保护

在台湾"税捐稽征法"的若干次修订中,最重要的修订有两次。这两次修订分别确认和体现了台湾税收征管制度上两大重要法律原则,也即实质课税原则和纳税人权利保护原则。"税捐稽征法"的第一次重要修订是在2009年5月13日,"总统华总一义字第09800118841号令"增订第12条之

---

① 2013年5月29日,"总统华总一义字第10200101281号令"修正公布第12条之1、第25条之1及第39条条文。

② 目前,仍有效且实际执行的税收程序法仍是2001年4月8日通过并在同年5月1日起施行的《税收征收管理法》。就大陆公布2013年6月7日的《税收征收管理法修正案(征求意见稿)》的内容来看,目前的关注点在于与行政法律的衔接、纳税信息共享、加强个人纳税人税收征管等方面,参见《国务院法制办公室关于〈中华人民共和国税收征收管理法修正案(征求意见稿)〉公开征求意见的通知》,国务院法制办公室网站,http://www.chinalaw.gov.cn/article/cazjgg/201306/20130600387820.shtml,2014年10月31日访问。

1条文;及修正第24条、第33条及第48条之1(自动补缴漏税之免除处罚及按日加计利息)条文。① 其中,最为重要的增订事项为新增第12条之1,将实质课税原则的条文化。第12条之1分项规定如下:"涉及租税事项之法律,其解释应本于租税法律主义之精神,依各该法律之立法目的,衡酌经济上之意义及实质课税之公平原则为之。""税捐稽征机关认定课征租税之构成要件事实时,应以实质经济事实关系及其所生实质经济利益之归属与享有为依据。""前项课征租税构成要件事实之认定,税捐稽征机关就其事实有举证之责任。""纳税义务人依本法及税法规定所负之协力义务,不因前项规定而免除。"此条文之规定有如下几层意思:一是在法律原则上,确定了实质课税作为课税原则的法律依据,且应本于税收法律主义作为前提性基础。经由量能课税原则汇出的实质课税原则,重经济实质甚于法律形式,是实现税捐正义的实质性手段,并不违背税收法定原则。二是在具体适用上,税捐稽征机关认定课征租税的构成要件事实时,以实质经济事实关系及其所剩实质经济利益的归属与享有为依据,即重视经济上之意义及实质课税之公平。三是在举证责任上,课征租税构成要件事实的认定,税捐稽征机关就其事实有举证的责任,但纳税义务人依本法及税法规定所负的协力义务,不因此规定而免除。四是在总体归纳上,尽管此次修订确立了实质课税原则条文化,但此原则可能会在具体程序中被滥用,故稽征机关在具体执行此原则时,应谦抑行使实质课税的自由裁量权并应依法承担举证责任。

"税捐稽征法"的第二次重要修订是在2010年1月6日,"总统华总一义字第09800326961号令"增订"税捐稽征法"第1章之1章"纳税义务人权利之保护"、第11条之3至第11条之7及第25条之1条文;并修正第44条条文。自此,台湾正式将"纳税义务人权利之保护"纳入税法之中。具体而言,新增第11条之3规定了依法公平课税原则,该条规定:"财政部"依本法或税法所发布之法规命令及行政规则,不得增加或减免纳税义务人法定之纳税义务。第11条之4规定了税收优惠应符合比例原则,该条规定:"税法

---

① 关于"税捐稽征法"第48条之1的相关检讨,参见洪家殷:《我国"税捐稽征法"第四十八条之一有关自动补报补缴免罚规定之检讨》,载《台大法学论丛》第30卷第3期,2001年5月,第235—280页。

或其他法律为特定政策所规定之租税优惠,应明定实施年限并以达成合理之政策目的为限,不得过度。""前项租税优惠之拟订,应经税式支出评估。"第 11 条之 5 规定了税务调查应事先告知并许可代理人辅佐,该条规定:"税捐稽征机关或财政部赋税署指定之调查人员,于进行调查前,除通知调查将影响稽征或调查目的者外,应以书面通知被调查者调查或备询之事由及范围。被调查者如委任代理人,该代理人应于接受调查或备询时,出具委任书。""被调查者或其代理人经税捐稽征机关或财政部赋税署之许可,得偕同辅佐人到场接受调查或备询。"第 11 条之 6 规定了不当取得证据不得作为课税处罚之证据,该条规定:"税捐稽征机关故意以不正当方法取得之自白且与事实不相符者,不得作为课税或处罚之证据。"第 11 条之 7 规定了纳税人陈情权利,该条规定:"税捐稽征机关应设置适当场所,聆听陈情或解答纳税义务人问题。"第 25 条之 1 规定了小额案件之简化便民处理原则,该条规定:"依本法或税法规定应补或应移送强制执行之税捐在一定金额以下者,财政部得视实际需要,报请行政院核定免征或免予移送强制执行。"

另外,"税捐稽征法"在最近的几次修订中,也涉及一些较为重要的条款。① 2011 年 11 月 23 日,"总统华总一义字第 10000259701 号令"修正公布第 1-1、6、23 条条文。其中,第 1-1 条新增第 2、3、4 项,对"财政部"发布解释函令不利于纳税义务人的溯及适用和应核课未核课及未确定案件的适用事项、2011 年 11 月 8 日修正施行前"财政部"发布解释函令不利于纳税纳税义务人且其时尚未确定案件的溯及适用事项、以及"财政部"发布之税务违章裁罚金额或倍数参考表变更时对纳税义务人的有利溯及适用事

---

① 最近的五次修订分别为:(1) 2011 年 1 月 26 日"总统华总一义字第 10000016591 号令"修正公布第 38 条条文;(2) 2011 年 5 月 11 日"总统华总一义字第 10000090961 号令"修正公布第 19、35、51 条条文;施行日期由行政院定之;(3) 2011 年 11 月 23 日"总统华总一义字第 10000259701 号令"修正公布第 1-1、6、23 条条文;2011 年 12 月 16 日"行政院"院台规字第 1000109431 号公告第 6 条第 2、3 项,第 23 条第 5 项第 2、3 款所列属"行政执行处"之权责事项,自 2012 年 1 月 1 日起改由"行政执行分署"管辖;(4) 2012 年 1 月 4 日"总统华总一义字第 10000299651 号令"修正公布第 47 条条文;(5) 2013 年 5 月 29 日"总统华总一义字第 10200101281 号令"修正公布第 12 条之 1、第 25 条之 1 及第 39 条条文。

项作了进一步明确。① 总体而言,是对纳税义务人增加了不利禁止溯及和有利溯及的原则性规定,而进一步推动了诚实信赖原则和纳税人权利保护原则的立法实现。2013 年 5 月 29 日,"总统华总一义字第 10200101281 号令"修正公布第 12 条之 1、第 25 条之 1 及第 39 条条文。② 其中,第 12 条之 1 新增第 3、6、7 项,对租税规避的概念界定、税捐稽征机关的应纳税额调整权、税捐稽征机关对特定交易行为涉税咨询答复的 6 个月期限等作了进一步规定。其中,"税捐稽征法"在第 12 条之 1 第 3 项明确规定,"纳税义务人基于获得租税利益,违背税法之立法目的,滥用法律形式,规避租税构成要件之该当,以达成与交易常规相当之经济效果,为租税规避。"此规定已较为接近税法学理上租税规避的界定③,并可以藉由次类型化规定指导稽征机关在处理避税案件时作为裁量的评估基础,避免对纳税人自由租税规划权的不当侵犯。总体而言,此条的修订有利于司法机关和税捐稽征机关对租税规避的概念界限进行妥适性掌握,有利于税捐稽征机关依职权正常执行应纳税额的合理调整,有利于纳税义务人对不确定涉税事项获得及时反馈并

---

① 经修订后的"税捐稽征法"第 1 条之 1 规定如下:"财政部"依本法或税法所发布之解释函令,对于据以申请之案件发生效力。但有利于纳税义务人者,对于尚未核课确定之案件适用之。"财政部"发布解释函令,变更已发布解释函令之法令见解,如不利于纳税义务人者,自发布日起或财政部指定之将来一定期日起,发生效力;于发布日或"财政部"指定之将来一定期日前,应核课而未核课之税捐及未确定案件,不适用该变更后之解释函令。本条 2011 年 11 月 8 日修正施行前,"财政部"发布解释函令,变更已发布解释函令之法令见解且不利于纳税义务人,经税捐稽征机关依"财政部"变更令见解后之解释函令核课税捐,于本条 2011 年 11 月 8 日修正施行日尚未确定案件,适用前项规定。"财政部"发布之税务违章案件裁罚金额或倍数参考表变更时,有利于纳税义务人者,对于尚未核课确定之案件适用之。关于该条第 4 项增订之法理梳理与案例分析,参见葛克昌:《裁罚参考表与行政法院裁判——"税捐稽征法"第 1 条之 1 第 4 项之增订》,载葛克昌:《行政程序与纳税人基本权》(第三版),台湾翰芦图书出版有限公司 2012 年版,第 67—95 页。

② 经修订后的第 12 条之 1 规定:"涉及租税事项之法律,其解释应本于租税法律主义之精神,依各该法律之立法目的,衡酌经济上之意义及实质课税之公平原则为之。""税捐稽征机关认定课征租税之构成要件事实时,应以实质经济事实关系及其所生实质经济利益之归属与享有为依据。""纳税义务人基于获得租税利益,违背税法之立法目的,滥用法律形式,规避租税构成要件之该当,以达成与交易常规相当之经济效果,为租税规避。""前项租税规避及第二项课征租税构成要件事实之认定,税捐稽征机关就其事实有举证之责任。""纳税义务人依本法及税法规定所负之协力义务,不因前项规定而免除。""税捐稽征机关查明纳税义务人及交易之相对人或关系人有第二项或第三项之情事者,为正确计算应纳税额,得按交易常规或依查得资料依各税法规定予以调整。""纳税义务人得于从事特定交易行为前,提供相关证明文件,向税捐稽征机关申请咨询,税捐稽征机关应于六个月内答复。"

③ 租税规避在台湾税法学理上的最初研究,参见葛克昌:《租税规避之研究》,载《台大法学论丛》第 6 卷第 2 期,1977 年 6 月,第 167—187 页。

基于信赖利益安排统筹相关经营行为。

近年来,大陆关于实质课税原则的讨论逐渐从学理研究渗透到税收立法,并在部分法律及规范性文件中对实质课税原则进行了确认。2008年1月1日起施行的《企业所得税法》,首次在第六章专章规定反避税条款,除个别反避税条款如特别纳税调整(第41条)①、预约定价安排(第42条)②、关联企业业务调查(第43条)③、税务机关核定应纳税所得额(第44条)④、避税港避税(第45条)⑤、资本弱化(第46条)⑥,还规定有一般反避税条款(第47条)⑦。另外,《特别纳税调整实施办法(试行)》(国税发〔2009〕2号)、《税收减免管理办法》(国税发〔2005〕129号)以及2006年修订的《企业会计制度》等部门规章和规范性文件也都在相关条款中确认了实质重于形式的原则及其适用。《税收征收管理法》第36条规定:"企业或者外国企业在中国境内设立的从事生产、经营的机构、场所与其关联企业之间的业务往来,应当按照独立企业之间的业务往来收取或者支付价款、费用;不按照独立企业之间的业务往来收取或者支付价款、费用,而减少其应纳税的收入或者所得额的,税务机关有权进行合理调整。"《实施细则》第51条至56条对《税收征收管理法》中的反避税规定进行了略为简单的细化。其中,《实施

---

① 《企业所得税法》第41条规定:"企业与其关联方之间的业务往来,不符合独立交易原则而减少企业或者其关联方应纳税收入或者所得额的,税务机关有权按照合理方法调整。""企业与其关联方共同开发、受让无形资产,或者共同提供、接受劳务发生的成本,在计算应纳税所得额时应当按照独立交易原则进行分摊。"

② 《企业所得税法》第42条规定:"企业可以向税务机关提出与其关联方之间业务往来的定价原则和计算方法,税务机关与企业协商、确认后,达成预约定价安排。"

③ 《企业所得税法》第43条规定:"企业向税务机关报送年度企业所得税纳税申报表时,应当就其与关联方之间的业务往来,附送年度关联业务往来报告表。""税务机关在进行关联业务调查时,企业及其关联方,以及与关联业务调查有关的其他企业,应当按照规定提供相关资料。"

④ 《企业所得税法》第44条规定:"企业不提供与其关联方之间业务往来资料,或者提供虚假、不完整资料,未能真实反映其关联业务往来情况的,税务机关有权依法核定其应纳税所得额。"

⑤ 《企业所得税法》第45条规定:"由居民企业,或者由居民企业和中国居民控制的设立在实际税负明显低于本法第四条第一款规定税率水平的国家(地区)的企业,并非由于合理的经营需要而对利润不作分配或者减少分配的,上述利润中应归属于该居民企业的部分,应当计入该居民企业的当期收入。"

⑥ 《企业所得税法》第46条规定:"企业从其关联方接受的债权性投资与权益性投资的比例超过规定标准而发生的利息支出,不得在计算应纳税所得额时扣除。"

⑦ 《企业所得税法》第47条规定:"企业实施其他不具有合理商业目的的安排而减少其应纳税收入或者所得额的,税务机关有权按照合理方法调整。"

细则》第 51 条界定了"关联企业"的概念①,第 52 条界定了"独立企业之间业务往来"的概念②,第 53 条规定纳税人可以与税务机关达成关联企业间的预约定价安排③,第 54 条规定了税务机关可以调整应纳税额的情形④,第 55 条规定了调整计税收入额或所得税的方法⑤,第 56 条规定了特别纳税调整的具体期间⑥。尽管第 36 条是《税收征收管理法》中为数不多的关于反避税的具体规定,但《税收征收管理法》作为税收征管的基础性法律,却没有明确的关于实质课税原则的表述性规定,不能不说这是一个比较大的缺憾。当然,从目前大陆的税收法治实际情况来看,税务机关在征管过程中本身就存在裁量权过大的问题,如未在合适的时点进行实质课税原则法律化并进行正确的宣导,可能会有引导税务机关滥用该原则而更加泛化税务行政裁量权之虞。

实质课税原则与纳税人权利保护是一体两面的辩证矛盾。实质课税原则是对反避税制度最为有利的税法原则,秉持实质课税主义,如果放任税收规避行为的蔓延,一方面会对正常的税收征管秩序带来重大的冲击,另一方

---

① 《实施细则》第 51 条规定:"税收征管法第三十六条所称关联企业,是指有下列关系之一的公司、企业和其他经济组织:(一)在资金、经营、购销等方面,存在直接或者间接的拥有或者控制关系;(二)直接或者间接地同为第三者所拥有或者控制;(三)在利益上具有相关联的其他关系。""纳税人有义务就其与关联企业之间的业务往来,向当地税务机关提供有关的价格、费用标准等资料。具体办法由国家税务总局制定。"

② 《实施细则》第 52 条规定:"税收征管法第三十六条所称独立企业之间的业务往来,是指没有关联关系的企业之间按照公平成交价格和营业常规所进行的业务往来。"

③ 《实施细则》第 53 条规定:"纳税人可以向主管税务机关提出与其关联企业之间业务往来的定价原则和计算方法,主管税务机关审核、批准后,与纳税人预先约定有关定价事项,监督纳税人执行。"

④ 《实施细则》第 54 条规定:"纳税人与其关联企业之间的业务往来有下列情形之一的,税务机关可以调整其应纳税额:(一)购销业务未按照独立企业之间的业务往来作价;(二)融通资金所支付或者收取的利息超过或者低于没有关联关系的企业之间所能同意的数额,或者利率超过或者低于同类业务的正常利率;(三)提供劳务,未按照独立企业之间业务往来收取或者支付劳务费用;(四)转让财产、提供财产使用权等业务往来,未按照独立企业之间业务往来作价或者收取、支付费用;(五)未按照独立企业之间业务往来作价的其他情形。"

⑤ 《实施细则》第 55 条规定:"纳税人有本细则第五十四条所列情形之一的,税务机关可以按照下列方法调整计税收入额或者所得额:(一)按照独立企业之间进行的相同或者类似业务活动的价格;(二)按照再销售给无关联关系的第三者的价格所应取得的收入和利润水平;(三)按照成本加合理的费用和利润;(四)按照其他合理的方法。"

⑥ 《实施细则》第 56 条规定:"纳税人与其关联企业未按照独立企业之间的业务往来支付价款、费用的,税务机关自业务往来发生的纳税年度起 3 年内进行调整;有特殊情况的,可以自该业务往来发生的纳税年度起 10 年内进行调整。"

第六章 纳税人权利保护:救济的视角

面也会给国家税收无疑会带来巨大的损失,与此同时,也违反了税法上的税收平等原则,对其他合法纳税的纳税人也显失公平。不过,在具体的制度建设中,滥用或不当适用实质课税原则却又会在无形中扩张税务机关的自由裁量权,甚至会导致寻租空间的滋生。因此,大陆学者对这一原则的引用上采取较为保守和谨慎的态度,防止造成税收权力的扩张侵害人民合法的财产权利,并主张在《税收征收管理法》修改和反避税实践中,应注意实质课税原则的谦抑行使,其以税捐负担的公平分配为原则,以不损害纳税人的合法权益为底限。① 在大陆近年来的立法实践中,更加突出了对纳税人和公民的刑法保护和行政法保护,防止公权力的不当扩张。2009年2月28日,十一届全国人大常委会第七次会议通过并施行的《刑法修正案(七)》将《刑法》第201条规定的"偷税罪"修改为"逃避税收征管罪",并对该罪的初犯规定了不予追究刑事责任的规定。② 这次修改是针对此前纳税人设置"大口袋"刑事责任范围的重大调整,有效保护了纳税人合法权益,突出了人权保护的基本立场。2012年1月1日施行的《行政强制法》第25条第2款则规定,"加处罚款或者滞纳金的数额不得超出金钱给付义务的数额。"此条规定贯彻了行政法上的比例原则,对税收征收管理中的处罚及滞纳金行为亦进行了有效约束,有利于加强保护纳税人合法权利。在《税收征收管理法》尚未按照《行政强制法》等行政法律进行修订之前,按照"新法优于旧法"的适用原则,罚款和滞纳金的比例也应维持在适当的范围内。③

---

① 叶姗:《应税事实依据经济实质认定之稽征规则——基于台湾地区"税捐稽征法"第12条之1的研究》,载《法学家》2010年第1期。

② 该修正案之"三"规定:将刑法第二百零一条修改为:"纳税人采取欺骗、隐瞒手段进行虚假纳税申报或者不申报,逃避缴纳税款数额较大并且占应纳税额百分之十以上的,处三年以下有期徒刑或者拘役,并处罚金;数额巨大并且占应纳税额百分之三十以上的,处三年以上七年以下有期徒刑,并处罚金。""扣缴义务人采取前款所列手段,不缴或者少缴已扣、已收税款,数额较大的,依照前款的规定处罚。""对多次实施前两款行为,未经处理的,按照累计数额计算。""有第一款行为,经税务机关依法下达追缴通知后,补缴应纳税款,缴纳滞纳金,已受行政处罚的,不予追究刑事责任;但是,五年内因逃避缴纳税款受过刑事处罚或者被税务机关给予二次以上行政处罚的除外。"

③ 在最近的《税收征收管理法》修订征求意见稿中,有将"滞纳金"更名为"税款滞纳金"的改动,以示与行政强制法中的滞纳金相区别。但此种改动的必要性和正当性,受到学界的质疑和讨论。关于滞纳金在税法上之法理,参见黄茂荣:《论税捐之滞纳金》,载《台湾大学法学论丛》第16卷第2期,1987年6月,第69—117页。

（二）程序法治：税收正义在技术规则上的体现

台湾所称"税捐稽征"的概念和范畴，与大陆的税收征收管理较为对应，主要是指实施课税的行政程序。就税捐稽征程序而言，"其程序构造包含稽征机关对外生效的活动，亦即对于税捐核定的法律上前提要件进行审查，准备税捐的核定，亦即税捐核定。凡为审查课税要件以及准备核定税捐所作成的行政处分，在征收程序上的实现以及在此等程序上所作成的行政处分的强制执行等，均属之"。① 不过，学理上的税捐稽征法并不以程序规范为限，实为税法总则之功能。② 2012年1月4日最新修订施行的台湾"税捐稽征法"包括总则、纳税义务人权利之保护、纳税义务、稽征、行政救济、强制执行、罚则和附则等共计8章51条。2013年1月7日最新修订施行的"税捐稽征法施行细则"则包括17个单行条款。大陆于2001年5月1日起施行的《税收征收管理法》包括总则、税务管理、税款征收、法律责任、附则，共计6章94条。2002年10月15日《税收征收管理法实施细则》则包括总则、税务登记、账簿凭证管理、纳税申报、税款征收、税务检查、法律责任、文书送达③、附则等共计9章113条。若仅从条款数量来分析，台湾"税捐稽征法"及其施行细则条款数量远远少于大陆的《税收征收管理法》及其实施细则，但台湾"税捐稽征法"及其施行细则在税收征收程序的表述简练清晰及税捐稽征流程的功能结构健全方面，更好地体现了稽征效率和税收公平两项原则的紧密结合，通过程序法治的方式较好地实现了税收正义在技术规则上的实现。相较而言，大陆《税收征收管理法》在若干地方的相关条款规定还有进一步优化和改进的空间。

1. 不依规定期限缴纳应纳税款。在台湾，"税捐稽征法"第20条规定，依税法规定逾期缴纳税捐应加征滞纳金者，每逾2日按滞纳数额加征1%滞纳金；逾30日仍未缴纳者，移送法院强制执行。第39条进一步规定："纳税

---

① 陈清秀：《税法总论》（第七版），台湾元照出版有限公司2012年版，第435页。
② 参见葛克昌：《税捐稽征之基本概念——国家课税权之基础规范》，载葛克昌：《行政程序与纳税人基本权》（第三版），台湾翰芦图书出版有限公司2012年版，第3—40页。
③ 税法上的送达，其意义不只在于程序本身，而且牵涉宪法上基本权问题。参见葛克昌：《税捐文书之送达——正当法律程序之法治国要求》，载葛克昌：《行政程序与纳税人基本权》（第三版），台湾翰芦图书出版有限公司2012年版，第635—664页。

第六章 纳税人权利保护:救济的视角

义务人应纳税捐,于缴纳期间届满 30 日后仍未缴纳者,由税捐稽征机关移送法院强制执行。"①《税收征收管理法》第 32 条规定:"纳税人未按照规定期限缴纳税款的,扣缴义务人未按照规定期限解缴税款的,税务机关除责令限期缴纳外,从滞纳税款之日起,按日加收滞纳税款万分之五的滞纳金。"第 68 条则进一步规定:"纳税人、扣缴义务人在规定期限内不缴或者少缴应纳或者应解缴的税款,经税务机关责令限期缴纳,逾期仍未缴纳的,税务机关除依照本法第 40 条的规定采取强制执行措施追缴其不缴或者少缴的税款外,可以处不缴或者少缴的税款 50% 以上 5 倍以下的罚款。"台湾的滞纳金规定看似较大陆更为严格,但在罚金或罚款上的惩戒力度不如大陆。对于不依规定期限缴纳应纳税款情形,台湾直接规定了税捐稽征机关可以移送法院强制执行,而在大陆则是需经过税务机关责令缴纳的行政程序,且经由责令缴纳程序仍不缴纳的,税务机关可以直接处以较为严苛的一定金额罚款。

2. 核课期间和征收期间。在台湾,"税捐稽征法"第 21 条第 1 项关于核课期间的规定如下:(1) 已在规定期间内申报,且无故意以诈欺或其他不正当方法逃漏税捐者,其核课期间为 5 年;(2) 印花税,及应由税捐稽征机关依税籍底册或查得资料核定课征之税捐,其核课期间为 5 年;(3) 未于规定期间内申报,或故意以诈欺或其他不正当方法逃漏税捐者;其核课期间为 7 年;(4) 在核课期间内,经另发现应征之税捐者,仍应依法补征或并予处罚;在核课期间内未经发现者,以后不得再补税处罚。第 23 条第 1 款规定:"税捐之征收期间为 5 年,自缴纳期间届满之翌日起算;应征之税捐未于征收期间征起者,不得再行征收。但于征收期间届满前,已移送执行,或已依强制执行法规定声明参与分配,或已依破产法规定申报债权尚未结案者,不

---

① 第 39 条规定:"纳税义务人应纳税捐,于缴纳期间届满三十日后仍未缴纳者,由税捐稽征机关移送强制执行。但纳税义务人已依第三十五条规定申请复查者,暂缓移送强制执行。""前项暂缓执行之案件,除有下列情形之一者外,税捐稽征机关应移送强制执行:一、纳税义务人对复查决定之应纳税额缴纳半数,并依法提起诉愿者。二、纳税义务人依前款规定缴纳半数税额确有困难,经税捐稽征机关核准,提供相当担保者。三、纳税义务人依前二款规定缴纳半数税额及提供相当担保确有困难,经税捐稽征机关依第二十四条第一项规定,已就纳税义务人相当于复查决定应纳税额之财产,通知有关机关,不得为移转或设定他项权利者。""本条二零一三年五月十四日修正施行前,经依复查决定应补缴税款,纳税义务人未依前项第一款或第二款规定缴纳或提供相当担保,税捐稽征机关尚未移送强制执行者,适用修正后之规定。"

在此限。"在大陆,《税收征收管理法》对核课期间和征收期间都没有特别的规定,但该法在第52条规定了税务机关处理涉税案件的期间或时限。该法第52条规定:"因税务机关的责任,致使纳税人、扣缴义务人未缴或者少缴税款的,税务机关在3年内可以要求纳税人、扣缴义务人补缴税款,但是不得加收滞纳金。""因纳税人、扣缴义务人计算错误等失误,未缴或者少缴税款的,税务机关在3年内可以追征税款、滞纳金;有特殊情况的,追征期可以延长到3年。""对偷税、抗税、骗税的,税务机关追征其未缴或者少缴的税款、滞纳金或者所骗取的税款,不受前款规定期限的限制。"①相较而言,大陆在税收征管立法上尚未合理区分核课期间和征收期间,而只是笼统地规定税务案件处理的3年或5年的期间或时限问题。

3. 税款保全与限制出境。在台湾,"税捐稽征法"第24条第1项规定了纳税义务人的税捐缴纳保全机制:"纳税义务人欠缴应纳税捐者,税捐稽征机关得就纳税义务人相当于应缴税捐数额之财产,通知有关机关,不得为移转或设定他项权利;其为营利事业者,并得通知主管机关,限制其减资或注销之登记。"第24条第2项则规定了财产担保事项,"欠缴应纳税捐之纳税义务人,有隐匿或移转财产、逃避税捐执行之迹象者,税捐稽征机关得声请法院就其财产实施假扣押,并免提供担保。但纳税义务人已提供相当财产担保者,不在此限。"第24条第3款规定了在台湾的居住个人及营利事业,应纳税捐缴纳尚未缴纳完毕且若未提供相应担保前,财政主管部门可以函请相关部门个人或营业事业负责人在5年的期限内限制出入境。"税捐稽征法"第24条规定了税捐保全及限制出境事项。② 第25条还进一步规定了税捐稽征机关在可能出现明显会逃避税捐执行等特定情形下对依法应征

---

① 有台湾学者在比较德国、大陆和台湾三地税法规定后,认为大陆现行偷、抗、骗税行为追征之无期限规定,诚为特殊之立法例,虽然各国对于纳税人偷、骗、抢行为,均有严格处理之规定,但仍在有期限限制之范围内,行使课税之高权,因此大陆的《税收征收管理法》之例外规定,应该必须具备特别的立法理由。是故,纳税人应有权利主张,偷、抗、骗税行为之追征,无论如何,都应受时效规定之限制。参见张永明:《税款追征期限之比较研究》,载张永明:《国家课税权之界限》,台湾翰芦图书出版公司2010年版,第155—179页。

② 租税法上提供担保之法理分析,参见陈敏:《租税法之提供担保》,载台湾《政大法学评论》第52期,1994年12月,第195—218页。

第六章 纳税人权利保护：救济的视角

收的税捐在法定开征日期前稽征。① 在大陆，《税收征收管理法》在第37条、第38条和第40条分别规定了税务机关对未按照规定办理税务登记、有逃避纳税义务行为、未按照规定的期限缴纳或者解缴税款等3种情形下的责令缴纳及冻结存款、扣押、拍卖或变卖商品及货物、责令提供纳税担保和采取强制执行措施的相关权力。该法第44条则对限制出境作出了相应规定："欠缴税款的纳税人或者他的法定代表人需要出境的，应当在出境前向税务机关结清应纳税款、滞纳金或者提供担保。未结清税款、滞纳金，又不提供担保的，税务机关可以通知出境管理机关阻止其出境。"无论是台湾，还是大陆，对事实上欠缴税款及明显有逃避税款的纳税人或其责任人规定了税款保全制度和出境限制制度。但台湾关于税款保全的强制措施，通过法院进行，但大陆则往往由税务机关径行处理，这在制度设计上不免会导致税务机关滥用权力的可能。

4. 错误溢缴之退税。在台湾，"税捐稽征法"第28条关于错误溢缴之退税的规定如下：(1)纳税义务人自行适用法令错误或计算错误溢缴之税款，得自缴纳之日起5年内提出具体证明，申请退还；届期未申请者，不得再行申请；(2)纳税义务人因税捐稽征机关适用法令错误、计算错误或其他可归责于政府机关之错误，致溢缴税款者，税捐稽征机关应自知有错误原因之日起2年内查明退还，其退还之税款不以5年内溢缴者为限；(3)前2项溢缴之税款，纳税义务人以现金缴纳者，应自其缴纳该项税款之日起，至填发收入退还书或国库支票之日止，按溢缴之税额，依缴纳税款之日邮政储金1年期定期储金固定利率，按日加计利息，一并退还。② 在大陆，《税收征收管理法》第51条规定："纳税人超过应纳税额缴纳的税款，税务机关发现后应当立即退还；纳税人自结算缴纳税款之日起3年内发现的，可以向税务机关要求退还多缴的税款并加算银行同期存款利息，税务机关及时查实后应当

---

① "税捐稽征法"第25条规定："有左列情形之一者，税捐稽征机关，对于依法应征收之税捐，得于法定开征日期前稽征之。但纳税义务人能提供相当担保者，不限在此限。一、纳税义务人显有隐匿或移转财产，逃避税捐执行之迹象者。二、纳税义务人于税捐法定征收日期前，申请离境者。三、因其他特殊原因，经纳税义务人申请者。""纳税义务人受破产宣告或经裁定为公司重整前，应征收之税捐而未开征者，于破产宣告或公司重整裁定时，视为已到期之破产债权或重整债权。"

② 税法上返还请求权的相关法理，参见陈敏：《租税法之返还请求权》，载台湾《政大法学评论》第59期，1998年6月，第65—102页；陈清秀：《浅谈"税捐稽征法"第28条之适用范围》，载陈清秀：《现代税法原理与国际税法》，台湾元照出版公司2008年版，第211—231页；等等。

立即退还;涉及从国库中退库的,依照法律、行政法规有关国库管理的规定退还。"两岸关于错误溢缴之退税的相关规定较为相似,比如因税务机关的原因导致税款溢缴的,其退还不受特定期间限制。对于可以申请退税的期间,台湾规定为 5 年,而大陆规定为 3 年;台湾还特别规定了稽征机关在 2 年内查明退还的义务。

5. 举证责任与协力义务。在台湾,"税捐稽征法"第 11 条之 6 规定:"税捐稽征机关故意以不正当方法取得之自白且与事实不相符者,不得作为课税或处罚之证据。"第 12 条之 1 第 2 项和第 3 项在就实质课税原则进行展开时作了进一步规定:"税捐稽征机关认定课征租税之构成要件事实时,应以实质经济事实关系及其所生实质经济利益之归属与享有为依据。""前项课征租税构成要件事实之认定,税捐稽征机关就其事实有举证之责任。"第 12 条第 4 项对协力义务还作了进一步明确:"纳税义务人依本法及税法规定所负之协力义务,不因前项规定而免除。"就协力义务而言,强调纳税人对应税事实的查明及其认定负有必要而且适当的举证责任,不仅合乎比例原则及可以实际履行,而且具备期待安定的可能性。与此同时,"协力义务不仅体现出纳税人负担课税资讯搜集的义务,也给予纳税人积极参与稽征程序的机会,保障其程序主义地位,同时藉此划定公权力调查干预之界限,以保障纳税人之个人权利的自由领域"。① 尽管如此,单纯的协力义务不足以构成完整的证据提出或证明义务,也就是说,举证责任仍由稽征机关承担,如果稽征机关不作为,纳税人并不因其未对应税事实提出陈述性的说明及提供相应证据,就径行认定某项应税事实未经证明。但反向而言,纳税人也并不因为稽征机关的基础性举证责任的存在而无所负担,而应在一定程度上尽到必要而合理的义务,否则稽征机关以纳税人未尽协力义务而予推计课税或处罚并无不妥。② 在大陆,《税收征收管理法》对于举证责任的规

---

① 陈清秀:《税法总论》(第七版),台湾元照出版有限公司 2012 年版,第 485 页。
② 比如,"最高行政法院"2007 年判字第 34 号判决中,终审判决认为,如上诉人认为该笔债权已在被继承人生前因交易相对人清偿而归于消灭,则应由其对清偿事实负举证责任,是以在此根本无须用遗产及赠与"税法施行细则"第 13 条所定之(广义)"协力义务"之法律观点。参见黄奕超:《协力义务程度——重病期间财产变动之协力义务程度?——"最高行政法院"96 年判字第 34 号判决评释》,载葛克昌主编:《纳税人协力义务与行政法院判决》,台湾翰芦图书出版有限公司 2011 年版,第 134—135 页。

第六章　纳税人权利保护：救济的视角

定比较抽象，并未有明确的阐释性条款，而在纳税人协力义务方面，《税收征收管理法》则更是欠缺相关规定。目前，关于举证责任的法律适用，仍主要按照相关通用的行政法律法规执行，并未突出税务事项的特定性和异质性。

（三）监管抑或服务："税捐稽征法"与《税收征收管理法》之观念比较

从税法产生的时代背景来看，两岸税法在程序规制上都体现了强化税款征收和严格征纳秩序的历史特点。但最近一些年来，特别是两岸税法学界大力推行税收法律关系为公法上债权债务关系理论及强化倡导纳税人权利保护为税法的基本理念之后，两岸税收立法逐渐开始体现约束税务机关权利和张扬纳税人权利的基本立场，并在税收征管实践中注重对个案中纳税人的特别保护。就整体面而言，台湾的税收法治相较于大陆更为先进。以税收司法为例，台湾行政案件半数以上为税务案件，纳税人权利保护意识较强且税收司法环境较为成熟。而当前大陆进行诉讼甚至是复议的税务案件极少，这与大陆经济发展和投资情况较不匹配。在税收程序立法上，两岸的税收程序制度也存在一定的差异性。在台湾，"税捐稽征法"就税收优先权作了明确的规定，并在税款缓缴、调查权行使、行政救济和强制执行方面对税捐稽征机关相当的约束，并在具体条文细节中较为清楚地贯彻了纳税人权利保护原则。在大陆，《税收征收管理法》在第45条和第50条规定了税收优先权制度和税收代位权、撤销权制度，这在某种程度上反映了大陆税收立法对债权债务关系说的吸收和认可。与此同时，《税收征收管理法》还在税款缓缴、调查权行使、行政救济和强制执行方面对规范税务机关行使职权作了相应的规定。但尽管如此，大陆学界在行政救济的有效性及税款缴纳前置和行政复议前置方面仍有很多质疑性探讨，认为目前的"双重前置"特别是税款缴纳前置存在明显不合理之处[①]，亦有学者更提出要将《税收征

[①] 参见王士如：《税收立法中的宪政理念——以〈税收征收管理法〉第88条为例》，载《上海财经大学学报》2008年第3期；丁元浩、陈曙伟：《清税复议前置制度应当修改》，载《福建税务》2000年第9期；林雄：《建议取消税收征管法中的清税前置规定》，载《中国税务报》2013年9月18日，第B04版；等等。

收管理法》更名为《税收征收服务法》①,这也体现出当前大陆学界更加重视服务理念相较监管理念的优位性。

1. 优先权和代位权。在台湾,"税捐稽征法"第 6 条规定:"税捐之征收,优先于普通债权。""土地增值税、地价税、房屋税之征收及法院、行政执行处执行拍卖或变卖货物应课征之营业税,优先于一切债权及抵押权。""经法院、行政执行处执行拍卖或交债权人承受之土地、房屋及货物,执行法院或行政执行处应于拍定或承受 5 日内,将拍定或承受价额通知当地主管税捐稽征机关,依法核课土地增值税、地价税、房屋税及营业税,并由执行法院或行政执行处代为扣缴。"在大陆,《税收征收管理法》第 45 条规定了税收优先权制度。该条第 1 款、第 2 款规定:"税务机关征收税款,税收优先于无担保债权,法律另有规定的除外;纳税人欠缴的税款发生在纳税人以其财产设定抵押、质押或者纳税人的财产被留置之前的,税收应当先于抵押权、质权、留置权执行。""纳税人欠缴税款,同时又被行政机关决定处以罚款、没收违法所得的,税收优先于罚款、没收违法所得。"该法第 50 条进一步规定:"欠缴税款的纳税人因怠于行使到期债权,或者放弃到期债权,或者无偿转让财产,或者以明显不合理的低价转让财产而受让人知道该情形,对国家税收造成损害的,税务机关可以依照合同法第 73 条、第 74 条的规定行使代位权、撤销权。""税务机关依照前款规定行使代位权、撤销权的,不免除欠缴税款的纳税人尚未履行的纳税义务和应承担的法律责任。"②出于社会整体主义的考虑,海峡两岸税收征管立法均规定了优先权制度,将税收债权置于其他债权的优越地位。不过,大陆将《合同法》中的代位权和撤销权制度引入《税收征收管理法》,学界对此仍有不同看法③,但大陆立法对税收债权债务说的认可确是不争的事实。

2. 税款缓缴。在台湾,"税捐稽征法"第 26 条规定:"纳税义务人因天

---

① 参见陈乃新、谌媚:《对〈税收征收管理法〉改为〈征税纳税服务法〉的探索》,载《第五届中国财税法前沿问题高端论坛——〈税收征收管理法〉修改专家研讨会论文集》,北京,2013 年 6 月,第 40—42 页。

② 《税收征收管理法》施行后首例税务代位权为 2007 年常州市国税局第一稽查局行使税收代位权案,常州市钟楼区法院最后作出了支持税务机关的判决。参见刘剑文、熊伟、翟继光、汤洁茵:《财税法成案研究》,北京大学出版社 2012 年版,第 25—35 页。

③ 参见熊伟、王宗涛:《中国税收优先权制度的存废之辩》,载《法学评论》2013 年第 2 期。

灾、事变或遭受重大财产损失,不能于法定期间内缴清税捐者,得于规定纳税期间内,向税捐稽征机关申请延期或分期缴纳,其延期或分期缴纳之期间,不得逾3年。"该法第27条进一步规定:"纳税义务人对核准延期或分期缴纳之任何一期应缴税捐,未如期缴纳者,税捐稽征机关应于该期缴纳期间届满之翌日起3日内,就未缴清之余额税款,发单通知纳税义务人,限10日内一次全部缴清;逾期仍未缴纳者,移送法院强制执行。"《税收征收管理法》第31条第2款规定:"纳税人因有特殊困难,不能按期缴纳税款的,经省、自治区、直辖市国家税务局、地方税务局批准,可以延期缴纳税款,但是最长不得超过3个月。"海峡两岸关于税款缓缴的区别有两个要点:一是期限长短。台湾关于税款缓缴的最长期限为3年,明显长于大陆最长3个月的规定;二是审批层级。台湾没有特别规定税捐稽征机关关于延期或分期缴纳的审批权限,大陆则明确规定为比较高位阶的省、自治区和直辖市税务局。这一方面固然与两岸税收征管立法的严苛程度以及大陆若干年来滥施税收优惠和企业拖欠税款甚巨的局面有关,但另一方面大陆对税款足额入库的立法执法理念也起到了推波助澜的作用。

3. 调查权行使。在台湾,"税捐稽征法"第30条规定,纳税义务人及其他关系人提供账簿、文据时,该管稽征机关或财政部赋税署应掣给收据,除涉嫌违章漏税者外,应于账簿、文据提送完全之日起,7日内发还之;其有特殊情形,经该管稽征机关或赋税署首长核准者,得延长发还时间7日。[①]"税捐稽征法"第33条则对纳税人租税数据的保护作了严格的规定。依该条规定,税捐稽征人员对于纳税义务人之财产、所得、营业及纳税等资料,除对纳税义务人本人或其继承人、授权代理人或辩护人、稽征机关、监察机关、受理税务诉愿诉讼机关、税务调查机关、财政主管部门机关及人员、已取得民事确定判决的债权人等人员及机关外,应绝对保守秘密,违者应予处分;

[①] 但稽征机关不能滥用此调查权或检查权,首先应先遵循纳税人诚信推定原则。参见葛克昌:《税务调(检)查权行使及其宪法界限》,载葛克昌:《行政程序与纳税人基本权》(第三版),台湾翰芦图书出版有限公司2012年版,第695—721页。

触犯刑法者,并应移送法院论罪。① 在大陆,《税收征收管理法》第 54 条规定了检查账簿凭证、现场检查财产及经营情况、责成提供档材料、询问有关问题和情况、到特定企业及其分支机构检查单据凭证、经批准查询存款账户等 6 种税务检查的方式。该法第 57 条和第 58 条还进一步规定了税务检查权涉及的范围和技术方法。② 调查权是税务机关作为公权力机关的重要职权,科学合理的税收调查权有利于推动税法严格执行和培育纳税人权利文化,但与此同时,调查权也受到公法特别是税法的严格规制。海峡两岸税收征管立法对税收调查权行使的范围和限度都作了明确的规定,在保护纳税人权利的同时推动税法秩序的有效遵循,有利于推动建立政府与纳税人之间的和谐征纳关系。

4. 行政救济。就两岸的税收行政救济而言,大陆程序虽然比台湾要略显简练,但要求纳税人在遇纳税事项争议时应先行缴纳税款。台湾的税务行政救济程序主要包括复查、诉愿及行政诉讼等三个主要程序。其中,复查、诉愿和行政诉讼为递进程序,纳税人应循序进行复查、诉愿和行政诉讼。"税捐稽征法"第 35 条对复查事项作了规定,纳税义务人对于核定税捐之处分如有不服,应依规定格式,叙明理由,连同证明文件,依规定在文书送达或

---

① "税捐稽征法"第 33 条规定:税捐稽征人员对于纳税义务人之财产、所得、营业及纳税等资料,除对下列人员及机关外,应绝对保守秘密,违者应予处分;触犯刑法者,并应移送法院论罪:一、纳税义务人本人或其继承人。二、纳税义务人授权代理人或辩护人。三、税捐稽征机关。四、监察机关。五、受理有关税务诉愿、诉讼机关。六、依法从事调查税务案件之机关。七、经"财政部"核定之机关与人员。八、债权人已取得民事确定判决或其他执行名义者。税捐稽征机关对其他政府机关为统计目的而供应资料,并不泄漏纳税义务人之姓名或名称者,不受前项之限制。经"财政部"核定获得租税信息之政府机关或人员不可就其所获取之租税信息,另作其他目的之使用,且第一项第四款至第七款之机关人员及第八款之人,对稽征机关所提供第一项之数据,如有泄漏情事,准用同项对稽征人员泄漏秘密之规定。
② 《税收征收管理法》第 57 条规定:"税务机关依法进行税务检查时,有权向有关单位和个人调查纳税人、扣缴义务人和其他当事人与纳税或者代扣代缴、代收代缴税款有关的情况,有关单位和个人有义务向税务机关如实提供有关资料及证明材料。"第 58 条规定:"税务机关调查税务违法案件时,对与案件有关的情况和资料,可以记录、录音、录像、照相和复制。"

期限届满 30 日内申请复查。① "税捐稽征法"第 38 条则对诉愿及行政诉讼作了规定,纳税义务人对税捐稽征机关之复查决定如有不服,得依法提起诉愿及行政诉讼。第 38 条还规定了行政救济应补应退税款的核计处理,均要求在文书作出或收到起 10 日内作成。大陆的税务行政救济程序包括行政复议和行政诉讼两个程序,并根据争议事项的不同赋予纳税人救济程序的选择权。若是涉及纳税事项本身的争议,则应贯彻"缴纳税款前置"和"行政复议前置"两个前置性规定,即如遇争议应先行缴纳税款,如遇争议应先复议后诉讼;若是仅只涉及处罚决定、强制措施或税收保全措施,则既可申请行政复议,又可申请行政诉讼。《税收征收管理法》第 88 条规定:"纳税人、扣缴义务人、纳税担保人同税务机关在纳税上发生争议时,必须先依照税务机关的纳税决定缴纳或者解缴税款及滞纳金或者提供相应的担保,然后可以依法申请行政复议;对行政复议决定不服的,可以依法向人民法院起诉。""当事人对税务机关的处罚决定、强制执行措施或者税收保全措施不服的,可以依法申请行政复议,也可以依法向人民法院起诉。""当事人对税务机关的处罚决定逾期不申请行政复议也不向人民法院起诉、又不履行的,作出处罚决定的税务机关可以采取本法第四十条规定的强制执行措施,或者申请人民法院强制执行。"

5. 强制执行。为保障税款的及时征收入库,两岸税收程序法均对强制执行有较为明确的规定。相较大陆而言,台湾立法较为灵活,规定了纳税人半数缴纳且提起诉愿者,暂缓移送法院强制执行。"税捐稽征法"第 39 条规定,纳税义务人应纳税捐,于缴纳期间届满 30 日后仍未缴纳者,由税捐稽征

---

① "税捐稽征法"第 35 条规定:"纳税义务人对于核定税捐之处分如有不服,应依规定格式,叙明理由,连同证明文件,依下列规定,申请复查:一、依核定税额通知书所载有应纳税额或应补征税额者,应于缴款书送达后,于缴纳期间届满之翌日起三十日内,申请复查。二、依核定税额通知书所载无应纳税额或应补征税额者,应于核定税额通知书送达之翌日起三十日内,申请复查。三、依第十九条第三项规定受送达核定税额通知书或以公告代之者,应于核定税额通知书或公告所载应纳税额或应补征税额缴纳期间届满之翌日起三十日内,申请复查。""纳税义务人或其代理人,因天灾事变或其他不可抗力之事由,迟误申请复查期间者,于其原因消灭后一个月内,得提出具体证明,申请回复原状。但迟误申请复查期间已逾一年者,不得申请。""前项回复原状之申请,应同时补行申请复查期间内应为之行为。""税捐稽征机关对有关复查之申请,应于接到申请书之翌日起二个月内复查决定,并作成决定书,通知纳税义务人;纳税义务人为全体公同共有人者,税捐稽征机关应于公同共有人最后得申请复查之期间届满之翌日起二个月内,就分别申请之数宗复查合并决定。""前项期间届满后,税捐稽征机关仍未作成决定者,纳税义务人得径行提起诉愿。"

机关移送法院强制执行。但纳税义务人已依规定申请复查者,暂缓移送法院强制执行。前项暂缓执行之案件,除有左列情形之一者外,稽征机关应移送法院强制执行:(1)纳税义务人对复查决定之应纳税额缴纳半数,并依法提起诉愿者;(2)纳税义务人依前款规定缴纳半数税额确有困难,经稽征机关核准,提供相当担保者。① 在大陆,《税收征收管理法》第 40 条规定:"从事生产、经营的纳税人、扣缴义务人未按照规定的期限缴纳或者解缴税款,纳税担保人未按照规定的期限缴纳所担保的税款,由税务机关责令限期缴纳,逾期仍未缴纳的,经县以上税务局(分)局长批准,税务机关可以采取下列强制执行措施:(1)书面通知其开户银行或者其他金融机构从其存款中扣缴税款;(2)扣押、查封、依法拍卖或者变卖其价值相当于应纳税款的商品、货物或者其他财产,以拍卖或者变卖所得抵缴税款。""税务机关采取强制执行措施时,对前款所列纳税人、扣缴义务人、纳税担保人未缴纳的滞纳金同时强制执行。""个人及其所扶养家属维持生活必需的住房和用品,不在强制执行措施的范围之内。"

(四)借镜的视角:《税收征收管理法》修订建议

海峡两岸关于税收征管的法律制度,具有相似的文化基础和法源传统,在很多具体规定方面有诸多共同之处。但结合两岸经济发展阶段及立法先进性而言,台湾的税捐稽征立法在法律原则、价值取向和技术规则等诸多方面均有可供大陆税收征管立法参考与借鉴的地方。未来大陆对《税收征收管理法》的适时修订,应沿着将实质课税原则与纳税人权利保护原则条文化、进一步细化和优化税收征管程序以及渐进完善税收强制措施和税务救济的方向发展。具体而言,其一,协调共生基础上的实质课税原则与纳税人权利保护原则条文化。就实质课税而言,应将税法学理和征管实践中的经济重于形式的原则条文化,借鉴台湾立法,将实质课税原则写入《税收征收管理法》总则性规定;同时亦要加强纳税人权利保护原则的总则化与具体化,一方面,在总则中采用正列举方式明确纳税人权利与义务,通过法律条

---

① 税务事项关乎纳税人基本权,在法理上应受到暂时权利保护理论支持并应藉由税法制度实现。参见葛克昌:《暂时权利保护与税法》,载葛克昌:《行政程序与纳税人基本权》(第三版),台湾翰芦图书出版有限公司 2012 年版,第 919—940 页。

第六章 纳税人权利保护：救济的视角

文的方式提升其效力位阶；另一方面，在纳税申报、税款缴纳、税收检查和税收救济等程序制度中落实纳税人权利保护原则。其二，进一步细化和优化税收征管程序，特别是加强厘清基础性税法概念。比如，在借鉴台湾立法基础上，进一步区分核课期间和征收期间的相关定义、完善税收争讼中的举证责任与协力义务的分配规定等等，并进而优化税收程序法的适用妥当性。其三，渐进完善税收强制措施和税务救济。加强与《行政强制法》和《刑法修正案（七）》衔接，具体包括：税务行政处罚及滞纳金的限制性规定、税收责任追究与逃税罪的关系、"双重前置"背景下税收救济门槛的降低及与行政程序法的协调；等等。如何在推动税收征管制度平稳过渡的同时又能确实保护纳税人救济权利，将成为大陆相当长一段时间内税法革新的重要课题。

第二节 台湾税收司法评介及其借鉴

司法，是国家权力通过法律适用形式在社会纠纷解决领域进行的活动，是国家"为当事人双方提供不用武力解决争端的方法"。① 在法制健全的社会中，司法被视为救治社会冲突的最终、最彻底的方式。税收关系是分割私人财产权的分配关系，因而征纳双方发生冲突和产生争议在所难免，而为纳税人遭受税务机关的侵害提供回复权利、弥补损失的法律保障机制，就是所谓对其权利的法律救济。② 税务争议可以从狭义和广义两种角度来理解。狭义的税务争议，仅仅是指与税收核定有关的争议；广义的税务争议，则是指一切与税有关的行政争议。③ 在大陆，税收争议的法律途径主要包括税收税收行政复议和税收行政诉讼，且实行"纳税前置"和"复议前置"的税务争议处理制度。在台湾，税收争议的法律途径包括税捐行政救济和税捐行政诉讼，其中税捐救济包括申请复查和诉愿两个程序，而税捐诉讼则主要由课税处分或罚锾处分之撤销诉讼一家申请退还税款或罚锾诉讼两种。④ 在上

---

① 英国学者金斯基伯格在《公正的概念》中谈到这是法治的含义之一。参见张文显：《当代西方法哲学》，吉林大学出版社 1987 年版，第 206 页。
② 参见刘剑文主编：《财税法学》（第二版），高等教育出版社 2012 年版，第 507—512 页。
③ 参见刘剑文、熊伟：《税法基础理论》，北京大学出版社 2004 年版，第 484—487 页。
④ 参见陈清秀：《税法总论》（第七版），台湾元照出版有限公司 2012 年版，第 735—236 页。

述税收争议解决机制中,税务诉讼的最后定分止争起着最终的纳税人权利保护者功能。而在更为具体且争议较多的税收规避争议部分,正如台湾学者所言,"个别防杜与一般防杜法制之区别,非在立法形式,而在法治国家之实际运作,特别是司法判决判例"。① 在税收司法过程中,法官们需要依据法律的严格规定和有关税收的客观事实,结合税法原则、民法及行政法原则和一般法律基本结构等作出专业的学理判断和价值考量,对某一项税款是否需要征收以及征收多寡的正当性等作出裁决意见。② 尽管税务案件不排除和解之可能③,但实质上的税收法定最终是由法院来保障实现的。

(一) 文化与法治:两岸税收司法比较

检视现代文明的进程,不难发现税收在其中扮演了极其重要的角色。④ 税收之所以在文明进程如此突出,一是由于私人财产权的先天重要性和对于公民的物质保障意义,二是法治文明的进化是在不断尊重人权的历史轨迹中渐次沉淀的。而税收司法则把这种终级关怀高度现实化,从权利救济的角度对财富分割秩序作了进一步的调整和补充。被税收切割的公民财产权作为基本权是权利保护体系中的原初起点,是法治社会建构和维持的基本要素。也正是基于这种理解,"税收法治是法治社会的突破口"。⑤ 而权利保障作为法治文化的基础构成,使得税收司法成为实现税收法治的关键切入点。囿于纳税人权利意识的确实以及某种似是而非的与公权力机构打交道的"潜规则",当前的税收司法只可能是税务机关就行政法意义上的税收征收进行了些许的处罚以及因此而滋生的个别性诉讼案例。在比较严重的涉税案件中,则由法院依据刑法给予偷税人惩罚性的刑事责任。在这样

---

① 葛克昌:《脱法行为与租税国家宪法任务》,载葛克昌主编:《避税案件与行政法院判决》,台湾翰芦图书出版有限公司 2010 年版,第 31 页。
② 关于税法的三个面向及其与税法裁判的关系,参见葛克昌:《法律原则与税法裁判》,载葛克昌:《所得税与宪法》(第三版),台湾翰芦图书出版有限公司 2009 年版,第 547—618 页。
③ 税务案件的和解及其法律功能,参见葛克昌:《论税务案件的和解》,载葛克昌:《行政程序与纳税人基本权》(第三版),台湾翰芦图书出版有限公司 2012 年版,第 853—896 页。
④ 从历史宏观层面上讲,无论是英国贵族与国王征税权的对抗还是法国大革命中平民的分权要求,税收在其中都是斗争的导火索和争议焦点。从制度微观层面上讲,无论是 1919 年《德国租税通则》的颁布施行,还是 1924 年美国税收法庭的形成,税收司法秩序的建立都可归结为对纳税人权利的最基本的救济保障。
⑤ 参见刘剑文:《税收法治:构建法治社会的突破口》,载《法学杂志》2003 年第 3 期。

第六章 纳税人权利保护:救济的视角

的税收司法现状下,税收案件依然是层出不穷,大量涉税案件审理还受到当地行政机关的干涉,在涉及国有企业偷税、漏税、逃税等问题上尤为明显。这种税收文化和税收司法的格局,不仅影响了国家的税收秩序和税收收益,而且还很大程度上损害了其他纳税人包含平等纳税权、公平给付权在内的等各种合法权益。相较而言,台湾的税收文化较为发达,纳税人权利意识和依法纳税的观念以及稽征机关严格遵循税法实体和程序性规定,使得整体税收法治环境较为优越,而在此种背景下的税收司法更能突出体现其权威性、最终性和正当性。对于税法学理和税法原则的贯彻和推动,是需要依靠税收法院和税收司法来完成的。就两岸税收司法而言,虽然两岸均未设立单独的税务法院系统,但台湾"最高行政法院"行政庭有专事税务审理的法官多名,且"司法院""大法官"中亦有多位税法学者罗列其中,此种事实亦能推动税法学理在司法过程中的着力实现。

戴雪认为,"法治"(rule of law)有三层含义:一是法律至上,二是法律面前的平等,三是宪法作为通常法律的后果。① 这其中,后两者均是与司法有关,并通过司法来实现的。对于旨在实现法治的司法而言,这里有两个基本判断:首先是某种社会秩序或法律状态是否能够进入司法的范畴,尔后是这种司法的过程是否体现了社会公正。通常意义上所称的司法化改革,一般是指某类法律行为和事实是否需要和可以进入司法的渠道,而通过适用法律的过程来达到制约权力的目的。② 税收法治亦是如此。著名大法官霍姆斯有句名言:"税收是文明的对价"(price is civilization),所强调的就是税收对于公民而言只是为了自己利益的一种支付,明确体现了税收在文明社会的合理性与正当性。③ 而在这种基于契约文明的对价交易中,不同国家和地区依据各自独特的争讼文化和法治习惯建立不同的税收司法体系。④ 就税收文化而言,两岸在税收法定主义和纳税人权利保护等方面还存在一些差距,大陆的税收司法改革还将任重而道远。一方面,受制于大陆目前尚处于

---

① 参见〔英〕戴雪:《英宪精义》,雷宾南译,中国法制出版社 2001 年版,第 231—245 页。
② 比如,学者们通常所称的宪法实施或监督的司法化、行政复议的司法化等等,即指此意。
③ 至今此种理念在盎格鲁-萨克逊(Anglo-Saxon)传统的西方诸国中依然根深蒂固,并且成为社会法治的重要判准。
④ 比如,德国荷兰的税务违法案件调查局制度、意大利俄罗斯的税务警察制度、美国法国的税收法院制度,等等。

启蒙阶段税收文化及法治观念的影响,税收法治仍处于立法层面上的法律主义的初级阶段,而暂时不能较快地在税收法定原则尚未贯彻落实前提下进入税收司法较为完善的阶段,且目前大陆法院系统具有税务知识的行政法官数量极少,在技术上也难以短时间内实现;而另一方面,大陆司法改革仍处在一个较长的论证和探索阶段,且目前关注重点在于确保依法独立公正行使审判权监察权以及健全司法权力运行机制①,税收司法化及其相关配套制度和措施建设暂未放在较为突出的位置②,这也使得大陆税收司法改革可能会需要一个相当长期的过程。③

(二) 成案研究:大陆税收司法现状

通常意义上所称的司法改革一般限于比较微观的视野,也即主要关涉税收本身是否可以进入司法和进入司法后如何处理的问题。至于更为高阶的宪政层面上的税收司法改革,则有待于体制改革的进一步深化而在渐进的制度变迁中得以实现。当前,大陆税收司法中遇到的主要问题有两个方面:一是客观环境方面,即在现实法制环境上遇有方向性和框架性意义上的困境,比如当前推进税收司法是否有适格的法院和专业法官,如何对现行的税务稽征和调查系统进行整合,如何梳理司法的权威性及对现行的司法体系进行什么样的革新,等等;二是主观认知方面,即法律意识上存有非常大的指导原则缺失以及对税收司法效果的不确定,比如税收司法的基础在于依法稽征税款还是依法保障人权,是采纳内在的复议式裁量抑或接受外在

---

① 十八届三中全会《决定》在"九、推进法治中国建设"中论及司法改革时,分别列明"(32)确保依法独立公正行使审批权检察权"和"(33)健全司法权力运行机制"。参见《中共中央关于全面深化改革若干重大问题的决定》,人民出版社 2013 年版,第 33—34 页。

② 十八届三中全会《决定》在"三、加快完善现代市场体系"之"(13)深化科技体制改革"中,提出"探索建立知识产权法院"。但《决定》并未就税务法院等有关相关表述。参见《中共中央关于全面深化改革若干重大问题的决定》,人民出版社 2013 年版,第 14—15 页。

③ 2013 年 11 月 21 日,最高人民法院发布《人民法院在互联网公布裁判文书的规定》(法释〔2013〕26 号),并自 2014 年 1 月 1 日起施行。该规定第 4 条规定:"人民法院的生效裁判文书应当在互联网公布,但有下列情形之一的除外:(一)涉及国家秘密、个人隐私的;(二)涉及未成年人违法犯罪的;(三)以调解方式结案的;(四)其他不宜在互联网公布的。"根据该规定,自 2014 年 1 月 1 日起,除特定情形外,大陆法院的判决书将全部上网向社会公开。

的司法权介入①,税收司法的效果如何保障,等等。这些都是阻碍税收进入司法的基础性矛盾和体制性困局。当前税收司法面临的困境首先是体制性的,而后又是法律性的。其一是司法权威的问题。与司法权威紧密相连的概念是法官独立、程序公正和裁决终局,这在当前的司法改革的背景下依然还是需要逐步实现。而这其中,专业而精通的税收法官的培养和储备并非一日之功,因为税收领域本来就是一个既复杂精细又需要经验积累的范畴。比如,在 2002 年林昭男诉厦门市地方税务局对外税务分局案中,如何识别股权转让的行为要求承办法院在掌握公司法的同时亦要了解其与税法规定的差异性。② 其二是司法所针对的范围的问题。司法不仅完成对各种行政、刑事方面涉税案件的审判,同时还可以对相应的行政规章和具体行政行为进行合法性审查。③ 财政部、国家税务总局制定的文件首先就属于司法审查的范围,但是这种专业性的审查由现行各级法院能进行吗? 即便是不予适用的判断,法官们都不愿或难以作出。比如,在 2006 年哆来咪音乐学校诉丰都县地方税务局三合税务所案中,在如何理解《民办教育促进法》规定的"依法享受与公办学校同等的税收及其他优惠政策"相关规定方面,法院还是偏向了直接适用财税部门的实施细则。④ 其三是面向税收的司法体系问题。税收司法也同样涉及组织体系的问题,税收法院如何与现行法院体系相衔接,是专门设立税收庭还是在行政庭下设税收庭,税收庭设到哪一级,等等。需要综合考虑税收案件的性质和多寡以及法官数量作出研判和选择。

以涉及企业所得税的案件为例,《企业所得税法》的技术性和专业性较强,其规则体系的适用不仅关系经济活动性质的具体认识,也关系经济活动的会计处理,只有确实掌握财务会计知识和税法知识,才能认定企业所承担

---

① 广义上的税收司法权,不仅包含税收审判权,还包含税收检察权等。法院介入税收司法一般理解为外在司法权形使,检察机关自行设立涉税检察机构也理解为外在司法权介入,而在税务机关内部派出和设立特别检察机构则往往被视为内在的司法化努力。
② 参见石淼:《新型税务案件法理评析》,经济日报出版社 2010 年版,第 8—14 页。
③ 国家主席习近平签署主席令第 15 号,2014 年 11 月 1 日,公布同日由十二届人大常委会第 11 次会议通过的《关于修改〈中华人民共和国行政诉讼法〉的决定》,修订后的《行政诉讼法》自 2015 年 5 月 1 日起施行。根据修订后的《行政诉讼法》司法审查的范围不再明确限定为具体行政行为,而是涵盖该法所列举的全部。
④ 参见石淼:《新型税务案件法理评析》,经济日报出版社 2010 年版,第 1—7 页。

的纳税义务。在法官未经过专业基础和专门训练的情形下,实际上很难胜任涉及企业所得税案件的司法审判,甚至还会出现法院在审理税务案件时还往往需要求助于税务部门的解释。① 1996 年厦门市鼓浪屿水族博物馆享受营业税免税争议案中,水族博物馆是否为税法上的博物馆就引起了较大争议,由于税务机关的沟通不畅以及行政解释的不透明等情形客观存在,最终的结果是水族博物馆在阅过国家税务总局《关于对"博物馆"免税范围界定问题的批复》后向鼓浪屿区人民法院撤回了起诉。② 在 2008 年安徽沙河酒业公司涉嫌偷税案中,税务机关没有能够有效识别税法上的纳税人,并导致了后续税务刑事案件的审理陷于被动,而在媒体的广泛报道以及社会公众和法律人的高度关注下,安徽省阜阳市中级人民法院在 2009 年最终裁定撤销原判,而界首市人民检察院也在同年将案件退回界首市公安局,界首市公安局则撤消了此案并释放该公司法定代表人。③ 此案从某种角度更多的是说明了大陆司法审判权行政权干扰的真实现状,而以税案呈现则仅只是其形式上的外衣而已,此种格局下税收司法及其公正性仍需艰辛跋涉。如此,即便是税收能够进入司法的范畴,相应的一些深层次的法律困惑同样困扰司法机关在具体案件中的适用,这也影响到大陆税收司法的改革与发展。比如,既然司法的属性和要求在于司法公正,那么是否需要完全强调当事人的平等地位,还是说在当前经济发展政策需要下保障税款不流失,或是倾斜性保障相对弱势的纳税人的税收权益?税收司法还涉及权力格局重新配置的问题,诸多的具体税收司法权能毕竟需要从当前过于膨胀的税收行政权中抽取派生,如何保障司法权不被空置也是需要考虑的方面,等等。

---

① 参见刘剑文等:《企业所得税法实施问题研究——以北京为基础的实证分析》,北京大学出版社 2010 年版,第 34—35 页。

② 剔除实体性的税收要素考虑,该案在程序上至少有两点启示:一是事后报呈国家税务总局后形成的行政解释能否作为法院审理案件的依据;二是该行政解释是否能回溯性适用此前发生的案件。与此同时,从合理正当性来看,判断是否是税法上应予减免税的博物馆,应是法院的职权进行司法判决,而非税务机关的行政解释即可得出结论。参见刘剑文、熊伟、翟继光、汤洁茵:《财税法成案研究》,北京大学出版社 2012 年版,第 1—9 页。

③ 参见刘剑文、熊伟、翟继光、汤洁茵:《财税法成案研究》,北京大学出版社 2012 年版,第 65—75 页。

(三) 样本解读:台湾税收司法见解选介

在台湾,自"行政诉讼法"修改增加言词辩论原则而将诉讼代理人推上前台以来,至今已逾十余年,此间常年占行政诉讼半数之税务诉讼仍亦保持其较大比例并呈现持续幅增长的态势。台湾行政诉讼税务诉讼案件数量居高不下,主要有于三个方面的原因:一是纳税人法治观念的普遍提升。随着纳税人权利保护理念的不断倡导,纳税人法律观念和维权意识显著增加,对税务争议解决有着良好期待。二是执法依据的位阶较低。税收稽征机关据以征税和执法的依据主要是税务机关的解释令函,往往也成为税务机关和纳税义务人争执的焦点。三是基层机关执法理念仍有待提高。基层税务机关在管理和执法中对税收法定、纳税人权利保护、无罪推定、处罚之比例原则等掌握不够深入,亦造成税务争议的导火索。[①] 台湾税务案件往往有如下两个特点:一是有着大陆法系传统的台湾非常重视税法案件的裁判,这些税法案件的判决往往又与"司法院"的相关"大法官解释"具有高度的关联性,并进而在司法层面对税法作出最终理解和研判,指导此后行政法院类似税务案件的适法判决;二是税法案例本身成为税法学研究的组成部分,而在后续理论研究争鸣中亦能指导和影响税务案件的判决,甚至会成为"大法官解释"的学理渊源。而在历年来的税务案件审判过程中,台湾"司法院"、"最高行政法院"等司法界对税务案件也形成了较为一致的判例和见解,而其中关于脱法避税与实质课税、协力义务与推计课税、溢缴税款与返还请求权等之相关讨论及细致判理,紧密围绕税法的正当性和纳税人权利保护原则展开,尤其值得大陆业界借鉴和参考。

1. 脱法避税与实质课税。在台湾,"最高行政法院"2009 年 8 月第 2 次总会决议之前,事务上不探究是否具备处罚要件或是否有责任条件,推计课税后,继以所推计折加以处罚,实质课税、脱法避税调整后即以其作为处罚依据,尤其是将避税之故意误认为逃漏税故意,均应予以进一步加以检讨。[②] 如此,几乎所有的避税案件均被等同视为恶意之逃税,使得税法本身在普遍

---

① 参见葛克昌:《租税法发展专题回顾:近年来行政法院判决之分析》,载《台大法学论丛》第 40 卷特刊,2011 年 10 月,第 1909 页。

② 同上书,第 1912 页。

适用过程中具有了很强的不确定性。"税捐稽征法"第 12 条之 1 规定,除第 3 项明确规定稽征机关对依实质课税原则认定的课税原因负举证责任外;第 5 项还规定了纳税人的协力义务不因稽征机关负举证责任而免除。在法理上,税捐公法上的债务,其不同于私法上债务之处,在于私法上债权人代表私益,诉讼程序上适用当事人进行主义,就有利于自己的事实负举证责任;公法债务上债权人国家或地方自治团体系公益代表人,应对债权人有利不利之情形一律注意并依职权调查进行稽征程序,此一原则也应指导税务案件的妥适审理。① 就脱法避税与实质课税的立场偏向而言,德国学者 K. Tipke 宣称,"税务司法之任务在于权利保障,而非维护客观法秩序"②,此种观点也逐渐被台湾学界和司法实务界概括接受。以"最高行政法院"2010 年度判字第 131 号为例,终审法院援引"大法官释字第 650 号"径行判决原判决引以适用宣判违宪之规定,废弃原判决,其概括法理即在于此。③ 尽管学理上税捐规避行为有否定之必要性④,唯在具体的适用过程中应保障严格标准,但台湾法院倾向于将脱法避税与违法逃税的界限作进一步厘清,同时将税收法律主义和实质课税原则的适用次序进行合理掌握,此观点尤其值得大陆税务案件审理时加以参考。

2. 协力义务与推计课税。近年来,纳税人协力义务成为台湾学界和实务界共同关注的焦点、热点和难点。台湾行政法院实务见解虽然倾向于纳税义务人未尽到协力义务来免除稽征机关的举证责任或降低其所负证明程度,从而作出不利纳税义务人的事实推定,但也同时强调次协力义务尚不足以发生客观举证责任转换的实际效果。"推计课税系由于保障纳税人免于提供隐私的协力义务;同时简化税法的施行,让纳税人保留更多自由,换言

---

① 参见葛克昌:《租税法发展专题回顾:近年来行政法院判决之分析》,载《台大法学论丛》第 40 卷特刊,2011 年 10 月,第 1916 页。

② K. Tipke, Die Steuerrechtsordnung, 1993, Bd III, S. 1392. 转引自葛克昌:《税务诉讼事件十年来行政法院见解之研析》,载葛克昌:《行政程序与纳税人基本权》(第三版),台湾翰芦图书出版有限公司 2012 年版,第 840—844 页。

③ 参见曾玠智、郭敬、芮诗庭整理:《公司资金贷与他人应否设算利息?——以评析"最高行政法院""99 年度"判字第 131 号为出发》,载葛克昌主编:《实质课税与行政法院判决》,台湾翰芦图书出版有限公司 2013 年版,第 121—123 页。

④ 参见陈清秀:《税法总论》(第七版),台湾元照出版有限公司 2012 年版,第 216—220 页。

第六章　纳税人权利保护：救济的视角

之其合宪性建立在确切保障纳税人基本权（信息自主权）之上。"①就历年来台湾法院判决观之，协力义务与推计课税相关判决与类型如下：一是未通知提示不得径行推计；二是调查仍有可能时不应推计；三是推计课税与实质额课税相矛盾不得同时适用；四是推计方法不得违背经验法则；五是承诺书非即得推计不能直接作为证据使用；六是协力义务应符合比例原则。② 在行政法院实务中，对于纳税人是否已尽协力义务以及稽征机关何时有权取得推计课税之权限，概采根据举证责任而加以研判，而基于程序规则来对实体上权利义务作出切分。③ 与此同时，对租税违章案件案件，台湾行政法院实务认为"按裁罚参考表仅具有内部效力，与间接外部效力，此种效力并非来自参考表，而出于行政惯行，违反此种惯行而不具理由为平等原则之违反"。④ 上述见解，则是基于程序法上的原则，对纳税人协力义务与稽征机关推计课税之正当性界限作出的理解，也即通过举证责任配置及其对案件事实的法律认知，来证实纳税人已尽协力义务或稽征机关是为依法妥适课征税款。此种思路，对仍处于"重实体、轻程序"的大陆税收司法而言，具有相当重要的参考价值。

3. 溢缴税款与返回请求权。在台湾，关于"税捐稽征法"第28条退税请求权之争议向来甚多，"财政部"与"最高行政法院"庭长法官联席会议也曾经作成相关之函释与决议，一般认为退税请求权是为特殊的公法不当得利返还请求权。溢缴税款返回请求权，牵涉之类型与法理相当复杂，不仅学说上各有理解⑤，二级行政法院判决也多有分歧，即以其中核课处分发生形

---

① 葛克昌：《租税法发展专题回顾：近年来行政法院判决之分析》，载《台大法学论丛》第40卷特刊，2011年10月，第1928页。
② 参见葛克昌：《税务诉讼事件十年来行政法院见解之研析》，载葛克昌：《行政程序与纳税人基本权》（第三版），台湾翰芦图书出版有限公司2012年版，第840—844页。
③ 参见郭秉芳、黄庆华整理：《推计课税与举证责任——"96年"判字第24号判决评释》，载葛克昌主编：《纳税人协力义务与行政法院判决》，台湾翰芦图书出版有限公司2011年版，第249—284页。
④ 葛克昌：《租税法发展专题回顾：近年来行政法院判决之分析》，载《台大法学论丛》第40卷特刊，2011年10月，第1940页。
⑤ 参见陈敏：《租税法之返还请求权》，载台湾《政大法学评论》第59期，1998年6月，第65—68页；陈清秀：《浅谈税捐稽征法第28条之适用范围》，载陈清秀：《现代税法原理与国际税法》，台湾元照出版有限公司2008年版，第211—231页；葛克昌、蔡孟彦：《公法返还请求权》，载台湾《月旦财经法杂志》第8期，2007年3月，第135—136页；等等。

式存续力,纳税人能否及在何种条件下,仍得享有退税请求权,及有关处分形式存续力突破问题,虽经 2006 年 2 月"最高行政法院"总会决议,作成纳税义务人与原确定判决确定力范围相反之理由,应判决驳回,但仍未完全解决。① 2009 年 1 月 21 日,台湾修正公布"税捐稽征法"第 28 条,将原有之第 28 条退税请求权,区分为自行适用法令错误或计算错误,与可归责于政府机关之错误,前者退还以 5 年内溢缴者为限,并在该条第 2 项明确规定。为加强保护纳税人权利计,该法第 4 项和第 5 项还规定对退税请求权的适用采溯及原则。② 不过,这也带来了在具体税务案件中适用法律时产生的疑惑和争议。以"最高行政法院"2011 年度判字第 2191 号判决为例,终审判决对原审判决予以废弃,并重申纳税人申请退税以其溢缴原因是否为适用法令错误或计算错误为断,同时释明了"税捐稽征法"第 28 条与"行政程序法"第 128 条之权利设置的差异所在。③ 而在交通银行诉"财政部台北市国税局"一案中,"最高行政法院"在其 2006 年度判字第 1540 号判决中认为,扣缴税款与结算申报时抵缴税额两者乃相牵连之权利义务关系,不容割裂适用,被告系适用法令有错误。尽管该案判决产生在修法前,但对溢缴税款返还请求权之法理研判,仍有裨益。④ 上述判决,在租税法律主义和纳税人权利保护两造之间,通过衡平和研判税法上的经济实质意义,来对溢缴税款之具体情事进行分析和识别,以维护税法伦理上的公平正义而最终有效保障纳税人之正当权益。此种置于租税法律主义下的纳税人权利保护立场和

---

① 参见葛克昌:《租税法发展专题回顾:近年来行政法院判决之分析》,载《台大法学论丛》第 40 卷特刊,2011 年 10 月,第 1930 页。

② "税捐稽征法"第 28 条规定:"纳税义务人自行适用法令错误或计算错误溢缴之税款,得自缴纳之日起五年内提出具体证明,申请退还;届期未申请者,不得再行申请。""纳税义务人因税捐稽征机关适用法令错误、计算错误或其他可归责于政府机关之错误,致溢缴税款者,税捐稽征机关应自知有错误原因之日起二年内查明退还,其退还之税款不以五年内溢缴者为限。""前二项溢缴之税款,纳税义务人以现金缴纳者,应自其缴纳该项税款之日起,至填发收入退还书或国库支票之日止,按溢缴之税额,依缴纳税款之日邮政储金一年期定期储金固定利率,按日加计利息,一并退还。""本条修正施行前,因第二项事由致溢缴税款者,适用修正后之规定。""前项情形,税捐稽征机关于本条修正施行前已知有错误之原因者,二年之退还期间,自本条修正施行之日起算。"

③ 参见蔡孟彦:《"最高行政法院"2011 年度判字第 2191 号判决——退税请求权与程序重开》,载葛克昌主编:《溢缴税款返回请求权与行政法院判决》,台湾翰芦图书出版有限公司 2012 年版,第 101—116 页。

④ 参见陈昱维、谢时峰、刘柏均整理:《试论债券交易附买回条件之退税请求权——简评"最高行政法院"2006 年度判字第 1540 号判决》,载葛克昌主编:《溢缴税款返回请求权与行政法院判决》,台湾翰芦图书出版有限公司 2012 年版,第 273—348 页。

第六章 纳税人权利保护:救济的视角

维持正当合理税法秩序的观念,尤其值得大陆税收司法参考与借鉴。

(四) 税收司法改革:大陆税收法治的道路

德国 P. Häberle 教授认为,"当立法者长期怠于作为甚或缺乏作为能力,无从在税法上贯彻租税正义要求之际,积极的司法应有作为空间。"[1]大陆税收法治之路,除了继续推动贯彻税收法定原则之外,还应特别注重和借力税收司法之重大意义。税收进入司法的正当性已然十分明了,但是税收司法在我国特定语境下是否具有必然性和可能性？可以认为税收司法在当下中国既具有理论和政策上的必然性,又具有技术上的可能性。从必然性上讲,包含三个方面的涵义层次。其一,在法理逻辑上,建设法治国家的发展目标使税收进入司法成为必然。现代国家均以权力制约和权利保障为追求法治的基本准向,税收进入司法符合法治的基本原理和思路,同时还可以以此为突破口进一步推动人权保障事业的发展。其二,在财经理论上,公共财政运行的内在需要使税收进入司法成为必然。公共财政理论要求国家税收应当用于公共物品的提供,并需要有效的秩序和规则来约束,司法约束即是继税收立法约束之后的有效的制度控制方式。[2] 其三,在社会政策上,转型社会的秩序考问也促使税收进入司法成为可能。转型社会中各种矛盾特别是关涉公民财产权利的冲突不断深化和突出,积极寻求正确妥适的调处方式也使得司法进入税收领域成为必然。但需要特别指出的是,与现代民主宪政国家之建设同样,税捐法制的合理化有其所在国之历史发展程度的时空界限有关,并不存在可以超越客观规律的"一蹴而就"之可能性。与此同时,实行法治并不意味着奉行法律文本中心主义,真正有效的经验是把法律与其他社会控制资源结合起来,根据特定的社会条件,综合、协调地发挥其作用。[3] 大陆税收司法改革应当依托于其独有的经济社会政治资源禀赋,

---

[1] Häberle, Das nationale Steuerrrcht im Textstufenvergleich, in Kirchhof/Lehner/Raupach/Rodi (Hrsg.), Staaten und Steuern: Festschrift für Klaus Vogel zum 70. Geburtstag, Heidelberg 2000,S.152 转引自葛克昌:《租税法发展专题回顾:近年来行政法院判决之分析》,载《台大法学论丛》第 40 卷特刊,2011 年 10 月,第 1928 页。

[2] 参见〔澳〕布伦南、〔美〕布坎南:《宪政经济学》,冯克利等译,中国社会科学出版社 2004 年版,第 153 页。

[3] 参见顾培东:《中国法治的自主型进路》,载《法学研究》2010 年第 1 期。

遵循整体改革的步伐,以纳税人权利保护和推动专业化为中心,实现藉由税收司法而推动的真正的实质意义上的税收法治。

从技术可能性上讲,现行的司法改革方向和税收体制状况也为税收进入司法提供了初步的政策基础和实践平台。税收司法从根本意义上还是在于司法,司法改革一个重要的目标即是在公平和效率的前提下确保司法公正并维护人权,实现司法权威和社会法治。现行的司法改革中就有关于税收司法尝试的情形,并且有一定的实践效果。部分地方建立了司法组织,如与公安机关合办的"税务公安派出所"、"涉税犯罪侦察室",与检察机关合办的"税务检察室",与法院合办的"税务审判庭"、"涉税案件执行室"等,在税收行政执法中发挥了积极作用,具备了专门的税收司法机构的某些特征。在此基础上,进一步加强司法介入和相应制度保障的力度,在现有的法院系统中设立行政庭下的税收庭,在税收行政系统中设置税务警察等,均是在行政体制范围和法律制度所允许和具有可行性的。税收司法不仅关涉司法机关的组织更迭问题,同时还影响到税收领域公权力的重新设置,所以实施税收司法的进程应当体现必要的稳妥和循序渐进。首先,需要在立法上对税收司法作出相对明确的规定,以使税收司法的立法理念、组织保障和程序公开等方面在法律上能有所遵循和依从。其次,税收司法宜从税收行政案件案件入手,在中级以上法院尝试设立税务庭,针对税收行政案件积累比较丰富的审判经验和培养后备法官。① 再次,对于涉税非行政案件,如税收犯罪等税收刑事案件、税收代理和税收担保所致的税收民事案件等,善于整理形成税收司法的审判脉络,并积极建立税收警察和检察官制度,利于以后形成比较完善的在理论和实践中都能良好运行的税收司法体系。最后,对于理想化的税收司法图景而言,还需要国家司法权威重塑、税务法官专业性和独立性保障、税务律师空间上扬等体制性改革的渐次跟进和税收司法共同体的环境支持。②

---

① 有关法官技术理性的必要性,参见季卫东:《法治秩序的建构》,中国政法大学出版社1999年版,第199—200页。
② 参见王桦宇:《税收司法、税收法治与和谐社会——本土化语境下的中国税收司法改革》,载上海市律师协会财税法律研究委员会编著:《财税律师业务》,法律出版社2008年版,第209—219页。

主要参考文献

一、外国学者译著

〔澳〕布伦南、〔美〕布坎南：《宪政经济学》，冯克利等译，中国社会科学出版社 2004 年版。

〔德〕Eberhard Schmidt-Aßmann：《行政法总论作为秩序理念——行政法体系建构的基础与任务》，林明锵、陈英铃等译，台湾元照出版有限公司 2009 年版。

〔法〕马克·勒瓦：《关于税，你知道多少?》，陈郁雯、詹文硕译，台湾卫城出版公司 2012 年版。

〔美〕理查德·A. 波斯纳：《法律的经济分析》，蒋兆康译，中国大百科全书出版社 1997 年版。

〔美〕休·奥尔特、〔澳〕布赖恩·阿诺德等：《比较所得税法——结构性分析》（第三版），丁一、崔威译，北京大学出版社 2013 年版。

〔美〕B. 盖伊·彼得斯：《税收政治学：一种比较的视角》，郭为桂、黄宁莺译，江苏人民出版社 2008 年版。

〔美〕华莱士·E. 奥茨：《财政联邦主义》，陆符嘉译，译林出版社 2012 年版。

〔日〕北野弘久：《日本税法学原论》（第五版），中国检察出版社 2008 年版。

〔日〕金子宏：《日本税法》，战宪斌、郑林根等译，法律出版社 2004 年版。

〔日〕美浓部达吉：《法之本质》，林纪东译，台湾商务印书馆 2012 年版。

〔日〕神野直彦：《财政学——财政现象的实体化分析》，南京大学出版社 2012 年版。

〔英〕戴雪：《英宪精义》，雷宾南译，中国法制出版社 2001 年版。

〔英〕威廉·配第：《赋税论》，马妍译，中国社会科学出版社 2010 年版。

二、台湾学者著作

陈敏：《行政法总论》（第七版），台湾新学林出版有限公司 2011 年版。

陈清秀：《税法总论》（第七版），台湾元照出版有限公司 2012 年版。

陈清秀：《现代税法原理与国际税法》，台湾元照出版有限公司 2008 年版。

陈薇芸：《社会福利与所得税法》，台湾翰芦图书出版有限公司 2009 年版。

城仲模:《行政法之基础理论》(增订三版),台湾三民书局股份有限公司 1999 年版。
葛克昌:《国家学与国家法》,台湾月旦出版社股份有限公司 1996 年版。
葛克昌主编:《实质课税与行政法院判决》,台湾翰芦图书出版有限公司 2013 年版。
葛克昌:《税法基本问题(财政宪法篇)》,北京大学出版社 2004 年版。
葛克昌:《所得税与宪法》(第三版),台湾翰芦图书出版有限公司 2009 年版。
葛克昌:《行政程序与纳税人基本权》(第三版),台湾翰芦图书出版有限公司 2012 年版。
葛克昌主编:《避税案件与行政法院判决》,台湾翰芦图书出版有限公司 2010 年版。
葛克昌主编:《纳税人权利保护——税捐稽征法第一章之一逐条释义》,台湾元照出版有限公司 2010 年版。
葛克昌主编:《纳税人协力义务与行政法院判决》,台湾翰芦图书出版有限公司 2011 年版。
葛克昌主编:《实质课税与行政法院判决》,台湾翰芦图书出版有限公司 2013 年版。
葛克昌主编:《溢缴税款返回请求权与行政法院判决》,台湾翰芦图书出版有限公司 2012 年版。
葛克昌、贾绍华、吴德丰主编:《实质课税与纳税人权利保护》,台湾元照出版有限公司 2012 年版。
葛克昌、刘剑文、吴德丰主编:《两岸避税防杜法制之研析》,台湾元照出版有限公司 2010 年版。
葛克昌、刘剑文、吴德丰主编:《税捐证据法制探讨暨台湾 2012 最佳税法判决》,台湾元照出版有限公司 2013 年版。
葛克昌、汤贡亮、吴德丰主编:《两岸纳税人权利保护之立法潮流》,台湾元照出版有限公司 2011 年版。
葛克昌、朱大旗、吴德丰主编:《大陆企业所得税法释论》,台湾元照出版有限公司 2009 年版。
黄俊杰:《财政宪法》,台湾翰芦图书出版有限公司 2006 年版。
黄俊杰:《税捐法定主义》,台湾翰芦图书出版有限公司 2012 年版。
黄俊杰:《税捐基本权》,台湾元照出版有限公司 2010 年版。
黄俊杰:《税捐正义》,北京大学出版社 2004 年版。
黄俊杰:《纳税人权利之保护》,北京大学出版社 2004 年版。
黄茂荣:《税法各论》(增订二版),台湾植根法学丛书编辑室 2007 年版。
黄茂荣:《税法总论:法学方法与现代税法》(第二册),台湾植根法学丛书编辑室 2005 年版。

黄茂荣:《税法总论:法学方法与现代税法》(第一册增订三版),台湾植根法学丛书编辑室 2012 年版。

黄茂荣:《税法总论:税捐法律关系》(第三册),台湾植根法学丛书编辑室 2008 年版。

黄仁宇:《十六世纪明代中国之财政与税收》,生活·读书·新知三联书店 2001 年版。

黄士洲:《税务诉讼的举证责任》,台湾翰芦图书出版有限公司 2002 年版。

黄源浩:《税法学说与案例研究(一)》,台湾翰芦图书出版有限公司 2012 年版。

李厚高:《财政学》,台湾三民书局 1991 年版。

林美莉:《西洋税制在近代中国的发展》,台湾"中央研究院"近代史研究所 2005 年版。

林石猛、蔡坤展:《关务行政诉讼实务》,台湾学林文化事业有限公司 2004 年版。

林石猛、邱基峻:《行政程序法在税务争讼之运用》(二版),台湾元照出版有限公司 2011 年版。

罗承宗:《新世纪财税与预算法理论与课题》,台湾翰芦图书出版有限公司 2011 年版。

潘英方:《纳税人权利保障之建构与评析》,台湾翰芦图书出版有限公司 2009 年版。

邱祥荣:《电子商务课征加值型营业税之法律探析》,北京大学出版社 2005 年版。

吴庚:《行政法之理论与实用》(增订十二版),台湾三民书局股份有限公司 2012 年版。

吴家声:《财政学》,台湾三民书局 1991 年版。

吴金柱:《所得税法之理论与实用》(上、下),台湾五南图书出版股份有限公司 2008 年版。

吴启玄:《限制出境制度之实务问题》,台湾翰芦图书出版有限公司 2003 年版。

翁岳生编:《行政法》(上、下),中国法制出版社 2009 年版。

翁岳生:《法治国家之行政法与司法》(二版),台湾元照出版有限公司 2009 年版。

许宗力:《法与国家权力》,台湾元照出版有限公司 1999 年版。

严庆章:《租税法》,台湾月旦出版社股份有限公司 1995 年版。

于宗先、王金利:《台湾赋税体制之演变》,台湾联经出版事业股份有限公司 2008 年版。

张进德:《从行政程序法论依法课税》,台湾元照出版有限公司 2013 年版。

张进德:《新租税法与实例解说:法律逻辑分析与体系解释》,台湾元照出版有限公司 2010 年版。

张进德:《租税法与实例解说》,台湾元照出版有限公司 2006 年版。

张永明:《国家租税权之界限》,台湾翰芦图书出版有限公司 2010 年版。

钟典晏:《扣缴实务相关问题研析》,台湾翰芦图书出版有限公司 2004 年版。

吴德丰、郭宗铭、徐丽珍:《跨国移转订价策略及风险管理》(第四版),财团法人资诚教育基金会 2013 年版。

吴德丰、徐丽珍:《公司税务治理与规划》,财团法人资诚教育基金会 2010 年版。

三、台湾学者论文

蔡茂寅:《财政收入总论(上)》,载台湾《月旦法学教室》第 77 期,2009 年 3 月,第 60—66 页。

蔡茂寅:《财政作用之权力性与公共性》,载《台湾大学法学论丛》第 25 卷第 4 期,1996 年 7 月,第 53—76 页。

蔡孟彦:《试论公益团体租税减免之基础与调整——以日本法制为核心》,载台湾《月旦法学杂志》第 206 期,2012 年 7 月,第 67—72 页。

陈敏:《财产移转行为之课税——债权行为课税或物权行为课税》,载台湾《政大法学评论》第 69 期,2002 年 3 月,第 127—166 页。

陈敏:《宪法之租税概念及其课征限制》,载台湾《政大法学评论》第 24 期,1981 年 12 月,第 58 页。

陈敏:《租税法之返还请求权》,载台湾《政大法学评论》第 59 期,1998 年 6 月,第 65—102 页。

陈敏:《租税法之解释函令》,载台湾《政大法学评论》第 57 期,1997 年 6 月,第 1—36 页。

陈敏:《租税法之提供担保》,载台湾《政大法学评论》第 52 期,1994 年 12 月,第 195—218 页。

葛克昌:《租税法发展专题回顾:近年来行政法院判决之分析》,载《台大法学论丛》第 40 卷特刊,2011 年 10 月,第 1907—1944 页。

葛克昌:《租税规避之研究》,载《台大法学论丛》第 6 卷第 2 期,1977 年 6 月,第 167—187 页。

葛克昌、蔡孟彦:《公法返还请求权》,载台湾《月旦财经法杂志》第 8 期,2007 年 3 月,第 135—136 页;等等。

黄俊杰:《税捐正义之维护者》,载《台大法学论丛》第 32 卷第 6 期,2003 年 11 月,第 5 页。

柯格锺:《特别公课之概念及争议——以释字第 426 号解释所讨论之空气污染防治费为例》,载台湾《月旦法学杂志》第 163 期,2008 年第 12 期,第 194—215 页。

罗承宗:《论花博门票的法律课题:以规费法为中心》,载台湾《玄奘法律学报》第 16 期,2011 年 12 月,第 277—303 页。

洪家殷:《我国"税捐稽征法"第四十八条之一有关自动补报补缴免罚规定之检讨》,载《台大法学论丛》第 30 卷第 3 期,2001 年 5 月,第 235—280 页。

黄茂荣:《论税捐之滞纳金》,载《台湾大学法学论丛》第 16 卷第 2 期,1987 年 6 月,第 69—117 页。

黄源浩:《法国地方税制之危机与转机》,载《台湾大学法学论丛》第 35 卷第 3 期,2006 年 5 月,第 195—275 页。

黄源浩:《法国税法上的非营利组织课税问题》,载台湾《月旦法学杂志》第 206 期,2012 年 7 月,第 52—66 页。

黄源浩:《行政补贴作为加值型营业税之租税客体——从"司法院"释字第 661 号解释出发》,载《台北大学法学论丛》第 87 期,2013 年 9 月,第 1—58 页。

蓝元骏:《课税宪法界限之伦理要求——课税正当性、宪法界限、租税伦理》,载台湾《华冈法粹》第 52 期,2012 年 3 月,第 141—157 页。

蓝元骏:《现代国家课税制法理基础——中世纪税制之法文化观》,载台湾《华冈法粹》第 54 期,2012 年 10 月,第 153—180 页。

盛子龙:《租税法上举证责任、证明度与类型化方法之研究》,载台湾《东吴法律学报》第 24 卷第 1 期,2012 年 7 月,第 41—85 页。

王泽鉴:《台湾的民法与市场经济》,载《法学研究》1993 年第 2 期。

许育典、封昌宏:《宗教团体捐赠收入课税的法律分析》,载台湾《月旦法学杂志》第 220 期,2013 年 9 月,第 206—226 页。

四、大陆学者著作

白宇飞:《我国政府非税收入研究》,经济科学出版社 2008 年版。

蔡红英、范信葵:《房地产税国际比较研究》,中国财政经济出版社 2011 年版。

陈明光:《中国古代的纳税与应役》,商务印书馆 2013 年版。

陈少英:《税法学教程》(第二版),北京大学出版社 2011 年版。

邓保生:《税收遵从行为与纳税服务关系研究》,中国税务出版社 2009 年版。

杜树章:《中国皇权社会的赋税研究》,中国财政经济出版社 2009 年版。

付伯颖编著:《比较税制》,北京大学出版社 2010 年版。

龚祥瑞等:《西方国家的司法制度》,北京大学出版社1980年版。
何廉、李锐:《财政学》,商务印书馆2011年版。
郝琳琳:《信托所得课税法律问题研究》,法律出版社2013年版。
黄天华:《中国税收制度史》,中国财政经济出版社2009年版。
季卫东:《法治秩序的建构》,中国政法大学出版社1999年版。
姜明安主编:《行政法与行政诉讼法》(第五版),北京大学出版社2011年版。
蒋熙辉:《中国非税收入制度新探索》中国社会科学出版社2012年版。
李建人:《英国税收法律主义的历史源流》,法律出版社2012年版。
李晶、刘澄编著:《最新中国税收制度》,中国社会科学出版社2010年版。
李旭鸿:《税式支出制度的法律分析》,法律出版社2012年版。
刘剑文:《财税法——原理、案例与材料》,北京大学出版社2013年版。
刘剑文:《重塑半壁财产法:财税法的新思维》,法律出版社2009年版。
刘剑文:《强国之道——财税法治的破与立》,社会科学文献出版社2013年版。
刘剑文:《税醒了的法治》,北京大学出版社2014年版。
刘剑文:《走向财税法治:信念与追求》,法律出版社2009年版。
刘剑文等:《企业所得税法实施问题研究——以北京为基础的实证分析》,北京大学出版社2010年版。
刘剑文、熊伟:《财政税收法》(第五版),法律出版社2009年版。
刘剑文、熊伟:《税法基础理论》,北京大学出版社2004年版。
刘剑文、熊伟、翟继光、汤洁茵:《财税法成案研究》,北京大学出版社2012年版。
刘剑文主编:《财政法学》,北京大学出版社2009年版。
刘剑文主编:《国际税法学》(第三版),北京大学出版社2013年版。
刘少军:《税法学》,中国政法大学出版社2008年版。
刘永伟:《转让定价法律问题研究》,北京大学出版社2004年版。
刘怡:《财政学》,北京大学出版社2010年版。
吕冰洋:《税收分权研究》,中国人民大学出版社2011年版。
马伟主编:《台湾地区税收制度》,当代中国出版社2009年版。
马寅初:《财政学与中国财政——理论与现实》(上册、下册),商务印书馆2001年版。
齐守印,王朝才主编:《非税收入规范化管理研究》,经济科学出版社2009年版。
上海市律师协会财税法律研究委员会编着:《财税律师业务》,法律出版社2008年版。

石坚、陈文东主编:《房地产税制的国际比较》,中国财政经济出版社 2011 年版。

石淼:《新型税务案件法理评析》,经济日报出版社 2010 年版。

施正文:《税收程序法论——监控征税权运行的法理与立法研究》,北京大学出版社 2003 年版。

孙忠欣:《政府非税收入理论探索与制度建设》,中国财政经济出版社 2011 年版。

谭光荣主编:《税收学》,清华大学出版社 2013 年版。

谭志哲:《当代税法理念转型研究——从依法治税到税收法治》,法律出版社 2013 年版。

汤贡亮主编:《中国税收发展报告——"十二五"时期中国税收改革展望》,中国税务出版社 2011 年版。

滕祥志:《税法实务与理论研究》,法律出版社 2008 年版。

王德祥:《现代外国财政制度》,武汉大学出版社 2005 年版。

王汝印主编:《中国税收》,北京邮电大学出版社 2012 年版。

王乔,席卫群:《比较税制》(第三版),复旦大学出版社 2013 年版。

王乔,席卫群:《非税收入管理问题研究》,中国税务出版社 2008 年版。

王霞:《税收优惠法律制度研究——以法律的规范性及正当性为视角》,法律出版社 2012 年版。

熊伟:《财政法基本问题》,北京大学出版社 2012 年版。

徐孟洲:《财税法律制度改革与完善》,法律出版社 2009 年版。

徐信艳:《中国古代流转税思想研究》,上海交通大学出版社 2012 年版。

叶少群:《海峡两岸税收制度比较》,中国财政经济出版社 2008 年版。

於鼎丞:《港澳台税制》,暨南大学出版社 2009 年版。

於鼎丞:《两岸税制比较》,中国税务出版社 2009 年版。

禹奎:《中国遗产税研究:效应分析和政策选择》,经济科学出版社 2009 年版。

臧知非:《秦汉赋役与社会控制》,三秦出版社 2012 年版。

曾国祥主编:《赋税与国运兴衰》,中国财政经济出版社 2013 年版。

曾康华:《外国财政》,对外经贸大学出版社 2011 年版。

张富强:《税法学》,法律出版社 2007 年版。

张守文:《财税法疏议》,北京大学出版社 2005 年版。

张守文:《财税法学》(第三版),中国人民大学出版社 2011 年版。

张守文:《税法原理》(第六版),北京大学出版社 2012 年版。

张文显:《当代西方法哲学》,吉林大学出版社 1987 年版。

张学博:《减免税法律制度研究》,中国政法大学出版社 2012 年版。
张怡等:《衡平税法研究》,中国人民大学出版社 2012 年版。

五、大陆学者论文

安体富、李青云:《英日信托税制的特点及对我们的启示》,载《涉外税务》2004 年第 1 期。
陈融:《我国政府性基金法律问题探讨》,载《政治与法律》2013 年第 1 期。
陈小安:《房产税的功能、作用与制度设计框架》,载《税务研究》2011 年第 4 期。
丁元浩、陈曙伟:《清税复议前置制度应当修改》,载《福建税务》2000 年第 9 期。
董其文:《全面推进现代消费税制的改革》,载《税务研究》2011 年第 11 期。
杜恂诚:《民国时期的中央与地方财政划分》,载《中国社会科学》1998 年第 3 期。
范南、王礼平:《我国印花税变动对证券市场波动性影响实证研究》,载《金融研究》2003 年第 6 期。
范忠信:《日据时期台湾法制的殖民属性》,载《法学研究》2005 年第 4 期。
福建省地税局"台湾税收研究"课题组:《海峡两岸税制比较研究》,载《福建论坛(经济社会版)》2002 年第 10 期。
高凤勤、许可:《遗产税制度效应分析与我国的遗产税开征》,载《税务研究》2013 年第 3 期。
高培勇:《"营改增"的功能定位与前行脉络》,载《税务研究》2013 年第 7 期。
龚辉文:《关于增值税、营业税合并问题的思考》,载《税务研究》2010 年第 5 期。
顾培东:《中国法治的自主型进路》,载《法学研究》2010 年第 1 期。
郭月梅:《"营改增"背景下完善地方税体系的探讨》,载《财政研究》2013 年第 6 期。
何祚庥:《对"地大物博,人口众多"的再认识》,载《中国社会科学》1996 年第 5 期。
黄朝晓:《土地增值税去留问题之我见》,载《税务研究》2008 年第 4 期。
黄璟俐:《国外房产税的征收经验及对我国的启示》,载《财政研究》2013 年第 2 期。
黄威:《关于中国个人所得税改革的研究综述》,载《上海财经大学学报》2008 年第 4 期。
黄文旭:《论碳关税的基本理论问题》,载陈晖主编:《海关法评论(第 2 卷)》,法律出版社 2011 年版,第 242—256 页。
贾康:《我国财政平衡政策的历史考察》,载《中国社会科学》1993 年第 2 期。
纪宗安、陈勇:《赫德与晚清印花税》,载《学术研究》2004 年第 6 期。
蒋晓蕙、张京萍:《我国应及时开征遗产税和赠与税》,载《税务研究》2005 年第 5 期。

金亮、杨大春:《中国古代契税制度探析》,载《江西社会科学》2004年第11期。

李非:《论殖民地时期台湾经济的基本特征》,载《台湾研究》2003年第3期。

李力、周充:《土地增值税的征收应缓行》,载《财经科学》2007年第4期。

李荣法、朱琳:《税务诉讼中的证明标准和法律适用问题》,载熊伟主编:《税法解释与判例评注(第1卷)》,法律出版社2010年版,第169—245页。

李升:《房产税的功能定位》,载《税务研究》2012年第3期。

刘剑文:《房产税改革正当性的五维建构》,载《法学研究》2014年第2期。

刘剑文:《地方财源制度建设的财税法审思》,载《法学评论》2014年第2期。

刘剑文:《论国家治理的财税法基石》,载《中国高校社会科学》2014年第5期。

刘剑文、侯卓:《财税法在国家治理现代化中的担当》,载《法学》2014年第2期。

刘剑文:《财税法治的破局与立势——一种以关系平衡为核心的治国之路》,载《清华法学》2013年第5期。

刘剑文:《公共财产法视角下的财税法学新思维》,载《财税法论丛(第13卷)》,法律出版社2013年版,第66—73页。

刘剑文:《论税务行政诉讼的证据效力》,载《税务研究》2013年第10期。

刘剑文:《税收法治:构建法治社会的突破口》,载《法学杂志》2003年第3期。

刘剑文:《收入分配改革与财税法制创新》,载《中国法学》2011年第5期。

刘剑文:《我国财税法治建设的破局之路——困境与路径之审思》,载《现代法学》2013年第3期。

刘剑文:《作为综合性法律学科的财税法学——一门新兴法律学科的进化与变迁》,载《暨南学报(哲学社会科学版)》2013年第5期。

刘剑文、侯卓:《"理财治国"理念之展开——另一种国家治理模式的探索》,载《财税法论丛(第13卷)》,法律出版社2013年版,第4—31页。

刘剑文、王桦宇:《公共财产权的概念及其法治逻辑》,载《中国社会科学》2014年第8期。

刘剑文、王桦宇:《中国反避税法律制度的演进、法理省思及完善——以〈税收征管法〉修改为中心》,载《涉外税务》2013年第1期。

刘荣、刘植才:《开征遗产税——我国经济社会发展的历史选择》,载《税务研究》2013年第3期。

刘永伟:《税收主权与税收专约的解释依据》,载《中国社会科学》2013年第6期。

卢洪友:《非税财政收入研究》,载《经济研究》1998年第6期。

吕冰洋、郭庆:《中国税收高速增长的源泉:税收能力和税收努力框架下的解释》,载

《中国社会科学》2011 年第 2 期。

庞凤喜：《台湾地区税制结构转型观察》，载《涉外税务》2013 年第 1 期。

裴文、李震寰、林秀铭：《台湾奢侈税之施行对不动产市场的影响》，载《东北财经大学学报》2013 年第 4 期。

平新乔、梁爽、郝朝艳、张海洋、毛亮：《增值税与营业税的福利效应研究》，载《经济研究》2009 年第 9 期。

饶立新：《荷兰印花税创始之谜团》，载《涉外税务》2013 年第 2 期。

单顺安：《我国开征遗产税的意义及制度安排》，载《税务研究》2013 年第 3 期。

沈四宝、盛建明：《经济全球化与国际经济法的新发展》，载《中国法学》2006 年第 3 期。

宋琳：《完善信托产品收益课税制度》，载《税务研究》2005 年第 9 期。

苏建华：《西方国家遗产税理论与实践——兼论我国开征遗产税的合理性》，载《涉外税务》2003 年第 4 期。

孙笑侠、郭春镇：《法律父爱主义在中国的适用》，载《中国社会科学》2006 年第 1 期。

孙秀林、周飞舟：《土地财政与分税制：一个实证解释》，载《中国社会科学》2013 年第 4 期。

汪柏树：《民国徽州土地卖契的契税》，载《中国经济史研究》2011 年第 1 期。

王昉、熊金武：《从"涨价归公"思想到土地增值税制度——兼论近代社会转型时期经济思想与经济制度的关系》，载《财经研究》2010 年第 1 期。

王桦宇：《论税与费的法律界限》，载《珞珈法学论坛（第 6 卷）》，武汉大学出版社 2007 年版，第 168—182 页。

王桦宇：《文化演进、制度变迁与税收法治——法理语境下的中美税制比较》，载《东方法学》2013 年第 5 期。

王桦宇：《一份税务稽查法律意见书的解读——兼论上海市"营改增"试点与纳税人权利保护》，载熊伟主编：《税法解释与判例评注（第 3 卷）》，法律出版社 2012 年版，第 48—61 页。

王桦宇：《"诸侯国"抑或"宪政国"——中国大陆地方财税法制的进化与愿景》，载《月旦财经法杂志》第 32 期，2013 年 5 月，第 118—122 页。

王军：《深化税制改革 服务发展大局》，载《求是》2013 年第 24 期。

王士如：《税收立法中的宪政理念——以〈税收征收管理法〉第 88 条为例》，载《上海财经大学学报》2008 年第 3 期。

吴凡:《车船税的功能定位与要素设计》,载《中国财政》2011 年第 3 期。

吴元元:《信息能力与压力型立法》,载《中国社会科学》2010 年第 1 期。

徐键:《分权改革背景下的地方财政自主权》,载《法学研究》2012 年第 3 期。

徐卫:《规避遗产税的信托行为:否定抑或宽容——写在未来遗产税开征之前》,载《上海财经大学学报》2013 年第 4 期。

徐阳光:《房地产税制改革的立法考量》,载《税务研究》2011 年第 4 期。

许建国:《城镇土地使用税征收中存在的问题及其改进设想》,载《税务研究》2009 年第 4 期。

熊伟:《走出宏观调控法误区的财税法学》,载《财税法论丛(第 13 卷)》,法律出版社 2013 年版,第 74—31 页。

熊伟、王宗涛:《中国税收优先权制度的存废之辩》,载《法学评论》2013 年第 2 期。

杨芷晴:《试析"营改增"背景下的消费税改革》,载《税务研究》2013 年第 7 期。

姚建宗:《法学研究及其思维方式的思想变革》,载《中国社会科学》2012 年第 1 期。

叶姗:《应税事实依据经济实质认定之稽征规则——基于台湾地区"税捐稽征法"第 12 条之 1 的研究》,载《法学家》2010 年第 1 期。

易有禄:《关于我国车船税立法目的的思考》,载《税务研究》2011 年第 1 期。

袁明圣:《疯狂股市、印花税与政府法治——证券交易印花税调整的法理思考》,载《法学》2008 年第 8 期。

张富强:《论营改增试点扩围与国民收入分配正义价值的实现》,载《法学家》2013 年第 4 期。

张海星:《规范我国证券交易印花税制的思考》,载《税务研究》2008 年第 12 期。

张生:《南京国民政府时期的印花税述评(1927—1937 年)》,载《苏州大学学报(哲学社会科学版)》1998 年第 2 期。

张守文:《关于房产税立法的三大基本问题》,载《税务研究》2012 年第 11 期。

张守文:《"结构性减税"中的减税权问题》,载《中国法学》2013 年第 5 期。

张守文:《分配结构的财税法调整》,载《中国法学》2011 年第 5 期。

张翔:《财产权的社会义务》,载《中国社会科学》2012 年第 9 期。

张翔:《个人所得税作为财产权限制——基于基本权利教义学的初步考察》,载《浙江社会科学》2013 年第 9 期。

张勇勤:《台湾税收制度的改革和存在的问题》,载《华侨大学学报(哲学社会科学版)》1997 年第 1 期。

张德勇:《进一步完善房产税的几个问题》,载《税务研究》2011 年第 4 期。

朱军:《我国开征遗产税的可行性和现实路径》,载《税务研究》2013年第3期。

六、相关文件

《关于深化收入分配制度改革的若干意见》,人民出版社2013年版。

国家税务总局编:《中华人民共和国税收大事记:1949.10—2009.9》,中国财政经济出版社2012年版。

胡锦涛:《坚定不移沿着中国特色社会主义道路前进 为全面建成小康社会而奋斗——在中国共产党第十八次全国代表大会上的报告》,人民出版社2012年版。

《中共中央关于全面深化改革若干重大问题的决定》,人民出版社2013年版。

《中国共产党第十八届中央委员会第三次全体会议文件汇编》,人民出版社2013年版。

附 录

附录1 两岸税法名词比较

附表1-1 两岸税法学理术语比较

编号	大陆地区	台湾地区	说明①
1	避税地	免税天堂、租税天堂	
2	传来证据	非第一手证据	
3	地域管辖权	所得来源地租税管辖权	
4	独立交易原则	常规交易原则	
5	发达国家	已开发国家	
6	发展中国家	开发中国家	
7	关联关系	受控关系	
8	居民管辖权	居民租税管辖权	
9	流转税	流转环节课税	②
10	OECD税收专约范本	OECD租税协定范本/OECD范本	
11	审批程序	审核程序	
12	双重征税	重复课税	
13	税收	租税、税捐	
14	税收安排	租税安排	
15	税收筹划	租税规划	
16	税收法定原则	租税法律主义、税捐法定原则	
17	税收管辖权	租税管辖权	
18	税收规避、避税	租税规避	
19	税收饶让	视同已纳税额抵扣	③
20	税收协定	租税协定	
21	税收优惠	租税优惠	
22	税收征管	税捐稽征	
23	税收正义	税捐正义、租税正义	
24	税种	税目	
25	特许权使用费	权利金	

（续表）

编号	大陆地区	台湾地区	说明①
26	偷税、逃税、骗税	逃税	
27	效力先定性	构成要件效力	
28	协助义务	协力义务	
29	信息披露	资讯揭露	
30	虚假行为	通谋虚伪意思表示	
31	证据效力	证明力、证据力	
32	征纳主体、税收主体	税捐主体、租税主体	
33	征税客体	税捐客体	
34	预提所得税	扣缴所得税	④
35	预约定价	预先定价	
36	源泉扣缴	就源扣缴	
37	正常交易价格	常规交易价格	
38	征收	稽征	
39	征税权	课税权	
40	质证	对质诘问	
41	租税抵免	租税扣抵	
42	转让定价	移转定价	

注：

① 两岸税法学理的语词有其特殊文化背景和表达含义，并非能完全对应，此表仅供参考识别。

② 流转税（commodity turnover tax）又称流转课税、流通税，指以纳税人商品生产、流通环节的流转额或者数量以及非商品交易的营业额为征税对象的一类税收。大陆流转税主要是指增值税、营业税、消费税和关税等税种。

③ 大陆学理上的税收饶让（tax sparing），是特定的概念名词，指居住国或地区政府对其居民在境外得到减免税优惠的那一部分，视同已经缴纳，同样给予税收抵免待遇不再按居住国或地区税法规定的税率予以补征。

④ 大陆学理和实务上的预提所得税（provision for income tax），是指外国企业在大陆境内未设立机构、场所或者虽设有机构、场所，但与该机构、场所没有实际联系，而有取得的来源于大陆境内的利润（股息、红利）、利息、租金、特许权使用费和其他所得，均应就其收入全额（除有关文件和税收协定另有规定外）征收预提所得税。按预提方式，即由所得支付人（付款人）在向所得受益人（收款人）支付所得（款项）时为其代扣代缴税款，课税的一种个人所得税或公司所得税。

附表 1-2　两岸税法制度术语比较

编号	大陆地区	台湾地区	说明①
1	常设机构	固定营业场所	
2	城镇土地使用税	地价税	②
3	单独核算	单独计算	
4	抵免法	抵扣法	
5	兜底条款	概括条款	
6	罚款	罚锾	
7	房产税	房屋税、特种货物及劳务税(部分)	③
8	个人所得税	综合所得税	④
9	关联申报	关系企业申报	
10	关联方	受控方	
11	关联交易	受控交易	
12	关联人	关系人	
13	关联企业	关系企业	
14	关联业务往来报告表	TP 四大表	
15	国际税收	国际租税	
16	合同条款	合约条款	
17	交易净利润法	可比较利润法	
18	举报	举发	
19	可比非受控价格法	可比较未受控价格法	
20	壳公司	空壳公司	
21	企业所得税	营利事业所得税	⑤
22	申请	申请、声请	
23	受控外国企业	受控外国公司	
24	税额抵免	税额扣抵	
25	税收征收管理法	税捐稽征法	
26	条、款、项、目	条、项、款、目	⑥
27	偷逃税款	逃漏税款	
28	消费税	货物税、烟酒税	⑦
29	行政复议	诉愿	
30	异议申请	复查	
31	营业税	非加值型营业税	⑧

(续表)

编号	大陆地区	台湾地区	说明①
32	预约定价安排	预先定价协议	
33	再销售价格法	再售价格法	
34	增值税	加值型营业税	⑨
35	转让定价调整	移转定价调整	
36	追征期	征收期间	⑩
37	资本弱化	资本稀释	
38	资产负债比	负债权益比例	
39	征税对象	稽征对象	
40	征税机关、税务机关	稽征机关	

注：

① 两岸税法制度的语词有其特殊文化背景和法律意义，并非能完全对应，此表仅供参考识别。

② 大陆土地使用税对在城市、县城、建制镇、工矿区范围内使用土地的单位和个人征收，台湾地价税对除依法课征田赋的已规定地价之土地征收，两者计税依据和税率等有所不同。

③ 大陆房产税以城市、县城、建制镇和工矿区的房产为征税对象，台湾房屋税以附着于土地之各种房屋，及有关增加该房屋使用价值之建筑物为征税对象。2011年1月27日，上海、重庆两地经国务院同意，对此前免税的个人自住房屋实行房产税试点征收，并设定相应起征范围和税率；2011年6月1日，台湾开征特种货物及劳务税，针对台湾境内销售、产制及进口特种货物或销售特种劳务，课征该税，其主要目的在于调控房地产市场和抑制房价。

④⑤ 台湾"所得税法"采合并立法，所得税分为营利事业所得税和综合所得税，前者大致相当于大陆的企业所得税，但征税范围略广。

⑥ 大陆在法律规定的立法技术上采"条、款、项、目"规则，台湾则采"条、项、款、目"规则。其中，"款"和"项"的指称和安排刚好相反。

⑦ 大陆消费税对大陆境内生产、委托加工和进口特定的消费品征收，且烟、酒均在消费税征税范围内，台湾货物税对台湾境内产制或境外进口的特定货物征收，并另行开征烟酒税。

⑧⑨ 台湾"营业税法"采合并立法，营业税分为加值型营业税和非加值型营业税，前者相当于大陆增值税，后者相当于后者营业税，但征税范围和税率等有不同之处。

⑩ 台湾"税捐稽征法"区分了核课期间和征收期间，并相应规定了具体的期间，大陆"税收征收管理法"只是笼统规定了3—5年的追征期，较为含糊。

附录 2　两岸税务机关组织机构图

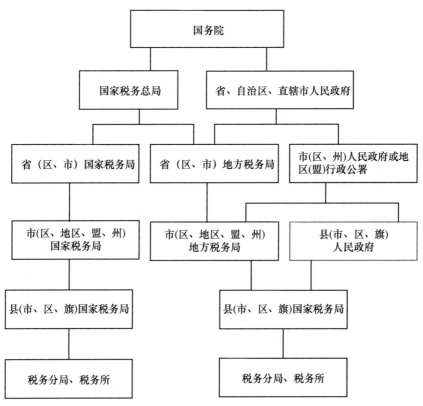

附图 2-1　大陆税务机关组织机构图

注：
① 本图根据国家税务总局网站及政府出版物的相关内容制作。
② 国家税务总局对国家税务局系统实行垂直管理，协同省级人民政府对省级地方税务局实行双重领导。
③ 省以下地方税务局实行上级税务机关和同级人民政府双重领导，以上级税务机关垂直领导为主的管理体制。

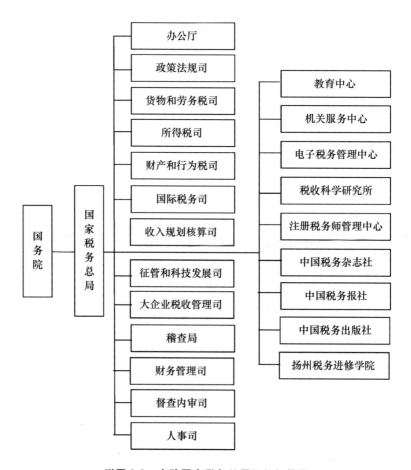

附图 2-2　大陆国家税务总局组织机构图

注：

① 本图根据国家税务总局网站及政府出版物的相关内容制作。

② 2008年7月，国家税务总局的职能、机构和人员编制调整，流转税管理司与进出口税收管理司合并为货物和劳务税司，所得税管理司改为所得税司，地方税务司改为财产与行为司、计划统计司改为收入规划核算司，征收管理司改为征管和科技发展司，巡视工作办公室与审计司合并为督察内审司，增设纳税服务司和大企业税收管理司。

③ 教育中心、机关服务中心、电子税务管理中心（由原信息中心更名）、集中采购中心、税收科学研究所、注册税务师管理中心、中国税务杂志社、中国税务报社、中国税务出版社、国家税务总局税务干部进修学院为国家税务总局直属事业单位。

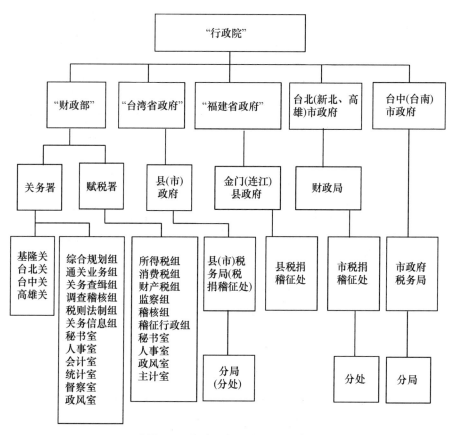

附图2-3 台湾税务机关组织系统图

注：

① 本图根据"财政部"及其下属"赋税署"、"关务署"等网站及政府出版物的相关内容制作。

② "关务署"为台湾关务政策规划、推动、督导及关务法规拟订之机关，隶属"财政部"，掌理关税稽征、查缉走私、保税、贸易统计及接受其他机关委托代征税费、执行管制。

③ 赋税署为直属"财政部"之行政机关，主要职掌为赋税法规之拟订、修改及解答；国税稽征业务之规划、指挥、监督及考核；地方税稽征业务之规划、督导及考核；各地区国税局监察业务之指挥、监督及考核；重大逃漏税案件之稽核；有关赋税行政、税务信息之规划、考核及租税教育与宣传等之推动。

④ 各"直辖市"、县(市)设立税捐稽征处或税务局等机构，由各地方组织法定之。

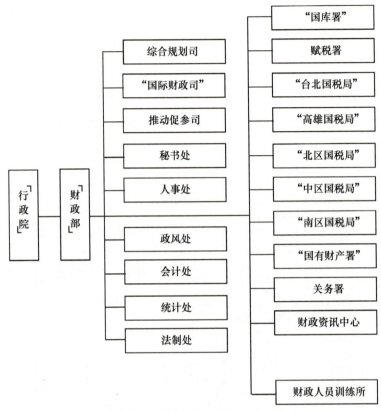

附图 2-4　台湾财政部门组织系统图

注：

① 本图根据台湾"财政部"网站及政府出版物的相关内容制作。

② 台湾"财政部"设综合规划司、"国际财政司"、推动促参司、秘书处、人事处、政风处、会计处、统计处及法制处等 9 个单位,暨参事、技监等。另设"国库署"、赋税署、"台北国税局"、"高雄国税局"、"北区国税局"、"中区国税局"、"南区国税局"、"国有财产署"、关务署、财政资讯中心等 10 个三级机关,及直属本部之四级机构财政人员训练所。

③ 台湾"财政部"设台湾金融控股股份有限公司及其下台湾银行股份有限公司、台银人寿保险股份有限公司、台银综合证券股份有限公司,另设台湾土地银行股份有限公司、"中国输出入银行"、台湾烟酒股份有限公司、财政部印刷厂等 8 个事业机构。

附录3 两岸各级政府财政收入划分图

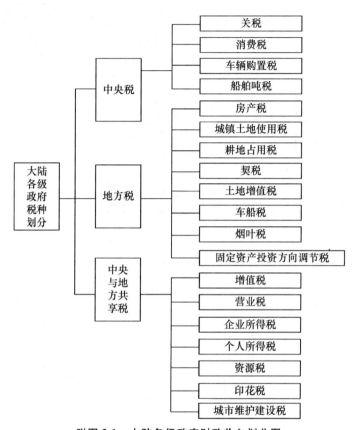

附图 3-1 大陆各级政府财政收入划分图

注：
① 本图根据财政部和国家税务总局网站及政府出版物的相关内容制作。
② 中央与地方共享税的收入划分大体如下：(1) 增值税：海关代征的部分归中央政府；其余部分中央分享 75%，地方分享 25%（基数部分）；在推进"营改增"改革过程中，仍以稳定中央和地方的税收收入分配比例为主基调，与"营改增"所致地方营业税减少对应的中央新增增值税的部分，仍留存地方；(2) 营业税和城市维护建设税：铁道部、各银行总行、各保险公司总公司集中缴纳的部分归中央政府，其余部分归地方政府；(3) 企业所得税，除规定的中央政府收入外，其余部分中央政府分享 60%，地方政府分享 40%；(4) 个人所得税：中央政府分享 60%，地方政府分享 40%；(5) 资源税：海洋石油企业缴纳的部分归中央政府，其余部分归地方政府；(6) 印花税：股票交易印花税收入的 97% 归中央政府，其余的 3% 和其他印花税收入归地方政府。
③ 在西藏自治区，除了关税和进口环节的增值税、消费税外，在该自治区征收的其他税收全部留给该自治区。
④ 固定资产投资方向调节税自 2000 年起停止征收。

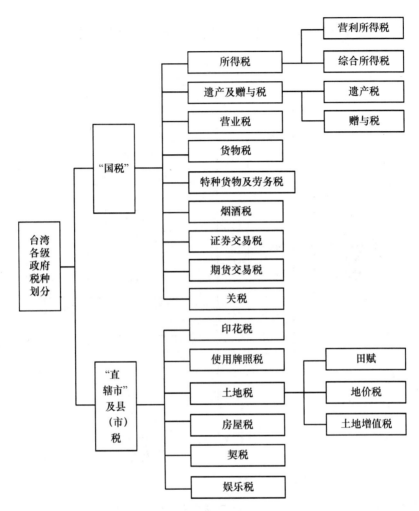

附图 3-2　台湾各级政府财政收入划分图

注：
① 本图根据台湾"财政部"网站及政府出版物的相关内容制作。
② 台湾现行的租税结构区分为："国税"（"中央税"）、直辖市及县（市）税（地方税）二级。
③ 田赋自 1987 年第 2 期（下半年）起停征。

附录4 两岸税制体系图

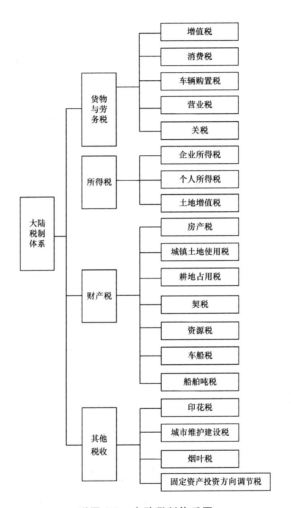

附图 4-1 大陆税制体系图

注：
① 大陆税种的划分有多种标准，即便是在同一标准下也有不同的分类方法。此表的分类按照通说并参考本书体例展开，仅代表一种学理上的划分。
② 企业所得税、个人所得税和车船税等 3 个税种已经制订法律。
③ 增值税、消费税、车辆购置税、营业税、关税、土地增值税、房产税、城镇土地使用税、耕地占用税、契税、资源税、船舶吨税、印花税、城市维护建设税、烟叶税和固定资产投资方向调节税已经由国务院按照授权立法制订行政法规。
④ 固定资产投资方向调节税自 2000 年起停止征收。

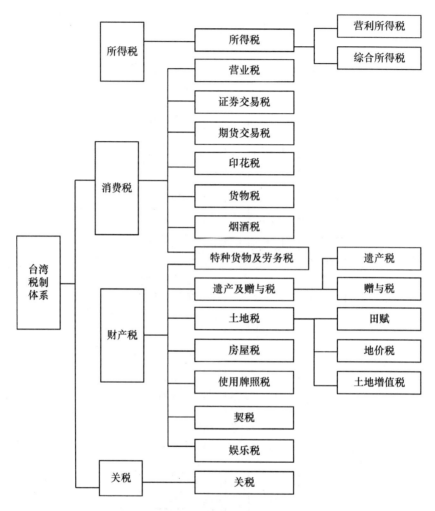

附图 4-2　台湾税制体系图

注：
① 台湾税目的划分有多种标准，即便是在同一标准下也有不同的分类方法。此表的分类按照"财政部"赋税署的类型化管理进行展开，仅代表一种学理或实务上的划分。
② 特种货物及劳务税，视课税对象具体情形可归入消费税或财产税。
③ 田赋自 1987 年第 2 期（下半年）起停征。

附录5　两岸税法查询网址

附图5-1　大陆税法查询网址

机关名称	网站名称	网站地址
全国人大常委会	中国人大网	www.npc.gov.cn
国务院	中国政府网	www.gov.cn
最高人民法院	最高人民法院（官网）	www.court.gov.cn
国务院法制办公室	国务院法制办公室（官网）	www.chinalaw.gov.cn
财政部	财政部（官网）	www.mof.gov.cn
国家税务总局	国家税务总局（官网）	www.chinatax.gov.cn

附图5-2　台湾税法查询网址

机关或企业名称	网站名称	网站地址
"立法院"	"立法院"全球信息网	www.ly.gov.tw
"行政院"	"行政院"全球信息网	www.ey.gov.tw
"司法院"	"司法院"全球信息网	www.judicial.gov.tw
"法务部"	"全国法规数据库"	law.moj.gov.tw
"财政部"	"财政部"（官网）	www.mof.gov.tw
"财政部"赋税署	"财政部"赋税署（官网）	www.chinatax.gov.tw

后 记

在基本结构和内容安排上,本书按照基础框架、税法学理、所得税法、商品税法、财产和行为税法、税收程序与税收司法等六个主题章节进行展开。此种篇章设置的主要意旨和技术考量在于三个方面:其一,比较与研究相结合。为避免流于通常宽泛的教科书形式,而特别采取专题比较和专章阐述的方式,期望能将其中要点剖析更为透彻。其二,学理与实践相结合。本书努力通过紧密结合两岸最新的税法学理和税制实践,特别是突出体现近些年两岸税法变迁中的重要政策,使得本书的内容能够更加生动和"接地气"。其三,评介和建议相结合。本书在评介两岸税法制度的同时,结合税法学理论证和具体实践样态,对两岸税制建设和税法发展提出针对性的对策和建议。与此同时,本书是在财经报纸专栏连载的基础上结合学术规范要求修订补充而成,行文表达更加通俗简练。

在撰写过程中,为保证本书的理论性、实务性和时效性能够较好地集合,我们特别把握了三个主要原则:一是在学理比较上,注重兼采两岸学者观点,特别是围绕两岸税法的异同点部分深入探讨和展开,确保本书具有一定的理论深度;二是在实践比较上,注重分析各自的经济社会文化背景,并在此基础上针对具体的税法制度的差异性进行说明和解析,从而使得相关评析更能贴近两岸实践;三是在制度比较上,注重两岸税法的最新变化及其政策意图,在保障税法制度比较的时效性基础上,力求在税制要素文本比较的基础上抽象和提炼其共通性,进行更加深入的分析和研究。不过,在本书具体撰写过程中,限于税种重要性的考量和比较研究的有效性,还有一些尚未详细展开的两岸小税种,比如大陆的耕地占用税、船舶吨位税,台湾的证券交易税、娱乐税等,另外两岸租税协定比较也未深入展开,但也在相关分析时在适当的地方作了相应补充性说明。

当然,虽然在资料收集和章节撰写中倾注了全部热情和精力,但由于我们能力有限,本书也存在很多遗憾之处。一方面,在研究主题的设定上,本书以两岸税法比较作为主体,但为了进一步阐释清楚税制沿革的内在机理和税法演进的外部环境,有相当的内容篇幅在介绍两岸税制的社会经济文化背景,这无疑冲淡了比较分析和理论研究本身的集中性和针对性。另一方面,在文献资料来源上,仍过于倚重两岸法规部门官方公布的法律文本本身,由于相关立法资料难以获得的技术原因,无法对每次单行税种法律的立法缘由和修正意图作更为精准细致的分析。尽管我们有意注重了对两岸文献资源和学者观点的兼容并采,但在具体撰写过程中,相较而言仍偏重大陆学界的著作和论述,这也导致无法尽量多地涵盖台湾学界的著作和论文。

就两岸的税法案例而言,不仅在大陆能够公开搜集的税法案例资料非常匮乏,而且相当部分的台湾案例判决内容也均转引自台湾学者和实务界的相关著述中,影响了案例援引的直接性和可靠性,也使得相关评述受到间接文献观点的影响。在论证模式上,就具体税种比较部分,本书倾向于注重各法律条文比对,这固然有利于清楚识别两岸税法在技术规则上的异同点所在,但这也导致了在论述时受到解释法学研究模式带来的不利影响。而在各单行税种税制要素比较后,本书会提供两岸税法特别是大陆税法的完善建议,这种应用研究的方式固然有合理之处,但过于具体的对策研究仍会对本书的学理意义造成一定影响。而且,即便是在这些针对两岸税法的对策建议中,也是针对大陆的篇幅多,针对台湾的篇幅少,虽然此种情形可从两岸税法成熟度角度进行解释,但仍会导致研究体例和内容安排的不均衡性。我们希望在以后的修订中,能有所进一步改观和完善。

目前,两岸税制建设和税法发展都步入了新的时期。在中共十八届三中全会后,大陆将财政上升到国家治理的高度,指出财税体制改革是促进社会公平和实现国家长治久安的制度保障,强调要推进法治中国建设,并将落实税收法定原则作为加强民主政治制度的重要措施。2014年6月30日,中共中央政治局召开会议审议通过了《财税体制改革总体方案》,新一轮财税体制改革将在2016年基本完成重点工作和任务,2020年基本建立现代财政制度。近年来,大陆以营改增为主导的结构性减税政策正在如火如荼地推进着,增值税等实体税种法律化也进入新一届全国人大常委会立法规划,《税收征收管理法》等程序税法的修订也提上议事日程,国家税务总局也大力推进依法征税工作以提高大陆税务机关的整体法治水平。此种大背景下，我们推出本书希望能呈现三个方面的功能和意义。其一，基于借鉴的视角，向读者们介绍两岸税法理论和学说，展示两岸税法学界的新突破和新发展，并结合两岸税法实践进行法理解读。其二，基于比较的视角，向读者们评析两岸税法制度和实践，描述两岸税制改革的新动态和新趋势，并结合税法学理对制度实践进行检讨。其三，基于应用的视角，针对两岸税收政策制订和税收规划的新困难和新问题，为政府和实务界提供对策和建议。同时，本书也可为来大陆投资兴业的实务界人士提供资讯来源。

在写作本书的过程中，我们得到了许多前辈和朋友们的帮助和鼓励，也希望在此表示衷心的感谢。感谢台湾大学法律学院黄茂荣教授、葛克昌教授、蔡茂寅教授和台湾东吴大学法学院陈清秀教授，他们为本书写作惠赐宝贵资料并提供诸多宝贵意见；感谢台湾资诚联合会计师事务所副所长暨策略长吴德丰会计师的慷慨赠书，使得本书台湾税法实务部分写作更加充实；感谢台湾高雄大学法学院张永明教授和台湾金石国际法律事务所所长林石猛律师的宝贵意见，使得本书在台湾税务争讼和关税实务部分更加准确；感谢北京大学法学院博士生陈彦廷协助绘制本书附录所列的部分图表，使得本书在图文并茂和生动性方面增色不少。需要在技术上进行说明的是，本书所引用的两岸税法截止至 2014 年 10 月 31 日。期待本书成为读者了解和掌握两岸税法的智慧钥匙和参考资料，并敬请两岸贤达先进和亲爱的读者们对于本书提出批评与指正。

刘剑文　王桦宇

北大陈明楼

甲午中秋

税法学研究文库

1. 税收程序法论——监控征税权运行的法律与立法研究　　施正文
2. WTO 体制下的中国税收法治　　刘剑文主编
3. 税法基础理论　　刘剑文、熊伟
4. 转让定价法律问题研究　　刘永伟
5. 税务诉讼的举证责任　　黄士洲
6. 税捐正义　　黄俊杰
7. 出口退税制度研究　　刘剑文主编
8. 税法基本问题·财政宪法篇　　葛克昌
9. 所得税与宪法　　葛克昌
10. 纳税人权利之保护　　黄俊杰
11. 行政程序与纳税人基本权　　葛克昌
12. 论公共财政与宪政国家——作为财政宪法学的一种理论前言　　周刚志
13. 税务代理与纳税人权利　　葛克昌、陈清秀
14. 扣缴义务问题研析　　钟典晏
15. 电子商务课征加值型营业税之法律探析　　邱祥荣
16. 国际税收基础　　〔美〕罗伊·罗哈吉著　林海宁、范文祥译
17. 民主视野下的财政法治　　刘剑文主编
18. 比较税法　　〔美〕维克多·瑟仁伊著　丁一译
19. 美国联邦税收程序　　熊伟
20. 国际技术转让所得课税法律问题　　许秀芳
21. 财政转移支付制度的法学解析　　徐阳光
22. 《企业所得税法》实施问题研究
　　——以北京为基础的实证分析　　刘剑文等
23. 法学方法与现代税法　　黄茂荣
24. 解密美国公司税法　　〔美〕丹尼尔·沙维尔著　许多奇译
25. 财政法基本问题　　熊伟
26. 比较所得税法　　〔美〕休·奥尔特、布赖恩·阿诺德等著　丁一、崔威译
27. 两岸税法比较研究　　刘剑文　王桦宇　著

2012 年 8 月更新